AMONESTACIONES PROFÉTICAS INSPIRADAS

AMONESTACIONES PROFÉTICAS INSPIRADAS

Profecías Modernas y del Libro de Mormón Sobre el Futuro de América

DUANE S. CROWTHER

Traducción al Español:
Vilma Campos

Primera Edición en Español: Febrero, 2004

Número uniforme internacional:
0-88290-740-9

Número de catálogo de Horizon Publishers:
H2039

Impreso en los E.E.U.U. por

CEDAR FORT

Dirección de correo:
925 North Main
Springville, Ut 84663

Teléfono: (801) 489-4084
Teléfono WATS (libre de gastos)**:** 1 (800) SKY-BOOK
FAX: (801) 489-1097

www.cedarfort.com

Tabla de Contenidos

Sección 2
Hambre, Espada y Pestilencia: Instrumentos de los Juicios de Dios

Sección 3
Preparación Personal por los Últimos Días

Dedicatoria

A mi familia, cuyo amor
y compañerismo valoro y deseo
para toda la eternidad.

Es mi deseo que este libro les
fortalezca, guíe y fortifique su fe
durante las vicisitudes
en los últimos días.

Reconocimientos

No fue fácil escribir *Amonestaciones Proféticas Inspiradas.* Requirió de muchos meses de trabajo y esfuerzo, dentro de una jornada sumamente ocupada. Mucho de lo que fue escrito en este libro se inicio a las cuatro de la mañana. Durante esos meses de esfuerzo, fui bendecido por tener el amor y apoyo de mi familia. Fui apoyado por todos ellos e incluso por el más pequeño el cual oraba cada día a Nuestro Padre Celestial pidiéndole, "¡por favor ayuda a mi papi a terminar su libro!"

Durante esos meses de arduo trabajo, mi esposa Jean me animó, leyó mis ensayos, hizo sugerencias constructivas y mantuvo un espíritu de armonía en nuestro hogar. Como siempre lo hace en todas las cosas, recibí su apoyo en todo momento. ¡Qué bendecido soy al tenerla!

Siento una profunda apreciación al personal de *Horizon Publishers,* quienes proporcionaron un servicio eficiente al ayudarme a culminar con esta obra. Dedicaron muchas semanas en tareas de tipografía, revisiones, correcciones, copiado, revelación de negativos, creación de formatos y placas para la preparación de la impresión. La producción final del libro en inglés, y después, del libro en español, fue realizada por la imprenta *Horizon* y el personal de encuadernación. Aprecio sus esfuerzos en este proyecto, así como el personal administrativo, embarque, y de ventas quienes unieron sus esfuerzos para enviar este libro a través de los Estados Unidos y América Central tan pronto se terminó su edición.

Pero mi más profunda apreciación es para el ser divino quien dirige y guía nuestras vidas en esta vida mortal. A menudo me siento inspirado y guiado para escribir, y sé que su influencia se ha manifestado en lo que he escrito en este libro. Confieso que su mano se encuentra en todas las cosas, y expreso mi profunda apreciación por su guía, dirección y protección. Ruego que sus bendiciones se encuentren con todos nosotros.

Explicación de Símbolos en Referencias

Muchas de las referencias que se citan son completas, se proporciona los datos bibliográficos de la cita. Las referencias de las escrituras se citan en forma estándar, proporcionando abreviaciones aceptadas por el libro seguido del capítulo y del versículo(s). Sin embargo, ciertas fuentes de recursos reconocidas se citan con abreviaciones como se muestra a continuación:

CR ***Conference Reports of The Church of Jesus Christ of Latter-day Saints*** [*Informe de las Conferencias de La* Iglesia *de Jesucristo de los Santos de los Últimos Días*], los cuales son publicaciones semestrales de las Conferencias Generales de abril y octubre. Los artículos citados están identificados por la fecha.

DEN ***Deseret Evening News*** [*Noticiero Deseret Nocturno*], el cual es un periódico que circuló en Utah, EE.UU. desde principios de la época de los pioneros.

DN ***Deseret News*** [*Noticiero Deseret*], el cual es un periódico que circula diariamente en Utah, EE.UU. y en los estados circundantes. Mucho de los artículos citados de esta fuente son en realidad noticias nacionales que provienen de varios noticieros.

HC ***History of the Church*** [*Historia de la Iglesia*], el cual es un compendio en siete volúmenes de la historia de los Santos de los Últimos Días abarcando desde la época de Joseph Smith e incluyendo la emigración de los pioneros mormones al oeste. Fue escrito por y bajo la dirección de Joseph Smith. Fue editado por B. H. Roberts y es conocido como *Documentary History of the Church.*

IE ***The Improvement Era*** [*Era de Mejoramiento*], un periódico mensualmente publicado por La Iglesia de Jesucristo de los Santos de los Últimos Días comenzando poco después del inicio de siglo. Fue recientemente descontinuado y reemplazado por la revistas *Ensign* y *New Era.*

JD ***Journal of Discourses*** [*Diario de Discursos*], el cual es una colección de discursos en veintiséis volúmenes dados por los líderes de La Iglesia de Jesucristo de los Santos de los Últimos Días desde aproximadamente las primeras tres décadas a los comienzos de la colonización de Utah, EE.UU.

TPJS ***Teachings of the Prophet Joseph Smith*** [*Enseñanzas del Profeta Joseph Smith*], el cual es un compendio de escritos de doctrina y discursos del profeta Joseph Smith extraídos primordialmente de *History of the Church.*

PREFACIO

¡Amo a Norte América! Es mi hogar y mi tierra natal. Ha sido una maravillosa y excelente fortaleza de libertad y autonomía. Norte América ha disfrutado de las bendiciones y guía de Dios, y su pueblo ha sido protegido por un divino destino. Aunque he vivido la mayoría de mi vida en los EE. UU., también he servido como misionero en Guatemala, Panamá, y México, y tengo un gran amor por estos paises y sus habitantes.

He participado de las libertades por las que Norte América concede a sus ciudadanos privilegiados, las cuales se les niega a gente en otros países. Aprecio estas libertades que son de gran valor y las considero como joyas invaluables que tiene que ser preservadas a cualquier precio. Soy seguidor de su autonomía trabajo, planeo, sueño, confió y fabrico el futuro. Busco por el bienestar de Norte América, su progreso y protección, para mi futuro el cual está relacionado inseparablemente al de ella. Si Norte América crece y prospera, yo también progreso. Si tolera disturbios y agonías, debo sufrirlos también. Soy un ciudadano Norte Americano. Así como cualquier Americano, mi futuro y destino están intrínsicamente relacionados al futuro de las naciones de este gran continente.

Siete razones por las que escribí este libro

Durante el tiempo en que este libro ha pasado de una idea creativa hasta culminar esta obra, he definido cuidadosamente mis razones para escribirlo. Para que sean comprendidas claramente por aquellos quienes lean este libro, he seleccionado una lista de dichas razones. Estas son las siguientes:

1. Amo a Norte América y busco la preservación de sus paises y de sus libertades. Existen muchas maneras en las que un ciudadano puede trabajar por su país. Podría estar activamente participando en asuntos políticos o trabajar en el cumplimiento de objetivos sociales. Podría buscar por mejorar el ambiente o métodos para exigir mejores leyes o rendir servicio a grupos de jóvenes. Por lo general él serviría utilizando sus capacidades de las cuales emanarían sus mejores talentos y habilidades. De esta manera, él dará lo mejor de si mismo y logrará un gran beneficio.

No soy diferente. Soy un autor y editor por profesión. Busco utilizar lo mejor de mis habilidades como una expresión de mi patriotismo y amor por mi país. Al publicar *Amonestaciones Proféticas Inspiradas*, es la manera de contribuir en algo de gran valor al beneficio de esta gran nación, y de las otras naciones del continente.

2. Busco advertir acerca tiempos difíciles y de la pérdida de libertades lo cual se aproxima rápidamente. Al estudiar las escrituras y las enseñanzas de aquellos quienes considero siervos autorizados de Dios hoy en día, encuentro advertencias claras de una época en donde "*será tiempo de angustia, cual nunca fue desde que hubo gente hasta entonces.*"[1] Estas series de eventos catastróficos estarán en todo el mundo tomado efecto en un ámbito desbastador. Traerán muerte, sufrimiento y desolación.

El Salvador ha advertido: "*Porque como un lazo vendrá sobre todos los que habitan sobre la faz de toda la tierra.*"[2] He aprendido acerca de los sufrimientos humanos terribles que tienen que pasar si sus iniquidades causan que los eventos profetizados de esta era sucedan. Intuyendo esto, busco advertir a otros: Debemos trabajar con nuestra fuerza para cambiar el mundo hacia la rectitud, esperando que esta gran ira y castigo pueda ser revocado.

Me enfoco a los acontecimientos del futuro con el entendimiento de que soy una persona calificada en una importante tarea. Mis estudios y educación han sido enfocados en aspectos particulares de religión y teología. Mi educación incluye un avanzado grado académico en el Antiguo y Nuevo Testamento, una tesis enfocada a la escatología, autor de más de una docena de libros sobre los últimos días y otros temas de teología así como estudio extenso por más de cuatro décadas en los mensajes de las escrituras relacionados a futuros eventos. Así como Pedro dijo: "Lo que tengo te doy."[3] En este libro comentaré muchos eventos nacionales y mundiales, tendencias y condiciones; mi estilo está enfocado a la teología más que a la política.

3. Busco por cumplir los mandamientos que Dios ha dado por lo cual se ha amonestado. En tiempos bíblicos, Dios reveló a Ezequiel que si un vigilante falla al prevenir a su pueblo para impedir el peligro, la responsabilidad por la destrucción de ese pueblo se requerirá a ese hombre.[4] En tiempos modernos el Señor ha instruido: "*La voz de amonestación irá a todo pueblo por boca de mis*

---

1. Daniel 12:1.
2. Lucas 21:35.
3. Hechos 3:6.
4. Véase Ezequiel 33:2-6.

discípulos, a quienes he escogido en estos últimos días."[5] Durante las advertencias de este período terrible (conocido como la "abominación desoladora"), el Salvador reveló: "*conviene que todo hombre que ha sido amonestado, amoneste a su prójimo. . . . y preparar a los santos para la hora del juicio que ha de venir;* a fin de que sus almas escapen de la ira de Dios, la *abominación desoladora* que espera a los malvados, . . ."[6]

Esta responsabilidad de amonestación pertenece a cada Santo de los Últimos Días y no solo a unos cuantos individuos. Conozco del mandamiento del Señor que se le ha dado al Sacerdocio de la Iglesia:

> . . . *salid a vuestros distintos llamamientos, según lo permitan vuestras circunstancias,* a las grandes y notables ciudades y pueblos, reprobando en justicia al mundo por todos sus hechos injustos e inmundos, *exponiéndoles clara y comprensiblemente la abominación desoladora de los últimos días.*[7]

Su mandamiento a quienes predican el evangelio es:

> . . . os envío para reprobar al mundo por todos sus hechos inicuos, y para *enseñarle acerca de un juicio que ha de venir.*[8]

Aquellos quienes trabajan dentro de la Iglesia, algunas veces encuentran que el Señor los bendice con talentos, entonces los persuade a cumplir con responsabilidades específicas. Si fallan al utilizar los talentos que les ha dado, él se disgusta.[9] Siento que se me ha dado algún conocimiento y talento sobre el tema que trata este libro, siento que es correcto y me siento persuadido para expresar las amonestaciones que contiene este libro. Lo más importante, reconozco que al fallar en esta tarea, Dios podría retirarme el talento con que él me ha bendecido.

---

5. *Las Doctrinas y Convenios de la Iglesia de Jesucristo de los Santos de los Últimos Días* (Salt Lake City, Utah: La Iglesia de Jesucristo de los Santos de los Últimos Días), sección 1, versículo 4. Las referencias de este libro de escrituras se denotará como D. y C., citando secciones y versículos como: 1:4.
6. D. y C. 88:81, 84-85. Véase también los versículos 87-89.
7. D. y C. 84:117.
8. D. y C. 84:87.
9. D. y C. 60:2-3, 12-13. Véase también Mateo 25:24-30.

4. Busco analizar el grado de peligro que Norte América y los miembros de la Iglesia enfrentan. En cualquier actividad se debe establecer normas y conducir evaluaciones antes de que cualquier cambio surja en tendencias y dirección. Ningún negocio puede conocer si es rentable hasta que este contabilice detenidamente sus bienes y deudas. Ningún sistema educativo puede determinar si el aprendizaje tiene efecto hasta que se hayan establecido estándares válidos y llevado a cabo pruebas cuidadosas.

El Señor ha revelado específicos estándares con los cuales la gente de este continente debe cumplir si quieren evitar su juicio y ganar bendiciones y prosperidad. Uno de los desafíos de este libro es presentar cuidadosamente estos estándares, amonestaciones proféticas. Otro objetivo es reunir hechos y estadísticas que indican si los Americanos se acercan a Dios o se alejan de sus senderos.

5. Busco describir en forma particular lo que Dios ha revelado que pasará a menos que las naciones del continente cambien a la rectitud. El Señor ha revelado a los profetas de los últimos días mucho más de lo que sucederá en Norte América en el futuro si prevalece la iniquidad. También, se encuentran en la historia de otras civilizaciones modelos que han quebrantado leyes divinas y experimentado los mismos juicios.

A través de los años, he encontrado que la gente se divide pronto en dos corrientes de pensamiento cuando empiezan a considerar las amonestaciones proféticas de los últimos días. Algunos quieren conocer, entender y prepararse. Sin embargo, otros adoptan la posición clásica del avestruz que "esconde la cabeza bajo la tierra",—ellos no quieren saber de las amonestaciones que Dios ha revelado. Ellos racionalizan sus palabras de amonestación como "palabras de pesimismo" y dicen "ellos no son personas inspiradas" en lugar de poner atención a las palabras reveladas por Dios. El mismo problema existió en los días de Heber C. Kimball, consejero de Brigham Young. Él dijo:

> . . . *si no tomamos el curso correcto, nos veremos en aflicción, y la más grande aflicción que ustedes hayan visto.* Aquellos quienes nunca estuvieron sin pan, ropa y cómodas casas para habitar, murmuran lo más horrible*; y aquellos quienes nunca han tenido problemas y vicisitudes desde que ellos estuvieron en esta Iglesia o desde que ellos han estado en la tierra, son los que se encuentran más dispuestos a quejarse.*

> Busquen y lean lo que dicen los profetas: Ellos también lo dicen. No se atemoricen; les dijo que esto vendrá; *y es mejor que lo crean y vayan y hagan estimaciones apropiadamente.* ¿Estaremos comunicando lo que queremos? De cierto os digo, si vivimos nuestra religión, nunca lo requeriremos.[10]

6. Busco sugerir posibles soluciones y acciones apropiadas. A través de los años, muchos han propuesto acciones y políticas que pudieran ayudar a disminuir los pesares de las naciónes. He recolectado y examinado sus propuestas y he tratado de sugerir procedimientos significantes y realistas los cuales pueden servir para preservar y fortalecer las políticas de este país, las cuales pueden seguirse en forma individual para mejorar este país.

7. Busco contribuir a la literatura de la Iglesia mediante la recopilación de material importante y hacerlo disponible a otros sin dificultad. En mi profesión como autor y editor, he aprendido que las opiniones y materiales deben estar disponibles en una forma útil antes de que ellos comiencen a tener impacto en un gran número de gente. En este libro mi función es de reportero, recopilador y analista de las enseñanzas reveladas en las escrituras y por los profetas modernos. Reuniré elementos individuales, expondré relaciones y tendencias y describiré tales conclusiones como sean apropiadas para cualquier editor o analista de información.

Debe entenderse que este libro es una publicación privada; no es una publicación oficial de La Iglesia de Jesucristo de los Santos de los Últimos Días. Desde el inicio, los escritos y recopilación de la iglesia, orientados a la distribución comercial se han dejado a autores privados quienes han trabajado bajo su propia iniciativa. Tales libros se publican en forma privada y son responsabilidad de dichos autores y no de la Iglesia.

Las autoridades de la Iglesia se han abstenido sabiamente de la regulación y censura de las publicaciones de los miembros. Los miembros escriben y a menudo buscan y reciben guía revelada, pero sin ninguna posición oficial. El Señor ha dicho:

---

10. Herber C. Kimball, como cita Weston N. Nordgren, "¿Iremos hambrientos?—Una pregunta fundamental que fue respondida por un profeta del Señor hace casi un siglo, Heber C. Kimball," Salt Lake City, Utah: *Improvement Era*, Vol. 43, No. 11, Nov. 1940, pág. 662.

> . . . *no conviene que yo mande en todas las cosas*; porque el que es compelido en todo es un siervo perezoso y no sabio; por tanto, no recibe galardón alguno.
>
> De cierto digo que *los hombres deben estar anhelosamente consagrados a una causa buena, y hacer muchas cosas de su propia voluntad y efectuar mucha justicia*;
>
> porque *el poder está en ellos, y en esto vienen a ser sus propios agentes*. Y en tanto que los hombres hagan lo bueno, de ninguna manera perderán su recompensa.[11]

Un importante autor, miembro de La Iglesia de Jesucristo de los Santos de los Últimos Días (SUD) me dijo, "Sabes, Duane, es una bendición que haya miembros que escriban acerca de la historia de la Iglesia y de doctrina—*ellos son capaces de decir muchas cosas importantes que la Iglesia no puede decir oficialmente.*" Sus comentarios me impactaron profundamente, y estoy seguro que esto es válido. Definitivamente hay un espacio, un importante espacio, para escribir otros libros a parte de los manuales y material de instrucciones publicados por la Iglesia en su capacidad oficial. Los escritos de los miembros de La Iglesia de Jesucristo de los Santos de los Últimos Días a lo largo de la historia de la Iglesia, ilustran este principio. Tales libros pronto encuentran su propio nivel. Si sus trabajos proveen información de un valor real, se leen sabiamente; si hacen una pequeña contribución real, entonces estos son descartados. Los lectores de literatura de la Iglesia en general realizan un muy buen trabajo más que cualquier regulación oficial podría hacer para determinar el valor verdadero de la literatura.

Trampas evadidas

Hay diversas problemas que he tratado de evitar al escribir ***Amonestaciones Proféticas Inspiradas*.**

Primero, *he evadido corrientes políticas* y posiciones de partidos. Al terminar de leer este libro, puede estar seguro que no sabrá si soy Republicano, Demócrata o Independiente. No tengo aspiraciones políticas.

Segundo, he sido muy cuidadoso para *evitar ser extremista*. No soy "conservador," ni me inclino a la oposición extrema. No

11. D. y C. 58:26-28.

pertenezco a ninguna organización radical. Hablo y escribo solo como un ciudadano que se preocupa profundamente.

Si tengo cualquier inclinación, esta es de tipo religioso y no político o ideológico. Este libro es un libro teológico, el cual acepta la validez de las escrituras de los Santos de los Últimos Días y manifiesta mi fe de que los profetas quienes las escribieron son hombres inspirados y quienes han expresado la voluntad del Señor concerniente a Norte América en sus enseñanzas. Quienes no son SUD (Santos de los Últimos Días) podrían no aceptar la validez de estos conceptos. Les invito al menos a considerar sus mensajes como palabras de hombres sabios y a evaluarlas como una luz que sale al mundo moderno y a las condiciones como nación en que vivimos. Para hacer por lo menos lo que podría ser imprudente de su parte.

Tercero, creo que la publicidad y la pérdida de interpretación de la documentación afecta la opinión y falsifica la verdad. He preferido *evadir la publicidad y también evadir la declaración de conclusiones de doctrina impropia o escatológica.* He querido citar las escrituras correctamente e interpretarlas con cuidado, recordando las palabras del profeta Alma: "*He aquí, tenéis las Escrituras por delante, y si queréis tergiversarlas, será para vuestra destrucción.*"[12]

Cuando uno trata el tema de profecía, siempre al futuro se sitúa como el juicio final con datos erróneos, conclusiones inapropiadas e interpretaciones incorrectas que se muestran erróneas con el transcurso del tiempo.

No hay nada que se pueda hacer al ilustrar una descripción incorrecta del futuro.

Se dice que hay dos temas que no se deben discutir si se desea evadir la controversia, y son: temas de religión y de política. *Amonestaciones Proféticas Inspiradas* se enfoca en ambas de estas áreas. Después de escribir otros libros en temas de doctrina, no soy tan ingenuo para pensar que esta obra escapará completamente a críticas rudas de críticos selectos. Ciertamente un libro con el mensaje que este lleva recibirá un análisis detallado por quienes podrían oponerse a su voz de amonestación. Sólo pido que su evaluación sea honesta y que sea hecha con cuidado y con el deseo definitivo a favor del bienestar de esta gran nación y las otras naciones de Norte América y América Central.

12. Alma 13:20.

Este mensaje debe salir con o sin críticas. El espíritu me ha inducido e instruido, y no me permite cambiar mi posición. Soy como Martin Luther: "Aquí sostengo. No puedo ser otro."

Las preocupaciones debido a la iniquidad e indiferencia

Al amar a este país y trabajar por su preservación, se que no puedo mejorarlo, pero siento una profunda preocupación por su futuro. Esta preocupación es evidente en mucho de lo que escrito en este libro. Me atemoriza que perdamos las libertades que disfrutamos debido a la iniquidad que amenaza a nuestra nación y a causa de las actividades y las decisiones que el gobierno está tomando y llevando a cabo sobre nuestras libertades.

Encuentro mis sentimientos reflejados en las actitudes de Moroni, un patriota del Libro de Mormón quien reunió a su gente bajo un "título de libertad", lo cual dejó dicho con las palabras: "*En memoria de nuestro Dios, nuestra religión, y libertad, y nuestra paz, nuestras esposas y nuestros hijos.*"[13]

Fue un buen hombre que poseía las cualidades que admiro enormemente:

> Y era Moroni *un hombre fuerte y poderoso*, un hombre *de un entendimiento perfecto;* sí, un hombre *que no se deleitaba en derramar sangre*; un hombre *cuya alma se regocijaba en la libertad e independencia de su país, y en que sus hermanos se libraran de la servidumbre y la esclavitud*;
>
> sí, un hombre *cuyo corazón se henchía de agradecimiento a su Dios* por los muchos privilegios y bendiciones que otorgaba a su pueblo; un hombre que *trabajaba en gran manera por el bienestar y la seguridad de su pueblo.*
>
> Sí, y era un hombre *firme en la fe de Cristo*; y había jurado defender a su pueblo, sus derechos, su país y su religión, aun cuando tuviera que derramar su sangre.[14]

Moroni luchó en contra de los ataques de los Lamanitas y estaba preocupado y enojado debido a las iniquidades e indiferencias de su propia gente Nefita y del gobierno:

---

13. Alma 46:12-14.
14. Alma 48:11-13.

> Y ahora bien, cuando vio Moroni que se había perdido la ciudad de Nefíah, se apesadumbró en extremo y *empezó a dudar, a causa de las maldades del pueblo, si no caerían en manos de sus hermanos.*
>
> Y así sucedió con todos sus capitanes en jefe. *También dudaron y se maravillaron a causa de las maldades del pueblo*; y esto por razón de los triunfos de los Lamanitas sobre ellos.
>
> Y sucedió que Moroni *se irritó contra el gobierno a causa de su indiferencia en lo concerniente a la libertad de su país.*[15]

Esta es la misma preocupación que me motivó a escribir este libro.

Las críticas constructivas se corrigen con amor

Un padre que no hace nada por el progreso de sus hijos, no permitirá que sus transgresiones se corrijan. Un maestro que no le da lo mejor a sus estudiantes, no les mostrará cómo ser mejor ante sus debilidades y desafíos. Un ciudadano que no actúa para lo mejor de sus intereses en su comunidad, no demandará corregir aquellas circunstancias que son un peligro. En cada uno de estos casos, dichos individuos son motivados por el amor y preocupación para el bienestar de otros al momento de identificar sus debilidades. Dios también corrige aquellos que ama. Por ejemplo, Samuel el Lamanita lo experimentó:

> . . . han sido un pueblo escogido del Señor; sí, él ha amado a los del pueblo de Nefi, y los ha castigado también; sí, *los ha castigado en los días de sus iniquidades, porque los ama.*[16]

Cuando el peligro se aproxima, llamamos con una voz de amonestación aquellos a quienes amamos. Con este espíritu esta escrito este libro, es un esfuerzo para amonestar y corregir, de tal forma que podamos evitar los eventos terribles que se aproximan si es que Norte América y América Central continúa en el mismo rumbo. Es mi sincera esperanza y oración que este mensaje se escuche.

A pesar de que habrá algunos quienes estén en contra de este mensaje de amonestación, se que hemos sido instruidos por Dios para darlo a conocer y:

---

15. Alma 59:11-13.
16. Helamán 15:3. Véase también D. y C. 95:1, 101:4-5.

> . . . pese a su dureza, trabajemos diligentemente; porque *si dejamos de obrar, incurriremos en la condenación. Porque tenemos una obra que debemos efectuar mientras estemos en este tabernáculo de barro, a fin de vencer al enemigo de toda rectitud, y dar reposo a nuestras almas en el reino de Dios.*[17]

—Duane S. Crowther

17. Moroni 9:6.

Sección 1

Las Amonestaciones Proféticas

Primera Amonestación:

Aquellos Quienes No Creen en Dios Serán Destruidos

La naturaleza condicional de las amonestaciones del Libro de Mormón

Muchas amonestaciones importantes a los habitantes de los últimos días en Norte América se encuentran registradas en el Libro de Mormón. Estas amonestaciones se encuentran usualmente como profecías condicionales relacionadas a futuros eventos. Las promesas del Señor que se relacionan a esta tierra escogida se basan a menudo en opciones, todas ellas contienen la importante conjunción de condición "***Si***." Un principio específico está implícito en cada amonestación. Las amonestaciones de profecía describen lo que pasará *si* la gente de América obedece el principio de rectitud, también advierten lo que ocurrirá *si* la gente escoge desobedecer este principio y trabajar en la maldad.

Cada capítulo en esta sección considera cuidadosamente una o más de estas amonestaciones condicionales. El mensaje en conjunto es una manera de agravar la preocupación por toda Norte América y América Central, y es una presentación de principios que se *deben* obedecer si estas naciónes quieren sobrevivir.

Mientras que los capítulos aluden muchos eventos que se han profetizado para tomar efecto en el futuro, los capítulos en esta sección están dedicados a obtener un mejor entendimiento de los principios sobre los cuales depende la supervivencia. Los capítulos posteriores considerarán los eventos que se han profetizado de los cuales las amonestaciones proféticas aluden.

Amonestaciones de Jacob: Los incrédulos serán destruidos tanto por fuego, como por tempestades, y por temblores de tierra, por efusión de sangre y por pestilencia y por hambre (2 Nefi 6:14-18)

El profeta Jacob, mientras predicaba a los Nefitas más de cinco siglos antes del nacimiento de Jesucristo, profetizó concerniente a un periodo de conflicto el cual esta todavía por ocurrir. Tomando un pasaje del profeta Isaías,[1] Jacob establece cómo el pueblo de Israel será recogido en las tierras de su herencia en los últimos días. Describe cómo Dios dará a conocer sus juicios durante el recogimiento de su pueblo. Él establecerá el principio por el cual se determinará quien se librará de los juicios que serán enviados por Dios ese día. Establece que ese principio es el creer en el Mesías, el Santo de Israel:

> He aquí, según las palabras del profeta, el Mesías se dispondrá por segunda vez a restaurarlos [Sión y el pueblo del convenio de el Señor]; por lo tanto, cuando llegue el día en que en él crean, él se manifestará a ellos con poder y gran gloria, hasta *la destrucción de sus enemigos*, y *no será destruido ninguno que crea en él.*
>
> *Y los que no crean en él serán destruidos tanto por fuego*, como *por tempestades*, y *por temblores de tierra*, por la *efusión de sangre* y por *pestilencia* y por *hambre*. Y sabrán que el Señor es Dios, el Santo de Israel.
>
> ¿Pues será quitada la presa al poderoso? o ¿será librado el cautivo legítimo?
>
> Empero así dice el Señor: Aun los cautivos le serán quitados al poderoso, y la presa del tirano será librada; porque el Dios Fuerte librará a su pueblo del convenio. Pues así dice el Señor: *Yo contenderé con aquellos que contiendan contigo;*
>
> *y a los que te oprimen daré de comer su propia carne; y con su propia sangre* serán embriagados como con vino dulce; y conocerá toda carne que yo, el Señor, soy tu Salvador y tu Redentor, el Fuerte de Jacob.[2]

---

1. Isaías 49:22-23 (citado por Jacob en 2 Nefi 6:6-7), e Isaías 49:24-52:2 (citado por Jacob en 2 Nefi 6:16–8:25). Para interpretar el comentario de estos capítulos, véase el libro del autor, *Prophets and Prophecies of the Old Testament* (Bountiful, Utah: Horizon Publishers, 1973, pág. 351-352, 356-357, 342.

2. 2 Nefi 6:14-18.

Observe que su profecía es condicional: los hombres serán capaces de librarse de la destrucción *si* ellos creen en Dios, pero serán destruidos por una serie de juicios *si* fallan en cumplir la condición de creer en Dios.

Observe también que la profecía tiene un día específico de ejecución: los incrédulos serán destruidos durante el período cuando Dios lleve a cabo sus convenios con Israel,[3] al momento de reunirla y recuperarla.[4] Este evento se realiza evidentemente en un orden cronológico durante los acontecimientos de los últimos días determinados por el Salvador mismo, lo cual se verá más adelante en este libro.[5]

Observe también que toda la gente no sufrirá el mismo destino: algunos creerán y se librarán, mientras que otros quienes sean incrédulos morirán. La profecía divide a la gente de esa época en dos grupos distintos, creyentes e incrédulos, un modelo establecido por muchas profecías en el Libro de Mormón.

Amonestación del Señor: Los Gentiles incrédulos serán pisoteados por la casa de Israel cuando pequen en contra del evangelio (3 Nefi 16:4-15)

Otra profecía condicional, la cual especifica las preocupaciones de América en los últimos días, también establece el creer en Dios como el principio para librarse de desastres en el futuro. Esta profecía se encuentra en las palabras de Jesucristo registradas en 3 Nefi, capítulo 16. El día del cumplimiento de esta profecía es el mismo: en la era cuando el Salvador haga cumplir sus convenios con el pueblo de Israel, reuniéndolos desde las cuatro partes de la tierra.[6] Esta profecía está dirigida específicamente a los Gentiles, el pueblo caucásico de América.[7]

Los versículos preliminares (3 Nefi 16:4-13) ilustran el escenario. Como en la profecía de Jacob, el principio de creer en Dios divide a la gente de los últimos días de América en dos grupos. Una parte de los Gentiles que creen y reciben el evangelio:

---

3. 2 Nefi 6:12.
4. 2 Nefi 6:11.
5. Véase pág. 248-249.
6. 3 Nefi 16:5.
7. Observe que estos Gentiles son los descendientes (la plenitud) de los Gentiles Americanos quienes recibieron el Libro de Mormón (3 Nefi 16:4; compárelos con aquellos quienes recibieron el Libro de Mormón en los últimos días).

> Y *benditos son los gentiles por motivo de su creencia en mí*, mediante el Espíritu Santo, que les testifica de mí y del Padre.
>
> He aquí que *debido a su creencia en mí*, dice el Padre, y a causa de vuestra incredulidad, oh casa de Israel, la verdad llegará a los gentiles en los últimos días, para que les sea manifestada la plenitud de estas cosas.[8]

La otra parte de los Gentiles de América son incrédulos, y "*ay, de los Gentiles incrédulos*", dice Dios.[9] Este grupo pecará contra el evangelio y cambiará al espantoso estado de iniquidad.

Con los antecedentes claramente establecidos en estos versículos preliminares, el Salvador envía su mensaje profético. Al igual que Jacob, su amonestación es condicional: *si* los Gentiles de los últimos días rechazan la plenitud del evangelio, perderán su oportunidad para escucharla:

> *. . . El día en que los gentiles pequen contra mi evangelio, y rechacen la plenitud de mi evangelio, y se envanezcan por el orgullo de su corazón sobre todas las naciones y sobre todos los pueblos de la tierra, y estén llenos de toda clase de mentiras, y de engaños, y de maldades, y de todo género de hipocresía, y asesinatos, y supercherías sacerdotales, y fornicaciones, y abominaciones secretas;* y *si* cometen todas estas cosas, y rechazan la plenitud de mi evangelio, he aquí, dice el Padre, *retiraré la plenitud de mi evangelio de entre ellos.*[10]

La naturaleza condicional de la predicación continúa para ser vista como la porción de amonestación profética: *si* estos Gentiles inicuos de América se arrepienten, ellos serán contados entre Israel y no serán pisoteados,[11] pero el Señor advierte lo que sucederá *si* no se arrepienten:

> Pero si no se vuelven a mí, ni escuchan mi voz, yo les *permitiré, sí, permitiré que los de mi pueblo, oh casa de Israel, pasen por en medio de ellos y los huellen,* y serán como la sal que ha perdido su sabor, que desde entonces para nada es buena sino *para ser arrojada y hollada bajo los pies de mi pueblo,* oh casa de Israel.
>
> De cierto, de cierto os digo que así me ha mandado el Padre: Que dé a este pueblo esta tierra por herencia.[12]

---

8. 3 Nefi 16:6-7.

9. 3 Nefi 16:8.

10. 3 Ne.16:10. Observe que este versículo asocia una separación de la rectitud y la maldad en el momento en que la plenitud del evangelio se retira de los Gentiles no creyentes. Sin embargo no se indica si esto es un recogimiento de los justos o la terminación de la obra misional entre los malos, o ambos.

11. 3 Nefi 16:13-14.

Creer en Dios nuevamente se ha establecido como el principio por el cual se determinará la diferencia entre salvación y destrucción en este evento que ha de venir.

El Salvador amonesta: Los Gentiles incrédulos serán desarraigados por el resto de Jacob (3 Nefi 21:1-14)

El Señor presenta una profecía similar en un contexto diferente, pero nuevamente establece el principio de creer en Dios por el cual permitirá que algunos se libren de la destrucción en América en los últimos días. Jesucristo habla del mismo día y lugar así como en su anterior amonestación profética: habla de un evento relacionado con el recogimiento de Israel[13] el cual toma lugar "*en esta tierra*" donde los Gentiles están "*instituidos como pueblo libre* por el poder del Padre."[14] Una vez más, él describe dos grupos que se diferencian por creer en Dios. Le dice a los Gentiles justos, quienes están dispuestos a creer en Dios, que al Padre le conviene que:

> . . . muestre su poder a los gentiles, a fin de que éstos, *si no endurecen sus corazones, se arrepientan y vengan a mí* y sean bautizados en mi nombre y conozcan los verdaderos puntos de mi doctrina, para que sean contados entre los de mi pueblo, oh casa de Israel; . . .[15]

Estos Gentiles creyentes son el contraste de los incrédulos quienes cosechan destrucción como el Salvador menciona en sus amonestaciones proféticas. De acuerdo con el Maestro, los Gentiles incrédulos serán destruidos por el resto de Jacob quienes los desarraigará:

> Acontecerá, pues, que los que *no crean en mis palabras, que soy Jesucristo*, las cuales el Padre hará que él lleve a los gentiles, y le otorgará el poder para que las lleve a los gentiles (se hará aun como dijo Moisés), *serán desarraigados de entre los de mi pueblo que son del convenio.*
>
> *Y los de mi pueblo, que son un resto de Jacob, estarán en medio de los gentiles, sí, en medio de ellos como león entre los animales del*

---

12. 3 Nefi 16:15-16. Observe que el versículo 16 coloca claramente esta profecía en América. Véase también D. y C. 103:5-11.
13. 3 Nefi 21:1.
14. 3 Nefi 21:4.
15. 3 Nefi 21:6.

bosque, y como cachorro de león entre las manadas de ovejas, el cual, si pasa por en medio, huella y despedaza, y nadie las puede librar.

Su mano se levantará sobre sus adversarios, y *todos sus enemigos serán talados.*

Sí, ¡ay de los gentiles, a menos que se arrepientan! . . .[16]

Amonestación de Mormón: La espada de venganza clamará por la sangre de los Santos a los incrédulos (Mormón 8:27, 9:6)

El profeta Mormón también presenta el principio de creer en Dios, por el cual separará aquellos quienes tendrán que sufrir la venganza de Dios en los últimos días y aquellos a quienes serán preservados. Él describe el día cuando "*la sangre de los santos clamará al Señor, por motivo de las combinaciones secretas,*"[17] cuando "*se negará el poder de Dios,*"[18] y habrá *guerras* y *terremotos,*[19] y "*persecuciones, y toda clase de iniquidades,*"[20] y "*abominaciones secretas para obtener lucro.*"[21]

Entonces él amonesta:

> "He aquí, *la espada de la venganza se cierne sobre vosotros;* y pronto viene el día en que *él vengará la sangre de los santos* en vosotros, porque no soportará más sus clamores."[22]

Hablando "concerniente a aquellos que no creen en Cristo,"[23] él advierte:

> He aquí, ¿*creeréis* en el día de vuestra visitación—he aquí, cuando venga el Señor, sí, ese gran día cuando *la tierra se plegará como un rollo,* y *los elementos se derretirán con ardiente calor*, sí, ese gran día en que *seréis llevados para comparecer ante el Cordero de Dios*—diréis entonces que no hay Dios?[24]

---

16. 3 Nefi 21:11-14. Su profecía continúa en detalle, describiendo la gran destrucción la cual se traerá sobre los gentiles. El resto de esta profecía se contempla posteriormente en este libro.

17. Mormón 8:27.
18. Mormón 8:28.
19. Mormón 8:30.
20. Mormón 8:36.
21. Mormón 8:40.
22. Mormón 8:41.
23. Mormón 9:1.
24. Mormón 9:2.

Entonces él mostrará que su profecía es condicional; distinguirá la situación que él ha descrito con el estado de aquellos quienes se arrepienten y creen en Dios:

> *Volveos, pues, oh incrédulos, volveos al Señor;* clamad fervientemente al Padre en el nombre de Jesús, para que *quizá se os halle sin mancha, puros, hermosos y blancos*, en aquel grande y postrer día, habiendo sido purificados por la sangre del Cordero.[25]

Amonestación de Nefi: Dios ocasionará una gran división entre el pueblo y destruirá al inicuo (2 Nefi 30:1-10)

Nuevamente otro pasaje del Libro de Mormón que presenta el principio de creer en Dios como el criterio por el cual se distinguirá aquellos quienes se preservarán de aquellos quienes serán destruidos en el periodo de destrucción en los últimos días y en relación al recogimiento de Israel. Nefi habló de los Gentiles en los últimos días, diciendo cómo algunos de ellos por motivo de creer en Dios podrían estar entre el pueblo del convenio:

> Porque he aquí, os digo que *cuantos de los gentiles se arrepienten son el pueblo del convenio del Señor*; y cuantos judíos no se arrepientan serán talados; porque *el Señor no hace convenio con nadie sino con aquellos que se arrepienten y creen en su Hijo*, que es el Santo de Israel.[26]

Después de hablar del recogimiento de Israel[27] cuando *Dios* ocasionará una gran división entre el pueblo y destruirá aquellos que no son de su pueblo, él dice:

> Porque rápidamente se acerca el tiempo en que *el Señor Dios ocasionará una gran división entre el pueblo, y destruirá a los inicuos*; y preservará a su pueblo, sí, aun cuando tenga que destruir a los malvados por fuego.[28]

---

25. Mormón 9:6.
26. 2 Nefi 30:2.
27. 2 Nefi 30:3-8.
28. 2 Nefi 30:10.

Amonestación de Moroni: Aquellos quienes niegan la palabra del Señor serán maldecidos y destruidos por fuego (Éter 4:6-18)

Moroni, escribiendo a los Gentiles en los últimos días, citó las advertencias del Señor a los incrédulos entre los Gentiles y entre el pueblo de Israel en los últimos días. Al mismo tiempo, él mencionó de la parte de la revelación dada al hermano de Jared la cual no se había dado a conocer todavía a la Iglesia en los últimos días. Explicó que esta, y otra revelación, sería restaurada a los Santos. Algunos de los Gentiles creerían, mientras que otros negarían la palabra del Señor y serían destruidos:

> . . . He aquí, he escrito sobre estas planchas las mismas cosas que vio el hermano de Jared; y jamás se manifestaron cosas mayores que las que le fueron mostradas al hermano de Jared.
>
> . . . *No irán a los gentiles sino hasta el día en que se arrepientan de su iniquidad, y se vuelvan puros ante el Señor.*
>
> Y el día en que ejerzan la fe en mí, dice el Señor, así como lo hizo el hermano de Jared, para que se santifiquen en mí, entonces *les manifestaré las cosas que vio el hermano de Jared, aun hasta desplegar ante ellos todas mis revelaciones*, dice Jesucristo, el Hijo de Dios, el Padre de los cielos y de la tierra, y de todas las cosas que en ellos hay.
>
> *Y el que contienda contra la palabra del Señor, maldito sea; y el que niegue estas cosas, maldito sea; porque a éstos no mostraré cosas mayores*, dice Jesucristo; porque yo soy el que habla.
>
> *Y por mi mandato se abren y se cierran los cielos; y por mi palabra temblará la tierra; y por mi mandato sus habitantes pasarán, como si fuera por fuego.*[29]

---

29. Éter 4:4, 6-9. Entonces siguió esta hermosa explicación de fe:

> *Y el que no cree mis palabras no cree a mis discípulos;* y si es que yo no hablo, juzgad vosotros; porque en el postrer día sabréis que yo soy el que habla.
>
> *Pero al que crea estas cosas que he hablado, yo lo visitaré con las manifestaciones de mi Espíritu, y sabrá y dará testimonio.* Porque por mi Espíritu sabrá que estas cosas son verdaderas; porque persuade a los hombres a hacer lo bueno.
>
> *Y cualquier cosa que persuada a los hombres a hacer lo bueno viene de mí*; porque el bien de nadie procede, sino de mí. Yo soy el mismo que

Después de prometer ricas bendiciones a aquellos quienes creyeran en el futuro (el proceso de recogimiento sería la señal de que Dios recuerda sus convenios con Israel y que ha comenzado su trabajo), Moroni repitió las amonestaciones proféticas del Señor, declarando que los creyentes podrían ser salvos mientras los incrédulos serían maldecidos.

> *He aquí, cuando rasguéis ese velo de incredulidad que os hace permanecer en vuestro espantoso estado de iniquidad, y dureza de corazón, y ceguedad de mente*, entonces las cosas grandes y maravillosas que han estado ocultas de vosotros desde el principio del mundo, sí, cuando invoquéis al Padre en mi nombre, con un corazón quebrantado y un espíritu contrito, *entonces sabréis que el Padre se ha acordado del convenio que hizo con vuestros padres, oh casa de Israel.*
>
> *Entonces serán manifestadas a los ojos de todo el pueblo mis revelaciones que he hecho que sean escritas por mi siervo Juan. Acordaos, cuando veáis estas cosas, sabréis que el tiempo está cerca en que efectivamente serán manifestadas.*
>
> Por tanto, cuando recibáis esta historia, sabréis que la obra del Padre ha empezado sobre toda la faz de la tierra.
>
> Arrepentíos, pues, todos vosotros los extremos de la tierra, y *venid a mí, y creed en mi evangelio y sed bautizados en mi nombre; porque el que crea y sea bautizado, será salvo; mas el que no crea, será condenado*; y las señales seguirán a los que crean en mi nombre.[30]

Resumen

1. El Libro de Mormón contiene amonestaciones importantes a los habitantes de los últimos días en las Américas. Estas amonestaciones se

---

conduce a los hombres a todo lo bueno; *el que no crea mis palabras, tampoco me creerá a mí*: que yo soy; y aquel que no me crea, no creerá al Padre que me envió. Pues he aquí, yo soy el Padre, yo soy la luz, y la vida, y la verdad del mundo.

¡Venid a mí, oh gentiles, y os mostraré las cosas mayores, el conocimiento que se ha ocultado a causa de la incredulidad! (Éter 4:10-13).

---

30. Éter 4:15-18. Observe que la revelación escrita por Juan es el libro final del Nuevo Testamento, "El Apocalipsis ó Revelación de San Juan, el teólogo." Este versículo establece cuándo se llevarán a cabo los eventos profetizados de los últimos días.

encuentran usualmente como profecías condicionales y relacionadas a eventos en los últimos días.

2. Muchas de las amonestaciones condicionales establecen un principio del evangelio específico. Ellas dicen que las bendiciones serán cosechadas por aquellos que obedecen el principio, advierten de la destrucción que vendrá sobre aquellos que desobedecieron esa ley.

3. Los capítulos en la sección I están dedicados a obtener un mejor entendimiento de los principios sobre los cuales depende la supervivencia. Los capítulos posteriores considerarán los eventos que se han profetizado de las que las amonestaciones proféticas aluden.

4. El pueblo de América debe creer en Dios o serán destruidos durante los juicios enviados por Dios. Este es el primero de los principios citados para la supervivencia y es el tema central de este capítulo.

5. Se citan seis referencias claves de amonestaciones proféticas para demostrar este principio. Estas son profecías hechas por:

- Jacob (2 Nefi 6:14-18)
- El Salvador (3 Nefi 16:4-15)
- El Salvador (3 Nefi 21:1-14)
- Mormón (Mormón 8:27-9:6)
- Nefi (2 Nefi 30:1-10)
- Moroni (Éter 4:6-18)

6. La esencia del tema de las profecías es que el pueblo de las Américas será dividido en dos corrientes, la de los justos y la de los inicuos. Los justos serán separados mientras que los inicuos serán destruidos.

7. Las profecías generalmente se refieren a un periodo de tiempo específico de ejecución: una hora de conflictos en donde Dios llevará a cabo sus convenios con Israel por medio del recogimiento de este pueblo a las tierras de su herencia. Sin embargo, algunas de las profecías hacen referencia a la destrucción de los inicuos llevándose a cabo durante la venida de Jesucristo en gloria para dar comienzo a su reino en el milenio.

8. Las profecías son dirigidas usualmente a los "Gentiles" o habitantes caucásicos quienes se establecieron en las Américas siguiendo la llegada de Colón. De acuerdo al Libro de Mormón, el evangelio es restaurado y enseñado los Gentiles. Es obvio que los miembros de la

Iglesia se pueden encontrar entre las categorías de los Gentiles "creyentes" o "incrédulos" en los últimos días.

9. Las profecías aluden las condiciones de injusticia las cuales existirán en América cuando la hora de conflicto y destrucción este cerca:

- Los Gentiles pecarán contra el evangelio (3 Nefi 16:10)
- Los Gentiles serán envanecidos sobre todos los pueblos de la tierra (3 Nefi 16:10)
- Los Gentiles estarán llenos de mentiras, engaños, maldades, hipocresía, asesinatos, supercherías sacerdotales, fornicaciones y abominaciones secretas (3 Nefi 16:10)
- La sangre de los Santos clamará al Señor por motivo de las combinaciones secretas (Mormón 8:27)
- Se negará el poder de Dios (Mormón 8:28)
- Habrá persecuciones (Mormón 8:36)
- Habrá abominaciones secretas para obtener lucro (Mormón 8:40)
- La gente será incrédula (Mormón 9:6)
- Algunos contenderán con la palabra del Señor (Éter 4:8)
- Algunos negarán la validez de nuevas revelaciones reveladas (Éter 4:7-8)
- La gente estará en un espantoso estado de iniquidad (Éter 4:15)

10. El grado en el cual estas condiciones existan en el presente pueden ser indicaciones de que tan cerca esté el periodo de conflicto y destrucción.

11. Las advertencias se aluden para especificar eventos los cuales serán conocidos como las profecías realizadas:

- Dios empezará a reunir y recoger a Israel (2 Nefi 6:12-14; 3 Nefi 16:5; 21:1)
- Aquellos quienes no creen en Dios serán destruidos por fuego, tempestades, temblores, efusión de sangre, pestilencias y hambre (2 Nefi 6:15)
- La gente contenderá con Israel y la oprimirá (2 Nefi 6:17-18)
- Israel (o algunos de Israel) estará cautiva por un enemigo poderoso pero será librada (2 Nefi 6:16-18)
- Dios librará a su pueblo del convenio (2 Nefi 6:17)
- Los creyentes serán preservados de la destrucción (2 Nefi 6:14-15)
- Los enemigos de Israel pelearán entre ellos mismos (2 Nefi 6:18)
- Algunos Gentiles recibirán el evangelio (3 Nefi 16:6-7; 21:6)

- El evangelio será retirado de los Gentiles inicuos (3 Nefi 16:10, 21:11)
- Los miembros de la casa de Israel (el resto de Jacob) despedazarán y pisotearán a los Gentiles (3 Nefi 16:15; 21:12-13)
- Habrá guerras y terremotos (Mormón 8:30)
- Dios vengará la sangre de los Santos sobre los Gentiles (Mormón 8:41)
- Dios ocasionará una gran división entre el pueblo (2 Nefi 30:10)
- Dios destruirá al inicuo con fuego (2 Nefi 30:10; Éter 4:9)
- Las cosas mostradas al hermano de Jared, mas otras revelaciones, se manifestarán a los Gentiles justos (Éter 4:7)
- Los hombres contenderán contra las nuevas revelaciones y las negarán (Éter 4:8)
- Las revelaciones dadas a Juan [el Revelador] serán manifestadas (Éter 4:16)
- El Señor vendrá. Los elementos se derretirán con ardiente calor (Mormón 9:2)

Segunda Amonestación:

Aquellos Quienes no Prestan Servicio a Dios Serán Destruidos

Tanto en el pasado como en el futuro, las amonestaciones del Libro de Mormón también hacen referencia al no prestar servicio a Dios como una causa para la destrucción a los habitantes de la tierra prometida. Esta amonestación se establece como la segunda de los principios que se deben obedecer si los pueblos de las Américas quieren librarse de los juicios de Dios.

Amonestación de Moroni: Las naciones que no sirvan a Dios serán exterminadas cuando cayera sobre ellos la plenitud de su ira (Éter 2:7-12)

Moroni, mientras se refería a: "la tierra de promisión, que era una tierra escogida sobre todas las demás, la cual el Señor Dios había preservado para un pueblo justo",[1] dijo del eterno decreto de Dios y la promesa al hermano de Jared:

> Y *había jurado* en su ira al hermano de Jared que *quienes poseyeran esta tierra de promisión, desde entonces y para siempre, deberían servirlo a él, el verdadero y único Dios, o serían exterminados cuando cayera sobre ellos la plenitud de su ira.*
>
> Y así podemos ver los decretos de Dios concernientes a esta tierra: Que es una tierra de promisión; y *cualquier nación que la posea servirá a Dios, o será exterminada cuando la plenitud de su ira caiga sobre ella.* Y la plenitud de su ira descenderá sobre ella cuando haya madurado en la iniquidad.
>
> Porque he aquí, ésta es una tierra escogida sobre todas las demás; por tanto, *aquel que la posea servirá a Dios o será exterminado, porque es el eterno decreto de Dios.* Y no es sino hasta cuando llega al colmo la iniquidad entre los hijos de la tierra, que son exterminados.[2]

---

1. Éter 2:7.
2. Éter 2:8-10.

Después dirige sus mensajes a los Gentiles Americanos de los últimos días, a quienes sabía que eventualmente leerían sus palabras en el Libro de Mormón. Él sabía que la iniquidad vendría entre ellos, y los amonestó para que se arrepintieran y no permitieran que su iniquidad alcanzara una "plenitud:"

> Y esto viene a vosotros, oh gentiles, *para que conozcáis los decretos de Dios, para que os arrepintáis y no continuéis en vuestras iniquidades hasta llegar al colmo*, para que no hagáis venir sobre vosotros la plenitud de la ira de Dios, como lo han hecho hasta ahora los habitantes de la tierra.
>
> He aquí, *ésta es una tierra escogida, y cualquier nación que la posea se verá libre de la esclavitud, y del cautiverio, y de todas las otras naciones debajo del cielo, si tan sólo sirve al Dios de la tierra, que es Jesucristo*, el cual ha sido manifestado por las cosas que hemos escrito.[3]

Amonestación de Lehi: Si la iniquidad abunda, la tierra será maldecida (2 Nefi 1:5-7)

Lehi, en su profecía relacionada a la "tierra de promisión, una tierra escogida sobre todas las demás;"[4] observó que *si* la gente traída aquí por Dios le servía, sería para ellos una tierra de libertad. Pero *si* regresaban a la iniquidad, serían traídos a la cautividad y la tierra sería maldecida a causa de ellos:

> Por tanto, yo, Lehi, profetizo según el Espíritu que obra en mí, que *nadie vendrá a esta tierra a menos que sea traído por la mano del Señor.*
>
> Por tanto, esta tierra está consagrada a quienes él traiga. Y *en caso de que le sirvan* según los mandamientos que él ha dado, será para ellos una tierra de libertad; por lo que nunca serán reducidos al cautiverio; *si tal sucediere, será por causa de la iniquidad; porque si abunda la iniquidad, maldita será la tierra por causa de ellos*; pero para los justos será bendita para siempre.[5]

---

3. Éter 2:11-12.
4. 2 Nefi 1:5.
5. 2 Nefi 1:6-7. Observe que Lehi, en su profecía, también sigue el proceso de división entre la gente en dos grupos: aquellos inicuos a quienes la tierra será maldita, y aquellos justos a quienes la tierra permanecerá bendecida para siempre. Este es el modelo de profecías en la siguiente sección.

Por consiguiente Lehi, así como Moroni, predijo que era un principio el servir a Dios por el cual determinará que la gente de esta tierra disfrute de libertad y bendiciones divinas o sea maldecida y destruida.

Amonestación del Rey Limhi: Si mi pueblo siembra inmundicia, segará destrucción inmediata (Mosíah 7:29-33)

Acontecimientos precedentes en el Libro de Mormón indican la importancia de servir a Dios como la clave para preservar libertad y librarse de los juicios divinos. El Rey Limhi (líder del pueblo de Lehi y Nefi, quienes estuvieron en cautiverio por los Lamanitas) reunió a su pueblo y les enseño que sirviendo a Dios es la única manera en que ellos podrían librarse del cautiverio. Después de decirles cómo sus iniquidades conducían a que fueran conquistados, él les advirtió:[6]

> . . . el Señor ha dicho: *No socorreré a los de mi pueblo en el día de su trasgresión, sino que obstruiré sus caminos para que no prosperen*; y sus hechos serán como piedra de tropiezo delante de ellos.
>
> Y también dice: *Si mi pueblo siembra inmundicia, segará el tamo de ella en el torbellino; y su efecto es veneno.*
>
> Y dice además: *Si mi pueblo siembra inmundicia segará el viento oriental, el cual trae destrucción inmediata.*
>
> Y ahora bien, he aquí, la promesa del Señor se ha cumplido, y vosotros sois heridos y afligidos.
>
> Mas si *os tornáis al Señor* con íntegro propósito de corazón, y *ponéis vuestra confianza en él*, y le *servís con toda la diligencia del*

---

6. En relación con la causa de su caída, él dijo:

> . . . grandes son las razones que tenemos para lamentarnos; porque he aquí, cuántos de nuestros hermanos han sido muertos, y su sangre ha sido derramada en vano, y todo por causa de la iniquidad.
>
> *Porque si este pueblo no hubiese caído en la trasgresión, el Señor no habría permitido que este gran mal les hubiera sobrevenido.* Mas he aquí, no quisieron oír sus palabras, sino que surgieron contenciones entre ellos, al grado de *verter sangre entre ellos mismos.*
>
> *Y han matado a un profeta del Señor*; sí, un hombre escogido de Dios que les habló de sus iniquidades y abominaciones, y profetizó de muchas cosas que han de acontecer, sí, aun la venida de Cristo. (Mosíah 7:24-26).

alma, si hacéis esto, él, de acuerdo con su propia voluntad y deseo, os librará del cautiverio.[7]

Servir a Dios es la clave para liberarse de la venganza divina: Ejemplos de la historia del Libro de Mormón

Se envió hambre para hacer que la gente recordara a su Dios

Un ejemplo importante de que el servir a Dios es la clave para disfrutar de las bendiciones de Dios y librarse de la venganza divina ocurrió en un período breve antes del nacimiento de Jesucristo. Durante los días del profeta Nefi,[8] la gente se había vuelto tan inicua que Dios envió a su profeta con el mensaje, "*A menos que os arrepintáis, seréis heridos, sí, hasta la destrucción.*"[9]

Las guerras fueron violentas por toda la tierra debido a gran parte a los hechos de los ladrones de Gadiantón. En lugar de permitir que toda su gente fuera destruida, Nefi clamó al Señor para que enviara hambre sobre la tierra y hacerles recordar a su Dios. Sequía y hambre llegó, y "*fueron afligidos a tal grado que perecieron por millares en las partes más inicuas del país.*"[10] Entonces Nefi clamó al Señor que el hambre terminara y que la gente fuera probada nuevamente para servir a Dios:

> Y ahora, oh Señor, ¿no apartarás tu ira y *probarás otra vez si te servirán*? Y si así fuere, oh Señor, puedes bendecirlos de acuerdo con tus palabras que has hablado.[11]

Después de tres años de hambre causada por la sequía, la lluvia cayó nuevamente. La gente ahora estuvo suficiente preparada para servir a Dios. Debido al arrepentimiento de su actitud, la Iglesia se extendió por toda la tierra y ellos vivieron en paz.[12]

La guerra y aflicción hicieron hacer humildes a los Nefitas inicuos hasta que sirvieron a Dios

Otro profeta llamado Nefi[13] vio a su pueblo sufrir terriblemente la guerra y el derramamiento de sangre hasta que estuvieron dispuestos a servir a Dios con diligencia. El pueblo vio la nueva estrella que fue la

---

7. Mosíah 7:29-33.
8. El hijo de Helamán II. Véase Helamán 3:37.
9. Helamán 10:11.
10. Helamán 11:6.
11. Helamán 11:16.
12. Helamán 11:17-21.
13. El hijo del Nefi y nieto de Helamán II. Véase 3 Nefi 1:10.

señal del nacimiento de Jesucristo,[14] muchos de ellos eran corruptos y eran guiados al mal camino por la "sociedad secreta de Gadiantón"[15] así que ellos se ocuparon de la guerra, la cual trajo gran masacre entre la gente de Lehi desde que el profeta vino a la tierra prometida.[16] Y no fue hasta que los Nefitas habían padecido una cruel aflicción cuando Dios los libró de las manos de sus enemigos "*y sabían que había sido por su arrepentimiento y humildad que habían sido librados de una destrucción eterna.*"[17] Entonces, ¿qué fue lo que hicieron?

> . . . abandonaron todos sus pecados, y sus abominaciones, y sus fornicaciones, y *sirvieron a Dios con toda diligencia de día y de noche.*[18]

Nuevamente, el servicio a Dios estaba relacionado con librarse de la destrucción.

Amonestación de Moroni a los creyentes de los últimos días: Aquellos que desprecien las obras de Dios se asombrarán y perecerán (Mormón 9:26-28)

Moroni, se dirige a los incrédulos quienes leerían sus palabras en los últimos días, advirtió que aquellos quienes se levantaran en contra del poder del Señor perecerían. Su amonestación fue a los Gentiles quienes siguieron consejos sabios de servir a Dios:

> . . . *¿quién puede resistir las obras del Señor? ¿Quién puede negar sus palabras? ¿Quién se levantará contra la omnipotente fuerza del Señor? ¿Quién despreciará las obras del Señor? ¿Quién despreciará a los hijos de Cristo? Considerad, todos vosotros que sois despreciadores de las obras del Señor, porque os asombraréis y pereceréis.*
>
> Oh, no despreciéis, pues, ni os asombréis, antes bien, escuchad las palabras del Señor, y pedid al Padre, en el nombre de Jesús, cualquier cosa que necesitéis. No dudéis, mas sed creyentes; y empezad, como en los días antiguos, y allegaos al Señor con todo vuestro corazón, y labrad vuestra propia salvación con temor y temblor ante él.
>
> Sed prudentes en los días de vuestra probación; despojaos de toda impureza; no pidáis para dar satisfacción a vuestras concupiscencias, sino pedid con una resolución inquebrantable, para que no cedáis a ninguna tentación, *sino que sirváis al verdadero Dios viviente.*[19]

---

14. 3 Nefi 1:19-21. Esta fue la señal profetizada por Samuel el Lamanita.Véase Helamán 14:1-6.
15. 3 Nefi 3:9. Véase los capítulos 3 Nefi 3 y 4.
16. 3 Nefi 4:11.
17. 3 Nefi 4:33.
18. 3 Nefi 5:3.
19. Mormón 9:26-28.

Servir a Dios se establece como un segundo principio importante para la supervivencia de las paises de Norte América y América Central en el peligroso escenario de los últimos días. Amonestación tras amonestación, los profetas inspirados han sostenido este principio como una clave vital para recibir las bendiciones divinas y evitar los juicios que Dios ha enviado.

No pueden ser compromisos ni convenios variados. El Señor enseñó:

> *Ningún hombre puede servir a dos señores*, porque o aborrecerá al uno y amará al otro, o se allegará al uno y despreciará al otro. *No podéis servir a Dios y a Mamón.*[20]

Resumen

1. Las amonestaciones proféticas hacen referencia a la Américas como una tierra de promesa que muestra servicio a Dios como un principio necesario para librarse de los juicios de Dios. Si ellos no sirven a Dios, su juicio vendrá sobre ellos.

2. Cuatro amonestaciones proféticas de este tema se citan en este capítulo:

- Moroni (Éter 2:8-12)
- Lehi (2 Nefi 1:5-7)
- El Rey Limhi (Mosíah 7:29-33)
- Moroni (Mormón 9:26-28)

3. Con las amonestaciones hay promesas de bendiciones si la gente de la tierra verdaderamente sirve a Dios:

- Cualquier nación que posea la "tierra prometida" de América se verá libre de la esclavitud y del cautiverio y de todas las otras naciones si sirve a Jesucristo (Éter 2:12).
- La gente que fuese traída a esta "sagrada" tierra disfrutará de libertad y nunca será llevada al cautiverio si sirven al Señor, guardando sus mandamientos (2 Nefi 1:7).

---

20. 3 Nefi 13:24. No hay espacio para disuasión entre el pueblo de Dios. El Salvador, mientras estaba entre los Nefitas, les citó su revelación anterior a Malachi en la cual observaba sus fidelidad diminuta: "Habéis dicho: *En vano es servir a Dios; ¿y qué nos aprovecha haber guardado sus ordenanzas*, y haber andado afligidos delante del Señor de los Ejércitos?" (3 Nefi 24:14)

- Si la gente regresa al Señor, confía en él y le sirve con toda diligencia, él los librará del cautiverio (Mosíah 7:33).

4. Los decretos de Dios cuando prevalece la iniquidad también se describen en amonestaciones proféticas:

- La plenitud de la ira de Dios vendrá sobre aquellos que continúen en iniquidades hasta llegar al colmo (Éter 2:11).
- Si la iniquidad abunda, la gente podría ir a la cautividad y la tierra será maldecida debido a la iniquidad de la gente (2 Nefi 1:7).
- El Señor no socorrerá a su pueblo si ellos transgreden.
- Él obstruirá sus caminos para que no prosperen y sus hechos serán como piedras de tropiezo (Mosíah 7:29).
- Aquellos quienes se levanten contra el poder del Señor y desprecien sus obras se asombrarán y perecerán (Mormón 9:26).

5. De acuerdo al profeta Lehi, "nadie vendrá a esta tierra a menos que sea traído por la mano del Señor" (2 Nefi 1:6). Esto no necesariamente significa que nunca ningún enemigo vendrá; si ellos vienen, serán traídos por Dios (como a menudo sucede en relatos Bíblicos y del Libro de Mormón cuando la gente comienza a ser inicua).

6. La gente es humilde y sirve a Dios cuando experimenta el cautiverio, hambre y guerras. Los ejemplos de la cautiva colonia de Lehi y Nefi por los Lamanitas (Mosíah 7), el hambre requerida por el profeta Nefi (Helamán 11), y la guerra Nefita contra los ladrones de Gadiantón (3 Nefi 3-5) se citan en esta sección.

7. El discurso que Moroni se direge a los incrédulos en los últimos días indica otro aspecto de las condiciones en los últimos días: Los hombres se resistirán a las obras de Dios, negarán sus palabras, y despreciarán sus obras y la de sus hijos [seguidores] (Mormón 9:26).

Tercera Amonestación:

Si la Gente Regresa a la Iniquidad, Ellos y la Tierra Serán Maldecidos

Amonestación de Alma: La tierra será maldecida para la destrucción de cada pueblo que obre inicuamente (Alma 45:16)

El Señor ha establecido altos estándares para los habitantes de Norte América, una tierra "escogida sobre todas las demás." Él espera que creamos en el, que le sirvamos y que renunciemos a nuestras malas obras. A pesar que muchos saben de las bendiciones que ha prometido si la gente es justa, muy pocos conocen de la maldición que ha anunciado sobre la tierra si los habitantes escogen la iniquidad. Alma, mientras daba una bendición a sus hijos, les enseñó de esta maldición condicional:

> . . . Así dice el Señor Dios: *Maldita será la tierra, sí, esta tierra, para la destrucción de toda nación, tribu, lengua y pueblo que obre inicuamente, cuando haya llegado al colmo*; y así como he dicho acontecerá, porque ésta es la maldición y la bendición de Dios sobre la tierra, porque el Señor no puede considerar el pecado con el más mínimo grado de tolerancia.[1]

Enseñó a su hijo que:

> . . . *hay una maldición sobre toda esta tierra de que sobrevendrá una destrucción a todos los obradores de tinieblas*, según el poder de Dios, *cuando lleguen al colmo*; por tanto, es mi deseo que este pueblo no sea destruido.[2]

---

1. Alma 45:16. Véase también D. y C. 1:31.
2. Alma 37:28. Véase también el versículo 31.

Amonestación de Lehi: Si la iniquidad abunda, la maldición caerá sobre la tierra (2 Nefi 1:7)

Como se recordará, Lehi enseñó el mismo principio, diciendo "*si abunda la iniquidad, maldita será la tierra* por causa de ellos."[3] También enseñó a sus hijos que Dios ha dicho:

> . . . Si guardáis mis mandamientos, prosperaréis en la tierra; pero *si no guardáis mis mandamientos, seréis desechados de mi presencia.*
>
> Y ahora bien, para que mi alma se regocije en vosotros, y mi corazón salga de este mundo con gozo por causa vuestra, a fin de que no sea yo llevado con pena y dolor a la tumba, *levantaos del polvo, hijos míos, y sed hombres, y estad resueltos en una sola voluntad y con un solo corazón, unidos en todas las cosas, para que no descendáis al cautiverio*;
>
> *para que no seáis maldecidos con una grave maldición; ni que tampoco traigáis el desagrado de un Dios justo sobre vosotros para la condenación, sí, la eterna condenación del cuerpo y del alma.*[4]

También describe la naturaleza y magnitud de tal maldición:

> Mi corazón ha estado agobiado de pesar de cuando en cuando, pues he temido que por la dureza de vuestros corazones, el Señor vuestro Dios viniese en la plenitud de su ira sobre vosotros, y fueseis talados y destruidos para siempre;
>
> *o que una maldición os sobreviniera por el espacio de muchas generaciones; y fueseis castigados por la espada y por el hambre, y fueseis aborrecidos, y llevados según la voluntad y cautividad del diablo.*[5]

Ejemplos de la maldición de Dios sobre la tierra del Libro de Mormón

El Libro de Mormón menciona ejemplos claros de lo que tomará lugar cuando la maldición del Señor comience. Cinco y medio siglos después de la amonestación de Lehi, el pueblo de Nefi fue testigo de los efectos de la maldición del Señor:

---

3. 2 Nefi 1:7.
4. 2 Nefi 1:20-22.
5. 2 Nefi 1:17-18.

> Y prosperaron muchísimo, y se hicieron muy ricos; sí, y se multiplicaron y se hicieron fuertes en la tierra.
>
> Y así vemos cuán misericordiosos y justos son todos los actos del Señor para el cumplimiento de todas sus palabras a los hijos de los hombres; sí, podemos ver que aun en esta ocasión se confirman sus palabras que él habló a Lehi, diciendo:
>
> Benditos sois tú y tus hijos; y ellos serán bendecidos, y al grado que guarden mis mandamientos, ellos prosperarán en la tierra. *Mas recuerda que si no guardan mis mandamientos, serán separados de la presencia del Señor.*
>
> Y vemos que *estas promesas se han verificado en el pueblo de Nefi*; porque han sido sus riñas y sus *contenciones*, sí, sus *asesinatos* y sus *robos*, su *idolatría*, sus *fornicaciones* y sus *abominaciones* que había entre ellos, *lo que les trajo sus guerras y sus destrucciones.*
>
> Y *aquellos que fueron fieles en guardar los mandamientos del Señor fueron librados en toda ocasión*, mientras que millares *de sus hermanos inicuos han sido condenados al cautiverio, o a perecer por la espada, o a degenerar en la incredulidad y mezclarse con los Lamanitas.*[6]

Mil años después del tiempo de Lehi, Mormón vio que Dios no enviaría más su palabra a los Nefitas inicuos y debido a la dureza de sus corazones, la tierra fue maldecida nuevamente:

> E intenté predicar a este pueblo, pero me fue cerrada la boca, y se me prohibió que les predicara; pues he aquí, *se habían rebelado intencionalmente contra su Dios*; y los amados *discípulos fueron retirados de la tierra,* a causa de la iniquidad del pueblo.
>
> Mas yo permanecí entre ellos, pero me fue prohibido que les predicara por motivo de la dureza de sus corazones; y *debido a la dureza de sus corazones, la tierra fue maldecida por causa de ellos.*
>
> Y estos ladrones de Gadiantón, que se hallaban entre los Lamanitas, infestaban la tierra, a tal grado que los habitantes empezaron a ocultar sus tesoros en la tierra; y *se hicieron deleznables, porque el Señor había maldecido la tierra, de tal manera que no podían conservarlos ni recuperarlos.*[7]

La maldición continuó hasta que doscientos cincuenta mil guerreros Nefitas, más sus mujeres y niños, fueron cautivos en un solo día. La nación completa fue destruida.[8]

---

6. Alma 50:18-22.
7. Mormón 1:16-18.
8. Véase Mormón 6:10-15.

Amonestación de Jacob: La gente debe guardar los mandamientos del Señor o la tierra será maldecida (Jacob 2:29; 3:3)

El profeta Jacob, en diversas ocasiones, advirtió de la maldición del Señor. Cuando su pueblo empezó a ser impuro declaró, "*este pueblo guardará mis mandamientos, dice el Señor de los Ejércitos, o maldita sea la tierra por su causa.*"[9] Su lamentable amonestación fue: "¡Pero ay, ay de vosotros que no sois puros de corazón, que hoy os halláis inmundos ante Dios!, *porque a menos que os arrepintáis, la tierra será maldecida por causa vuestra.*"[10]

Amonestación de Nefi: El Señor destruye al inicuo y maldice la tierra a causa de ellos (1 Nefi 17:36-38)

Las palabras de Nefi se recapitulan este principio o amonestación:

> He aquí, el Señor creó la tierra para que fuese habitada; y ha creado a sus hijos para que la posean.
>
> Y levanta a la nación justa, y *destruye a las naciones de los inicuos.*
>
> Y conduce a los justos a tierras preciosas, y *destruye* a *los inicuos, y maldice la tierra por causa de ellos.*[11]

¿Qué más necesita ser añadido? Solo tres aclaraciones breves de las escrituras. Primero, el hijo de Alma comentó:

> Ahora bien, quisiera que entendieseis que *ellos trajeron sobre sí mismos la maldición; y de igual manera todo hombre que es maldecido trae sobre sí su propia condenación.*[12]

Segundo, la misma observación del profeta, pero en relación con quién recibiría la más grande maldición:

---

9. Jacob 2:29.

10. Jacob 3:3. Indirectamente aludió la maldición del Señor a la iniquidad en los últimos días. Véase Jacob 6:2-3.

11. 1 Nefi 17:36-38.

12. Alma 3:19.

> Y ahora bien, ¿cuánto más *maldito es aquel que conoce la voluntad de Dios y no la cumple*, que el que sólo cree o solamente tiene motivo para creer, y cae en transgresión?[13]

Y finalmente, una observación hecha por Mormón:

> Pero he aquí, los castigos de Dios sobrevendrán a los inicuos; y *es por los inicuos que los inicuos son castigados*; porque son ellos los que incitan el corazón de los hijos de los hombres a derramar sangre.[14]

Resumen

1. El tercer principio la cual debemos obedecer, si América quiere librarse de la destrucción, es que la iniquidad no debe de ser frecuente. Los profetas han amonestado repetidamente que la tierra prometida será maldecida si abunda y prevalece la iniquidad.

2. Las amonestaciones proféticas de este tema se citan en este capítulo y hacen referencia a cuatro profetas:

- Alma (Alma 45:16, 37:28)
- Lehi (2 Nefi 1:7, 17-18, 20-22)
- Jacob (Jacob 2:29, 3:3)
- Nefi (1 Nefi 17:36-38)

3. Los ejemplos del Libro de Mormón indican que la maldición de la tierra peligra y viene en diversos grados. Conforme la gente de esta nación se aproxima a la iniquidad, su economía se perjudica, y la gente no puede conservar sus riquezas (Mormón 1:18; Helamán 13:30-36). Si la iniquidad progresa hasta llegar al "colmo," la gente será visitada con los juicios de Dios por hambre, la espada y pestilencia.

4. Cada hombre que es maldecido por Dios trae sobre él su propia condenación.

5. Aquellos quienes conocen la voluntad de Dios y no la cumplen son más maldecidos que los que solo creen y tienen menor conocimiento.

---

13. Alma 32:19.
14. Mormón 4:5.

Cuarta Amonestación:

Sí La Gente No Se Arrepiente, Será Destruida

Las profecías del Libro de Mormón advierten del periodo de los últimos días cuando habrá gran iniquidad entre la gente de las Américas. En esos días, de acuerdo a las profecías, la gente debe arrepentirse o será destruida. Sin embargo si se arrepienten, serán preservados y bendecidos.

Amonestación de Alma: Si las naciones que poseen la tierra prometida no se arrepienten, serán destruidos (Alma 37:22-25)

El arrepentimiento de iniquidad se requiere por el Señor en cada nación que posea esta tierra en toda su historia, y ese principio permanece como un requisito fundamental para que sobreviva la nación. Alma explica esta gran verdad a su hijo, Helamán, cuando le habla de la destrucción previa de la nación Jaredita y de los registros de esta desgracia:

> . . . el Señor vió que su pueblo empezaba a obrar en tinieblas, sí, a cometer asesinatos y abominaciones en secreto; por tanto, dijo el Señor que *si no se arrepentían, serían destruidos* de sobre la superficie de la tierra.
>
> Y dijo el Señor: Prepararé para mi siervo Gazelem una piedra que brillará en las tinieblas hasta dar luz, *a fin de manifestar a los de mi pueblo que me sirven, sí, para manifestarles los hechos de sus hermanos, sí, sus obras secretas, sus obras de obscuridad, y sus maldades y abominaciones.*
>
> Y se prepararon estos intérpretes, hijo mío, para que se cumpliera la palabra que Dios habló, diciendo:
>
> Sacaré de las tinieblas a la luz todos sus hechos secretos y sus abominaciones; y *a menos que se arrepientan, los destruiré de sobre*

la superficie de la tierra; y descubriré todos sus secretos y abominaciones *a toda nación que en lo futuro posea la tierra.*[1]

El arrepentimiento se convierte en otro criterio para la supervivencia de América así como en el Libro de Mormón las profecías predicen en el futuro de las naciones. Así como previas amonestaciones proféticas, las profecías son condicionales.

Amonestación de Nefi: El día en que los habitantes de la tierra lleguen al colmo de la iniquidad, perecerán (2 Nefi 28:16-17)

Por ejemplo, Nefi profetizó concerniente a la gente de los últimos días, observando que: "todos se han extraviado, *salvo unos pocos que son los humildes discípulos de Cristo*"[2] y el tiempo vendrá cuando ellos "*repudian al justo por una pequeñez*" y la gente "*vilipendian lo que es bueno.*"[3] En la proximidad del tiempo de la cída de la grande y abominable iglesia[4] y el periodo de gran iniquidad y apatía en Sión,[5] él da la siguiente amonestación sobre la necesidad del arrepentimiento:

> ¡Ay de aquellos que repudian al justo por una pequeñez y vilipendian lo que es bueno, y dicen que no vale nada! Porque llegará el día en que el Señor Dios visitará súbitamente a los habitantes de la tierra; y el día en que hayan llegado al colmo sus iniquidades, perecerán.
>
> Mas he aquí, *si los habitantes de la tierra se arrepienten de sus iniquidades y abominaciones, no serán destruidos*, dice el Señor de los Ejércitos.[6]

---

1. Alma 37:22-25. Alma hace esta observación relacionada a los Jareditas:

> Y vemos, hijo mío, que no se arrepintieron; por tanto, han sido destruidos, y hasta ahora se ha cumplido la palabra de Dios; sí, sus abominaciones secretas han salido de las tinieblas, y nos han sido reveladas . . . (Alma 37:26).

2. 2 Nefi 28:14.
3. 2 Nefi 28:16. Véase 1 Nefi 14:7 y 2 Nefi 30:10.
4. 2 Nefi 28:18. Véase pág. 76-104.
5. 2 Nefi 28:21-31. Véase pág. 136-170.
6. 2 Nefi 28:16-17.

Su profética declaración contiene la amonestación del Señor a los Gentiles de los últimos días quienes lo negarán, pero también mantiene la promesa del amor de Dios de que si la gente se arrepiente:

> ¡Ay de los gentiles, dice el Señor Dios de los Ejércitos! Porque no obstante que les extenderé mi brazo de día en día, *me negarán.* Sin embargo, *si se arrepienten y vienen a mí, seré misericordioso con ellos,* porque mi brazo está extendido todo el día, dice el Señor Dios de los Ejércitos.[7]

Amonestación de Nefi: Aquellos quienes se arrepienten no perecerán (1 Nefi 14:5-6)

En anteriores profecías, Nefi advierte del dominio, poder e iniquidad de la gran y abominable iglesia.[8] Habla a los Gentiles como dos corrientes, los arrepentidos y los inicuos:

> Y aconteció que el ángel me habló a mí, Nefi, diciendo: Tú has visto que *si los gentiles se arrepienten,* les irá bien; y también sabes acerca de los convenios del Señor con la casa de Israel; y también has oído que *el que no se arrepienta deberá perecer.*
>
> Por lo tanto, *¡ay de los gentiles, si es que endurecen sus corazones contra el Cordero de Dios!*[9]

Amonestación del Señor: Los Gentiles no tendrán poder sobre la Casa de Israel (3 Nefi 16:12-14)

En la fuente de las profecías relacionadas a eventos todavía en el futuro determinadas por la resurrección de Jesucristo, el arrepentimiento juega un papel importante relacionado la liberación o caída de los Gentiles. En la época de gran iniquidad que se aproxima,[10] los Gentiles

---

7. 2 Nefi 28:32.

8. 1 Nefi 14:9-17. Observe la relación cronológica del versículo 17: Será la época en la que los juicios serán emanados sobre esta gran iglesia en cual es el mayor periodo donde el recogimiento de Israel da comienzo (véase 3 Nefi 20:22, 27-46; 21:1-29).

9. 1 Nefi 14:5-6. Observe que los siguientes versículos aluden algunos importantes pero indefinidos eventos en el futuro los cuales claramente separan a la gente en dos grupos: los arrepentidos y los que no lo están.

10. Véase 3 Nefi 16:10.

sufrirán la ira del resto de Jacob,[11] la gran necesidad para que los Gentiles se arrepientan se describe en:

> . . . *Y te mostraré, oh casa de Israel, que los gentiles no tendrán poder sobre ti,* antes bien me acordaré de mi convenio contigo, oh casa de Israel, y llegarás al conocimiento de la plenitud de mi evangelio.
>
> *Pero si los gentiles se arrepienten y vuelven a mí, dice el Padre, he aquí, serán contados entre los de mi pueblo, oh casa de Israel.*
>
> Y *no permitiré que los de mi pueblo, que son de la casa de Israel, vayan entre ellos y los huellen bajo sus pies,* dice el Padre.[12]

Amonestación del Señor: Un resto de Jacob pisará y despedazará a los Gentiles sin arrepentirse (3 Nefi 20:14-16)

En la segunda de sus tres grandes profecías describiendo este evento, el Señor muestra la necesidad del arrepentimiento con más fuerza. Al hablarles sobre los descendientes del Libro de Mormón de la Casa de Israel, el advirtió que:

> . . . El Padre me ha mandado que os dé esta tierra por herencia.
>
> Y os digo que *si los gentiles no se arrepienten después de la bendición que reciban,* después que hayan dispersado a mi pueblo,
>
> *entonces vosotros, que sois un resto de la casa de Jacob, iréis entre ellos; y estaréis en medio de aquellos que serán muchos;* y seréis entre ellos como un león entre los animales del bosque, y *como cachorro de león entre las manadas de ovejas, el cual, si pasa por en medio, huella y despedaza, y nadie las puede librar . . .*
>
> Y sucederá, dice el Padre, que en aquel día *la espada de mi justicia se cernerá sobre ellos; y a menos que se arrepientan caerá sobre ellos,* dice el Padre, sí, sobre todas las naciones de los gentiles.[13]

El Salvador predice que las bendiciones a los Gentiles podrían hacerlos "más fuertes que todos," pero les advierte "cuando hayan

11. Véase 3 Nefi 16:15, 20:16-17, 21:12-19.

12. 3 Nefi 16:12-14.

13. 3 Nefi 20:14-16, 20. Observe que en esta página, así como en 1 Nefi 14:5-17, la necesidad por arrepentirse y el impedir los juicios pertenece "a todas las naciones de los Gentiles." A pesar que mucho de lo de este capítulo pretende especificar, el llamado a los habitantes de las Américas, el ámbito internacional de esta amonestación no debe ser ignorado.

recibido la plenitud de mi evangelio endurecen sus corazones en contra de mí, *haré volver sus iniquidades sobre sus propias cabezas*, dice el Padre."[14]

Amonestación del Señor: Talará a cualquiera que no se arrepienta y ejecutará venganza y furor sobre ellos (3 Nefi 21:20-22)

Nuevamente, en su tercera profecía describe esta gran serie de eventos, el Maestro enfatiza la necesidad de arrepentimiento entre los Gentiles en la época cuando el resto de Jacob se aproxime en contra de ellos. Advierte que ". . . *a menos que se arrepientan! Porque sucederá en aquel día, dice el Padre, que haré matar tus caballos de en medio de ti, y haré destruir tus carros;* . . ."[15] Si se arrepienten proporcionará la manera de traer algunos de los Gentiles para residir entre los Santos:

> Porque sucederá, dice el Padre, que en aquel día *talaré de entre mi pueblo a cualquiera que no se arrepienta y venga a mi Hijo Amado, oh casa de Israel.*
>
> *Y ejecutaré venganza y furor sobre ellos*, así como sobre los paganos, tal como nunca ha llegado a sus oídos.
>
> Pero *si se arrepienten y escuchan mis palabras, y no endurecen sus corazones, estableceré mi iglesia entre ellos*; y entrarán en el convenio, y serán contados entre este resto de Jacob, al cual he dado esta tierra por herencia.[16]

La admonición de Mormón para los Gentiles de los últimos días: Arrepentíos de vuestras obras malas (3 Nefi 30:2)

Después de recibir revelaciones relacionadas a los Gentiles de los últimos días, el profeta Mormón respondió de la siguiente manera a los convenios de Dios, amonestándolos al arrepentimiento:

---

14. 3 Nefi 20:27-28.

15. 3 Nefi 21:14. Véase también el versículo 6.

16. 3 Nefi 21:20-22. Observa que la predicción de Nefi dice "cuantos de los gentiles se arrepienten son el pueblo del convenio del Señor." (Véase 2 Nefi 30:1-2.) En la época de Alma, solo los arrepentios eran contados entre el pueblo (Mosíah 26:30-32. Véase Alma 6:3).

> *¡Tornaos, todos vosotros gentiles, de vuestros caminos de maldad; y arrepentíos de vuestras obras malas, de vuestras mentiras y engaños, y de vuestras fornicaciones, y de vuestras abominaciones secretas, y vuestras idolatrías, y vuestros asesinatos, y vuestras supercherías sacerdotales, y vuestras envidias, y vuestras contiendas, y de todas vuestras iniquidades y abominaciones*, y venid a mí, y sed bautizados en mi nombre para que recibáis la remisión de vuestros pecados, y seáis llenos del Espíritu Santo, para que seáis contados entre los de mi pueblo que son de la casa de Israel![17]

El arrepentimiento es necesario para liberarse de la destrucción: Ejemplos del Libro de Mormón

Los ejemplos de arrepentimiento son necesarios para liberarse de la destrucción la cual constituye el mejor mensaje del Libro de Mormón. Los habitantes de Jerusalén fueron amonestados para que se arrepintieran o sufrieran la destrucción de su ciudad.[18] Los inicuos hermanos de Nefi encontraron que "los juicios de Dios estaban sobre ellos, y que tendrían que perecer a menos que se arrepintieran de sus iniquidades"[19] cuando ataron a Nefi al cruzar el océano. Jacob amonestó a los Nefitas que "a menos que os arrepintáis, la tierra será maldecida por causa vuestra," y profetizó que los Lamanitas los castigarían "aun hasta la destrucción."[20] Abinadi advirtió a los sacerdotes que el Rey Noé reinaba inicuamente "y a menos que se arrepientan en cilicio y ceniza, y clamen fuertemente al Señor su Dios," el Señor los libraría de las manos de sus enemigos y escucharía sus oraciones sin librarlos de sus aflicciones.[21]

---

17. 3 Nefi 30:2. El profeta Alma había advertido previamente acerca del peligro por procrastinar el arrepentimiento. Escribió:

> . . . os ruego, por tanto, que no demoréis el día de vuestro arrepentimiento hasta el fin; . . .
>
> No podréis decir, cuando os halléis ante esa terrible crisis: Me arrepentiré, me volveré a mi Dios. . . .
>
> Porque si habéis demorado el día de vuestro arrepentimiento, aun hasta la muerte, he aquí, os habéis sujetado al espíritu del diablo y él os sella como cosa suya; . . . (Alma 34:33-35).

18. 1 Nefi 1:4.

19. 1 Nefi 18:15.

20. Jacob 3:3-4.

21. Mosíah 11:20-21, 25. Él los advirtió, inclusive en severos términos, de hambre, pestilencia, granizo, insectos y una completa destrucción. Véase Mosíah 12:1-8.

Alma fue enviado por un ángel a amonestar a la gente de la ciudad de Ammoníah que "a menos que se arrepientan, el Señor Dios los destruirá."[22]

Cercano al nacimiento de Jesucristo, los misioneros, Nefi y Lehi, predicaron y profetizaron a la gente "lo que les sobrevendría si no se arrepentían de sus pecados."[23] Posteriormente Nefi regreso a la tierra de Zarahemla y se dio cuenta de la iniquidad de la gente inclusive en el interior de la iglesia. Con lamento dijo, "¡Oh, arrepentíos, arrepentíos! ¿Por qué deseáis morir?"[24] Él advirtió que serían totalmente destruidos a menos que se arrepintieran:

> . . . *a menos que os arrepintáis*. Porque si no os arrepentís, he aquí, esta gran ciudad, y también todas esas grandes ciudades que están alrededor, que se hallan en la tierra de nuestra posesión, os serán quitadas de modo que no habrá lugar en ellas para vosotros; porque he aquí, *el Señor no os dará la fuerza para resistir a vuestros enemigos, como lo ha hecho hasta ahora.*
>
> Porque he aquí, así dice el Señor: *No manifestaré mi fuerza a los inicuos, a uno más que al otro, salvo a los que se arrepientan de sus pecados y escuchen mis palabras*. Por tanto, quisiera que comprendieseis, hermanos míos, que será mejor para los lamanitas que para vosotros, a menos que os arrepintáis.
>
> Porque he aquí, ellos son más justos que vosotros, porque no han pecado en contra de ese gran conocimiento que vosotros habéis recibido; por lo tanto, el Señor será misericordioso con ellos; sí, prolongará sus días y aumentará su posteridad, aun cuando vosotros seáis completamente destruidos, a menos que os arrepintáis.[25]

Samuel el Lamanita vio cuatrocientos años en el futuro y advirtió que solo el arrepentimiento salvaría a los Nefitas de una absoluta destrucción:

> . . . la espada de la justicia se cierne sobre ellos; y no pasarán cuatrocientos años sin que caiga sobre ellos la espada de la justicia.

---

22. Alma 8:15-16. La razón de la amonestación es significativa: "Pues he aquí, ahora mismo están proyectando destruir la libertad de tu pueblo." (versículo 17). Véase también Alma 8:29.

23. Helamán 4:14. Debido a sus amonestaciones, la gente se arrepintió y comenzó a prosperar.

24. Helamán 7:17.Véase los versículos 19-21.

25. Helamán 7:22-24. Véase los versículos 25-29; 9:22, 10:11-12, 14; 15:17.

> Sí, una grave destrucción espera a los de este pueblo, y ciertamente les sobrevendrá, y *nada puede salvar a los de este pueblo sino el arrepentimiento y la fe en el Señor Jesucristo . . .*[26]

Cuando el tiempo estuvo cerca del cumplimiento de la profecía de Samuel, Mormón escribió, "*No obstante la gran destrucción que se cernía sobre los de mi pueblo, no se arrepintieron de sus iniquidades; de modo que hubo sangre y mortandad por toda la faz de la tierra.*"[27]

Estos ejemplos son suficientes para indicar que Dios requiere arrepentimiento de los habitantes de las Américas en toda la historia del Libro de Mormón. Cuando la gente abandonó su iniquidad, fue preservada y bendecida. Cuando no se arrepintieron, Dios los visitó en su ira con opresión, sufrimiento e inclusive con total destrucción. Cuando estas amonestaciones dadas por profetas mencionan claramente de la necesidad del arrepentimiento en los últimos días, es absolutamente necesario reconocer la necesidad del arrepentimiento como un principio para la preservación de estas naciónes.

Resumen

1. Las profecías del Libro de Mormón repetidamente advierten del período de los últimos días cuando haya gran iniquidad entre la gente de América. En esos días, de acuerdo a las profecías, la gente debe arrepentirse o será destruida. Sin embargo, si se arrepienten, serán preservados y bendecidos.

---

26. Helamán 13:5-6. Véase también los versículos 8-10. Hace una advertencia similar aquellos de su época. Véase los versículos 11-13 y 3 Nefi 9:1-2.

27. Mormón 2:8. Él escribió a su hijo concerniente a los efectos de su predicación con los Nefitas no arrepentidos:.

> . . . temo que los Lamanitas destruyan a los de este pueblo; porque no se arrepienten, y Satanás de continuo los está provocando a la ira unos contra otros.
>
> He aquí, continuamente estoy afanándome con ellos; y cuando les hablo la palabra de Dios con severidad, tiemblan y se enojan conmigo; y cuando no empleo la severidad, endurecen el corazón contra la palabra; por tanto, temo que el Espíritu del Señor ha cesado de luchar con ellos. Porque es tan grande su ira, que me parece que no temen la muerte; y han perdido su amor, el uno para con el otro; y siempre están sedientos de sangre y de venganza. (Moroni 9:3-5).

2. Las amonestaciones proféticas se relacionan con la necesidad del arrepentimiento para prevenir los juicios de Dios en los últimos días, y fueron citados en:

- Alma (Alma 37:22-25)
- Nefi (2 Nefi 28:16-17)
- Nefi (1 Nefi 14:5-6)
- El Salvador (3 Nefi 16:12-14)
- El Salvador (3 Nefi 20:14-16)
- El Salvador (3 Nefi 21:20-22)

3. Las escrituras frecuentemente indican que habrá gran iniquidad entre los Gentiles en los últimos días y proporcionan detalles relacionados a la naturaleza y el grado de sus iniquidades:

- Obras secretas de oscuridad, iniquidad y abominaciones (Alma 37:22).
- Todos se han extraviado salvo unos pocos que son los humildes discípulos de Cristo (2 Nefi 28:14).
- Aquellos que repudian al justo por pequeñez (2 Nefi 28:16).
- Ellos se revelan en contra de lo bueno, diciendo que no tiene valor (2 Nefi 28:16).
- El día en que hayan llegado al colmo de sus iniquidades, perecerán (2 Nefi 28:16).
- Los Gentiles negarán a Cristo (2 Nefi 28:32).
- Los Gentiles endurecerán sus corazones (3 Nefi 20:28; 21:22).
- El curso inicuo de los Gentiles será: mentiras, engaños, fornicaciones, abominaciones secretas, idolatrías, asesinatos, supercherías sacerdotales, envidias, contiendas (3 Nefi 30:2).

4. El Salvador, en tres pasajes diferentes, amonesta que el resto de Jacob [Los Lamanitas] los pisotearán y despedazarán a los Gentiles no arrepentidos en los últimos días, y nadie los podrá librar (3 Nefi 16:12-14; 20:14-16, 20; 21:12-21).

5. Los Gentiles no tendrán poder sobre la Casa de Israel en el día en que Dios recuerde sus convenios con Israel (3 Nefi 16:12-14).

6. Los juicios eminentes de los últimos días pertenecen a todas las naciones de Gentiles, no solo los Gentiles en las Américas (3 Nefi 20:20; 1 Nefi 14:5-17).

7. Mormón amonesta a los Gentiles de los últimos días para que abandonen los caminos de maldad y vengan a Cristo, siendo bautizados, recibiendo la remisión de sus pecados y el Espíritu Santo, para ser contados entre los de la Casa de Israel (3 Nefi 30:2).

8. Existe gran peligro al demorar el arrepentimiento, porque Satanás le sellará a él en cuanto la muerte se aproxime (Alma 34:33-35).

9. Se citan en el Libro de Mormón ejemplos de arrepentimiento que son necesarios para liberarse de la destrucción:

- Los habitantes de Jerusalén (1 Nefi 1:4).
- Laman y Lemuel (1 Nefi 18:15).
- Los Nefitas inicuos (Jacob 3:3-4).
- La ciudad de Ammoníah (Alma 8:15-16).
- Los Nefitas cercanamente al nacimiento de Cristo (Helamán 4:14).
- La ciudad de Zarahemla (Helamán 7:17-24).
- La última generación de los Nefitas (Helamán 13:5-6; Mormón 2:8).

10. Una razón por la cual las personas que no están arrepentidas traen los juicios de Dios y buscan destruir la libertad de su pueblo (Alma 8:17).

11. La cercanía de la destrucción no causa necesariamente que la gente se arrepienta. La maldad tiende hacer sentir ira, endurecer los corazones, no temer a la muerte, perder amor y estar sedientos de sangre y de venganza (Moroni 9:3-5).

12. Cuando la gente comienza a ser malvada, Dios le niega su poder (Helamán 7:22-23), aleja su espíritu (Moroni 9:4), y detiene a sus profetas para que no les prediquen (Mormón 1:16-17).

Quinta Amonestación:

Si la gente lucha contra Sión, será destruida

Amonestación de Jacob: Los Gentiles quienes luchan contra Sión serán destruidos (2 Nefi 6:12-15)

El profeta Jacob añadió otro importante elemento a la lista de amonestaciones proféticas que se encuentran en el Libro de Mormón con relación al futuro. Amonestó que en los últimos días, en la época del regreso de la Casa de Israel a las tierras de su herencia,[1] habrá quienes luchen contra el pueblo del Señor. Predijo acerca de la destrucción que vendrá sobre aquellos quienes luchen contra de Sión y lo describió de esa manera. Nuevamente, sus palabras se encuentran en la naturaleza de profecía condicional: si la gente no lucha en contra de Sión, se salvará; si no es así, serán destruidos:

> *Benditos son los gentiles*, acerca de quienes el profeta ha escrito; porque he aquí, si es que se *arrepienten y no luchan contra Sión*, ni se unen a esa grande y abominable iglesia, serán salvos; porque el Señor Dios cumplirá sus convenios que ha hecho a sus hijos; y por esta causa el profeta ha escrito estas cosas.
>
> Por tanto, *los que luchen contra Sión y contra el pueblo del convenio del Señor lamerán el polvo de sus pies; y el pueblo del Señor no será avergonzado*. Porque los del pueblo del Señor son aquellos que lo esperan; pues todavía esperan la venida del Mesías.
>
> Y he aquí, según las palabras del profeta, el Mesías se dispondrá por segunda vez a restaurarlos; por lo tanto, cuando llegue el día en que en él crean, él se manifestará a ellos con poder y gran gloria, *hasta la destrucción de sus enemigos*, y no será destruido ninguno que crea en él.

1. 2 Nefi 6:11.

Y *los que no crean en él serán destruidos tanto por fuego, como por tempestades, y por temblores de tierra, por la efusión de sangre y por pestilencia y por hambre*. Y sabrán que el Señor es Dios, el Santo de Israel.[2]

Amonestación de Nefi: Todos los que combatan contra Sión serán destruidos (1 Nefi 22:14, 19)

Nefi también enseñó este principio relacionado a los últimos días, diciendo, "*todos los que combatan contra Sión, serán destruidos.*"[3] Así como que "los justos no perecerán; porque ciertamente vendrá el tiempo en que todos *los que combatan contra Sión serán talados.*"[4]

Pero ¿quién, qué, o dónde se encuentra Sión? Las escrituras hablan de tres Siones que existirán en los últimos días:

- La ciudad de Jerusalén, en Israel.
- La ciudad de la Nueva Jerusalén, que será construida en el Condado de Jackson, Missouri, EE.UU.
- El pueblo del Señor quien es puro de corazón.

Sión—la ciudad de Jerusalén

Cuando los pasajes de la Biblia y el Libro de Mormón hablan de Sión, casi siempre hacen referencia a la ciudad de Jerusalén en Israel y el área a su alrededor. Sión era el nombre de la fortaleza Jebusita que David conquistó e hizo su capital en la época del Antiguo Testamento, como se describe en Segunda de Samuel, capítulo 5:

> Era David de treinta años cuando comenzó a reinar, y reinó cuarenta años.
>
> En Hebrón reinó sobre Judá siete años y seis meses, y en Jerusalén reinó treinta y tres años sobre todo Israel y Judá.
>
> Entonces marchó *el rey con sus hombres a Jerusalén contra los jebuseos que moraban en aquella tierra*; los cuales hablaron a David, diciendo: Tú no entrarás acá, pues aun los ciegos y los cojos te echarán (queriendo decir: David no puede entrar acá).

---

2. 2 Nefi 6:12-15.
3. 1 Nefi 22:14. Observe que esta destrucción se relaciona con la caída de la gran y abominable Iglesia. Esta analogía se considera posteriormente en este capítulo.
4. 1 Nefi 22:19.

Pero *David tomó la Fortaleza de Sión, la cual es la ciudad de David.*[5]

Salomón expandió Jerusalén al norte e incorporó el monte Morhía, el área donde se construyó el templo de Salomón. Él trasladó el arca del pacto desde Sión al nuevo lugar del templo en la ciudad (1 Reyes 8:1, 2 Crónicas 5:2) sin embargo el termino de Sión ha permanecido como un sinónimo de Jerusalén y frecuentemente se utiliza en esa forma en la

---

5. 2 Samuel 5:4-7. No existe ninguna duda entre los eruditos de la Biblia que Sión es un sinónimo de Jerusalén. Por ejemplo, la palabra Sión en el diccionario, *Dictionary of the Bible* (editado por James Hastings, edición revisada por Frederick C. Grant y H. H. Rowley; New York, EE. UU.: Hijo de Charles Scribner, 1963, pág. 1058), dice: "SIÓN (A V Sión en NT).-El nombre de la fortaleza de la ciudad pre-Israelita de Jerusalén (2 S 57), la cual fue conquistada por David y hecha su capital. El nombre es frecuentemente utilizado en los Salmos y los profetas como un sinónimo de Jerusalén."

Merrill Unger, en el libro *Unger's Bible Handbook* (Chicago, EE.UU.: Moody Press, 1966, pág. 202) explica: "Las ciudades de Jerusalén han sido tomadas en la época de los jueces (Jueces 1:8), pero no la fortaleza de los Jebuseos. Esto fue en la colina sureste, llamada posteriormente la ciudad de David o Sión. Sión está muy relacionada cuando David se convierte rey de todo Israel."

El diccionario, *The Bible Dictionary de Cambridge* (especialmente asociado a La Iglesia de Jesucristo de los Santos de los Últimos Días, 1950) en este artículo dice:

> Sión, o "la ciudad de David" (2 Salmos 5:7-9), una de las colinas de Jerusalén en la cual se encuentra situado el templo. La santidad de Sión puede explicarse por el hecho de que fué por muchos años el lugar en donde descansaba el Arca; así Sión se convirtió en el nombre sagrado para toda la ciudad y al regreso del exilio pudo haber sido aplicado especialmente al Monte del Templo, aunque no era originalmente Sión.

El atlas bíblico, *Westminster Historical Atlas to the Bible,* por George Ernest Wright y Floyd Vivian Filson (Philadelphia, EE.UU: The Westminster Press, 1946, pág. 97), describe la topografía de la prematura Jerusalén de la siguiente forma:

> El lugar donde se encuentra el abastecimiento de agua determinó que los primeros asentamientos serían localizados en la colina sureste, al sur del área del templo y arriba de Gihon spring. En épocas remotas esta colina fue llamada Ofel , al menos en la parte norte, (XVII:A D-E 5; Miqueas 4:8, R.V. marg.; 2 Crónicas 27:3, 33:14; Nehemías 3:26; 11:21). Fue también el sitio de la Ciudad de David o Sión y antes que ella la ciudad de los Jebuseos. La parte de la colina al este no es impresionante en apariencia, y desde el cuarto siglo las tradiciones D.C. han asociado a Sión con la

Biblia (véase Salmos 51:18; 147:12; Isaías 2:3; 33:20; 40:9; 41:27; 51:16-17; 52:1, 7-9; 62:1; 64:10; Jeremías 4:6, 14; 26:18; 51:35; Lamentaciones 1:17; Amós 1:2; Miqueas 3:10, 12; 4:2; Zacarías 1:14,

---

parte sureste de la colina del oeste, donde los guías todavía muestran a los turistas las tumbas tradicionales de la época de David (XVII:D, C-6). Sin embargo, las investigaciones arqueológicas, han comprobado que Sión estaba al sur del área del templo, como se asegura que estaba cerca de su abastecimiento de agua. En la época del Antiguo Testamento era más alta de lo que se aprecia hoy en día; los Hasmonaeans en el segundo siglo A.C. quitaron la parte superior de la colina este para que no pudiera rebasar la altura del Templo.

La reciente obra, *Discovering the World of the Bible* (Provo, Utah, EE.UU.: Publicación de Brigham Young University, 1973, pág. 281) por LaMar C. Berrett, quien es SUD, añade otras revelaciones:.

> Monte de Sión ("fortaleza"). Sión era el nombre de la fortaleza Jebusita de Jerusalén, capturada por David. Hoy día, la tradición (probablemente en error) dice que estaba en la colina al suroeste de la ciudad. Sión también era el nombre que se empleaba para referirse al área del templo. El actual lugar tradicional del Monte de Sión está en una colina cercana a la esquina suroeste de la antigua ciudad amurallada. En D.C. 340, una gran basílica, llamada Sión Hagia, fue construida en la montaña y probablemente fue en esta construcción que la montaña recibió su nombre. La basílica fue destruida por los Persas en el año 614. Esta área alguna vez estuvo rodeada por las murallas de la ciudad y es muy sagrada para los Judíos porque creen que David fue sepultado ahí. Sobre la pendiente de el Monte de Sión está un cementerio Protestante en el cual Sir Flinders Petrie, un notable arqueólogo, está sepultado.
>
> Él cita referencias Bíblicas pertenecientes a Sión:.
>
> El arca fue llevada de aquí al templo (1 Reyes 8:1; 2 Crónicas 5:2).
>
> "Porque de Sión saldrá la ley" (Isaías 2:3).
>
> El Monte de Sión se hablaba como la colina del Templo (Isaías 8:18; Jeremías 31:6; Miqueas 4:7).
>
> Sión era el nombre de la ciudad completa (Salmos 102:21; Miqueas 3:10-12).
>
> Aquí Jesús fue aprendido antes de Anás y Caifás (Mateo 26:3-5, 57-75; Juan 18:12-24).
>
> Aquí Pedro negó a Jesús en el palacio de Caifás (Mateo 26:59-75; Lucas 22:54-62).

17; 8:3).[6] En muchos otros pasajes, el término Sión se utiliza en el sentido histórico o profético, lo cual claramente se aplica a Jerusalén.[7]

Sión—La Nueva Jerusalén

Los pasajes en Doctrinas y Convenios que se refieren a Sión usualmente hacen referencia a la ciudad que se conocerá como la Nueva Jerusalén, la cual se construirá en los últimos días en el Condado de Jackson, Missouri, EE.UU.

Los versículos que se encuentran en 3 Nefi 21:14-29 establecen claramente la construcción de esta ciudad en una cercana proximidad cronológica a la destrucción de muchos de los Gentiles por el resto de Jacob y tan solo antes del gran periodo del recogimiento de Israel mundial.

Como describe a la Nueva Jerusalén en los últimos días, el Señor dice:

> . . . se llamará la *Nueva Jerusalén,* una tierra de paz, una ciudad de *refugio,* un lugar de *seguridad* para los santos del Dios Altísimo;
> y la gloria del Señor estará allí, *y el terror del Señor también estará allí, de tal manera que los inicuos no llegarán a ella,* y se llamará Sión.[8]

---

6. En la mayoría de estas referencias, los pasajes son ejemplos de paralelismo en sinónimos, una característica de la poesía Hebrea. En este estilo poético:

> La Segunda línea reitera la primera, no por repetirla, sin embargo, así como las liturgias del cercano oriente, pero por inspiración, profundidad, e inclusive la transforma en nuevas palabras al añadir tonos frescos y dándole simetría y balance como en:
> Jehová, ¿quién habitará en tu tabernáculo?
> ¿Quién morará en tu monte santo? (Salmos 15:1).
>
> Los cielos cuentan la gloria de Dios;
> y el firmamento anuncia la obra de sus manos (Salmos 19:1).
> (*Hastings, Dictionary of the Bible,* pág. 779.).

7. Muchas referencias bíblicas que se citan o se repiten en el Libro de Mormón caen en estas categorías. Por ejemplo, 1 Nefi 21:14-21, Jerusalén se refiere en su estado desolado antes del recogimiento de Israel, como se menciona en 2 Nefi 8:3, 11, 16-17. Sión (Jerusalén) vistiéndose con poder (2 Nefi 8:24; 3 Nefi 20:36) se interpretó en un asentamiento de los últimos días en D. y C. 113:7-10 con relación a la redención de Israel, etc.

8. D. y C. 45:66-67.

En 1831 el Señor reveló que Independence, Missouri, EE.UU. era el lugar preciso para que la ciudad fuese construida y se designó ese lugar como una "*herencia eterna*."[9]

Algunos de los primeros Santos se mudaron a esta área pero fueron desalojados por el populacho. El Señor reprendió a los Santos por desobediencia,[10] y dijo:

> . . . a causa de las transgresiones de mi pueblo, me conviene que mis *élderes esperen un corto tiempo la redención de Sión*;
>
> para que ellos mismos *se preparen*, y mi pueblo *sea instruido* con mayor perfección, y *adquiera experiencia*, y *sepa más cabalmente lo concerniente a su deber* y a las cosas que de sus manos requiero;[11]

El Señor instruye a los Santos que la Nueva Jerusalén será recuperada en una época de batalla e intranquilidad. El Salvador ha dicho:

> Porque he aquí, no exijo de sus manos que peleen las batallas de Sión, pues como dije en un mandamiento anterior —y así cumpliré— *yo pelearé vuestras batallas.*
>
> He aquí, *yo he enviado al destructor para deshacer y asolar a mis enemigos; y de aquí a muy pocos años no quedarán para profanar mi heredad*, ni para blasfemar mi nombre en las tierras que he consagrado para el recogimiento de mis santos.[12]

Y también:

> He aquí, os digo, *la redención de Sión tiene que venir por poder*;
>
> por tanto, levantaré a mi pueblo un varón que lo guiará, como Moisés guió a los hijos de Israel.
>
> Porque vosotros sois hijos de Israel y de la descendencia de Abraham; *y es menester sacaros de la servidumbre con poder y con brazo extendido.*
>
> Y tal como fueron guiados vuestros padres en el principio, *así será la redención de Sión.*[13]

Y con relación a la Nueva Jerusalén cuando sea finalmente establecida:

---

9. D. y C. 57:1-5. Véase D. y C. 84:2-5.
10. D. y C. 105:1-8.
11. D. y C. 105:9-10.
12. D. y C. 105:14-15.
13. D. y C. 103:15-18.

> *Y acontecerá entre los inicuos, que todo hombre que no tome la espada contra su prójimo tendrá que huir a Sión para hallar seguridad.*
>
> *Y se recogerán en ella de todas las naciones debajo del cielo; y será el único pueblo que no estará en guerra el uno contra el otro.*
>
> *Y se dirá entre los inicuos: No subamos a combatir contra Sión,* porque sus habitantes son terribles; por tanto, no podemos prevalecer.
>
> Y acontecerá que *los justos serán recogidos de entre todas las naciones, y vendrán a Sión* entonando canciones de gozo sempiterno. . . .
>
> Porque cuando el Señor aparezca, será terrible para ellos, de modo que el temor se apoderará de ellos, y se mantendrán alejados y temblarán.
>
> *Y todas las naciones temerán a causa del terror del Señor* y del poder de su fuerza.[14]

Sión—Los Puros de Corazón

Una revelación en el año de 1833 establece que Sión no era solo el nombre de un lugar geográfico, sino también un nombre para el pueblo. También esta revelación especifica que el pueblo de Sión existirá en los últimos días, época donde surgirán terribles calamidades:

> Por tanto, de cierto, así dice el Señor: Regocíjese Sión, porque *ésta es Sión: LOS PUROS DE CORAZÓN*; por consiguiente, regocíjese Sión mientras *se lamentan todos los inicuos.*
>
> Porque he aquí, la *venganza vendrá pronto sobre los impíos,* como el torbellino; y ¿quién podrá escapar de ella?
>
> *El azote del Señor pasará de noche y de día,* y su rumor afligirá a todo pueblo; sí, y no cesará hasta que venga el Señor;
>
> *porque se ha encendido la indignación del Señor en contra de sus abominaciones y todas sus obras inicuas.*[15]

Batallas en contra de Sión, una batalla mundial en contra de la Casa de Israel y la Iglesia

¿A cuál de estas Siones la amonestación se refiere el Libro de Mormón? Todo parece indicar que a las tres, el pueblo de Dios y a los dos lugares en donde se realizará el recogimiento, que están involucradas en

14. D. y C. 45:68-71, 74-75. Véase también D. y C. 97:18-20.

15. D. y C. 97:21-24. En ocasiones, algunos pasajes bíblicos utilizan el término "Sión" en relación al pueblo del Señor, como se establece en Zacarías 2:6-8.

el periodo de este gran conflicto. En 2 Nefi 6:11-14, Jacob parece referirse a Sión como el pueblo del convenio del Señor quien será recuperado por segunda vez, "serán reunidos de nuevo a las tierras de su herencia."[16] Nefi, in relación con su amonestación de que todos los que luchen en contra de Sión serán destruidos, se observa que "*toda nación que luche contra ti, oh casa de Israel*, se volverá la una contra la otra, y caerán en la fosa que cavaron para entrampar al pueblo del Señor. Y *todos los que combatan contra Sión serán destruidos*, y esa gran ramera que ha pervertido las rectas vías del Señor, sí, esa grande y abominable iglesia caerá a tierra, y grande será su caída."[17] En el mismo versículo, relaciona la caída de estas naciones con la caída de esta gran y abominable iglesia. Su descripción de este evento es debido a la ira de Dios siendo desatada en la tierra por sangre, fuego y vapor de humo:

> Porque he aquí, dice el profeta, se acerca rápidamente el tiempo en que Satanás no tendrá más poder sobre el corazón de los hijos de los hombres; porque pronto se acerca el día en que todos los soberbios y todos los que obran inicuamente serán como rastrojo; y está cerca el día en que han de ser quemados.
>
> Pues está próximo el tiempo en que *la plenitud de la ira de Dios será derramada sobre todos los hijos de los hombres; porque no consentirá que los inicuos destruyan a los justos.*
>
> Por lo tanto, *protegerá a los justos por su poder*, aun cuando tuviese que venir la plenitud de su ira, y serán preservados los justos *aun hasta la destrucción de sus enemigos por fuego.* Por tanto, los justos no tienen por qué temer; porque así dice el profeta: Se salvarán, aun como si fuese por fuego.
>
> He aquí, os digo, mis hermanos, que estas cosas deben venir muy pronto; sí, *debe haber sangre y fuego y vapor de humo*; y es menester que sea sobre la superficie de esta tierra; y sobrevendrá a los hombres según la carne, si es que endurecen sus corazones en contra del Santo de Israel.
>
> Pues he aquí, los justos no perecerán; porque *ciertamente vendrá el tiempo en que todos los que combatan contra Sión serán talados.*[18]

Esta descripción sostiene la descripción anterior de Nefi, habrá "guerras y rumores de guerras entre todas las naciones que pertenecían a la madre de las abominaciones."[19] Todo demuestra que estas guerras

16. 2 Nefi 6:11, y también versículos 13-14.
17. 1 Nefi 22:14.
18. 1 Nefi 22:15-19.
19. 1 Nefi 14:16. Véase 14:10-17.

serán el resultado de actividades de la "gran madre de las abominaciones" quien "*reunió multitudes sobre toda la superficie de la tierra, entre todas las naciones de los gentiles, para combatir contra el Cordero de Dios.*"[20]

Cuando esto ocurra, según la visión de Nefi, habrá dos grupos quienes serán protegidos por el poder de Dios: "los santos de la Iglesia del cordero," y "el pueblo del convenio del Señor, que se hallaban dispersados sobre toda la superficie de la tierra."[21] Esto da la impresión que la Iglesia del Señor y toda la Casa de Israel, ambos dispersados por el mundo, apoyarán la confrontación de las fuerzas de Satanás que luchen contra de Sión.

Amonestación de Jacob: Perecerá la ramera de la tierra que combata en contra de Sión (2 Nefi 10:11-16)

Jacob sitúa algunos de estas confrontaciones en las Américas y los asocia con la influencia de "la ramera de toda la tierra":

> . . . esta tierra será una tierra de libertad para los gentiles; y no habrá reyes sobre la tierra que se levanten sobre los gentiles.
>
> *Y fortificaré esta tierra contra todas las otras naciones.*
>
> *Y el que combata contra Sión perecerá*, dice Dios.
>
> Porque quien levante rey contra mí, perecerá; pues yo, el Señor, el rey de los cielos, seré su rey, y eternamente seré una luz para aquellos que oigan mis palabras.
>
> Por lo tanto, por esta causa, a fin de que se cumplan mis convenios que he concertado con los hijos de los hombres, que realizaré para ellos mientras estén en la carne, *he de destruir las obras secretas de tinieblas, y de asesinatos, y de abominaciones.*
>
> *De modo que quien pugne contra Sión, tanto judío como gentil, esclavo como libre, varón como mujer, perecerá; pues son ellos los que constituyen la ramera de toda la tierra; porque aquellos que no son conmigo, contra mí son, dice nuestro Dios.*[22]

---

20. 1 Nefi 14:13.
21. 1 Nefi 14:14.
22. 2 Nefi 10:11-16.

Amonestación de Nefi: Las naciones que combatan contra Sión serán visitadas por terremotos, tempestad y fuego devorador (2 Nefi 27:1-5)

Nefi vio que las maldades y juicios de esta época involucrarán "tanto los que vengan a esta tierra como los que se hallen sobre otras tierras," y los juicios involucrarán "todas las naciones que pugnen contra Sión:"

> Mas he aquí que en los últimos días, o sea, *en los días de los gentiles*, sí, he aquí que todas las naciones de los gentiles, y también los judíos, *tanto los que vengan a esta tierra como los que se hallen sobre otras tierras, sí, sobre todas las tierras del mundo, he aquí, estarán ebrios de iniquidad y de toda clase de abominaciones.*
>
> Y cuando venga ese día, los visitará el Señor de los Ejércitos con *truenos* y con *terremotos*, y *con un gran estruendo*, y *con borrasca*, y *con tempestad*, y *con la llama de fuego devorador.*
>
> Y todas las naciones que pugnen contra Sión y que la acongojen, serán como sueño de visión nocturna; sí, les será como al hambriento que sueña; y he aquí, come, mas despierta y su alma está vacía; o como un sediento que sueña; y he aquí, bebe, pero cuando despierta, está desfallecido, y su alma siente hambre; sí, *aun así será con la multitud de todas las naciones que pugnen contra el monte de Sión.*
>
> Porque he aquí, todos vosotros que obráis iniquidad, deteneos y asombraos, porque gritaréis y clamaréis; sí, estaréis ebrios, mas no de vino; titubearéis, mas no de licor.
>
> Porque he aquí, el Señor ha derramado sobre vosotros el espíritu de un profundo sueño; pues he aquí que habéis cerrado vuestros ojos y *rechazado a los profetas*; y a vuestros *gobernantes y a los videntes él ha cubierto a causa de vuestra iniquidad.*[23]

Amonestación de Nefi: Aquellos quienes luchen contra su pueblo de Israel se les mostrará que el Señor es Dios (2 Nefi 29:12-14)

Las predicciones de Nefi muestran que la batalla en el futuro involucrará un combate contra la palabra de Dios y el pueblo de Dios,

---

23. 2 Nefi 27:1-5.

además acontecerá en una época en donde otros sagrados registros vengan a la luz:

> Porque he aquí, hablaré a los *judíos*, y lo escribirán; y hablaré también a los *nefitas*, y éstos lo escribirán; y también hablaré a *las otras tribus de la casa de Israel que he conducido lejos*, y lo escribirán; y también hablaré a *todas las naciones de la tierra*, y ellas lo escribirán.
>
> Y acontecerá que los judíos tendrán las palabras de los nefitas, y los nefitas tendrán las palabras de los judíos; y los nefitas y los judíos tendrán las palabras de las tribus perdidas de Israel; y éstas poseerán las palabras de los nefitas y los judíos.
>
> Y sucederá que *mi pueblo, que es de la casa de Israel, será reunido sobre las tierras de sus posesiones; y mi palabra se reunirá también en una. Y manifestaré a los que luchen contra mi palabra y contra mi pueblo, que es de la casa de Israel, que yo soy Dios*, y que hice convenio con Abraham de que me acordaría de su posteridad para siempre.[24]

Todo parece indicar que la batalla en el futuro en la cual muchos combatirán en contra de Sión será en un ámbito internacional. Involucrará que las tribus de Israel se reúnan en las tierras de su herencia.

Se involucrará a la Iglesia. Se involucraran a los Santos quienes participen en el regreso a la Nueva Jerusalén. Estará Satanás con una iglesia vasta en maldad dirigiendo mucha de las fuerzas en contra del pueblo del Señor. La batalla culminará con la caída de esta gran y abominable Iglesia, la cual es el tema del siguiente capítulo.

Resumen

1. El quinto principio que se debe de obedecer es el de no combatir en contra de Sión si América y las otras naciones de los Gentiles quieren liberarse de la destrucción futura. Nuevamente, el principio es condicional: si la gente no lucha en contra de Sión, serán salvos; si no, serán destruidos.

2. Las amonestaciones proféticas de este tema y que se citan en este capítulo son:

- Jacob (2 Nefi 6:12-15)
- Nefi (1 Nefi 22:14, 19)
- Jacob (2 Nefi 10:11-16)
- Nefi (2 Nefi 27:1-5)
- Nefi (2 Nefi 29:12-14)

---

24. 2 Nefi 29:12-14.

3. La destrucción de aquellos quienes combatan contra Sión les vendrá una serie de juicios: Fuego, tempestad, terremotos, efusión de sangre, pestilencia, hambre y guerra entre naciones por ellos mismos (2 Nefi 6:12-15; 1 Nefi 22:14-19; D. y C. 45:68-69).

4. Cuando los juicios emanen, Dios preservará a los justos mientras que destruirá al inicuo (2 Nefi 6:14; 1 Nefi 22:16, 19) y peleará las batallas de los justos (D & C 105:14-15; 45:74-75).

5. La batalla en contra de Sión se iniciará por la gran y abominable iglesia, la cual se llama la ramera de toda la tierra (2 Nefi 6:12; 1 Nefi 22:14; 1 Nefi 14:13).

6. La batalla sucederá en todo el mundo, involucrando a muchas naciones incluyendo Norte América (D. y C. 45:69; 1 Nefi 22:14; 1 Nefi 14:13, 16; 2 Nefi 27:1-4; 2 Nefi 10:11-16).

7. Las escrituras hablan de tres Siones las cuales existirán en la época de la gran batalla:

- La ciudad de Jerusalén, en Israel.
- La ciudad de la Nueva Jerusalén, que estará en el Condado de Jackson, Missouri, EE.UU.
- El pueblo del Señor quien es puro de corazón.

8. La gran batalla involucrará a los tres.

9. Sión es el nombre de la fortaleza de la ciudad pre-Israelita de Jerusalén la cual David conquistó a los Jebuseos e hizo su capital, la "ciudad de David." El término Sión ha permanecido como un sinónimo de Jerusalén y frecuentemente se utiliza en esa forma en la Biblia (particularmente en casos de paralelismo de sinónimos, una común forma poética en Hebreo).

10. La ciudad de la Nueva Jerusalén, será construida en el Condado de Jackson, Missouri, EE.UU. y será:

- Una tierra de paz (D. y C. 45:66).
- Una tierra de refugio (D. y C. 45:66).
- Un lugar seguro para los Santos (D. y C. 45:66).
- Protegida de las maldades por la gloria y el terror de Dios que estará presente (D. y C. 45:67).
- Un lugar consagrado para el recogimiento de los Santos (D. y C. 105:15).

- Redimido por poder, Dios levantará a un hombre para dirigir a los Santos y así liberarse del cautiverio (D. y C. 103:15-18).
- Un lugar de reunión para aquellos quienes no luchen contra su prójimo (D. y C. 45:68).
- Un lugar de reunión para el pueblo justo de cada nación (D. y C. 45:69, 71).
- El único pueblo que no estará en guerra contra su prójimo (D. y C. 45:69).
- Una fuente de miedo para los malvados (D. y C. 45:70, 74-75).

11. También, Sión se refiere a la gente quien es pura de corazón así como a los dos lugares geográficos mencionados anteriormente (D. y C. 97:21). Aparentemente, esto incluye a miembros justos de la Iglesia y a los miembros justos esparcidos de la Casa de Israel.

12. El Señor ha revelado que un terrible azote vendrá sobre los malvados en los últimos días el cual afligirá a todo el pueblo y continuará hasta que él venga (D. y C. 97:21-24).

13. Como se ha visto en este capítulo y posteriormente en este libro, la batalla en contra de Sión estará tan alejada para alcanzarla que involucrará las tres Siones antes mencionadas. Aparentemente, la Nueva Sión de Jerusalén se levantará con poder y será bastantemente fuerte para resistir las fuerzas del enemigo. La Iglesia y la Casa de Israel serán sujetas a los pesares, y Jerusalén verá mucha contención que culminará en la Batalla de Amagedón.

Sexta Amonestación:

La gran y abominable Iglesia perseguirá a los Santos

Amonestación de Jacob: Para ser salvos, los Gentiles no deben unirse con la gran y abominable Iglesia (2 Nefi 6:12)

En el mismo pasaje en el que advirtió acerca de la suerte de aquellos quienes luchen contra Sión en los últimos Días, el profeta Jacob advirtió a los Gentiles del peligro de unirse con la gran y abominable iglesia. Una unidad o la participación nula en ese grupo fue uno de los criterios necesarios que especificó para que los Gentiles fuesen salvos de los juicios de Dios:

> Y benditos son los gentiles, acerca de quienes el profeta ha escrito; porque he aquí, *si es que se arrepienten y no luchan contra Sión, ni se unen a esa grande y abominable iglesia, serán salvos*; porque el Señor Dios cumplirá sus convenios que ha hecho a sus hijos; y por esta causa el profeta ha escrito estas cosas.[1]

Diversos pasajes de las escrituras predicen de la existencia en los últimos días de la gran y abominable iglesia la cual se describe como la iglesia opuesta a la obra verdadera de Jesucristo. La identidad de esta organización es el tema de interpretaciones diversas. Ha sido el tema de muchas controversias en el mundo Cristiano desde la Reforma. Sin embargo, su identidad es especialmente de vital preocupación para los Santos de los Últimos Días debido a las muchas amonestaciones proféticas que se encuentran en el Libro de Mormón.

Elementos importantes que se advierten a los Santos sobre peligros futuros

En años recientes, algunos Santos de los Últimos Días han ignorado las muchas amonestaciones de las escrituras acerca de las persecuciones

1. 2 Nefi 6:12.

que esta gran organización mundial traerá a ellos. Las señales de la época indican que se aproxima la batalla profética y que involucra a esta gran iglesia. El tiempo estará cerca cuando las actitudes pasivas del ayer deban darnos de alguna manera avisos necesarios para preservar al pueblo de Dios. A través de sus profetas, Dios ha revelado en sus amonestaciones acerca de la función de opresión de esta abominable iglesia, la cual participará extensamente bajo un modelo basado en las escrituras el cual se encuentra en docenas de pasajes.[2]

Al rehusarse considerar aquellas amonestaciones reveladas, así como rehusarse considerar cualquier modelo basado en las escrituras reveladas, es un caso serio ante el Señor.

Este autor no busca criticar o crear hostilidad a cualquier iglesia o secta actual. Indudablemente, este capítulo no tiene declaraciones del autor que etiquetan a cualquier iglesia en la actualidad como parte del cumplimiento de las profecías registradas, ni confirma ningún movimiento o proceso en contra de cualquier organización religiosa. Si cualquier secta atribuye ofensas en contra de ellos mismos por lo que esta escrito, dejedme recordad el proverbio que dice "Huye el impío sin que nadie lo persiga."[3]

Las actividades de la gran y abominable Iglesia en el pasado registradas en las escrituras

Las escrituras describen en detalle las actividades en el pasado y en el futuro de la gran abominable iglesia. Nefi se le dijo de la procedencia del ángel que le visitó. La visión fue parte de un resumen cronológico que indicaba el tiempo de la fundación de la iglesia el cual

---

2. En tales casos, el Señor advierte a través de Ezequiel que debe prestar atención a ciertos elementos,

> Hijo de hombre, habla a los hijos de tu pueblo, y diles: Cuando trajere yo espada sobre la tierra, y el pueblo de la tierra tomare un hombre de su territorio y lo pusiere por atalaya,
>
> y él viere venir la espada sobre la tierra, y tocare trompeta y avisare al pueblo,
>
> *cualquiera que oyere el sonido de la trompeta y no se apercibiere, y viniendo la espada lo hiriere, su sangre será sobre su cabeza.*
>
> El sonido de la trompeta oyó, y no se apercibió; su sangre será sobre él; mas el que se apercibiere librará su vida. (Ezequiel 33:2-5).

3. Proverbios 28:1. Véase también Levítico 26:17, 36-37.

le seguiría el ministerio de Jesucristo,[4] pero precedería el descubrimiento y fundación de América por Colon y los Gentiles europeos:[5]

> Y aconteció que *vi entre las naciones de los gentiles la formación de una grande iglesia.*
>
> Y el ángel me dijo: He aquí la formación de una iglesia que *es la más abominable de todas las demás iglesias*, que *mata a los santos de Dios*, sí, y los *atormenta y los oprime, y los unce con un yugo de hierro, y los reduce al cautiverio.*
>
> Y aconteció que vi esta grande y abominable iglesia, y vi que el diablo fue su fundador.
>
> *Y vi también oro y plata y sedas y escarlatas y linos de fino tejido y toda especie de vestiduras preciosas; y vi muchas rameras.*
>
> Y el ángel me habló, diciendo: He aquí, el oro y la plata, las sedas y escarlatas, y los linos de fino tejido, y los preciosos vestidos, y las rameras, son lo que desea esta grande y abominable iglesia.
>
> Y también, por motivo de las alabanzas del mundo, *destruyen a los santos de Dios y los reducen al cautiverio.*[6]

Este pasaje es importante por su riqueza en detalle. Establece la fundación de la Iglesia como el centro de las naciones de los Gentiles,[7] o naciones europeas. Claramente se identifica a la organización como realmente una iglesia y no solo como una maldad general; y especifica que en la época anterior a la fundación de América es "la más abominable de todas las demás iglesias."[8] El pasaje caracteriza a la iglesia

---

4. Véase 1 Nefi 11:15-33; 12:6-10.

5. Véase 1 Nefi 13:10-14.

6. 1 Nefi 13:4-9.

7. Es de estas naciones de Gentiles por las que América es fundada (1 Nefi 13:10-19). Por lo tanto, las naciones de los Gentiles son las naciones europeas. Orson Pratt comparó a las naciones de los Gentiles como "las naciones de Christendom." (Véase JD 7:186.) En terminología profética, las naciones de los Gentiles son comparadas con el pagano o naciones anti-Cristianas.

8. Observe que las fechas aproximadas de la fundacion de algunas de las primeras iglesias establecidas como "otras iglesias" Cristianas son:

Menonita (1525)	(hermandad de Suiza).
Luteranos Evangélicos (1526)	(Luther, Melanchthon).
Iglesia de Inglaterra (1533)	(Henry VIII).
Anabaptist (1534)	(Phillips, Simons).
Iglesias Reformistas (1536)	(Calvin, Zwingle, Knox).
Presbiterianos (1559)	(Calvin, Zwingle, Bucer).
Congregacionistas (1560)	(hermandad inglesa).
Quakeros (1666)	(Fox).
Metodista (1739)	(Wesley, Whitefield).

como la que usa vestiduras finas y preciosas,[9] se involucra con rameras,[10] y comienza la amonestación diciendo que esta iglesia eventualmente mataría a los Santos, torturaría, ataría, traería a la cautividad y destruiría a muchos de ellos.[11] Estas iniquidades se harían en un clima de antagonismo mundial en contra del pueblo del Señor y que la persecución de los Santos traerá "*las alabanzas del mundo.*"[12] Nefi no deja duda acerca del origen de esta iglesia: la maldad es su fundamento.[13]

La visión de Nefi tiene otros simbolismos relacionados a la identidad de la gran y abominable iglesia. Vio los escritos que serían la Biblia y que provenía de los Judíos,[14] y los que fueron traídos en pureza por los doce apóstoles del Salvador.[15] Entonces, la visión indicó que el periodo que inmediatamente seguiría a las obras de los doce en el

---

9. ¿Que tan cara es la vestimenta del clero? El diario AP News en 1967 transmite algunos índices de lo caro que implica una posición eclesiástica:

> ROMA (AP)-Los sastres del clero romano se encontraban ocupados el sábado haciendo ajustes finales en las vestimentas nuevas de escarlata para 27 cardenales nuevos para ser promovidos por el Papa Pablo VI en la asamblea del lunes.
>
> ¿Cuál es el costo para vestir a un cardenal con la sotana roja y la capa y los zapatos con hebilla que van con su posición principal en la Iglesia Católica Romana?
>
> Al menos $1,400 dls. US es la cantidad por una de las mejores vestimentas para el clero Romano, y eso es para un guardarropa mínimo de 23 artículos, exclusivo para el anillo y cruz pectoral.
>
> El más caro artículo en la lista típica de precios es la capa escarlata de seda de 3 yardas (2.74 mts.) "Capa Magna" o Gran Capa. La cual cuesta $176 dls. US. Lo menos costoso es un cuello al estilo romano de seda rojo con un corte cuadrado blanco al frente. Estos cuestan $0.80 dls. US.
>
> Los nuevos cardenales ahorran al menos $448 dls. US. gracias a los cambios ordenados por el Papa para simplificar el vestuario y protocolo para todos los cardenales. ("Beau Cardinal Costs Less," Salt Lake Tribune, junio 25, 1967).

10. 1 Nefi 13:7.
11. 1 Nefi 13:5, 9.
12. 1 Nefi 13:9.
13. 1 Nefi 13:6.
14. 1 Nefi 13:20-24.
15. 1 Nefi 13:25-26.

meridiano de los tiempos sería el tiempo del comienzo de la gran iglesia,[16] y que la iglesia despojaría muchas porciones del evangelio de Cristo,[17] y del libro que se convertiría en la Biblia.[18] De acuerdo a la visión, la gran y abominable iglesia quitó estas verdades antes de que la Biblia saliese a las naciones de los Gentiles y antes de que la Biblia fuese traída a las Américas:[19]

> *Por lo tanto, estas cosas proceden de los judíos en su pureza a los gentiles*, según la verdad que está en Dios.
>
> Y *después que proceden por la mano de los doce apóstoles del Cordero, de los judíos a los gentiles, tú ves la formación de una iglesia grande y abominable, que es la más abominable de todas las demás iglesias*, pues, he aquí, *ha despojado el evangelio del Cordero de muchas partes que son claras y sumamente preciosas, y también ha quitado muchos de los convenios del Señor.*
>
> Y ha hecho todo esto para pervertir las rectas vías del Señor, para cegar los ojos y endurecer el corazón de los hijos de los hombres.
>
> Por tanto, ves tú que después que el libro ha pasado por las manos de esa grande y abominable iglesia, se han *quitado muchas cosas claras y preciosas del libro*, el cual es el libro del Cordero de Dios.
>
> Y *después que se quitaron estas cosas claras y de gran valor, va entre todas las naciones de los gentiles*; y luego que va entre todas las naciones de los gentiles, sí, aun hasta el otro lado de las muchas aguas que has visto, entre los gentiles que han salido del cautiverio, tú ves que —a causa de las muchas cosas claras y preciosas que se han quitado del libro, cosas que eran claras al entendimiento de los hijos de los hombres, según la claridad que hay en el Cordero de Dios—, *a causa de estas cosas que se han suprimido del evangelio del Cordero, muchísimos tropiezan, sí, de tal modo que Satanás tiene gran poder sobre ellos.*[20]

Nefi observó muchas veces que el no rebelar el evangelio y verdades de las escrituras por esta gran iglesia haría que muchos "tropezaran"[21] y estuviesen en un "horrible estado de ceguedad",[22] y estuviesen sujetos al poder de Satanás,[23] y que inclusive este resultado se manifestaría antes de que el Señor trajera su vangelio y el Libro de Mormón a las Américas.[24]

---

16. 1 Nefi 13:26.
17. 1Nefi 13:26.
18. 1 Nefi 13:28.
19. 1 Nefi 13:29.
20. 1 Nefi 13:25-29.
21. 1 Nefi 13:29, 34.
22. 1 Nefi 13:32.
23. 1Nefi 13:29.
24. 1 Nefi 13:34-35.

Una "Gran y maravillosa obra" y el "Acto extraño del Señor"—un evento futuro causará que los hombres se unan ya sea a la Iglesia de Dios o a la Iglesia de la Maldad

La cronológica descripción profética ilustrada por Nefi se desarrolla del pasado hacia el futuro,[25] un cambio altamente significativo se observa de acuerdo a la identidad de la gran y abominable iglesia. Nefi profetizo que algunos eventos no definidos harían que los hombres cambiasen a dos diferentes grupos que causaría por si solos dirigirse a la Iglesia del Cordero de Dios o con la iglesia del Diablo. Este preciso evento, cuando *el Señor Dios ocasionará una gran división entre el pueblo*, y destruirá a los inicuos;[26] es llamado por un ángel "una gran y maravillosa obra."[27] Como resultado de este evento, los hombres no serán "tibios" sino que serán inducidos a tomar una posición definitiva ya sea en contra o a favor del pueblo del Señor. Cuando esta situación dirija a los hombres en campos opuestos entre el bien y el mal, entonces "*el que no pertenece a la iglesia del Cordero de Dios, pertenece a esa grande iglesia que es la madre de las abominaciones, y es la ramera de toda la tierra.*"[28] Esta es la profecía del ángel registrada por Nefi:

> *Porque viene el día*, dice el Cordero de Dios, en que *haré una obra grande y maravillosa entre los hijos de los hombres, una obra que será sempiterna, ya para una cosa u otra; ya para convertirlos a la paz y vida eterna, o entregarlos a la dureza de sus corazones* y ceguedad de sus mentes hasta ser *llevados al cautiverio, y también a la destrucción, tanto temporal como espiritualmente*, según la cautividad del diablo, de la cual he hablado.
>
> Y aconteció que cuando el ángel hubo hablado estas palabras, me dijo: ¿Recuerdas los convenios del Padre con la casa de Israel? Yo le contesté: Sí.

---

25. Observe que la cronológica descripción que se desenvuelve desde la persecución por los Gentiles a los indios americanos (1 Nefi 13:30-31), la restauración del evangelio (1 Nefi 13:34), el surgimiento del Libro de Mormón (1 Nefi 13:35-36, 39-41), y la predicación del evangelio a los Lamanitas (1 Nefi 13:38).

26. 2 Nefi 30:10.

27. 1 Nefi 14:7.

28. 1 Nefi 14:10.

Y sucedió que me dijo: *Mira, y ve esa grande y abominable iglesia que es la madre de las abominaciones, cuyo fundador es el diablo.*

Y me dijo: H*e aquí, no hay más que dos iglesias solamente; una es la iglesia del Cordero de Dios, y la otra es la iglesia del diablo; de modo que el que no pertenece a la iglesia del Cordero de Dios, pertenece a esa grande iglesia que es la madre de las abominaciones, y es la ramera de toda la tierra.*[29]

El término "obra maravillosa y asombrosa" algunas veces se asume que es la restauración del evangelio,[30] pero un estudio cuidadoso de pasajes que utilizan el término indican que el significado completo, involucra un evento futuro en los últimos días relacionado al periodo catastrófico de la restauración de Israel.

El término "una obra maravillosa y un prodigio" se utiliza no tan a menudo en las escrituras. Su más frecuentemente fuente citada es en el capitulo 29 de Isaías, un capítulo con referencias claras, al menos en tres diferentes épocas.

Los versículos del 1 al 6 parecen ser una comparación de la destrucción de Jerusalén (". . . Ariel, ciudad donde habitó David!" Isaías 29:1) y la caída de los Nefitas en el año 385 D.C. Esta comparación comienza a ser clara cuando Isaías 29:1-6 considerada en la luz de 2 Nefi 26:14-18 y el cumplimiento de la profecía registrada en Mormón 6.[31]

Isaías 29:11-13 aparentemente se refiere al surgimiento del Libro de Mormón por José Smith, y de las palabras acerca de este manuscrito por un erudito llamado Charles Anthon. Comparando Isaías 29:11-13 con 2 Nefi 27:15-22 y la Historia de José Smith 1:64-65, se proporcionará un mejor entendimiento de estos versículos.[32]

---

29. 1 Nefi 14:7-l0.

30. Por ejemplo, el Elder LeGrand Richards, en su beneficioso libro misional titulado "A Marvelous Work and A Wonder," (*Una Maravillosa Obra y un Prodigio*) asume que dicho termino se refiere al "desafió de Joseph Smith y la obra que él estableció," pero no ofrece interpretación substancial para justificar su suposición, solo una pregunta después de citar Isaías 29:13-14: "¿Cómo puede posiblemente esta predicción ser cumplida literalmente que en el caso de Joseph Smith y de la obra que el Señor estableció a través de él?" (LeGrand Richards, *A Marvelous Work and A Wonder* (Salt Lake City, Utah: Deseret Book Company, 1953, pág. 364-365).

31. Véase el libro del autor para ver la discusión de estos pasajes, *The Prophecies of Joseph Smith,* (Bountiful, Utah: Horizon Publishers, 1983), pág. 174-179.

32. Véase *The Prophecies of Joseph Smith,* pág. 76-86.

Un tercer evento también se profetiza en Isaías 29: una futura contienda por varias naciones contra el Monte de Sión. Es en este evento que el término "una obra maravillosa y un prodigio" surge para ser relatada.

Este evento toma lugar en la época cuando el amor de Dios sea reducido en la tierra y los justos sean perseguidos por la maldad. Observe que el mensaje de estos versículos seleccionados son de Isaías 29 como se muestra a continuación:

> Y *será como sueño de visión nocturna la multitud de todas las naciones que pelean contra Ariel [Jerusalén],* y todos los que pelean contra ella y su fortaleza, y los que la ponen en apretura.
>
> Y les sucederá como el que tiene hambre y sueña, y le parece que come, pero cuando despierta, su estómago está vacío; o como el que tiene sed y sueña, y le parece que bebe, pero cuando despierta, se halla cansado y sediento; *así será la multitud de todas las naciones que pelearán contra el monte de Sión.*
>
> Deteneos y maravillaos; ofuscaos y cegaos; embriagaos, y no de vino; tambalead, y no de sidra.
>
> Porque Jehová derramó sobre vosotros espíritu de sueño, y cerró los ojos *de vuestros profetas, y puso velo sobre las cabezas de vuestros videntes . . .*
>
> Dice, pues, el Señor: Porque este pueblo se acerca a mí con su boca, y con sus labios me honra, pero su corazón está lejos de mí, y su temor de mí no es más que un mandamiento de hombres que les ha sido enseñado;
>
> por tanto, he aquí que nuevamente *excitaré yo la admiración de este pueblo con un prodigio grande y espantoso; porque perecerá la sabiduría de sus sabios, y se desvanecerá la inteligencia de sus entendidos.*
>
> ¡Ay de los que se esconden de Jehová, encubriendo el consejo, y sus obras están en tinieblas, y dicen: ¿Quién nos ve, y quién nos conoce?
>
> *Vuestra perversidad ciertamente será reputada como el barro del alfarero.* ¿Acaso la obra dirá de su hacedor: No me hizo? ¿Dirá la vasija de aquel que la ha formado: No entendió? . . .
>
> *Porque el violento será acabado, y el escarnecedor será consumido*; serán destruidos todos los que se desvelan para hacer iniquidad,
>
> los que hacen pecar al hombre en palabra; los que arman lazo al que reprendía en la puerta, y pervierten la causa del justo con vanidad.[33]

---

33. Isaías 29:7-10, 13-16, 20-21.

En este contexto, la obra maravillosa y un prodigio no parece ser la restauración del evangelio, pero un evento en los últimos días que dirige la caída de aquellos quienes han perseguido al pueblo del Señor.

Los pasajes relacionados a "una obra maravillosa y un prodigio" o a "una maravillosa obra" en el Libro de Mormón consistentemente enlazan aquellas frases con eventos catastróficos de los últimos días, los cuales implicarán la restauración de Israel. Además de 1 Nefi 14:6-17, que está bajo consideración en esta sección, otros pasajes llevan la misma intención.

En 1 Nefi 22:8-19, Nefi profetisa que el Señor hará una "obra maravillosa" entre los Gentiles, la cual se relaciona con el mensaje de que el Señor llevará "a la casa de Israel . . . sacará otra vez de su cautividad, y serán reunidos en las tierras de su herencia."[34] En el pasaje profetiza que miembros de la gran y abominable Iglesia "*guerrearán entre sí,*"[35] y establece, "*toda nación que luche contra ti, oh casa de Israel, se volverá la una contra la otra,*"[36] y que "todos los que combatan contra Sión serán destruidos."[37] En las series de eventos que él describe, la gente se divide claramente en dos grupos opuestos, y Nefi profetisa, "*no consentirá que los inicuos destruyan a los justos,*"[38] y "*serán preservados los justos aun hasta la destrucción de sus enemigos por fuego.*"[39] Repentinamente la "obra maravillosa" de este pasaje se refiere a una época en los últimos días mucho más lejana a la restauración del evangelio en 1820-1830, esto se dirige a los resultados que el futuro evento se divisa cuando los hombres "endurecen sus corazones en contra del Santo de Israel."[40]

2 Nefi 25:15-18 también hace referencia a "una maravillosa obra y un prodigio"[41] en el recogimiento de Israel, "Y el Señor volverá a extender su mano por segunda vez para restaurar a su pueblo de su estado perdido y caído."[42] Este pasaje nos da evidencia de la naturaleza del evento destacado el cual es discutido a menudo, cuando se refiere a "un Mesías falso que engañe al pueblo."[43]

2 Nefi 27 es un comentario y resumen de Isaías 29 y tema del mismo análisis así como lo sugerido anteriormente por Isaías 29. Pero el contexto establecido al principio de 2 Nefi 27 establece el cumplimiento,

34. 1 Nefi 22:11-12.
35. 1 Nefi 22:13.
36. 1 Nefi 22:14.
37. De la misma fuente.
38. 1 Nefi 22:16.
39. 1 Nefi 22:17.
40. 1 Nefi 22:18.
41. 2 Nefi 25:17.
42. De la misma fuente.
43. 2 Nefi 25:18.

"en los últimos días, o sea, en los días de los gentiles," cuando el pueblo de América ("esta tierra") y otras tierras "*estarán ebrios de iniquidad y de toda clase de abominaciones.*"[44] Esta será la época cuando "*la multitud de todas las naciones que pugnen contra el monte de Sión.*"[45] El evento singular tomará lugar, porque el pueblo habrá "rechazado a los profetas."[46] Ese día cuando el Señor vaya a "ejecutar una obra maravillosa entre este pueblo; sí, una obra maravillosa y un prodigio,"[47] será el tiempo cuando el escarnecedor y aquellos quienes "velan por la iniquidad"[48] y los que "*hacen reprende ofensor al hombre por una palabra; y tienden rampa al que reprende a la puerta, y apartan al justo por una pequeñez.*"[49] Ciertamente la "obra maravillosa" de este pasaje se refiere a una época posterior a la restauración del evangelio a través de José Smith.

2 Nefi 28:32 hasta 2 Nefi 29:14 muestra el mismo mensaje. En los últimos días cuando los Gentiles nieguen a Jesucristo,[50] el Señor va a "ejecutar una obra maravillosa entre ellos,"[51] y extenderá su mano nuevamente "para restaurar a los de mi pueblo que son de la casa de Israel."[52] En el recogimiento de Israel, el Salvador se manifestará con "*los que luchen contra mi palabra y contra mi pueblo.*"[53] Nuevamente se demuestra que un evento destacado habrá de ocurrir, el cual se presenta en una profecía como una obra maravillosa.

En 3 Nefi 21:7-29, cuando los Lamanitas hayan empezado a escuchar el evangelio y como se establece en las escrituras, "empiece a conocerlas"[54] y cuando el Señor haya comenzado el cumplimiento de sus convenios con la casa de Israel,[55] el Señor profetiza que sus "siervos" o representantes declararán la palabra de Dios a aquellos "quienes no lo creerán,"[56] y ese siervo será "herido por causa de ellos,"[57] y será sanado. Quizá el ministerio de este siervo de los últimos días esta relacionado estrechamente con el evento destacado, para que después él lleve las palabras de Cristo "a los Gentiles"[58] el Salvador dice a los

---

44. 2 Nefi 27:1. Compare 2 Nefi 27:1-5, 25-32 con Isaías 29:7-10, 13-16, 20-21.
45. 2 Nefi 27:3.
46. 2 Nefi 27:5.
47. 2 Nefi 27:26.
48. 2 Nefi 27:31.
49. 2 Nefi 27:32.
50. 2 Nefi 28:32.
51. 2 Nefi 29:1.
52. De la misma fuente.
53. 2 Nefi 29:14.
54. 3 Nefi 21:7.
55. De la misma fuente.
56. 3 Nefi 21:9.
57. 3 Nefi 21:10.
58. 3 Nefi 21:11.

gentiles incrédulos: "serán desarraigados de entre los de mi pueblo que son del convenio"[59] y la gran destrucción estará a cargo del resto de Jacob sobre las ciudades de los Gentiles y Dios ejecutara "*venganza y furor sobre ellos, así como sobre los paganos.*"[60] Este es el periodo descrito cuando el Señor dice que el Padre hará "una obra que será una obra grande y maravillosa entre ellos."[61]

En 3 Nefi 28:25-32, Mormón profetisa la función de los tres apóstoles Nefitas en los últimos días. Las vidas de estos tres Nefitas se extendieron para que ellos pudieran ministrar en la tierra hasta la segunda venida del Señor. Mormón profetisa que ellos estarán "entre los Gentiles" y "entre los Judíos" en los últimos días, y que el Señor los enviará eventualmente, "ejercerán su ministerio entre todas las tribus esparcidas de Israel, y entre todas las naciones, tribus, lenguas y pueblos."[62] En esa época, "antes del día grande y futuro, cuando todos ciertamente tendrán que comparecer ante el tribunal de Cristo"[63] ellos "llevarán muchas almas a Jesús."[64] Mormón dice que "ellos efectuarán obras grandes y maravillosas"[65] en esa época cuando ellos sean separados de los justos entre las naciones (y ¿no indica el proceso para ser "desechados" que el proceso de división y separación esta llevandose acabo en esa época?)

Por consiguiente la mayoría de los pasajes de las escrituras que se refieren a una "obra maravillosa" o a "una obra maravillosa y un prodigio" se relacionan a una época en el futuro, el tiempo en que se efectuará el mayor recogimiento de Israel, persecución del pueblo del Señor y el emanación de los juicios de Dios. Aquellos quienes todavía sostienen la teoría de que la "obra maravillosa" establecida en 1 Nefi 14:7 se refiere únicamente a la restauración en el año 1820-1830 y la obra misional la cual le ha seguido, deben de recordad que la restauración del evangelio se ha predicado por un siglo y medio, y muchos lo han aceptado o rechazado. Aquellos quienes lo han rechazado pudieron

---

59. De la misma fuente.

60. 3 Nefi 21:12-21. Observe que en el contexto indica que esto ocurrirá antes de la construcción de la Nueva Jerusalén. (Véase 3 Nefi 21:22-24, el cual sigue en orden cronológico.)

61. 3 Nefi 21:9.

62. 3 Nefi 28:27-29.

63. 3 Nefi 28:31.

64. 3 Nefi 28:29.

65. 3 Nefi 28:31.

haber segado cautividad en agonía por el mal al morir pero fue una cosa eventual y espiritual más que un consecuencia temporal inmediata. Predicando más el evangelio, de la manera en que se ha realizado anteriormente, no parece cumplir el criterio de la profecía de Nefi, el de liberar a los hombres de la cautividad y destrucción tanto *temporal como espiritual.*

¡Es diferente este evento futuro del cual habla Nefi! Basándose en la profecía de Nefi en 1 Nefi 14:7, parece ser que cuando esta "obra maravillosa" se conozca, todos los hombres estarán obligados a tomar una posición a favor o en contra de la obra del Señor, y aquellos quienes se unan por ellos mismos a la gran y abominable iglesia ¡segarán la destrucción temporal! No, esto es más que trabajo misional, en el sentido de que los Santos lo han conocido en el pasado.

La naturaleza de este evento por el cual dividirá a los hombres en grupos opuestos no esta definido claramente en las escritura. Sin embargo algunas evidencias podrían descubrirse. Al profetizar de la caída de la gran y abominable iglesia, Nefi advirtió que en ese día habrá quienes "*repudian al justo por una pequeñez y vilipendian lo que es bueno, y dicen que no vale nada!*"[66] Enseñó que ese día Satanás "enfurecerá los corazones de los hijos de los hombres, y los *agitará a la ira contra lo que es bueno.*"[67] ¿Puede esto ser una explicación extraña de lo que pasará cuando los hombres se dividan por ellos mismos en campos opuestos, unos siguiendo al Señor y otros a Lucifer?

En una revelación dada en 1833, el Señor dijo que vendrá el tiempo cuando él procederá a, "*llevar a efecto mi acto, mi acto extraño, y a realizar mi obra, mi obra extraña.*"[68] Este extraño acto tendrá el mismo resultado que la "gran y maravillosa obra" profetizada por Nefi: la cual hará que "*los hombres disciernan a los justos de los malos.*"[69] En la revelación, el Maestro relata la parábola de "la mujer y el juez injusto,"[70] en la cual compara el futuro de Sión con una mujer quien desea y recibe finalmente la venganza de su enemigo. Reveló que vendrá el tiempo cuando el Señor "se levantará y saldrá de su morada oculta, y en *su furor afligirá a la nación,*"[71] debido a la oposición de los oficiales del gobierno para escuchar las peticiones de los Santos (para liberarse de las

66. 2 Nefi 28:16.
67. 2 Nefi 28:20.
68. D. y C. 101:95.
69. De la misma fuente.
70. D. y C 101:81-85.
71. D. y C. 101:89.

ofensas de sus adversarios), y "*talará, en su tiempo, a los inicuos, infieles e injustos mayordomos.*"[72] Esta es su declaración profética:

> Así compararé a los hijos de Sión.
> Insistan a los pies del juez;
> y si éste no les hace caso, insistan a los pies del gobernador;
> y si el gobernador no les hace caso, insistan a los pies del presidente;
> y *si el presidente no les hace caso, entonces el Señor se levantará y saldrá de su morada oculta, y en su furor afligirá a la nación;*
> *y en su ardiente indignación y furiosa ira talará, en su tiempo, a los inicuos, infieles e injustos mayordomos, y les señalará su porción entre los hipócritas y los incrédulos;*
> sí, en las tinieblas de afuera, donde es el lloro, el llanto y el crujir de dientes.
> Orad, pues, para que lleguen hasta sus oídos vuestras lamentaciones, a fin de que yo tenga misericordia de ellos para que no les sobrevengan estas cosas.
> Lo que os he dicho tiene que verificarse, para que todos los hombres queden sin excusa;
> para que los hombres sabios y los gobernantes oigan y sepan aquello que jamás han considerado;
> *para que yo proceda a llevar a efecto mi acto, mi acto extraño, y a realizar mi obra, mi obra extraña, a fin de que los hombres disciernan a los justos de los malos, dice vuestro Dios.*[73]

Nuevamente, el pasaje no dice en que situación especifica originará la opresión en contra de los Santos y traerá la ira de Dios sobre la nación. Parece obvio la relación entre la "gran y maravillosa obra" profetizada por Nefi, cuando los hombres "repudien al justo por una pequeñez," el Señor "actúa extraño" y "trabaja extraño," y cuando "el Señor Dios cause una gran división entre el pueblo."

¿Qué problema servirá para enfocar la atención adversa sobre la Iglesia y traer presión intensa y persecución a los Santos? ¿Son los negros y el sacerdocio? ¿La época donde se establece los derechos de la mujer?

---

72. D. y C. 101:90. Observe que ellos están consignados a la angustia ["tinieblas de afuera"—véase Alma 40:13-14], así como los malvados quienes escogen seguir a Satanás al momento de la "obra maravillosa" de 1 Nefi 14:7.

73. D. y C. 101:85-95. Esta revelación se dio cuando los Santos se encontraban sufriendo persecución, por lo que la amonestación profética no se cumplió en esa época. Presumidamente el cumplimiento será en el futuro.

¿El aborto? ¿Impuestos a las propiedades de la Iglesia? ¿Permiso a la educación religiosa? ¿O son otros problemas que no están visibles en la actualidad? Ciertamente cuando Satanás agite a los hombres a la ira, les proporcionará algunas excusas, "vilipendian lo que es bueno."

Lo más importante de entender en este contexto es que hasta que este cambio ocurra, la gran y abominable iglesia no estará funcionando completamente en su tarea antagónica ni se verá verdaderamente como la gran iglesia la cual es "la ramera de toda la tierra."

Amonestación de Pablo: Algunos observarán doctrinas de maldad y dirán mentiras por hipocresía (1 Timoteo 4:1-3)

Además de Nefi, otros han advertido de la gran y abominable iglesia en los últimos días. Pablo lo identificó como uno de los principios que Satanás enseñaría, doctrinas inspiradas, mentiras, destino sin conciencia, prohibición del matrimonio y el mandato de abstenerse de alimentos:

> Pero el espíritu dice claramente que en los prostreros días algunos apostatarán de la fe, *escuchando a espíritus engañadores y a doctrinas de demonios*;
>
> *por la hipocresía de mentirosos* que, teniendo cauterizada la conciencia,
>
> prohibirán casarse, y mandarán abstenerse de alimentos que Dios creó para que con acción de gracias participasen de ellos los creyentes y los que han conocido la verdad.[74]

Amonestación de Juan: El dragón hará guerra con el resto (Apocalipsis 12:17, 13:18)

Juan el Revelador también vio la función que Satanás y sus seguidores harían en esta proceso de los últimos días.[75] Describe a Satanás como un dragón,[76] la Iglesia del Señor como una mujer

---

74. 1 Timoteo 4:1-3.

75. Observe la guía para entender la cronología del Libro de Apocalipsis en D. y C. 77. La secuencia de eventos en Apocalipsis, capítulos 8-12, introduce la venida del Salvador en gloria y el comienzo del milenio. En D. y C. 77:12 indica que estos eventos tomarán lugar después del comienzo de los siete mil años (un tiempo en el futuro pero que se encuentra cercano).

76. Apocalipsis 12:9.

y Jesucristo como un hijo de la mujer, y vio que "el dragón . . . persiguió a la mujer que había dado a luz al hijo varón."[77] Juan describió en su visión, "el dragón se llenó de ira contra la mujer; y *se fue a hacer guerra contra el resto de la descendencia* de ella, los que guardan los mandamientos de Dios y tienen el testimonio de Jesucristo.[78]

Juan describió a los seguidores de Satanás en forma simbólica (desempeñando funciones políticas tanto religiosas) como bestias. Habló de la existencia de uno de ellos, diciendo "el dragón (Satanás) le dio su poder y su trono, y grande autoridad."[79] Juan advirtió del poder de esta "bestia" que utilizará cuando el tiempo venga en la batalla contra los Santos, la cual tomará lugar:

> Y se le permitió hacer *guerra contra los santos, y vencerlos. También se le dio autoridad sobre toda tribu, pueblo, lengua y nación.*
>
> Y la *adoraron todos los moradores* de la tierra cuyos nombres no estaban escritos en el libro de la vida del Cordero que fue inmolado desde el principio del mundo.[80]

Juan habló de otra "bestia" la cual se levantará en ese periodo, y predijo del gran poder que puede utilizar:

> *. . . ejerce toda la autoridad de la primera bestia en presencia de ella, y hace que la tierra y los moradores de ella adoren a la primera bestia*, cuya herida mortal fue sanada.
>
> También *hace grandes señales*, de tal manera que aun hace descender fuego del cielo a la tierra delante de los hombres.
>
> Y *engaña a los moradores* de la tierra con las señales que se le ha permitido hacer en presencia de la bestia, mandando a los moradores de la tierra que le hagan imagen a la bestia que tiene la herida de espada, y vivió.
>
> Y se le permitió infundir aliento a *la imagen de la bestia, para que la imagen hablase e hiciese matar a todo el que no la adorase.*
>
> *Y hacía que a todos, pequeños y grandes, ricos y pobres, libres y esclavos, se les pusiese una marca en la mano derecha, o en la frente*;

---

77. Apocalipsis 12:13.

78. Apocalipsis 12:17.

79. Apocalipsis 13:2.

80. Apocalipsis 13:7-8. El versículo 8 parece no indicar ningún alianza universal con Satanás en este periodo surja, pero advierte a quienes lo sigan en ese día no se tendrá sus nombres registrados en el libro de la vida del Cordero. (Véase D. y C. 88:2; 76:68; Hebreos 12:23; Apocalipsis 21:24-27; Filipenses 4:3; Apocalipsis 3:5; Daniel 12:1-2; D. y C. 128:8; 132:19; Éxodo 32:33.)

y que ninguno pudiese comprar ni vender, sino el que tuviese la marca o el nombre de la bestia, o el número de su nombre.

Aquí hay sabiduría. El que tiene entendimiento, cuente el número de la bestia, pues es número de hombre. Y su número es *seiscientos sesenta y seis*.[81]

Amonestación de Daniel: El cuerno quebrantará a los Santos y serán entregados en su mano (Daniel 7:21-27)

El profeta Daniel también vio en la visión eventos claves de los últimos días. Describió el gran poder como el de una "bestia" y un "cuerno," advirtiendo que el cuerno hacía la guerra contra de los

---

81. Apocalipsis 13:12-18. Observe que el Salvador también advirtió de fraudes a través de milagros en los últimos días, "engañarán, si fuere posible, aun a los escogidos" (Mateo 24:24, Marcos 13:22, José Smith—Mateo 1:22. Compárelo con 2 Nefi 25:18, D. y C. 64:37-39; Mosíah 15:13; Apocalipsis 2:2).

El número 666 proporciona un campo de interpretación hoy en día por los analistas de la Biblia, quienes desde la reforma han creado una lista, que crece continuamente, acerca de las explicaciones de este número. Los Protestantes aseguran que el número se refiere al Papa Católico Romano, trazando los números romanos equivalentes al título de la corona del Papa: VICARIVS/FILII/DEI.

Una Segunda interpretación protestante se basa en la palabra Lateinos, la cual también contiene letras numéricas que suman 666, la aseveración se basa en que la iglesia de Roma es la iglesia del Latín debido a sus orígenes y lengua. Una consecuencia de esta interpretación es que la palabra en hebreo para Lateinos es Romiith, la cual también produce letras numéricas que suman 666 en el lenguaje hebreo.

Una tercera interpretación es que la profecía se cumplió en la época romana por Nero redivivus. El nombre de Neron Caesar se traduce en letras hebreas, las cuales equivalen numéricamente a 666.

Una interpretación basada en el punto de vista de interpretación Preterist del libro de Apocalipsis se asemeja a la interpretación anterior. Se desarrolla en la numerología Pitagoreana, se considera al 666 como un número triangular siendo la suma de los números 1-36; 36 es la suma de los números 1-8, de tal forma que 666 se determina con el número 8, en relación con Apocalipsis 17:11, y se concluye que el Anticristo es Nero redivivus.

Una quinta interpretación se elabora en contra del fundador de los Adventistas del Séptimo Día, Helen Harmon White. Su nombre, en numerología greca, también genera el 666.

Santos. Del mismo modo que Juan, él vio que los Santos no enfrentaban victoriosamente esta batalla:

> Y veía yo que *este cuerno hacía guerra contra los santos, y los vencía,*
>
> *hasta que vino el Anciano de días*, y se dio el juicio a los santos del Altísimo; y llegó el tiempo, y los santos recibieron el reino.
>
> Dijo así: La cuarta bestia será un cuarto reino en la tierra, el cual será diferente de todos los otros reinos, y a toda la tierra devorará, trillará y despedazará.
>
> Y los diez cuernos significan que de aquel reino se levantarán diez reyes; y tras ellos se levantará otro, *el cual será diferente de los primeros*, y a tres reyes derribará.
>
> *Y hablará palabras contra el Altísimo, y a los santos del Altísimo quebrantará, y pensará en cambiar los tiempos y la ley*; y serán entregados en su mano hasta tiempo, y tiempos, y medio tiempo.
>
> Pero se sentará el Juez, y le quitarán su dominio para que sea destruido y arruinado hasta el fin.
>
> y que el reino, y el dominio y la majestad de los reinos debajo de todo el cielo, sea dado al pueblo de los santos del Altísimo, cuyo reino es reino eterno, y todos los dominios le servirán y obedecerán.[82]

Hitler convierte el 666 en un sistema numérico que asume que la A es 100, B es 101, C es 102, etc.

Stalin es 666 cuando su nombre ruso Dzugashvili se utiliza en un sistema donde se asume que la A es 49, B es 50, C es 51, etc.

El autor ha visto en imprenta un sistema numérico en que "La Iglesia de Jesucristo de los Santos de los Últimos Días" se afirma suma 666.

Últimamente con relación a las aseveraciones de interpretación, al autor le llama la atención la reseña acerca de una computadora gigante en las oficinas centrales de Common Market Confederacy (Confederación del Comercio Común). Se afirma que los expertos en computación están trabajando en un plan para computarizar todos los tratados mundiales, asignando un número a cada persona en la tierra el cual será puesto en forma de tatuaje invisible por láser al frente o dorso de la mano. El número podría mostrarse en scanner con luz infrarroja en todos los mostradores con cajas registradoras y lugares de negocios. Sin este número asignado, nadie será capaz de comprar o vender. El programa está siendo desarrollado como un plan de restauración para implementarse después de las consecuencias a un caos mundial.

---

82. Daniel 7:21-27. Estos pasajes de Juan y Daniel han mostrado controversias en el Cristianismo y ciertamente dentro del Mormonismo. Los primeros líderes SUD expresaron diversas opiniones relacionadas a cómo

Mientras que estos pasajes son difíciles de interpretar con exactitud, sus principales mensajes son claros y se relacionan armoniosamente con las visiones de Nefi; y argumentos irritantes por interpretaciones no deben permitirse para hacer difícil su entendimiento:[83]

- Habrá batalla entre la iglesia o el demonio y los Santos del Cordero de Dios en los últimos Días.
- Por un tiempo, la batalla será desfavorable para los santos. Satanás prevalecerá sobre ellos y los vencerá hasta cierto grado. Este periodo será de gran desastre.
- El cambio importante tomará lugar a la llegada del Anciano de días cuando el juicio se dé a los Santos.

Amonestación de Nefi: Multitudes se reunirán entre las naciones de los Gentiles para luchar contra la Iglesia de Dios (1 Nefi 14:11-13)

La profecía de Nefi describe lo que sucederá después de la "obra maravillosa", un evento controversial que originará que la gente se reúna en dos diferentes grupos. Describe el incremento de la oposición

---

deben ser utilizados e interpretados estos pasajes. Por ejemplo, José Smith detalló la magnitud de las imágenes y bestias de ambos libros de Daniel y las revelaciones de San Juan (Apocalipsis), (Abril 8, 1843: TPJS, pág. 287-294; HC, 5:339-345), y por lo tanto expresa su opinión, "No es muy esencial para los Elderes tener conocimiento relacionado al significado de las bestias, las cabezas y los cuernos, y otras figuras utilizadas en Apocalipsis. Sin embargo, es necesario prevenir la contención y división y apartarnos del suspenso".

(TPJS, pág. 287) Él se refirió a la persecución de los santos profetizado por Daniel como un evento que ocurrirá en el escenario de los últimos días. Comentó que: "El 'cuerno' hizo guerra con los Santos y los conquistó hasta que el Anciano de Días vino; un juicio del Dios Altísimo se le dio a los Santos por el Anciano de Días; . . ." (HC, 3:389. Esta profecía se relaciona con una amplia declaración profética que advierte a la Iglesia acerca del sufrimiento que los Santos deberán tolerar. Véase HC, 3:389-391.).

---

83. Para ver los comentarios de las partes de este capítulo relacionadas al Concilio en Adán-ondi-Ahmán véase el libro del autor, *Prophecy—Key to the Future* pág. 167-176 (*La Profecía-Llave Al Futuro,* pág. 146-152) (Bountiful, Utah: Horizon Publishers, 1996. Véase también de Duane S. Crowther, "Daniel," *Prophets and Prophecies of the Old Testament,* (Bountiful, Utah: Horizon Publishers, 1973), pág. 496-527.

y la sitúa primordialmente entre las naciones de los Gentiles (Caucásicas). Enfatiza que las maldades de la iglesia abominable limitarán el tamaño y crecimiento de la Iglesia del Señor:

> Y aconteció que miré y vi a la ramera de toda la tierra, y se *asentaba sobre muchas aguas; y tenía dominio sobre toda la tierra, entre todas las naciones, tribus, lenguas y pueblos.*
>
> Y sucedió que vi *la iglesia del Cordero de Dios, y sus números eran pocos* a causa de la iniquidad y las abominaciones de la ramera que se asentaba sobre las muchas aguas. No obstante, vi que *la iglesia del Cordero, que eran los santos de Dios, se extendía también sobre toda la superficie de la tierra*; y sus dominios sobre la faz de la tierra eran pequeños, a causa de la maldad de la gran ramera a quien yo vi.
>
> Y ocurrió que vi que *la gran madre de las abominaciones reunió multitudes sobre toda la superficie de la tierra, entre todas las naciones de los gentiles, para combatir contra el Cordero de Dios.*[84]

La profecía de Nefi continua describiendo la caída de la gran y abominable iglesia, así como se hace en varios pasajes proféticos. Sin embargo, un aspecto característico de estos pasajes es que contienen claves de lo que los Santos deben tolerar durante este periodo de tribulación. Estas claves serán consideradas en este capítulo en calidad de amonestación profética que se describe antes de la caída de la gran y abominable iglesia que se profetizó.

Amonestación de Nefi: Las naciones excavarán una fosa para entrampar al pueblo del Señor y pervertir sus vías (1 Nefi 22:14)

Menciona que la gran y abominable iglesia será destruida por la guerra de naciones entre ellas mismas en una guerra mundial que afectará a mucha gente en foma significativa. Nefi indica la maldad con tres denuncias proféticas. De acuerdo a la profecía, ellas serán:

- Guerra con naciones en contra de la Casa de Israel.
- Excavación de una fosa para entrampar al pueblo del Señor.
- Perversión de las vías del Señor.

Esta es su declaración profética:

84. 1 Nefi 14:11-13.

> *Y toda nación que luche contra ti*, oh casa de Israel, se volverá la una contra la otra, y *caerán en la fosa que cavaron para entrampar al pueblo del Señor*. Y todos los que *combatan contra Sión* serán destruidos, y esa gran ramera que *ha pervertido las rectas vías del Señor*, sí, esa grande y abominable iglesia caerá a tierra, y grande será su caída.[85]

La naturaleza de la excavación o la trampa que los injustos tratarán de utilizarla para el pueblo del Señor no está descrita en el pasaje. Sin embargo, hay una grande posibilidad de que se relacione a la "obra maravillosa" la cual dividirá a la gente en el tiempo futuro en que "no hay más que dos iglesias solamente."[86]

Amonestación de Nefi: Los malvados que repudian al justo y vilipedian lo que es bueno (2 Nefi 28:16)

Profetiza de las maldades de la religión organizada en los últimos días[87] y las predicciones de la caída de la gran abominable Iglesia,[88] nuevamente Nefi hace mención del afán de los malvados en la persecución de los Santos. Amonesta diciendo:

> Ay de *aquellos que repudian al justo por una pequeñez y vilipendian lo que es bueno, y dicen que no vale nada*! Porque llegará el día en que el Señor Dios visitará súbitamente a los habitantes de la tierra; y el día en que hayan llegado al colmo sus iniquidades, perecerán.[89]

Añade que ese día Satanás "enfurecerá los corazones de los hijos de los hombres, y los *agitará a la ira contra lo que es bueno*."[90]

Nuevamente describe: habrá ira contra los Santos por hacer el bien mientras otros están devotamente consagrados a lo que es malo.

Amonestación de Jacob: El pueblo del Señor será oprimido, subyugado y cautivo por los fuertes (2 Nefi 6:17-18)

Otro pasaje, el cual será considerado como la caída de la gran y abominable iglesia, describe y proporciona claves de lo que el pueblo del Señor debe tolerar primero. Jacob describe a los Santos siendo:

---

85. 1 Nefi 22:14.
86. Revise 1 Nefi 14:7-10.
87. 2 Nefi 28:1-17.
88. 2 Nefi 28:18.
89. 2 Nefi 28:16.
90. 2 Nefi 28:20.

- Cautivos de los fuertes.
- Presas de lo terrible.
- En contención con sus enemigos.
- En opresión por sus enemigos.

Su profecía, la cual detalla la caída de la gran y abominable iglesia,[91] finaliza con la siguiente amonestación a los malvados:

> Empero así dice el Señor: Aun *los cautivos le serán quitados al poderoso*, y la *presa del tirano* será librada; porque el Dios Fuerte librará a su pueblo del convenio. Pues así dice el Señor: *Yo contenderé con aquellos que contiendan contigo*;
>
> y a los que *te oprimen* daré de comer su propia carne; y con su propia sangre serán embriagados como con vino dulce; y conocerá toda carne que yo, el Señor, soy tu Salvador y tu Redentor, el Fuerte de Jacob.[92]

Amonestación de Juan: La mujer estará ebria de la sangre de los Santos y de los mártires (Apocalipsis 17:6)

Juan el Revelador define a la ciudad capital de la gran y abominable iglesia como una "gran ciudad que reina sobre los reyes de la tierra."[93] Al empezar a describir la caída de la gran y abominable Iglesia, provee recordatorios alarmantes acerca de la muerte y masacre que traerá sobre el pueblo del Señor:

> Vi a la *mujer ebria de la sangre de los santos, y de la sangre de los mártires de Jesús*; y cuando la vi, quedé asombrado con gran asombro.[94]

Amonestación de Juan: Los diez reyes harán guerra contra el Cordero (Apocalipsis 17:12-14)

Cuando Juan el Revelador describe a la mujer, o a la ciudad capital de la gran y abominable iglesia, menciona que la ciudad tenía "diez cuernos," o el control sobre los diez reyes o naciones las cuales serán la

---

91. 2 Nefi 6:12-18.
92. 2 Nefi 6:17-18.
93. Apocalipsis 17:18.
94. Apocalipsis 17:6.

fundación por un breve intervalo en el escenario de los últimos días. Indica que estas naciones darán su poder a la bestia y pelearán contra el pueblo del Señor:

> Y los *diez cuernos que has visto, son diez reyes*, que aún no han recibido reino; pero por una hora recibirán autoridad como *reyes juntamente con la bestia.*
>
> Estos tienen un mismo propósito, y *entregarán su poder y su* autoridad a la bestia.
>
> *Pelearán contra el Cordero*, y el Cordero los vencerá, . . .[95]

No sabemos quienes serán estas naciones, la amonestación de Juan es similar a aquellas de otros profetas mencionados previamente, el pueblo del Señor tendrá que sufrir guerra con las fuerzas del Anticristo, una guerra a una grande escala con múltiples naciones, ¡una guerra mundial!

Profecías de una guerra mundial cuando se destruya la gran y abominable Iglesia

Nefi, en su profecía cronológica en 1 Nefi 11-14, describe la segregación y caos que vendrán sobre la gran y abominable iglesia cuando se prepare para combatir contra los Santos. Después de predecir como la madre de las abominaciones reunirá a todas las naciones de los Gentiles para combatir contra el Cordero de Dios, describe el poder de Dios el cual estará con los Santos y también de la ira divina que causarán las naciones dominadas por la madre de abominaciones para combatir entre ellas mismas:

> Y aconteció que yo, Nefi, vi que *el poder del Cordero de Dios descendió sobre los santos de la iglesia del Cordero y sobre el pueblo del convenio del Señor*, que se hallaban dispersados sobre toda la superficie de la tierra; y tenían por armas su rectitud y el poder de Dios en gran gloria.
>
> Y sucedió que vi que *la ira de Dios se derramó sobre aquella grande y abominable iglesia, de tal modo que hubo guerras y rumores de guerras entre todas las naciones y familias de la tierra.*
>
> Y cuando empezó a haber guerras y rumores de guerras entre todas las naciones que pertenecían a la madre de las abominaciones, me habló el ángel, diciendo: He aquí, la ira de Dios está sobre la madre de las rameras; y he aquí, tú ves todas estas cosas;

---

95. Apocalipsis 17:12-14.

y cuando llegue el día en que la ira de Dios sea derramada sobre la madre de las rameras, que es la iglesia grande y abominable de toda la tierra, cuyo fundador es el diablo, entonces, en ese día, empezará la obra del Padre, preparando la vía para el cumplimiento de sus convenios que él ha hecho con su pueblo que es de la casa de Israel.[96]

En otra profecía que hizo Nefi, también se describe la caída de la gran y abominable iglesia. Nuevamente el evento se relaciona cuando se lleve a cabo el recogimiento de Israel.[97] Nuevamente la descripción es de una guerra internacional, naciones quienes han combatido contra el pueblo del Señor, repentinamente luchan una a otra y causan gran destrucción:

Y la sangre de esa grande y abominable iglesia, que es la ramera de toda la tierra, se volverá sobre su propia cabeza; porque guerrearán entre sí, y la espada de sus propias manos descenderá sobre su propia cabeza; y se emborracharán con su propia sangre.

Y toda nación que luche contra ti, oh casa de Israel, se volverá la una contra la otra, y caerán en la fosa que cavaron para entrampar al pueblo del Señor. Y todos los que combatan contra Sión serán destruidos, y esa gran ramera que ha pervertido las rectas vías del Señor, sí, esa grande y abominable iglesia caerá a tierra, y grande será su caída.

Porque he aquí, dice el profeta, se acerca rápidamente el tiempo en que Satanás no tendrá más poder sobre el corazón de los hijos de los hombres; porque pronto se acerca el día en que todos los soberbios y todos los que obran inicuamente serán como rastrojo; y está cerca el día en que han de ser quemados.

Pues está próximo el tiempo en que la plenitud de la ira de Dios será derramada sobre todos los hijos de los hombres; *porque no consentirá que los inicuos destruyan a los justos.*

Por lo tanto, protegerá a los justos por su poder, aun cuando tuviese que venir la plenitud de su ira, y serán preservados *los justos aun hasta la destrucción de sus enemigos por fuego.* Por tanto, los justos no tienen

---

96. 1 Nefi 14:14-17. El versículo 17 proporciona una clave cronológica importante, que se relaciona con los versículos 27 al 29 del panorama profético del Señor en 3 Nefi, capítulo 21. Esta relación indica que la caída de la gran y abominable iglesia no ocurrirá hasta después del combate interno en las Américas (3 Nefi 21:12-22), la construcción de la Nueva Jerusalén (3 Nefi 21:23), el recogimiento de los Lamanitas a la Nueva Jerusalén (3 Nefi 21:24), una aparición de Cristo (3 Nefi 21:25), y la predicación del evangelio entre el Israel dispersado, incluyendo a las tribus perdidas (3 Nefi 21:26).

97. 1 Nefi 22:9-11.

por qué temer; porque así dice el profeta: Se salvarán, aun como si fuese por fuego.

He aquí, os digo, mis hermanos, que estas cosas deben venir muy pronto; sí, debe haber *sangre y fuego y vapor de humo*; y es menester que sea sobre la superficie de esta tierra; y sobrevendrá a los hombres según la carne, si es que endurecen sus corazones en contra del Santo de Israel.

Pues he aquí, *los justos no perecerán; porque ciertamente vendrá el tiempo en que todos los que combatan contra Sión serán talados.*[98]

La caída de la iglesia del diablo es un evento con un significado importante el cual enfatizó Nefi, quien en otro contexto profético enseña que la "grande y abominable iglesia, la ramera de toda la tierra, tendrá que desplomarse, y *grande será su caída.*[99] Juan el Revelador describió "la sentencia contra la gran ramera, la que está sentada sobre muchas aguas."[100] Menciona acerca de la destrucción que vendría sobre la "mujer," o ciudad capital de la gran y abominable iglesia. Identifica a esta ciudad como "vestida de púrpura y escarlata, y adornada de oro, de piedras preciosas y de perlas,"[101] y estando llena de abominaciones, inmundicia y fornicación.[102] La ciudad estará situada en siete montañas,[103] y será grande o "gran" ciudad que reina sobre reyes[104] y la cual se conoce por sus acuerdos.[105] Estará suficientemente cerca del océano de tal manera que hombres en barcos podrán ver "el humo de su incendio."[106] Juan ve que la gran ciudad es destruida repentinamente, "en una hora ,"[107] por los diez reyes o naciones quienes lo han resistido previamente y hecho la guerra[108] contra el Cordero de Dios:

98. 1 Nefi 22:13-19.
99. 2 Nefi 28:18.
100. Apocalipsis 17:1.
101. Apocalipsis 17:4.
102. De la misma fuente.
103. Apocalipsis 17:9.
104. Apocalipsis 17:18.
105. Apocalipsis 18:3, 11-16.
106. Apocalipsis 18:17-18.
107. Apocalipsis 18:17. ¿y qué equipo de guerra que tenga el hombre moderno puede destruir instantáneamente una enorme y extensa ciudad, dejando levantar humo a lo alto del cielo por arriba de las montañas?
108. Véase nuevamente Apocalipsis 17:12-14.

Y los diez cuernos que viste en la bestia, éstos aborrecerán a la ramera, y la dejarán desolada y desnuda; y devorarán sus carnes, y la quemarán con fuego.[109]

Juan vio y describió su caída:

Y oí otra voz del cielo, que decía: *Salid de ella, pueblo mío, para que no seáis participes de sus pecados, ni recibáis parte de sus plagas*;

porque sus pecados han llegado hasta el cielo, y Dios se ha acordado de sus maldades.

Dadle a ella como ella os ha dado, y pagadle doble según sus obras; en el cáliz en que ella preparó bebida, preparadle a ella el doble.

Cuanto ella se ha glorificado y ha vivido en deleites, tanto dadle de tormento y llanto; porque dice en su corazón: Yo estoy sentada como reina, y no soy viuda, y no veré llanto;

por lo cual en un solo día vendrán sus plagas; muerte, llanto y hambre, y será quemada con fuego; porque poderoso es Dios el Señor, que la juzga.

Y los reyes de la tierra que han fornicado con ella, y con ella han vivido en deleites, llorarán y harán lamentación sobre ella, cuando vean el humo de su incendio,

parándose lejos por el temor de su tormento, diciendo: ¡Ay, ay, de la gran ciudad de Babilonia, la ciudad fuerte; *porque en una hora vino tu juicio*![110]

Su caída servirá para vengar a los Santos por las muchas pérdidas que ellos habrán de sufrir en sus manos:

Alégrate sobre ella, cielo, y vosotros, *santos, apóstoles y profetas*; porque Dios os ha hecho justicia en ella. . . .

Y en ella se halló la sangre de los profetas y de los santos, y de todos los que han sido muertos en la tierra.[111]

Resumen

1. Los pasajes del Libro de Mormón y la Biblia advierten de la existencia de una gran y abominable iglesia. El mensaje de estos pasajes es de que esta iglesia perseguirá y hará la guerra contra los Santos; pero se desplomará y caerá cuando las naciones anteriormente bajo su control

---

109. Apocalipsis 17:16.
110. Apocalipsis 18:4-10.
111. Apocalipsis 18:20, 24.

combatan entre ellas mismas y es entonces cuando se destruirá la ciudad capital de la Iglesia.

2. Muchas claves de las escrituras ayudan a identificar a la gran y abominable iglesia:

- La iglesia fue fundada poco después del ministerio de Cristo en el meridiano de los tiempos (1 Nefi 13:26; compare la relación cronológica de 1 Nefi 13:5-9 con 1 Nefi 11:15-23, 12:6-10).
- La iglesia fue fundada antes de la expedición de Colon y la fundación de América por los Gentiles europeos (compare la relación cronológica de 1 Nefi 13:5-9 con 1 Nefi 13:12-13).
- La iglesia se funda en el otro lado de las aguas entre América y las naciones y reinos de los Gentiles (1 Nefi 13:3-4, 10).
- La iglesia es más abominable que todas las otras iglesias (1 Nefi 13:5), así que esta es una iglesia y no "una maldad general" o una combinación de iglesias.
- La iglesia atormenta, oprime, ata y lleva al cautiverio a los Santos de Dios (1 Nefi 13:5).
- El diablo es su fundador (1 Nefi 13:6).
- La iglesia tiene oro, plata, sedas, escarlatas, linos de fino tejido y preciosos vestidos (1 Nefi 13:7).
- La iglesia tiene muchas rameras (1 Nefi 13:7).
- La iglesia desea riquezas (1 Nefi 13:8).
- La iglesia destruye y lleva en cautiverio a los Santos por motivo de las alabanzas del mundo (1 Nefi 13:9).
- La iglesia recibe el evangelio de los apóstoles de Cristo y de los Judíos, pero quita muchas partes que son claras y preciosa de muchos convenios (1 Nefi 13:26-27).
- La iglesia quita cosas claras y preciosas del libro del Cordero de Dios, la Biblia (1 Nefi 13:28).
- La iglesia quita porciones de la Biblia antes de que el libro vaya a las naciones de los Gentiles o se transmita a América (1 Nefi 13:29).
- La iglesia quita porciones de la Biblia, la cual hace que muchos tropiecen, antes de la restauración del evangelio (1 Nefi 13:34).
- La ciudad capital de la iglesia se establece en siete montañas (Apocalipsis 17:9).
- La ciudad capital de la iglesia es una gran ciudad que tiene tanto poder que reina sobre los reyes de la tierra (Apocalipsis 17:18).

- La ciudad capital de la iglesia es un centro grande de comercio en donde muchos comerciantes se han hecho ricos (Apocalipsis 18:3, 11-15).
- La ciudad capital se localiza suficientemente cerca al mar de tal modo que la gente en los barcos puede ver el humo que emerger desde ella al momento de quemarse (Apocalipsis 18:17-18).

3. Las profecías del Libro de Mormón indican que en el futuro Dios hará una "obra maravillosa," trayendo del pasado algunos eventos que dividirán al pueblo en dos grupos distintos: los justos y los malvados. Después de este evento habrá "únicamente dos iglesias." (1 Nefi 14:7-10.)

4. La "obra maravillosa" la cual se menciona también en 1 Nefi 22:8-19; 2 Nefi 25:17-18; 2 Nefi 27:1-5, 25-32; 2 Nefi 28:32-29:14; 3 Nefi 21:9-29; y en 3 Nefi 28:25-32, se relaciona continuamente en las escrituras con los eventos de los últimos días, y por lo tanto se considera como un evento diferente de la restauración del evangelio a través de José Smith. Podría ser el mismo "acto extraño" del Señor que se menciona en D. y C. 101:85-95, en el cual los Santos son descritos como persistentes ante jueces, gobernadores y el presidente poco antes de que el Señor con su furia aflija la nación.

5. Las amonestaciones proféticas se refieren a las tribulaciones que vendrán a los Santos y a la Casa de Israel debido a la gran y abominable iglesia en los últimos días y son mencionadas en:

- Jacob (2 Nefi 6:12).
- Pablo (1 Timoteo 4:1-3).
- Juan (Apocalipsis 12:17-13:18).
- Daniel (Daniel 7:21-27).
- Nefi (1 Nefi 14:11-13).
- Nefi (1 Nefi 22:14).
- Nefi (2 Nefi 28:16).
- Jacob (2 Nefi 6:17-18).
- Juan (Apocalipsis 17:6).
- Juan (Apocalipsis 17:12-14).

6. Diversas amonestaciones proféticas indican que el pueblo del Señor será el receptor de cargos falsos y acusaciones malvadas traídas por la gran y abominable iglesia cuando la batalla de los últimos días tome lugar:

- ***Nefi:*** Satanás los agitará a la ira en contra de lo que es bueno (2 Nefi 28:20).
- ***Pablo:*** Dirán mentiras por hipocresía, sin conciencia (1 Timoteo 4:2).
- ***Daniel:*** El cuerno hablará palabras contra el Altísimo (Daniel 7:25).
- ***Nefi:*** Las naciones excavarán una fosa para entrampar al pueblo del Señor (1 Nefi 22:14).
- ***Nefi:*** El cuerno pervertirá las rectas vías del Señor (1 Nefi 22:14).
- ***Nefi:*** Aquellos que repudian al justo por pequeñez (2 Nefi 28:16).
- ***Nefi:*** Ellos vilipendian lo que es bueno, y dicen que no vale nada (2 Nefi 28:16).
- ***Jacob:*** Ellos contenderán con el pueblo del convenio (2 Nefi 6:17).

7. Las profecías advierten que la gran y abominable iglesia ejercerá gran poder sobre los Santos durante el periodo de persecución y tribulación:

- ***Juan:*** La bestia hará guerra con los Santos y los vencerá. El poder se le da sobre todas las tribus, lenguas y naciones (Apocalipsis 13:7-8).
- ***Juan:*** Otra bestia tiene el poder para causar la muerte a muchos que no adoren la imagen de la bestia (Apocalipsis 13:15).
- ***Juan:*** La bestia hace que todos reciban un número en su mano derecha o frente; y no puedan comprar o vender sin el (Apocalipsis 13:16-17).
- ***Daniel:*** El cuerno hace la guerra con los Santos y prevalece en contra de ellos (Daniel 7:21).
- ***Daniel:*** El cuerno quebrantará a los Santos y serán entregados en su mano (Daniel 7:25).
- ***Jacob:*** Los cautivos de los fuertes serán retirados. Dios librará a su pueblo del convenio (2 Nefi 6:17).

8. La gran y abominable iglesia utilizará el poder político internacional.

- ***Nefi:*** Ella tendrá dominio sobre todas las naciones, tribus, lenguas y pueblos (1 Nefi 14:11).
- ***Nefi:*** La madre de abominaciones reunirá multitudes sobre la faz de la tierra, entre todas las naciones de los Gentiles (1 Nefi 14:13).

- ***Juan:*** Diez reyes reciben el poder por una hora y entregarán su poder y autoridad a la bestia (Apocalipsis 17:12-13).
- ***Juan:*** La "mujer," o ciudad capital, reina sobre reyes (Apocalipsis 17:18).

9. El esfuerzo para pelear contra los Santos se desintegrará en una guerra mundial—una guerra internacional en la cual las naciones de los Gentiles lucharán la una contra la otra, y finalmente destruirán la ciudad capital de la gran y abominable iglesia:

- ***Nefi:*** Cada nación que combata contra la Casa de Israel se volverá la una contra la otra (1 Nefi 22:14).
- ***Jacob:*** A los que opriman se les dará de comer su propia carne (2 Nefi 6:18).
- ***Nefi:*** Habrá guerras y rumores de guerras entre todas las naciones y tribus de la tierra (1 Nefi 14:15).
- ***Nefi:*** La gran y abominable iglesia peleará en contra de ellos mismos (1 Nefi 22:13).
- ***Juan:*** Los diez cuernos aborrecerán a la ramera y la quemarán con fuego (Apocalipsis 17:16).
- ***Juan:*** En un solo día vendrán sus plagas: muerte, hambre y fuego (Apocalipsis 18:8).

10. A pesar de que muchos Santos mueran por la gran y abominable iglesia (Apocalipsis 13:15; 17:6), los justos serán preservados mas los que combatan contra Sión serán talados y destruidos (1 Nefi 22:16-19).

Séptima Amonestación:

La nación será destruida si las combinaciones secretas se les permiten esparcirse

Amonestación de Moroni: Si una nación permite que las combinaciones secretas se difundan en ella, la nación será destruida (Éter 8:21)

El libro de Mormón proporciona un testimonio fuerte e indiscutible con relación a una de las prácticas más corruptas de los hombres: la organización de combinaciones secretas para obtener poder y riquezas a través de hechos diabólicos. El mensaje de las escrituras dice "*una combinación secreta, tal como los de tiempo antiguo, la cual combinación es lo más abominable y perverso sobre todas las cosas, a la vista de Dios*; porque el Señor no obra por medio de combinaciones secretas, ni quiere que los hombres viertan sangre, sino que lo ha prohibido en todas las cosas, desde el principio del hombre."[1]

Moroni dio una fuerte amonestación a los habitantes de las Américas de los últimos días al escribir acerca del peligro de las combinaciones secretas. Después de amonestar acerca de las combinaciones secretas que habían causado la destrucción de dos grandes culturas, los Jareditas y los Nefitas,[2] el último profeta del Libro de Mormón escribió una amonestación que podría afectar a mucha gente significativamente dentro del gran panorama de eventos de los últimos días:

> . . . *cualquier nación que favorezca tales combinaciones secretas para adquirir poder y riquezas, hasta que se extiendan sobre la nación, he aquí, será destruida*; porque el Señor no permitirá que la sangre de sus santos, que fuere vertida por ellos, clame siempre a él desde el suelo pidiendo venganza, sin que él los vengue.[3]

---

1. Éter 8:18-19.
2. Éter 8:21.
3. Éter 8:22.

Su amonestación fue dirigida específicamente a los Gentiles de los últimos días, o a los habitantes de América, como una introducción a lo que vendría, y más específicamente amonesta a las combinaciones secretas de los últimos días las cuales vio en un ámbito y objetivos internacionales:

Amonestación de Moroni: Una combinación secreta procurará destruir la libertad de todas las naciones (Éter 8:23-26)

Al profetiza a los "Gentiles" quienes serán los que leerán sus palabras en los últimos días, no solo advierte acerca de a una combinación secreta que vendría en un ámbito internacional, sino que ordena a los habitantes de América despertar al conocimiento de su terrible situación debido a la presencia de las combinaciones que se encuentran entre ellos:

> Por lo tanto, oh gentiles, está en la sabiduría de Dios que se os muestren estas cosas, a fin de que así os arrepintáis de vuestros pecados, *y no permitáis que os dominen estas combinaciones asesinas, que se instituyen para adquirir poder y riquezas, ni que os sobrevenga la obra, sí, la obra misma de destrucción; sí, aun la espada de la justicia del Dios Eterno caerá sobre vosotros para vuestra derrota y destrucción, si permitís que existan estas cosas.*
>
> Por consiguiente, el Señor *os manda que cuando veáis surgir estas cosas entre vosotros, que despertéis a un conocimiento de vuestra terrible situación, por motivo de esta combinación secreta que existirá entre vosotros*; o ¡ay de ella, a causa de la sangre de los que han sido asesinados! Porque desde el polvo claman ser vengados de ella, y también de los que la establecieron.
>
> Porque sucede que *quien la establece procura destruir la libertad de todas las tierras, naciones y países*; y lleva a cabo la destrucción de todo pueblo, porque la edifica el diablo, que es el padre de todas las mentiras; sí, ese mismo embustero que sedujo a nuestros primeros padres; sí, ese mismo mentiroso que ha provocado al hombre a asesinar desde el principio; que ha endurecido el corazón de los hombres al grado de que han asesinado a los profetas, y los han apedreado y desechado desde el principio.
>
> Por lo tanto, *se me manda a mí, Moroni, escribir estas cosas, para que sea destruido el mal*, y llegue el tiempo en que Satanás no tenga más poder en el corazón de los hijos de los hombres, sino que

sean persuadidos a hacer el bien constantemente, a fin de que vengan a la fuente de toda rectitud y sean salvos.[4]

Su profecía no solo se refiere acerca del peligro de las combinaciones secretas, sino que es una amonestación que si una nación permita la difusión de tal organización en medio de ella, sería tan deshonesta que la justicia de Dios causaría pronto la caída y destrucción de esa nación—¡un pensamiento muy sensato!

Amonestación de Nefi: Satanás atará combinaciones secretas con sus fuertes cuerdas para siempre (2 Nefi 26:20-23)

Moroni no era el único que amonestó acerca de las combinaciones secretas entre los Gentiles de los últimos días. Nefi también predijo la existencia de tales combinaciones en los últimos días y del peligro que podrían traer:

> *Y los gentiles se ensalzan con la soberbia de sus ojos, y han tropezado* a causa de lo grande de su tropezadero, y han establecido muchas iglesias; sin embargo, menosprecian el poder y los milagros de Dios, y se predican su propia sabiduría y su propia instrucción, para enriquecerse y moler la faz de los pobres.
>
> Y se edifican muchas iglesias que causan envidias, y contiendas, y malicia.
>
> *Y también existen combinaciones secretas, como en los tiempos antiguos, según las combinaciones del diablo, porque él es el fundador de todas estas cosas; sí, el fundador del asesinato y de las obras de tinieblas; sí, y los lleva del cuello con cordel de lino, hasta que los ata para siempre jamás con sus fuertes cuerdas.*
>
> Porque he aquí, amados hermanos míos, os digo que el Señor Dios no obra en la obscuridad.[5]

Amonestación de Nefi: Dios debe destruir obras secretas de tinieblas (2 Nefi 10:15)

Nefi había amonestado previamente del peligro de las combinaciones secretas en un contexto con implicaciones internacionales. Después de profetizar que Dios "fortificará esta tierra contra todas las

4. Éter 8:23-26.
5. 2 Nefi 26:20-23.

otras naciones,"[6] advirtió que "el que combata contra Sión perecerá, dice Dios,"[7] y entonces citó la promesa profética del Señor, "*he de destruir las obras secretas de tinieblas, y de asesinatos, y de abominaciones.*"[8]

Amonestación de Alma: Maldecida será la tierra por siempre jamás por combinaciones secretas, aun hasta la destrucción (Alma 37:28, 31)

Alma también advirtió que la tierra sería maldecida y destruida a menos que los habitantes se arrepientan de la influencia de combinaciones secretas.

Instruyó a su hijo, Helamán, acerca de sus juramentos secretos y los planes diabólicos que se encontraron en las veinticuatro planchas de los registros de los Jareditas. Él reiteró que los Jareditas habían sido destruidos porque aceptaron las obras de las combinaciones secretas, aseguró que dichas obras secretas serían traídas a la luz, y le dijo a su hijo que no detallara acerca de los juramentos, convenios y abominaciones secretas:

> Y ahora te hablaré acerca de aquellas veinticuatro planchas; que las guardes para que sean manifestados a este pueblo los misterios, y las obras de tinieblas, y sus hechos secretos, o sea, los hechos secretos de aquel pueblo que fue destruido; sí, que *todos sus asesinatos, y robos, y sus pillajes, y todas sus maldades y abominaciones puedan ser manifestados a este pueblo; sí, y que preserves estos intérpretes.*
>
> Porque he aquí, el Señor vio que su pueblo empezaba a obrar en tinieblas, sí, a cometer asesinatos y abominaciones en secreto; por tanto, dijo el Señor que si no se arrepentían, serían destruidos de sobre la superficie de la tierra.
>
> Y dijo el Señor: Prepararé para mi siervo Gazelem una piedra que brillará en las tinieblas hasta dar luz, a fin de manifestar a los de mi pueblo que me sirven, sí, para manifestarles los hechos de sus hermanos, sí, sus obras secretas, sus obras de obscuridad, y sus maldades y abominaciones.

---

6. 2 Nefi 10:12.
7. 2 Nefi 10:13.
8. 2 Nefi 10:15.

Y se prepararon estos intérpretes, hijo mío, para que se cumpliera la palabra que Dios habló, diciendo:

Sacaré de las tinieblas a la luz todos sus hechos secretos y sus abominaciones; y a menos que se arrepientan, los destruiré de sobre la superficie de la tierra; y descubriré todos sus secretos y abominaciones a toda nación que en lo futuro posea la tierra.

Y vemos, hijo mío, que no se arrepintieron; *por tanto, han sido destruidos*, y hasta ahora se ha cumplido la palabra de Dios; sí, sus abominaciones secretas han salido de las tinieblas, y nos han sido reveladas.

Y ahora bien, hijo mío, te mando que retengas todos sus juramentos, y sus pactos, y sus acuerdos en sus abominaciones secretas; y *todas sus señales y sus prodigios retendrás para que este pueblo no los conozca*, no sea que por ventura también caigan en las tinieblas y sean destruidos.[9]

Entonces, Alma estableció la primera de sus amonestaciones acerca de la maldición que se derramará sobre esta tierra si la gente acepta las obras de las combinaciones secretas:

Porque he aquí, hay una maldición sobre toda esta tierra de que sobrevendrá una destrucción a todos los obradores de tinieblas, según el poder de Dios, cuando lleguen al colmo; por tanto, es mi deseo que este pueblo no sea destruido.[10]

Explicó a Helamán que la gente se le enseñaría acerca de las combinaciones secretas:

Por consiguiente, esconderás de *este pueblo esos planes secretos de sus juramentos y sus pactos*, y solamente le darás a conocer sus maldades, sus asesinatos y sus abominaciones; y le *enseñarás a aborrecer tales maldades y abominaciones y asesinatos; y también debes enseñarle que esta gente fue destruida por motivo de sus maldades y abominaciones y asesinatos.*

Porque he aquí, asesinaron a todos los profetas del Señor que llegaron entre ellos para declararles en cuanto a sus iniquidades; y la sangre de los que asesinaron clamó al Señor su Dios para que los vengara de aquellos que fueron sus asesinos; y así los juicios de Dios descendieron sobre estos obradores de tinieblas y de combinaciones secretas.[11]

Y entonces Alma repitió su amonestación profética acerca de combinaciones secretas en América que se extenderían en todas las épocas:

9. Alma 37:21-27.
10. Alma 37:28.
11. Alma 37:29-30.

> Sí, y *maldita sea la tierra por siempre jamás para esos obradores de tinieblas y combinaciones secretas, aun hasta su destrucción*, a menos que se arrepientan antes que lleguen al colmo.[12]

La llegada de las combinaciones secretas antes de la venida del Salvador: Una crónica del crecimiento rápido de maldad en el gobierno

El rápido crecimiento de las combinaciones secretas registrado en la época del Libro de Mormón, muestra el gran poder que pudieron adquirir tales grupos rápidamente. Un ejemplo de ellos, se formó cuando Gadiantón empezó a ser líder de la banda de ladrones, aproximadamente en el año 50 A.C.[13] Su red de seguidores malignos comenzó a crecer "en las partes más pobladas de la tierra."[14] En aquella época "*no eran del conocimiento de aquellos que estaban a la cabeza del gobierno*"[15]

En esta época la sociedad Nefita se había vuelto débil y corrupta, "Porque he aquí, el Señor los había bendecido tan largo tiempo con las riquezas del mundo, que no habían sido provocados a la ira, a guerras, ni al derramamiento de sangre; por consiguiente, empezaron a poner sus corazones en sus riquezas; sí, *empezaron a buscar la manera de obtener el lucro a fin de elevarse unos sobre otros; por tanto, empezaron a cometer asesinatos secretos, y a robar y hurtar, para obtener riquezas*"[16] El pueblo en esta condición estaba siendo preparado por la influencia de Satanás para que se manifestara en toda la nación:

> . . . he aquí, Satanás *incitó el corazón de la mayoría de los nefitas, a tal grado que se unieron a esas bandas de ladrones, y participaron en sus convenios y sus juramentos de que se protegerían y se preservarían unos a otros* en cualesquiera circunstancias difíciles en que se encontrasen, a fin de que no fuesen castigados por sus asesinatos, y sus robos, y sus hurtos.
>
> Y acaeció que *tenían sus señas, sí, sus señas y sus palabras secretas*; y esto a fin de reconocer al hermano que hubiese concertado el convenio, para que, cualquiera que fuese la iniquidad que su hermano

---

12. Alma 37:31.
13. Helamán 2:2-11. Esto ocurrió en el año 42 del gobierno de los jueces.
14. Helamán 3:23. Esto ocurrió en el año 49 del gobierno de los jueces.
15. De la misma fuente.
16. Helamán 6:17.

> cometiera, no lo perjudicara su hermano, ni tampoco aquellos que pertenecieran a la banda y hubieran hecho este convenio.
>
> *Y así podrían asesinar, y robar, y hurtar, y cometer fornicaciones y toda clase de iniquidades en oposición a las leyes de su patria, así como a las leyes de su Dios.*
>
> Y cualquiera de los que perteneciesen a esa banda que revelase al mundo sus iniquidades y sus abominaciones, debía ser juzgado, no según las leyes de su patria, sino de acuerdo con las leyes de su iniquidad, las cuales les habían dado Gadiantón y Kishkumen.[17]

No fue por mucho tiempo que Satanás "había logrado mucho dominio en el corazón de los nefitas; sí, al grado de que se habían vuelto sumamente inicuos; sí, y *la mayor parte de ellos se habían apartado del camino de la rectitud, . . .*"[18]

Pasó un breve periodo de tiempo desde la formación de la combinación secreta hasta el día en que se unieron la mayoría de los Nefitas, solo dieciocho años.[19] En un año más, su infiltración fue tan extensa que "*lograron la administración exclusiva del gobierno.*"[20] Al tener el control total del gobierno, empezaron a perseguir a los justos, "al grado de que hollaron con los pies, e hirieron y maltrataron y volvieron la espalda a los pobres y a los mansos, y a los humildes discípulos de Dios."[21]

Estos pocos versículos no solo narran el crecimiento de una combinación secreta sino que describen las características que la hacen ser una abominación a la vista de Dios. Observe que:

- Los miembros hacen convenios para protegerse los unos con los otros de tal forma que no tengan que pagar por sus crímenes.
- Tienen señas y claves.
- Están dispuestos a asesinar y robar para cumplir con sus propósitos.
- Si sus miembros los traicionan, son castigados de acuerdo a su propio código especial.

---

17. Helamán 6:21-24.
18. Helmán 6:31.
19. Compare Helamán 3:22-24 [el año 49 . . .] cuando el pueblo era justo y solo un puñado de Gadiantones se encontraban operando, todavía era desconocido por el gobierno, y Helamán 6:31-32 [el año 67 . . .], cuando la mayoría se habían vuelto a la iniquidad.
20. Helmán 6:38-39.
21. Helamán 6:39.

- Prosperan en una sociedad en la que no se interesa en las necesidades de justicia social y es devota a buscar riquezas y poder.
- Se esfuerzan por infiltrarse y obtener el control del gobierno, usurpando poder y autoridad.
- Controlan las cortes y sistemas de justicia. Bajo sus leyes, los justos son condenados y la maldad no tiene castigo.
- Crecen rápidamente y pueden obtener control de una nación dentro de dos décadas.
- Persiguen al pobre y al justo cuando tienen el control.

Y entonces, con el pueblo en tal condición de maldad, el Señor reveló a Nefi una amonestación inevitable:

> *Y a menos que os arrepintáis, pereceréis; sí, aun vuestras tierras os serán arrebatadas, y seréis destruidos de sobre la faz de la tierra.*
>
> He aquí, no os digo de mí mismo que sucederán estas cosas, porque no es de mí mismo que sé estas cosas; mas he aquí, *sé que son verdaderas porque el Señor Dios me las ha hecho saber; por tanto, testifico que sucederán.*[22]

¿De qué manera el pueblo en su estado de maldad recibió esta amonestación profética? Los jueces alzaron su voz en contra de Nefi, acusándolo de revelarse contra del pueblo y de su ley:

> *Por tanto, gritaron al pueblo, diciendo: ¿Por qué permitís que nos injurie este hombre? Pues, he aquí, él condena a todo este pueblo hasta la destrucción*; sí, y también dice que estas grandes ciudades nuestras nos han de ser arrebatadas, de modo que no habrá lugar en ellas para nosotros.
>
> Y sabemos que esto es imposible, porque he aquí, somos poderosos, y nuestras ciudades son grandes; por tanto, nuestros enemigos no pueden tener dominio sobre nosotros.
>
> Y ocurrió que así *incitaron al pueblo a la ira en contra de Nefi* . . .[23]

En más de tres años, "aumentaron las contenciones, de tal modo que *hubo guerras por toda la tierra, entre todo el pueblo de Nefi.* Y era esta banda secreta de ladrones la que perpetraba esta obra de destrucción e iniquidad;"[24]

---

22. Helmán 7:28-29.

23. Helamán 8:5-7. Véase también los versículos 1-4. La popularidad de Nefi entre el pueblo lo salvó esta vez. Algunos de ellos lo reconocían como "un buen hombre" y como un profeta (véase los versículos 7-10).

24. Helamán 11:1-2. Esto ocurrió en el año 72 del gobierno de los jueces.

Después de tres años de guerra civil, el profeta Nefi clamó a Dios que el pueblo no fuera destruido completamente por la espada. En respuesta a su oración, Dios envió hambre para inducirlos al arrepentimiento. Finalmente, después "*fueron afligidos a tal grado que perecieron por millares en las partes más inicuas del país,*"[25] "empezaron a acordarse del Señor su Dios."[26] La gente se arrepintió y humilló, "ha exterminado de entre ellos la banda de Gadiantón" hasta que las secretas combinaciones hubieron "desaparecido."[27]

Pero las secretas combinaciones una vez que se establecieron, como la hierva mala, se mantuvieron brotando una y otra vez. ¿Cuánto tiempo duró el nuevo periodo de libertad y rectitud? ¡Únicamente cinco años! Entonces los disidentes nuevamente se unieron y formaron la banda secreta, los ladrones de Gadiantón:

> *Y cometían asesinatos y robos;* y entonces *se refugiaban en las montañas*, y en el desierto, y en parajes secretos, ocultándose para que no los descubriesen, aumentando sus números diariamente a causa de que *había disidentes que se unían a ellos.*
>
> Y así con el tiempo, sí, *en el término de no muchos años, se convirtieron en una banda sumamente grande de ladrones*; y buscaron todos los planes secretos de Gadiantón; y así llegaron ellos a ser los ladrones de Gadiantón.
>
> Y he aquí, estos ladrones causaron grandes estragos, sí, una gran destrucción, así entre el pueblo de Nefi, como también entre el pueblo de los lamanitas.[28]

Las fuerzas de Gadiantón crecieron grandemente que inclusive la armada completa de los Nefitas y Lamanitas no los pudieron pararla.[29] A través de los años, conflictos y descontento social entre los Nefitas alimentaban sus filas,[30] y "se habían hecho tan numerosos, y *mataban a tantos de los del pueblo, y asolaban tantas ciudades, y causaban tanta mortandad y estragos por toda la tierra*"[31] que todos los Nefitas y

---

25. Helamán 11:6.
26. Helamán 11:7.
27. Helamán 11:10. Esto ocurrió en el año 75 del gobierno de los jueces.
28. Helamán 11:25-27. La banda de Gadiantón se formó en el año 80 del reinado de los jueces.
29. Helamán 11:28, 33.
30. 3 Nefi 1:27-28.
31. 3 Nefi 2:11.

Lamanitas tuvieron que tomar las armas en contra de ellos "*para preservar sus derechos, y los privilegios de su iglesia y de su adoración a Dios, y su independencia y su libertad.*"[32] Fue solo después de ocho años de guerra,[33] cuando los Nefitas y Lamanitas fueron forzados a abandonar sus hogares y a reunirse en otro lugar, viviendo por muchos meses de provisiones almacenadas sin poder cultivar sus tierras y soportar el más salvaje combate que los Nefitas hubiesen enfrentado, sin embargo pudieron conquistar a las combinaciones secretas después de matar a sus ejércitos por los diez mil.[34]

Pero una vez más, como el regreso de un cáncer maligno, se organizaron las combinaciones secretas. En menos de diez años de paz, Satanás nuevamente extiende su influencia a través de combinaciones secretas y trajo consigo el asesinato del juez superior y la destrucción del gobierno de la nación.[35] ¿A través de quien trabaja Satanás esta vez? A través de una combinación de líderes eclesiásticos (sacerdotes),

---

32. 3 Nefi 2:12. Este fue el año 104 desde el comienzo del reinado de los jueces, el cual se le llamó el año 13 (después del nacimiento de Cristo) en el nuevo sistema de numeración Nefita (véase 3 Nefi 2:5-8).

33. 3 Nefi 2:13; 3 Nefi 4:16. Durante esta época la presión fue intensa sobre los Nefitas y Lamanitas justos por la banda de Gadiantón para que abandonaran el país.

Una carta de Gidgiddoni, líder de la combinación secreta, al gobernador Nefita, Laconeo, es evidencia de esta presión:

> Por tanto, te escribo pidiendo que *entreguéis vuestras ciudades, vuestras tierras y vuestras posesiones a este pueblo mío, antes que caiga sobre vosotros con la espada y os sobrevenga la destrucción.*
>
> O en otros términos, *someteos y uníos a nosotros, y familiarizaos con nuestras obras secretas, y convertíos en hermanos nuestros para que seáis iguales a nosotros; no nuestros esclavos, sino nuestros hermanos y consocios de toda nuestra substancia.*
>
> Y he aquí, te afirmo con juramento que si hacéis esto, no seréis destruidos; pero *si no hacéis esto, te aseguro con juramento que el mes que viene daré órdenes de que mis ejércitos vengan contra vosotros; y no detendrán su mano ni perdonarán, sino que os matarán y os herirán con la espada hasta que seáis aniquilados.*
>
> He aquí, soy Giddiani; y soy el caudillo de esta sociedad secreta de Gadiantón; y sé que esta sociedad y sus obras son buenas; y son de fecha antigua y nos han sido transmitidas (3 Nefi 3:6-9).

34. 3 Nefi 4, 5:3-6.

35. 3 Nefi 7:1-2.

jueces y abogados quienes conspiran destruir al gobierno y establecer un rey en la tierra.[36]

No fue hasta la gran destrucción en la época de la muerte de Cristo que se termina el efecto continuo de las secuencias prolongadas de combinaciones secretas.

Las combinaciones secretas causaron la destrucción final de los Nefitas

Doscientos años de paz y rectitud pasaron después de la venida del Salvador a las Américas.[37] Entonces, cuando la sociedad Nefita comienza a decaer, las combinaciones secretas aparecen nuevamente. En solo cuarenta años "se extendieron por toda la superficie de la tierra:"

> Y sucedió que la parte inicua del pueblo empezó otra vez a reconstituir los juramentos y las combinaciones secretas de Gadiantón.
>
> Y también los del pueblo, que eran llamados *el pueblo de Nefi, empezaron a tener orgullo en su corazón, a causa de sus inmensas riquezas, y se envanecieron* igual que sus hermanos, los lamanitas.
>
> Y desde entonces empezaron a afligirse los discípulos por los pecados del mundo.
>
> Y ocurrió que, cuando hubieron pasado trescientos años, tanto el pueblo de los nefitas como el de los lamanitas se habían vuelto sumamente inicuos, los unos iguales que los otros.
>
> Y aconteció que *los ladrones de Gadiantón se extendieron por toda la superficie de la tierra; y no había quien fuese justo salvo los*

---

36. 3 Nefi 6:10-30.

37. El Libro de Mormón describe estos años selectos en este hermoso pasaje:

> Y ocurrió que *no había contenciones en la tierra*, a causa del amor de Dios que moraba en el corazón del pueblo. Y no había envidias, ni contiendas, ni tumultos, ni fornicaciones, ni mentiras, ni asesinatos, ni lascivias de ninguna especie; y *ciertamente no podía haber un pueblo* más dichoso entre todos los que habían sido creados por la mano de Dios.
>
> No había ladrones, ni asesinos, ni lamanitas, ni ninguna especie de -itas, *sino que eran uno, hijos de Cristo y herederos del reino de Dios.*
>
> *¡Y cuán bendecidos fueron! Porque el Señor los bendijo en todas sus obras*; sí, fueron bendecidos y prosperaron hasta que hubieron transcurrido ciento diez años; y la primera generación después de Cristo había muerto ya, y no había contención en toda la tierra. (4 Nefi 15-18).

discípulos de Jesús. Y acumulaban y guardaban oro y plata en abundancia; y traficaban en mercaderías de toda clase.[38]

Cuando la destrucción final de los Nefitas se aproximaba:

> . . . estos ladrones de Gadiantón, que se hallaban entre los lamanitas, infestaban la tierra, a tal grado que *los habitantes empezaron a ocultar sus tesoros en la tierra; y se hicieron deleznables, porque el Señor había maldecido la tierra, de tal manera que no podían conservarlos ni recuperarlos.*
>
> Y aconteció que hubo sortilegios, y hechicerías, y encantamientos; y el poder del maligno se extendió por toda la faz de la tierra, . . .[39]

"La tierra estaba llena de ladrones y lamanitas . . . y por toda la superficie de la tierra había una revolución completa."[40] Esta gran iniquidad se dirigió hacia una larga continuación de batallas para la destrucción final de los Nefitas en el Cerro de Cumora, donde casi un cuarto de millón de hombres Nefitas, más sus mujeres y niños, fueron muertos en un solo día.[41]

Las combinaciones secretas entre los Jareditas

Los Jareditas, una cultura temprana del Libro de Mormón, también conocen los efectos de las combinaciones secretas. El príncipe Jared y su hija persuaden a Akish para comenzar una combinación secreta y así asesinar al padre de Jared, Orner, y posteriormente insurpar el reino:

> Y sucedió que Akish reunió a toda su parentela en la casa de Jared, y les dijo: ¿Me juraréis que me seréis fieles en lo que exija de vosotros?
>
> Y aconteció que todos le juraron por el Dios del cielo, y también por los cielos, y también por la tierra y por su cabeza, que el que se opusiera a la ayuda que Akish deseara, perdería la cabeza; y quien divulgara cualquiera de las cosas que Akish les diera a conocer, perdería la vida.
>
> Y ocurrió que así se pusieron de acuerdo con Akish. Y él *les administró los juramentos que fueron dados por los antiguos que también ambicionaban poder, juramentos que habían sido transmitidos desde Caín, que fue asesino desde el principio.*

---

38. 4 Nefi 42-46.

39. Mormón 1:18-19. Los registros dicen: ". . . nadie podía conservar lo que era suyo, por motivo de los ladrones, y los bandidos, y los asesinos, y las artes mágicas, y las brujerías que había en la tierra." (Mormón 2:10).

40. Mormón 2:8.

41. Mormón 6:1-15.

> *Y los preservó el poder del diablo para administrar estos juramentos a los del pueblo, a fin de conservarlos en la obscuridad, para ayudar a quienes ambicionaran el poder a obtenerlo y a asesinar, y robar, y mentir, y cometer toda clase de iniquidades y fornicaciones.*
>
> Y fue la hija de Jared quien le puso en el corazón que indagara esas cosas de tiempo antiguo; y Jared lo puso en el corazón de Akish; por lo que Akish las administró a sus parientes y amigos, desviándolos por medio de lisonjeras promesas para que hicieran cuanto él deseaba.
>
> Y aconteció que *formaron una combinación secreta, tal como los de tiempo antiguo, la cual combinación es lo más abominable y perverso sobre todas las cosas, a la vista de Dios*;
>
> porque *el Señor no obra por medio de combinaciones secretas,* ni quiere que los hombres viertan sangre, sino que lo ha prohibido en todas las cosas, desde el principio del hombre.[42]

En solo una generación se difundió, "Porque tan grande había sido la diseminación de esta inicua y secreta sociedad, que había corrompido el corazón de todo el pueblo."[43] La iniquidad pronto se dirigió a la guerra, "la cual duró por el espacio de muchos años, sí, hasta la destrucción de casi toda la gente del reino, sí, todos salvo treinta almas."[44]

La población de los Jareditas comenzó a crecer y a multiplicarse de este pequeño grupo restante, pero después de cinco generaciones, "Het comenzó a adoptar nuevamente los planes secretos de los tiempos antiguos, para destruir a su padre."[45] Los profetas fueron enviados a amonestar acerca de la destrucción que se aproximaba por hambre, entonces mucha gente murió por la gran escasez de alimentos y por serpientes venenosas para el cumplimiento de sus amonestaciones proféticas.[46]

Después de varias generaciones, muy cerca del fin de la civilización Jaredita, las combinaciones secretas nuevamente se establecieron. En el Libro de Mormón se narra:

---

42. Éter 8:13-19. Véase Éter 9:1-6. Fue esta obra malvada lo que causó a Moroni escribir su amonestación profética citada al comienzo de este capítulo.
43. Éter 9:6.
44. Éter 9:12.
45. Éter 9:26.
46. Éter 9:28-32.

> Y en los días de Com empezó a haber ladrones en la tierra; y adoptaron los planes antiguos, y administraron juramentos a la manera de los antiguos, y *procuraron otra vez destruir el reino.*[47]

Estas combinaciones causaron que la gente rechazara la palabra de Dios y se levantara en rebelión:

> *Y no escucharon la voz del Señor por razón de sus inicuas combinaciones; por tanto, empezó a haber guerras y contiendas en toda la tierra, y también muchas hambres y pestilencias, al grado que hubo una gran destrucción como nunca se había conocido sobre la superficie de la tierra*; y todo esto aconteció en los días de Shiblom. . . .
>
> Y aconteció que *surgió una rebelión entre el pueblo, a causa de aquella combinación secreta que se instituyó para adquirir poder y riquezas*; y se levantó entre ellos un hombre muy diestro en la iniquidad, y le hizo la guerra a Morón, en la cual conquistó la mitad del reino; y retuvo la mitad del reino por muchos años. . . .
>
> Y en los días de Coriantor también vinieron muchos profetas, y profetizaron cosas grandes y maravillosas; y proclamaron el arrepentimiento al pueblo, y que *a menos que se arrepintieran, el Señor Dios ejecutaría juicio contra ellos hasta su completa destrucción*;
>
> y que el Señor Dios, por su poder, enviaría o traería a otro pueblo a poseer la tierra, del mismo modo que había traído a sus padres.
>
> Y *ellos rechazaron todas las palabras de los profetas, por causa de su sociedad secreta y sus inicuas abominaciones.*[48]

Cuando el fin de la civilización Jaredita estaba cerca, el profeta, Éter, observó desde el lugar donde se ocultaba y vio "*mucha gente que murió por la espada de aquellas combinaciones secretas,* que peleaban contra Coriántumr para lograr apoderarse del reino."[49] Nuevamente, en esa época, se colocó una maldición sobre la tierra:

> Y empezó a haber *una grande maldición sobre toda la tierra a causa de la iniquidad del pueblo, por lo cual, si un hombre dejaba su herramienta o espada sobre su alacena, o en el lugar donde solía guardarla, he aquí, a la mañana siguiente, no la podía encontrar, tan grande era la maldición sobre esa tierra.*
>
> Así que todo hombre tomó entre sus manos lo que era suyo, y ni pedía prestado ni prestaba; y todo hombre conservaba el puño de su espada en su mano derecha, en defensa de su propiedad, su vida y la de sus esposas e hijos.[50]

---

47. Éter 10:33.
48. Éter 11:7, 15, 20-22.
49. Éter 13:18.
50. Éter 14:1-2.

Cuando la batalla final se aproximaba, los miembros de las combinaciones secretas cometieron asesinatos entre sus propias filas con el fin de ganar poder y posición.[51]

Lib empezó a ser el líder de las combinaciones secretas y la batalla final se peleó entre Lib, (y Shiz, su hermano) con su ejército de combinaciones secretas, y el legítimo rey Jaredita, Coriántumr. Antes de esa batalla ya habían muerto más de dos millones de hombres, más sus mujeres y niños.[52]

Resumen

1. Las combinaciones secretas que son organizadas para obtener poder y riquezas a través de malas obras son lo más abominables y malvadas a la vista de Dios. El Señor no obra en combinaciones secretas.

2. Las combinaciones secretas causaron la caída y decline de dos grandes culturas del Libro de Mormón: Los Jareditas y los Nefitas.

3. El Señor ha advertido que si una nación apoya a las combinaciones secretas y les permite esparcirse sobre la nación, esa nación será destruida.

4. Las amonestaciones proféticas acerca de las combinaciones secretas son dadas por:

- Moroni (Éter 8:21).
- Nefi (2 Nefi 26:20-23)
- Alma (Alma 37:28, 31).
- Moroni (Éter 8:23-26).
- Nefi (2 Nefi 10:15).

5. Moroni escribió a los Gentiles americanos de los últimos días, advirtió acerca de una combinación secreta la cual procurará destruir la libertad de todas las naciones y países. Él ordena a los Gentiles a despertar en conocimiento de su terrible situación cuando vean a las combinaciones secretas entre ellos.

6. El Señor preparó la senda de tal manera que las abominaciones de las combinaciones secretas fueran manifestadas a otro pueblo.

7. Alma enseñó a su hijo Helamán que los detalles de los juramentos secretos, señas y planes de las combinaciones diabólicas no deberían preservarse en la historia o registro del pueblo. Él instruyó que el pueblo debería enseñársele a aborrecer tales maldades y abominaciones, y que

---

51. Éter 14:8-10.

52. Éter 15:2.

los miembros de las combinaciones diabólicas fueran destruidos debido a sus iniquidades.

8. De acuerdo al profeta Alma, hay una maldición sobre las Américas, la destrucción vendrá sobre los que obran en tinieblas cuando lleguen al colmo, a menos que se arrepientan.

9. Nefi profetiza que habrá combinaciones secretas entre los Gentiles de los últimos días y advierte que el Señor los destruirá.

10. Un análisis de las combinaciones secretas descritas en el Libro de Mormón revela algunas características:

- Hacen convenios secretos para protegerse entre ellos mismos.
- Tienen señas, claves y métodos secretos de identificación de miembros.
- Están dispuestos a asesinar y robar para cumplir con sus propósitos.
- Tienen severos métodos de disciplina a quienes los traicionan.
- Prosperan en sociedades que no se interesa en la justicia social y son devotas a obtener riquezas.
- Se esfuerzan en infiltrarse y obtener control del gobierno y para usurpar el poder político y autoridad.
- Buscan por controlar las cortes y sistemas de justicia.
- Condenan a los justos y permiten que los inicuos no sean castigados.
- Crecen rápidamente y pueden obtener control de una nación en dos décadas.
- Persiguen al pobre y al justo cuando tienen el control.
- Cuando son atacados y criticados, procuran obstaculizar y condenar a sus críticos.

11. Una técnica utilizada por combinaciones secretas para ganar miembros nuevos es ofrecerles alternativas individuales de asociación y división de ganancias de sus obras malas, o la muerte.

12. Las experiencias de los Nefitas y los Jareditas indican que las combinaciones secretas, una vez que están establecidas, no son fáciles de destruir. Así como un cáncer maligno, se esparcen rápidamente, si una porción de su mal se detiene, sus actividades malignas se dispersan en otra dirección. A pesar que las combinaciones secretas sean derrotadas, nuevas combinaciones surgirán en pocos años.

13. Combinaciones secretas pueden desarrollarse bajo actividades criminales desconocidas o pequeñas. Pueden convertirse en grandes bandas de ladrones y armadas completas. En esta carta se establece, ellos atraen disidentes, rebeldes y revolucionarios a sus filas.

Octava Amonestación:

Si la gente escoge la iniquidad, los juicios de Dios vendrán sobre ellos

Amonestación del Rey Mosíah: Si la voz de la gente escoge la iniquidad, Dios los visitará con gran destrucción (Mosíah 29:26-27)

El Rey Mosíah, un líder justo de los Nefitas en la tierra de Zarahemla, alcanzó el fin de su largo reinado en el año 91 D.C. Guió a su pueblo en justicia, tal como lo hizo su padre, el Rey Benjamín. En su sabiduría, Mosíah reconoció el peligro de continuar su forma de gobierno actual y del real peligro de un reino injusto guiando al pueblo en injusticia.[1] Quería que su pueblo continuara disfrutando de los beneficios de libertad y paz y expresó su deseo ferviente a su pueblo:

> *Deseo que esta tierra sea una tierra de libertad, y que todo hombre goce igualmente de sus derechos y privilegios, en tanto que el Señor juzgue conveniente que habitemos y heredemos la tierra, . . .*[2]

Propuso una forma de gobierno democrático, en el cual el pueblo pudiera regirse por jueces quienes serían electos:

> Nombremos jueces para que juzguen a este pueblo según nuestra ley; y arreglaremos de otra manera los asuntos de este pueblo, pues nombraremos hombres sabios como jueces, quienes juzgarán a este pueblo según los mandamientos de Dios.[3]

Su plan tenía un sistema que podía limitar el poder y así controlar a los jueces que regirían. Si fuese necesario, los jueces superiores revisarían las decisiones de los jueces menores, mientras un grupo de jueces

---

1. Mosíah 29:31. Véase también los versículos 16-24.
2. Mosíah 29:32.
3. Mosíah 29:11. Continuó con la idea de que "es mejor que el hombre sea juzgado por Dios más bien que por el hombre, porque los juicios de Dios son siempre justos, mas los juicios del hombre no siempre lo son." (Mosíah 29:12).

menores tendrían el poder para evaluar la conducta de los jueces superiores.[4]

Mosíah instruyó a su pueblo para elegir a jueces rectos quienes regirían leyes correctas. Expresó su confianza en que la mayoría del pueblo escogería lo correcto, aunque una minoría podría terminar siendo deshonesta. Una amonestación profética le siguió a su opinión, si la mayoría del pueblo escogiese la maldad, entonces vendría el tiempo en que Dios los visitaría con juicios y destrucción:

> Ahora bien, no es cosa común que la voz del pueblo desee algo que sea contrario a lo que es justo; pero sí es común que la parte menor del pueblo desee lo que no es justo; por tanto, *esto observaréis y tendréis por ley: Trataréis vuestros asuntos según la voz del pueblo.*
>
> *Y si llega la ocasión en que la voz del pueblo escoge la iniquidad, entonces es cuando los juicios de Dios descenderán sobre vosotros; sí, entonces es cuando él os visitará con gran destrucción, sí, como hasta aquí la ha mandado sobre esta tierra.*[5]

Así el Rey Mosíah estableció un principio que ha sido probado veraz a través de toda la historia del Libro de Mormón; y el cual es verdadero hoy en día: Si la mayoría de la población de una nación escoge la injusticia, pronto esa nación será destruida a causa de su iniquidad.

Amonestación de Amulek: Si los justos son desechados, la destrucción vendrá por hambre, pestilencia y por la espada (Alma 10:22-23)

Diez años más tarde, Amulek, mientras realizaba sus tareas misionales, citó la amonestación profética del Rey Mosíah como una reprimenda a los abogados inicuos quienes trataban de engañarlo:

> ¡Oh generación malvada y perversa, vosotros, abogados e hipócritas, puesto que estáis poniendo los cimientos del diablo!; porque estáis armando asechanzas y trampas para enredar a los santos de Dios.
>
> Estáis tramando planes para pervertir las sendas de los justos y *traer la ira de Dios sobre vuestras cabezas, hasta destruir por completo a este pueblo.*

---

4. Mosíah 29:28-29.
5. Mosíah 29:26-27.

> Sí, bien dijo Mosíah, nuestro último rey, cuando estaba para entregar el reino —no teniendo a quien dejarlo y mandando que este pueblo se gobernara por su propia voz— sí, bien dijo él que *si llegaba el día en que la voz de este pueblo escogiera la iniquidad, es decir, si llegaba la ocasión en que los de este pueblo cayeran en trasgresión, se hallarían prestos para ser destruidos.*
>
> Y ahora os digo que el Señor bien juzga vuestras iniquidades; bien proclama a este pueblo por la voz de sus ángeles: *Arrepentíos, arrepentíos, porque el reino de los cielos está cerca.*[6]
>
> Sí, bien anuncia por la voz de sus ángeles: Descenderé entre mi pueblo con equidad y justicia en mis manos.[7]

Enseñó que cuando la maldad prevalece en la tierra, las oraciones de los habitantes que permanecen justos pueden detener esta eminente destrucción. Pero si los habitantes justos son desechados, entonces el Señor no permanece más en la tierra. Esta es su amonestación profética:

> Sí, y os digo que *si no fuera por las oraciones de los justos que actualmente hay en la tierra, ahora mismo seríais visitados con una destrucción* completa; sin embargo, no sería por un diluvio, como sucedió con la gente en los días de Noé, sino *sería por el hambre, por pestilencia y por la espada.*
>
> *Mas es por las oraciones de los justos que sois preservados; ahora pues, si desecháis a los justos de entre vosotros, entonces el Señor no detendrá su mano*, sino que en su furiosa ira vendrá contra vosotros; entonces seréis afligidos por el hambre, por pestilencia, y por la espada; y el tiempo pronto viene, a menos que os arrepintáis.[8]

Justo cuando las combinaciones secretas se congregaron y abusaron del profeta Nefi, quien los reprimió,[9] la inicua audiencia de Amulek le acusó de hablar en contra de sus leyes y de los hombres

---

6. Observe el significado de la frase "el reino de los cielos está cerca," cómo se utiliza en este contexto. No se refiere a una bendición disponible sino a una advertencia de destrucción eminente. Se utiliza similarmente en otros pasajes. Véase Mateo 3:1-3; 4:17; 11:11-12.

7. Alma 10:17-21.

8. Alma 10:22-23. Este principio se demostró en los comienzos de la época del Antiguo Testamento en la destrucción de Sodoma. El Señor prometió a Abraham que la ciudad sería destruida si al menos hubiese diez justos (Génesis 18:20-32). Pero cuando Lot y su familia, los justos que había, dejaron la ciudad, la destrucción que envió Dios fue eminente (Génesis 19:1-25; véase también 2 Pedro 2:6-9).

9. Véase Helamán 8:1-7.

que habían escogido como sus líderes. Sin embargo, Amulek se opuso a sus quejas y protestas, demostrándoles que no había hablado en contra de sus leyes. Les recordó diciendo: "he hablado a favor de vuestra ley, para vuestra condenación."[10] Y después les advirtió de lo que pasaría cuando la mayoría del pueblo escogiera líderes injustos:

> Y he aquí, os digo que *la iniquidad de vuestros abogados y vuestros jueces está empezando a establecer el fundamento de la destrucción de este pueblo.*[11]

Amonestación de Samuel: Cuando desechen a los justos, se hallarán prestos para ser destruidos (Helamán 13:12-14)

El concepto de que aún la minoría justa de habitantes de una ciudad o nación puede salvarla de la destrucción, ocurre varias veces en las escrituras antiguas, y parece ser un principio aplicable a todo tiempo y lugar. Su corolario, de que esa destrucción es inminente cuando los justos son expulsados, también se encuentra en estos pasajes.

Por ejemplo, Samuel el Lamanita declaró ambos conceptos cuando habló de la inminente destrucción de Zarahemla:

> Sí, ¡ay de esta gran ciudad de Zarahemla, porque he aquí, *es por causa de los que son justos que se ha salvado!* Sí, ¡ay de esta gran ciudad, porque yo percibo, dice el Señor, que hay muchos, sí, la mayor parte de los de esta gran ciudad, que endurecerán su corazón contra mí, dice el Señor!
>
> *Pero benditos son los que se arrepientan, porque a ellos los salvaré. Pues he aquí, si no fuera por los justos que hay en esta gran ciudad, he aquí, yo haría que descendiera fuego del cielo y la destruyera.*
>
> Mas he aquí, es por el bien de los justos que es perdonada. Pero he aquí, *viene el tiempo, dice el Señor, que cuando echéis a los justos de entre vosotros, entonces os hallaréis maduros para la destrucción.* ¡Sí, ay de esta gran ciudad por motivo de la iniquidad y abominaciones que hay en ella![12]

Samuel el Lamanita advirtió a los Nefitas inicuos de que sus tierras estaban ya maldecida porque habían desechado a los profetas y estaban

10. Alma 10:26. Véase los versículos 24-30.

11. Alma 10:27. Las prácticas injustas de estos abogados y de los jueces se explican en detalle en Alma 10:13-32.

12. Helmán 13:12-14.

prestos a aceptar las palabras de los hombres de maldad quienes les hablaron palabras lisonjeras:

> Sí, ¡ay de este pueblo, a causa de este tiempo que ha llegado en que *echáis fuera a los profetas, y os burláis de ellos, y les arrojáis piedras, y los matáis, y les hacéis toda suerte de iniquidades*, así como lo hacían los de la antigüedad!
>
> Y ahora bien, cuando habláis, decís: Si hubiéramos vivido en los días de nuestros padres de la antigüedad, no habríamos muerto a los profetas; no los hubiéramos apedreado ni echado fuera.
>
> He aquí, sois peores que ellos; porque así como vive el Señor, *si viene un profeta entre vosotros y os declara la palabra del Señor, la cual testifica de vuestros pecados e iniquidades, os irritáis con él, y lo echáis fuera y buscáis toda clase de maneras para destruirlo; sí, decís que es un profeta falso, que es un pecador y que es del diablo, porque testifica que vuestras obras son malas.*
>
> Mas he aquí, si un hombre llegare entre vosotros y dijere: Haced esto, y no hay mal; haced aquello, y no padeceréis —sí, dirá: Andad según el orgullo de vuestros propios corazones; sí, id en pos del orgullo de vuestros ojos, y haced cuanto vuestro corazón desee—; y si un hombre viniere entre vosotros y dijere esto, lo recibiréis y diréis que es profeta.
>
> Sí, lo engrandeceréis y le daréis de vuestros bienes; le daréis de vuestro oro y de vuestra plata, y lo cubriréis con vestidos suntuosos; y porque os habla palabras lisonjeras y dice que todo está bien, no halláis falta alguna en él.
>
> ¡Oh generación inicua y perversa; pueblo empedernido y duro de cerviz! ¿Cuánto tiempo suponéis que el Señor os va a tolerar?
>
> Sí, ¿hasta cuándo os dejaréis llevar por guías insensatos y ciegos? Sí, ¿hasta cuándo preferiréis las tinieblas a la luz?
>
> *Sí, he aquí, la ira del Señor ya está encendida contra vosotros; he aquí, él ha maldecido la tierra por motivo de vuestra iniquidad.*
>
> Y he aquí, *se acerca la hora en que maldecirá vuestras riquezas, de modo que se volverán deleznables, al grado que no las podréis conservar; y en los días de vuestra pobreza no las podréis retener.*
>
> Y en los días de vuestra pobreza, clamaréis al Señor; y *clamaréis en vano, porque vuestra desolación ya está sobre vosotros, y vuestra destrucción está asegurada*; y entonces lloraréis y gemiréis en ese día, dice el Señor de los Ejércitos; . . .[13]

---

13. Helamán 13:24-32. Expulsar a los profetas es una práctica inicua que frecuentemente se encuentra registrada en el Libro de Mormón. Véase Mosíah 11:3; Alma 8:13, 24-25, 29; 15:1; 26:29; Helamán 14:10; 3 Nefi 7:14; Éter 13:13-15.

Amonestación de Nefi: La destrucción viene a aquellos quienes matan a los profetas y a los Santos (2 Nefi 26:3-8)

Cinco y medio siglos antes, el profeta Nefi había predicho de la destrucción que ocurriría a la muerte del Salvador. En su profecía claramente anticipó del rechazo de los profetas y los Santos, y de sus muertes, que sería la razón de que el pueblo cosechare la ira de Dios:

> Y después que el Mesías haya venido, se darán a mi pueblo señales de su nacimiento, y también de su muerte y resurrección; y grande y terrible será aquel día para los malvados, porque perecerán; y *perecen porque rechazan a los profetas y a los santos, y los apedrean y los matan; por lo que el clamor de la sangre de los santos ascenderá desde la tierra hasta Dios en contra de ellos.*
>
> Por tanto, el día que viene abrasará a todos los soberbios y a los que obran inicuamente, dice el Señor de los Ejércitos, porque serán como rastrojo.
>
> *Y a los que matan a los profetas y a los santos, las profundidades de la tierra los tragarán, dice el Señor de los Ejércitos*; y montañas los cubrirán, y torbellinos los arrebatarán, y edificios caerán sobre ellos y los desmenuzarán y reducirán a polvo.
>
> *Y serán visitados con truenos, y relámpagos, y terremotos, y con toda clase de destrucciones; porque el fuego de la ira del Señor se encenderá contra ellos*, y serán como rastrojo, y el día que viene los consumirá, dice el Señor de los Ejércitos.
>
> ¡Oh, el dolor y la angustia de mi alma por la pérdida de los de mi pueblo que serán muertos! Porque yo, Nefi, lo he visto, y casi me consume ante la presencia del Señor; pero tengo que clamar a mi Dios: ¡Tus vías son justas!
>
> Pero he aquí, *los justos que escuchan las palabras de los profetas y no los destruyen, sino que esperan anhelosamente y con firmeza en Cristo, aguardando las señales que son declaradas, a pesar de todas las persecuciones, he aquí, son ellos los que no perecerán.*[14]

Las escrituras mencionan del cumplimiento de su profecía, y registran la declaración del Salvador que la expulsión de los justos fue la razón específica por la cual las ciudades de Laman, Josh, Gad, y Kishkumen fueron consumidas por fuego a la hora de su muerte:

---

14. 2 Nefi 26:3-8.

> Y he aquí, he hecho que sean quemadas con fuego la ciudad de Lamán, y la ciudad de Josh, y la ciudad de Gad, y la ciudad de Kishkumen, y los habitantes de ellas, *por sus maldades al echar fuera a los profetas y apedrear a los que envié para declararles concerniente a sus iniquidades y sus abominaciones.*
>
> Y por haberlos *expulsado a todos, de modo que no había justos entre ellos,* envié fuego y los destruí, para que sus maldades y sus abominaciones quedaran ocultas de ante mi faz, a fin de que *la sangre de los profetas y de los santos que envié entre ellos no clamara a mí desde la tierra en contra de ellos.*
>
> Y he hecho que vengan muchas grandes destrucciones sobre esta tierra, y sobre este pueblo, a causa de su iniquidad y sus abominaciones.[15]

Amonestación de Nefi: La destrucción inmediata viene a la gente si escoge las tinieblas (2 Nefi 26:10-11)

Nefi también profetiza de la destrucción final de la civilización Nefita, y establece el principio eterno de que la rápida destrucción vendrá sobre la gente si se rinden ante la maldad y escogen obras de tinieblas en lugar de la luz, porque es el tiempo en que el Espíritu cesa de luchar con el hombre. Su profecía comienza con la aparición del Salvador a los Nefitas siguiéndole su resurrección:

> Mas el Hijo de Justicia se les aparecerá; y él los sanará, y tendrán paz con él hasta que hayan transcurrido tres generaciones, y muchos de la cuarta generación hayan fallecido en rectitud.
>
> Y cuando estas cosas hayan transcurrido, *sobrevendrá a mi pueblo una presta destrucción*; porque a pesar del dolor de mi alma, yo la he visto; por tanto, sé que acontecerá; y ellos se venden por nada; porque como recompensa de su orgullo y su necedad, segarán destrucción; porque *se entregan al diablo, y escogen las obras de tinieblas más bien que la luz; por tanto, tendrán que bajar al infierno.*
>
> Porque el Espíritu del Señor no siempre luchará con el hombre. *Y cuando el Espíritu cesa de luchar con el hombre, entonces viene una presta destrucción, y esto contrista mi alma.*[16]

---

15. 3 Nefi 9:10-12.
16. 2 Nefi 26:9-11.

La historia de los Jareditas: Hambre vendrá porque los profetas fueron desechados (Éter 9:28-30)

Muchos siglos antes de la época de Cristo, los Jareditas sufrían una destructiva hambruna porque habían desechado a los profetas. La nación comenzó a regresar a la iniquidad, adoptando los planes diabólicos de las combinaciones secretas:

> Y de nuevo llegaron profetas a la tierra, proclamándoles el arrepentimiento, sí, que debían preparar el camino del Señor, o caería una maldición sobre la faz de la tierra; sí, que *habría un hambre muy grande, en la que serían destruidos si no se arrepentían.*
>
> *Pero el pueblo no creyó en las palabras de los profetas, sino que los echaron fuera*; y arrojaron a algunos en fosos y los dejaron para que muriesen.
>
> Y aconteció que hicieron todas estas cosas según el mandato del rey Het.
>
> Y ocurrió que empezó a haber una gran escasez en la tierra, y los habitantes empezaron a *ser destruidos con suma rapidez por razón de la escasez, pues no había lluvia sobre la faz de la tierra.*[17]

Su sufrimiento continuó hasta que el pueblo se arrepintió y humilló:

> . . . cuando los del pueblo vieron que iban a morir, empezaron a arrepentirse de sus iniquidades, y a clamar al Señor.
>
> Y aconteció que cuando *se hubieron humillado suficientemente ante el Señor, él envió la lluvia* sobre la faz de la tierra; y el pueblo comenzó a revivir, y empezó a haber frutos en las tierras del norte, y en todas las tierras circunvecinas. *Y les mostró el Señor su poder para librarlos del hambre.*[18]

La historia Jaredita: Guerras, hambre y pestilencias cuando los profetas son asesinados (Éter 11:1-7, 12-13)

Varias generaciones antes de que la hambruna mencionada fuera gradualmente disminuyendo, muchos profetas fueron enviados por el

17. Éter 9:28-30. Varias generaciones anteriores, cuando la gente empezó a mofarse y revelarse en contra de los profetas quienes habían advertido de que una maldición de la tierra se aproximaba, su rey justo protegió a los profetas por la ley, lo que los encausó al arrepentimiento. "El Señor los perdonó." (Véase Éter 7:23-26.)

18. Éter 9:34-35.

Señor para advertir a los Jareditas que una destrucción definitiva enfrentaba su civilización debido a su gran iniquidad.

Mataron algunos profetas, lo cual trajo como consecuencia hambre y pestilencia sobre ellos, y causó que otros profetas terminaran sus obras entre ellos:

> Y también en los días de Com *vinieron muchos profetas, y profetizaron de la destrucción de aquel gran pueblo, a menos que se arrepintieran,* se volvieran al Señor, y abandonaran sus asesinatos e iniquidades.
>
> Y sucedió que el pueblo rechazó a los profetas, y huyeron a Com para que los protegiera, pues el pueblo quería destruirlos.
>
> Y le profetizaron a Com muchas cosas; y fue bendecido todo el resto de sus días.
>
> Y vivió hasta una edad muy avanzada, y engendró a Shiblom; y Shiblom reinó en su lugar. Y el hermano de Shiblom se rebeló en contra de él, y empezó a haber una guerra sumamente grande por toda la tierra.
>
> Y sucedió que el hermano de Shiblom hizo que mataran a todos los profetas que profetizaban de la destrucción del pueblo;
>
> y hubo una *gran calamidad en toda la tierra, porque habían testificado que vendría una maldición muy grande sobre esa tierra, y también sobre el pueblo; y que habría una inmensa destrucción entre ellos, como jamás había habido sobre la faz de la tierra, y sus huesos serían como montones de tierra sobre la faz del país, a menos que se arrepintiesen de sus iniquidades.*
>
> Y no escucharon la voz del Señor *por razón de sus inicuas combinaciones;* por tanto, *empezó a haber guerras y contiendas en toda la tierra, y también muchas hambres y pestilencias, al grado que hubo una gran destrucción* como nunca se había conocido sobre la superficie de la tierra; y todo esto aconteció en los días de Shiblom . . .
>
> Y sucedió que en los días de Etem llegaron *muchos profetas, y profetizaron de nuevo al pueblo; sí, profetizaron que el Señor los destruiría completamente de sobre la faz de la tierra, a menos que se arrepintieran de sus iniquidades.*
>
> Y acaeció que el pueblo endureció su corazón, y no quiso hacer caso de sus palabras; y *los profetas se lamentaron y se retiraron de entre el pueblo.*[19]

---

19. Éter 11:1-7, 12-13.

Mientras la gente inicua apresuraba su propia destrucción al desechar a los justos, descubrieron que el Señor puede guiar a sus seguidores a que dejen de obrar entre ellos, dejándolos sin la influencia inspiradora de los Santos. Por ejemplo, en la época de Mormón,

> Pero prevaleció la maldad sobre la faz de toda la tierra, de manera que el Señor retiró a sus amados discípulos, y cesó la obra de milagros y sanidades debido a la iniquidad del pueblo.
>
> Y no hubo dones del Señor, y el Espíritu Santo no descendió sobre ninguno, por causa de su iniquidad e incredulidad.[20]

Tal es el resultado cuando los Santos son recogidos de entre los inicuos en anticipación a los grandes juicios que procederán[21]—no habrá la influencia inspiradora para recoger y proteger al inicuo quien permanecerá.

El mensaje de las escrituras es claro: Por medio de Dios, la destrucción viene rápidamente sobre un pueblo o nación si rechazan y matan a los profetas y los del pueblo del Señor.

La historia Nefita: Leyes corruptas y líderes políticos traen destrucción (Helamán 5:2-3)

Nefi registra otro principio sobre el cual depende el bienestar de una nación: Si la mayoría de un pueblo escoge ser gobernado por maldad y leyes corruptas, esa nación se estará presta para la destrucción.

Estableció un corolario a este principio: Si la gente rehúsa ser gobernada por la ley o la justicia, su destrucción está cerca.

> Porque como la voz del pueblo establecía sus leyes y sus gobiernos, y los que *escogieron lo malo eran más numerosos que los que eligieron lo bueno, estaban, por tanto, madurando para la destrucción, porque se habían corrompido las leyes.*
>
> Sí, y no sólo esto; eran un pueblo de dura cerviz, a tal grado que *no podían ser gobernados por la ley ni por la justicia, sino para su destrucción.*[22]

El pueblo en la época de Nefi, y solo tres décadas antes del nacimiento del Salvador, permitió que sus leyes se corrompieran. Encontraron que la corrupción del gobierno era una señal de su iniquidad

---

20. Mormón 1:13-14. Véase también 2 Nefi 26:10-11.
21. Véase D. y C. 133:8-14, Apocalipsis 18:4, etc.
22. Helmán 5:2-3.

general, que la iglesia había decaído en medio de ella, que no serían preservados por el Espíritu del Señor y que los juicios y destrucción parecían eminentes:

> y que habían alterado y hollado con los pies las leyes de Mosíah, o sea, aquello que el Señor le mandó que diera al pueblo; y *vieron que se habían corrompido sus leyes, y que ellos se habían vuelto un pueblo inicuo*, a tal grado que eran inicuos a semejanza de los lamanitas.
>
> *Y por motivo de su iniquidad, la iglesia había empezado a decaer*; y comenzaron a dejar de creer en el espíritu de profecía y en el espíritu de revelación; y los juicios de Dios se cernían sobre ellos.
>
> Y vieron que se habían vuelto débiles como sus hermanos los lamanitas, y que el *Espíritu del Señor no los preservaba más; sí, se había apartado de ellos*, porque el Espíritu del Señor no habita en templos inmundos;
>
> *por lo tanto, el Señor cesó de preservarlos por su milagroso e incomparable poder*, porque habían caído en un estado de incredulidad y terrible iniquidad; y vieron que los lamanitas eran sumamente más numerosos que ellos, y que *a menos que se allegaran al Señor su Dios, tendrían que perecer inevitablemente*.[23]

Nefi vio que cuando los hombres inspirados del cielo vinieron testificando valerosamente de los pecados del pueblo,[24] estos hombres fueron tomados presos, "los jueces prendieron y ejecutaron secretamente."[25] Cuando estos jueces corruptos fueron llevados a juicio, el líder judicial del país creó un convenio secreto para protegerlos, "*Y desafiaron la ley y los derechos de su patria; e hicieron convenio uno con otro de destruir al gobernador y de establecer un rey sobre la tierra, a fin de que ya no fuese libre*"[26] y:

> se hizo todo esto, y aún no había guerras entre ellos; y toda esta iniquidad había venido sobre el pueblo porque se había entregado al poder de Satanás.
>
> Y fueron destruidos los reglamentos del gobierno, debido a las combinaciones secretas de los amigos y parientes de aquellos que habían asesinado a los profetas.[27]

---

23. Helmán 4:22-25.
24. 3 Nefi 6:20.
25. 3 Nefi 6:23.
26. 3 Nefi 6:30.
27. 3 Nefi 7:5-6.

El problema de corrupción del gobierno había existido entre los Nefitas una generación anterior. En esa época anterior, un justo anunció su descontento acerca del líder de su nación: "Moroni se irritó contra el gobierno a causa de su indiferencia en lo concerniente a la libertad de su país."[28] Retó al gobierno, diciéndole "y es por motivo de vuestra iniquidad que hemos sufrido tantas pérdidas."[29]

Y Moroni advirtió que el Señor no permitiría que un gobierno corrupto destruyese a gente justa pero inspiraría al pueblo a levantarse:

> *Pues he aquí, el Señor no consentirá que viváis y aumentéis en vuestras iniquidades para destruir a su justo pueblo.*
>
> He aquí, ¿podéis suponer que el Señor os preservará a vosotros y vendrá a juicio contra los lamanitas, cuando han sido las tradiciones de sus padres lo que ha provocado su odio, sí, y lo han intensificado aquellos disidentes que se han separado de nosotros, mientras que *vuestra iniquidad proviene de vuestro amor por la gloria y las vanidades del mundo?*
>
> Sabéis que transgredís las leyes de Dios, y sabéis que las holláis con vuestros pies. He aquí, *el Señor me dice*: *Si los que habéis nombrado gobernadores no se arrepienten de sus pecados e iniquidades, iréis a la batalla contra ellos.*[30]

El Señor resumió con esta moderna revelación acerca del peligro de los líderes corruptos y cómo pueden ser evadidos:

> *Sin embargo, cuando los inicuos gobiernan, el pueblo se lamenta.*
>
> Por tanto, debe buscarse diligentemente a hombres honrados y sabios, y a hombres buenos y sabios debéis esforzaros por apoyar; de lo contrario, lo que sea menos que esto del mal procede.[31]

---

28. Alma 59:13.
29. Alma 60:28.
30. Alma 60:31-33. Moroni recibió una respuesta a su epístola por Pahorán, el gobernador en jefe, en la cual le hace saber que el gobierno se había vuelto tan débil que un grupo corrupto se había sublevado en contra de los hombres libres y estaba atentando gobernar la nación mientras estaba luchando defenderse por medio de un ataque externo. Véase Alma 61. Véase D. y C. 98 concerniente al principio de levantarse en contra de los líderes inicuos y de enemigos.
31. D. y C. 98:9-10.

Amonestación de Nefi: Si la gente olvida a Dios debido a sus riquezas, el los castigará con terror, hambre y pestilencia (Helamán 12:2-3)

En ninguna área de la conducta humana es más aparente el resultado de escoger la maldad por la elección deliberada de riquezas temporales sobre el servicio de Dios. Nefi advirtió que cuando la gente quien ha sido bendecida por Dios endurece sus corazones, es debido a su prosperidad:

> . . . podemos ver que es precisamente en la ocasión en que hace prosperar a su pueblo, sí, en el aumento de sus campos, sus hatos y sus rebaños, y en oro, en plata y en toda clase de objetos preciosos de todo género y arte; *preservando sus vidas y librándolos de las manos de sus enemigos; ablandando el corazón de sus enemigos para que no les declaren guerras*; sí, y en una palabra, haciendo todas las cosas para el bienestar y felicidad de su pueblo; sí, *entonces es la ocasión en que endurecen sus corazones, y se olvidan del Señor su Dios*, y huellan con los pies al Santo; sí, y esto a causa de su comodidad y su extrema prosperidad.
>
> Y así vemos que *excepto que el Señor castigue a su pueblo con muchas aflicciones, sí, a menos que lo visite con muerte y con terror*, y *con hambre y con toda clase de pestilencias, no se acuerda de él.*[32]

Y se puede ver claramente que los profetas del Libro de Mormón advierten del juicio que ha de venir sobre una nación si su gente escoge la iniquidad y se entrega a las tentaciones de Satanás. El profeta Lehi dice:

> Así pues, los hombres son libres según la carne; y les son dadas todas las cosas que para ellos son propias. Y son *libres para escoger la libertad* y la vida eterna, por medio del gran Mediador de todos los hombres, o *escoger la cautividad y la muerte, según la cautividad y el poder del diablo*; pues él busca que todos los hombres sean miserables como él.[33]

Resumen

1. Los profetas del Libro de Mormón han advertido que si la gente de una nación deliberadamente escoge la iniquidad en lugar de

---

32. Helamán 12:2-3.
33. 2Nefi 2:27.

la justicia, entonces se hallarán prestos para la destrucción, y los juicios de Dios vendrán sobre ellos.

2. El Rey Mosíah observó que no es común que la mayoría de un pueblo escoja injusticia; aunque la minoría comunmente escoge injusticia. Los juicios vendrán cuando la minoría inicua crezca y comience ser mayoría.

3. Las amonestaciones proféticas e históricas relacionadas al peligro de la gente que escoge la maldad y/o desecha a los justos fueron dadas por:

- El Rey Mosíah (Mosíah 29:26-27)
- Amulek (Alma 10:22-23)
- Samuel el Lamanita (Helamán 13:12-14)
- Nefi (2 Nefi 26:3-8)
- Nefi (2 Nefi 26:10-11)
- La historia de los Jareditas (Éter 9:28-30)
- La historia de los Jareditas (Éter 11:1-7, 12-13)
- Nefi (Helamán 12:2-3)

4. Las oraciones de los justos pueden salvar a un pueblo de ser "visitados con una destrucción," pero si los justos se van o son expulsados, entonces el Señor no permanecerá más en la tierra y mantendrá para si el castigo.

5. Leyes, jueces y abogados injustos pueden poner los cimientos para la destrucción de un pueblo. Una nación no puede permitir o tolerar la corrupción en el gobierno.

6. La maldad desecha a los profetas, mofándose y matándoles. Pero si los falsos profetas les dicen que sus acciones no son pecaminosas y que no le serán contadas, la gente inicua recibirá aquellos profetas falsos como sus líderes.

7. El Señor promete salvar a los justos y a los arrepentidos cuando destruya al inicuo. (2 Nefi 26:8)

8. La amonestación profética indica muchas maneras en que Dios enviará sus juicios sobre los inicuos, incluyendo:

- Hambre (Alma 10:22-23; Éter 9:28-30, 35; 11:7)
- Pestilencia (Alma 10:22-23; Éter 11:7)
- Guerra y espada (Alma 10:22-23; Éter 11:7)
- Fuego del cielo (Génesis 19:24; Helamán 13:13; 3 Nefi 9:11)
- Maldiciendo sus riquezas, haciéndose deleznables (Helamán 13:31-32)

- Rehusando oír sus quejas (Helamán 13:32)
- Fuego (2 Nefi 26:4)
- La tierra los tragará (2 Nefi 26:5)
- Las montañas los cubrirán (2 Nefi 26:5)
- Torbellinos los arrebatarán (2 Nefi 26:5)
- Edificios caerán sobre ellos (2 Nefi 26:5)
- Truenos y relámpagos (2 Nefi 26:6)
- Terremotos (2 Nefi 26:6)
- Sin lluvia (Éter 9:30)
- Terror (Helamán 12:3)

9. El Señor destruye al inicuo para esconder su maldad y abominaciones ante su faz, y detiene la sangre de los profetas que han muerto y claman desde la tierra en contra de ellos. (3 Nefi 9:11)

10. Los líderes justos salvan a su pueblo de la destrucción autorizando leyes que protejan a los profetas del mal trato y el abuso. (Éter 7:23-26; Alma 23:2. Véase Alma 1:2-27.)

11. Cuando la gente inicua se arrepiente y se humilla, Dios aligera o termina los juicios que envía sobre ellos.

12. Cuando los inicuos gobiernan, el pueblo se lamenta. Los ciudadanos deben buscar diligentemente líderes honestos y sabios, y así entonces apoyarlos en sus decisiones de liderazgo.

13. La destrucción de los Jareditas y los Nefitas se debió a que desecharon y mataron a los profetas, ambos acontecimientos ocurrieron subsecuentemente a la muerte del Salvador, tres y medio siglos después cuando la civilización Nefita fue destruida.

14. Dios bendice con prosperidad aquellos que confían y le sirven, les libra de las manos de sus enemigos, y ablanda los corazones de sus enemigos de manera que no les declaren la guerra.

15. La gente tiende a olvidar a Dios y a endurecer sus corazones cuando vive con comodidad y con gran prosperidad. Cuando olvidan a Dios, él los castiga con mortandad, terror y pestilencia.

16. Los hombres son libres de escoger la libertad y la vida eterna por medio de la obediencia a Cristo, o la cautividad y la muerte según al poder del diablo.

Novena Amonestación:

Conflictos y Apostasía

Una serie final de amonestaciones proféticas en las escrituras están relacionadas con el futuro de la Iglesia del Señor. Estas amonestaciones son estremecedoras en sus implicaciones, porque indican que afectará a mucha gente, por lo que Satanás ejercerá su influencia en sus esfuerzos para frustrar la obra del Señor antes del milenio y del primer régimen del Salvador. Muchas de estas amonestaciones proféticas parecen relacionarse cronológicamente al principio del periodo de la Nueva Jerusalén.

Las profecías de las escrituras que hablan de la futura batalla dentro de la Iglesia no son agradables para los Santos de los Últimos Días. Ciertamente, no resulta agradable escribir acerca de ellas. El autor preferiría evadirlas, pero no lo podría hacer sin darles su debida consideración, porque verdaderamente existen y es imposible dar una descripción exacta de los futuros eventos sin considerarlas.

Es probable que algunos se esfuercen por explicarlas para hacerle pensar a la gente que no son importantes y que no necesitan hacer más preguntas, racionalizando lo que las profecías describen como "gran apostasía," la cual comenzó después de la época del Nuevo Testamento. Tal racionalización podría pasar por alto los principios básicos de la interpretación de las escrituras, ignorando los muchos indicadores internos y de contexto que los pasajes enfocan a un futuro período. Tal racionalización podría también asumir que los eventos profetizados ya ocurrieron, aunque no se pueda citar eventos específicos como el cumplimiento literal.

También podrían haber algunos quienes desafíen la propiedad de un miembro ordinario enfatizando la existencia de tal como un modelo profético, y por alguna razón crean que sus desafíos negaran las citadas escrituras. Por supuesto, ellos pasarían por alto el mandamiento del Señor:

> *. . . tanto el que sea élder, presbítero, o maestro, así como también el miembro*, se dedique con su fuerza, con el trabajo de sus manos, a preparar y a realizar las cosas que he mandado.

> Y *sea vuestra predicación la voz de amonestación, cada hombre a su vecino*, con mansedumbre y humildad[1]

Estas personas también podrían olvidar la escritura de amonestación, "*todo hombre* tome la rectitud en sus manos y la fidelidad sobre sus lomos, y *levante la voz de amonestación* a los habitantes de la tierra; y declare, tanto por palabra como por fuga, que la *desolación sobrevendrá a los inicuos*."[2] Sin duda, "*conviene que todo hombre que ha sido amonestado, amoneste a su prójimo . . .* y *preparar a los santos* para la hora del juicio que ha de venir."[3]

En verdad no encuentro ningún placer en estas profecías de futuras pesadumbres en la Iglesia. Ni deseo que sucedan, porque reconozco los problemas, pesadumbres, conflictos y confusión que su cumplimiento inevitablemente trajese. Escribo para prevenir o suavizar su cumplimiento, con el espíritu de un poseedor del sacerdocio que trabaja en el llamamiento universal, "velar siempre por los miembros de la iglesia, y estar con ellos y fortalecerlos; y cuidar de que no haya iniquidad en la iglesia."[4]

El reino de Dios nunca será destruido

Creo que estas amonestaciones proféticas deberán ser vistas en el contexto de lo que Dios ha revelado con relación a su reino y autoridad en esta ultima dispensación. Daniel profetizó de la naturaleza permanente del reino de Dios restaurado, cuando interpretó el sueño que recibió el rey de Babilonia, Nabuconodosor. Predijo que el Dios del cielo:

> . . . levantará un reino que *no será jamás destruido, ni será el reino dejado a otro pueblo; desmenuzará* y consumirá a todos estos reinos, pero *él permanecerá para siempre*.[5]

Una revelación moderna se refiere a la interpretación de Daniel de la visión de Nabuconodosor, estableciendo que "las llaves del reino de

---

1. D. y C. 38:40-41.
2. D. y C. 63:37.
3. D. y C. 88:81, 84. Véase también D. y C. 84:87, 117.
4. D. y C. 20:53-54.
5. Daniel 2:44. Véase el libro del autor titulado "The Prophecies of Joseph Smith", pág. 197-199, para un análisis detallado del sueño de Nabucodonosor. Con relación a otros puntos de vista de entorno político, véase *Prophecy–Key to the Future,* pág. 67-81 (*La Profecía–Llave al Futuro,* 68-79).

Dios han sido entregadas al hombre en la tierra, y de allí rodará el evangelio hasta los extremos de ella, como la piedra cortada del monte, no con mano, ha de rodar, *hasta que llene toda la tierra.*"[6]

Lo que este reino continuará fue repetidamente enfatizado por el Salvador, quien reveló a la Iglesia en la época de José Smith, "el reino es vuestro, y *el enemigo no triunfará,*"[7] y "No temáis, pequeña grey, *el reino es vuestro hasta que yo venga.*"[8] Se le reveló a los Santos, "el Padre os ha dado el reino y el *poder para vencer todas las cosas que por él no son ordenadas—.*"[9] Al profeta José se le rebeló que el "reino que está surgiendo *por última vez*"[10] y los Santos creen que el Salvador presentará sin mancha al reino, "entregue el reino y lo presente sin mancha al Padre" cuando "Cristo haya subyugado a todo enemigo debajo de sus pies y haya perfeccionado su obra."[11]

El poder del Sacerdocio restaurado en los últimos días también se estableció con permanencia, porque Juan el Bautista proclamó que el Sacerdocio de Aarón "*nunca más será quitado de la tierra*, hasta que los hijos de Leví de nuevo ofrezcan al Señor un sacrificio en rectitud."[12] Y el Señor reveló que es dado "el poder de este sacerdocio, para los últimos días y por última vez, en los cuales se encierra la dispensación del cumplimiento de los tiempos."[13]

Por lo tanto, a pesar de la apostasía y los conflictos que vendrían entre los Santos por el cumplimiento de las profecías, se esperaba que la Iglesia y el sacerdocio permanecerían y cumplieran las tareas por las cuales se les había llamado y escogido.

A pesar que las profecías en las escrituras amonestan acerca de los futuros tiempos difíciles, el mensaje de las escrituras es tal que la Iglesia sobrevivirá a los problemas que deberá soportar y eventualmente saldrá victoriosa en los últimos días.

---

6. D. y C. 65:2.
7. D. y C. 38:9.
8. D. y C. 35:27. Véase también 62:9; 64:4; 78:18; 82:24.
9. D. y C. 50:35.
10. D. y C. 90:2.
11. D. y C. 76:106-107.
12. D. y C. 13:1. Véase D. y C. 84:18.
13. D. y C. 112:30.

Amonestación de Isaías: La tierra será desolada porque ellos han quebrantado el convenio sempiterno (Isaías 24:5-6)

Como se ha visto, las escrituras hablan repetidamente de un periodo en los últimos días llamado "abominación desoladora"[14]—es el tiempo en donde los juicios de Dios vendrán sobre la maldad y reducirán en gran manera la población de la tierra. Las profecías al relatar este periodo se refieren al tiempo de "desolación," cuando la maldad sea destruida "y su casa les será dejada desierta."[15]

La profecía de Isaías habla de este futuro evento. El profetiza, "He aquí que *Jehová vacía la tierra y la desnuda*, y trastorna su faz, y hace esparcir a sus moradores... La tierra será enteramente vaciada, y completamente saqueada; porque Jehová ha pronunciado esta palabra."[16] Cuando él profetiza de la futura purificación, Isaías revela la razón por la que vendrá sobre los habitantes de tierra, pues "traspasaron las leyes, falsearon el derecho, quebrantaron el pacto sempiterno". Esta es su amonestación profética:

> Y la tierra se contaminó bajo sus moradores; porque *traspasaron las leyes, falsearon el derecho, quebrantaron el pacto sempiterno.*
>
> Por esta causa la maldición consumió la tierra, y *sus moradores fueron asolados; por esta causa fueron consumidos los habitantes de la tierra, y disminuyeron los hombres.*[17]

La profecía continúa, describiendo a la gente de la tierra quien permanecerá para seguir esta destrucción:

> Se perdió el vino, enfermó la vid, gimieron todos los que eran alegres de corazón.
>
> Cesó el regocijo de los panderos, se acabó el estruendo de los que se alegran, cesó la alegría del arpa.
>
> No beberán vino con cantar; la sidra les será amarga a los que la bebieren.
>
> *Quebrantada está la ciudad por la vanidad; toda casa se ha cerrado, para que no entre nadie.*

---

14. Véase también D. y C. 88:85; 84:117.
15. D. y C. 84:115.
16. Isaías 24:1, 3.
17. Isaías 24:5-6.

Hay clamores por la falta de vino en las calles; todo gozo se oscureció, *se desterró la alegría de la tierra.*
La ciudad quedó desolada, y con ruina fue derribada la puerta.[18]

Resulta una causa inmediata a esta destrucción desoladora que la hace apropiada para citar a la profecía en este contexto, la amonestación de Isaías establece que los hombres cambiarían la ordenanza y quebrantarían el convenio sempiterno. Para hacerlo, parece requerir de la membresía de la Iglesia, ¿cómo puede uno cambiar algo que no tiene, o quebrantar un mandamiento que no ha hecho?

¿Qué significa el convenio sempiterno del que se refiere Isaías? Es el evangelio de Jesucristo. Una revelación moderna establece: ". . . bendito eres por haber recibido mi *convenio sempiterno, sí, la plenitud de mi evangelio*, enviado a los hijos de los hombres para que tengan vida y lleguen a ser partícipes de las glorias que serán reveladas en los postreros días."[19] El Salvador se refiere al proceso de unirse a la Iglesia "Cuando los hombres son *llamados a mi evangelio eterno, y pactan con un convenio sempiterno*..."[20] Él habló de "un convenio nuevo y sempiterno . . ." y dice, "Porque es a causa de vuestras obras muertas que yo he hecho que se establezcan para mí *este último convenio y esta iglesia*",[21] "convenio en el cual os recibo en confraternidad, con una determinación que es fija, inalterable e inmutable, de ser vuestro amigo y hermano . . ."[22] "mas no recibieron el evangelio, ni el testimonio de Jesús, ni a los profetas, ni el convenio sempiterno,"[23] "Y en cuanto al nuevo y sempiterno convenio, se instituyó para la plenitud de mi gloria; y el que reciba la plenitud de ella deberá cumplir la ley, y la cumplirá, o será condenado, dice Dios el Señor."[24] El convenio sempiterno, como la misma Iglesia, es un estándar para las naciones.[25]

---

18. Isaías 24:7-12. Esta descripción indica que el humo que se menciona en el verso 6, no es la purificación de la tierra por la venida de Cristo en gloria, porque los sucesos profetizados difieren acentuadamente de la época del milenio, "de lo primero no habrá memoria, ni más vendrá al pensamiento," y como el Señor dice, "yo traigo a Jerusalén alegría, y a su pueblo gozo." Véase Isaías 65:17-25.

19. D. y C. 66:2.
20. D. y C. 101:39.
21. D. y C. 22:1-4.
22. D. y C. 88:133.
23. D. y C. 76:101.
24. D. y C. 132:6.
25. Compare D. y C. 45:9 con D. y C. 115:4-6.

En la amonestación de Isaías, esos juicios vendrán porque los miembros de la Iglesia transgredirán las leyes del evangelio, cambiarán las ordenanzas y quebrarán el convenio sempiterno por el cual se convirtieron en miembros de la Iglesia. Su hipocresía es muy similar a una amonestación profética que se encuentra en el "Prefacio" del Señor en Doctrinas y Convenios, la cual se discutirá en el siguiente tema.

La amonestación del Señor: Aquellos quienes no prestaren atención al Señor o sus profetas serán desarraigados (D. y C. 1:14-16)

El Maestro ha amonestado a su pueblo para que se prepare para su venida cuando su ira caiga sobre los habitantes de la tierra.[26] Vendrá el tiempo cuando el apóstata quien se ha desviado de sus ordenanzas y quebrantaron su convenio sempiterno, será desarraigado entre el pueblo.

> . . . Y será revelado el brazo del Señor; y vendrá el día en que aquellos que *no oyeren la voz del Señor, ni la voz de sus siervos, ni prestaren atención a las palabras de los profetas y apóstoles, serán desarraigados de entre el pueblo*;
>
> *porque se han desviado de mis ordenanzas y han violado mi convenio sempiterno.*
>
> No buscan al Señor para establecer su justicia, antes todo hombre anda por su propio camino, y en pos de la imagen de su propio Dios, cuya imagen es a semejanza del mundo y cuya substancia es la de un ídolo . . .[27]

Está es una de las series de amonestaciones proféticas para un tiempo futuro cuando los Santos serán "desechados". Tiene símilaridad con 3 Nefi 21:20, en la cual establece que el que no se arrepiente será talado dentro del contexto de una destrucción interna en América al momento del establecimiento de la Nueva Jerusalén.[28] Otras profecías

---

26. D. y C. 1:12-13.
27. D. y C. 1:14-16. Observe las similitudes de la palabras de la profecía de Isaías (compare Isaías 24:5 con D. y C. 1:15), también el pasaje de D. y C. se refiere al futuro (el día vendrá . . .). El Señor le dice, "sabiendo las calamidades que sobrevendrían a los habitantes de la tierra, llamé a mi siervo José Smith, hijo, y le hablé desde los cielos y le di mandamientos; . . ." (D. y C. 1:17).
28. Véase 3 Nefi 21:12-24; D. y C. 63:63.

consideradas en este capítulo proporcionarán un mejor entendimiento acerca de las posibles razones por las que algunos de los futuros Santos se rehúsan a escuchar la palabra del Señor.

Amonestación del Señor: Los rebeldes serán desechados de Sión y los apóstoles y profetas falsos serán reconocidos (D. y C. 64:35-40)

Una profecía con relación a los Santos en la Nueva Jerusalén indica que habrá un grupo de rebeldes que serán desechados por los Santos; y muestra que la apostasía inclusive alcanzará los supremos concilios, "los habitantes de Sión juzgarán acerca de todas las cosas," y "los que no fueren apóstoles y profetas serán descubiertos":

> . . . *Y los rebeldes serán desterrados de la tierra de Sión, y serán expulsados y no heredarán la tierra.*
>
> Porque, de cierto os digo, los rebeldes no son de la sangre de Efraín; por consiguiente, *serán desarraigados.*
>
> He aquí, en estos postreros días, yo, el Señor, he hecho a mi iglesia semejante a un juez que se sienta en un monte, o sea, en un lugar alto, para juzgar a las naciones.
>
> Pues sucederá que *los habitantes de Sión juzgarán todas las cosas pertenecientes a Sión.*
>
> *Y probarán a los mentirosos y a los hipócritas, y los que no fueren apóstoles y profetas serán descubiertos.*
>
> Y aun el obispo, quien es juez, y sus consejeros *serán condenados*, si no son fieles en sus mayordomías; *y otros serán instalados en su lugar.*[29]

En otras dispensaciones, la Iglesia ha tenido que contender con apóstoles y profetas falsos. Por ejemplo, Juan el Revelador escribió a los Santos de Efeso y comentó "Yo conozco tus obras, y tu arduo trabajo y paciencia; y que no puedes soportar a los malos, y *has probado a los que dicen ser apóstoles, y no lo son, y los has hallado mentirosos*; . . ."[30] El Rey Mosíah, en el Libro de Mormón, indicó que los profetas habían

---

29. D. y C. 64:35-40. Observe el contexto (versículos 41-43), el cual indica que el tiempo del cumplimiento de este pasaje se encuentra todavía en el futuro y no durante un intervalo breve de la primera década de la continuación de la Iglesia cuando los Santos vivieron en el Condado de Jackson, Missouri, EE.UU.

30. Apocalipsis 2:2.

"caído en transgresión."[31] Y muchos otros pasajes del Antiguo Testamento mencionan acerca de los problemas que causaron los profetas falsos, quienes fueron aceptados como líderes de la Iglesia en aquellos días.[32]

Amonestación del Señor: Cristos y profetas falsos engañarán a los escogidos (Mateo 24:24)

En su gran profecía dada en el Monte de los Olivos, Jesús advirtió acerca de la "abominación desoladora" de los últimos días[33] la cual vendrá sobre la tierra. Describe claramente acerca de este periodo, diciendo:

> . . . *habrá entonces gran tribulación, cual no la ha habido desde el principio del mundo hasta ahora, ni la habrá.*
>
> Y si aquellos días no fuesen acortados, *nadie sería salvo*; mas por causa de los escogidos, aquellos días serán acortados.[34]

Hasta ese punto vendrán líderes falsos quienes buscarán engañar a los Santos:

> Entonces, si alguno os dijere: Mirad, aquí está el Cristo, o mirad, allí está, no lo creáis.
>
> *Porque se levantarán falsos Cristos, y falsos profetas, y harán grandes señales y prodigios*, de tal manera que engañarán, si fuere posible, *aun a los escogidos*.[35]

---

31. Mosíah 15:13.

32. Por ejemplo, véase Sofonías 3:4; Jeremías 2:8; 5:31; 10:21; 12:10-11; 14:13-16; 23:1-2, 11, 13, 16-17, 21-22, 25-40; 27:9-10, 14-18; 29:8-9; Ezequiel 13:2-4; 22:25-28; 34:2-4; Zacarías 10:2; Mal 2:7-8; etc.

33. Mateo 24:15. Véase Daniel 9:26-27. Observe que en Mateo 24 se mencionan dos periodos breves después de la época de Cristo (aproximadamente en el año 70 D.C., cuando el templo de Jerusalén fue destruido por los romanos), y de los últimos días. Las traducción inspirada de Mateo 24, la cual se encuentra en los escritos de José Smith-Mateo 1, muestra que habrá dos periodos de "abominación desoladora": una en el año 70 D.C. y la otra en los últimos días (véase José Smith 1:12 y 1:32).

34. Mateo 24:21-22. Compare Marcos 13:19-20.

35. Mateo 24:23-24.

En la traducción inspirada de Mateo 24, José Smith explica acerca de la identidad de los "escogidos", mostrando que serán los miembros de la Iglesia, o "los mismos escogidos, que son los escogidos conforme al convenio":

> . . . si alguien os dijere: He aquí el Cristo, o allí, no lo creáis;
> Porque en aquellos días también se levantarán falsos Cristos y *falsos profetas*, y harán grandes señales y prodigios, a tal grado que engañarán, si fuere posible, *aun a los mismos escogidos, que son los escogidos conforme al convenio*.[36]

Jesús, en su profecía, describe su futura venida en donde los Santos [las águilas] se reunirán siguiendo a un Cristo falso:

> . . . si os dijeren: Mirad, está en el desierto, no salgáis; o mirad, está en los aposentos, no lo creáis.
> Porque como el relámpago que sale del oriente y se muestra hasta el occidente, así será también la venida del Hijo del Hombre.
> Porque dondequiera que estuviere el cuerpo muerto, allí se juntarán las águilas.[37]

Explica que su venida final en gloria será después de esta aparición, siguiendo a otras señales en los cielos.[38]

Nefi, otro profeta, también mencionó acerca de la circunstancia de un Cristo falso en el contexto de los últimos días. Dentro de su explicación de los futuros eventos, Nefi mencionó a un Mesías falso quien trabajaría con engaños entre los incautos. Profetizó que los Judíos, en los últimos días, recibirán la palabra de Cristo. Estas palabras habrán de convencerlos, "de que no deben esperar más a un Mesías que ha de venir, pues no ha de venir otro, *salvo que sea un Mesías falso que engañe al pueblo . . .*".[39]

En resumen: Jesús mismo, advirtió de Cristos y profetas falsos quienes, de ser posible, engañarán a los escogidos o miembros de la Iglesia. Esto precederá una aparición que él hará en donde los Santos estarán congregados lo cual será antes de su venida final en gloria. Nefi, un profeta del Libro de Mormón, también sabía de la aparición de un

---

36. José Smith—Mateo 1:21-22. Véase pág. 140-141 con relación al "convenio sempiterno".
37. Mateo 24:26-28. Véase Lucas 17:21-37.
38. Mateo 24:29-31.
39. 2 Nefi 25:18.

Cristo falso. Estas amonestaciones proféticas se relacionan estrechamente con D. y C. 64:35-40, la cual revela que los apóstoles y profetas falsos se encontrarán al comienzo de los días del establecimiento de la Nueva Jerusalén.

Amonestación de Pablo: Un hijo de perdición se mostrará como Dios en el templo (2 Tesalonicenses 2:3-12)

El apóstol Pablo también profetizó de alguien quien intentaría engañar a los Santos y advertiría de una "apostasía". En su ministerio, él había enseñado a los Santos en Tesalónica acerca de la venida de Cristo. Aparentemente, algunos de ellos mal interpretaron y creyeron que la segunda venida estaba próxima. Para aclarar sus enseñanzas, Pablo les escribió una epístola en la cual les daba una señal. Cuidadosamente describe un evento en los últimos días el cual precederá la venida de Cristo, y les enseño que el Salvador no aparecería hasta que el evento como señal tomara lugar. Esta es su amonestación profética:

> *Nadie os engañe en ninguna manera*; porque [Cristo viniendo en gloria] no vendrá sin que antes venga la apostasía, y se manifieste el hombre de pecado, *el hijo de perdición*,
>
> el cual se opone y se levanta contra todo lo que se llama Dios o es objeto de culto; tanto que se sienta en el templo de Dios como Dios, haciéndose pasar por Dios.
>
> ¿No os acordáis que cuando yo estaba todavía con vosotros, os decía esto?
>
> Y ahora vosotros sabéis lo que lo detiene, a fin de que a su debido tiempo se manifieste.
>
> Porque ya está en acción el ministerio de la iniquidad; sólo que hay quien al presente lo detiene, hasta que él a su vez sea quitado de en medio.
>
> Y entonces se manifestará aquel inicuo, *a quien el Señor matará con el espíritu de su boca, y destruirá con el resplandor de su venida*;
>
> *inicuo cuyo advenimiento es por obra de Satanás*, con gran poder y señales y prodigios mentirosos,
>
> y con todo *engaño de iniquidad* para los que se pierden, por cuanto no recibieron el amor de la verdad para ser salvos.
>
> Por esto Dios les envía un poder engañoso, para que crean la mentira,

a fin de que sean condenados todos los que no creyeron a la verdad, sino que se complacieron en la injusticia.[40]

La profecía de Pablo tiene varios elementos que requieren ser comentados en detalle:

- Habrá una apostasía por Santos inicuos quienes serán engañados antes de la venida de Cristo (2 Tesalonicenses 2:3, 10-12).
- Un hijo de perdición se revelará, cuya venida es después de la obra de Satanás (2 Tesalonicenses 2:3, 9).
- El hijo de perdición se sentará en el templo de Dios, haciéndose pasar por Dios (2 Tesalonicenses 2:4).
- Cristo destruirá al hijo de perdición con el resplandor de su venida (2 Tesalonicenses 2:8).

1. ***Habrá una apostasía por Santos inicuos quienes serán engañados*** antes de la venida de Cristo. Otros pasajes hacen referencia a tal apostasía en el periodo de la Nueva Jerusalén. En 3 Nefi 21:20 se describe a un grupo de personas que no se han arrepentidos y quienes serán desarraigados entre el pueblo del Señor cuando tome lugar el recogimiento de la Nueva Jerusalén.[41] Nefi también menciona acerca de un grupo quien será "desarraigado" porque no hicieron caso de las palabras de Cristo, mientras tanto los justos "no serán confundidos". Esto sucederá en los últimos días de la Nueva Jerusalén, porque el pasaje habla de aquellos quienes "combatan contra Sión" durante esta época.[42] El pasaje de D. y C. 64:35 menciona a quienes "serán desterrados de la tierra de Sión,"[43] mientras D. y C. 85:11 declara que aquellos quienes "han apostatado" o han sido "separados de la iglesia" serán expulsados de la Nueva Jerusalén.[44] D. y C. 45:57 también menciona de aquellos quienes habrán de ser "engañados" dentro de la Iglesia en los últimos días.[45] Así hay un modelo definido en la amonestación profética de apostasía y purificación de la Iglesia en los últimos días; y específicamente en la primera fase del periodo de la Nueva Jerusalén. Esta profecía de Pablo es una interesante parte de ese modelo.

---

40. 2 Tesalonicenses 2:3-12.
41. Véase 3 Nefi 21:12-25.
42. 1 Nefi 22:14-22.
43. D. y C. 64:35. Véase 64:33-43.
44. D. y C. 85:11. Véase 85:3-12.
45. D. y C. 45:57. Véase 45:56-75.

2. ***Un hijo de perdición, cuya venida es después de la obra de Satanás, se revelará.*** En la batalla pre-mortal en los cielos, Satanás se opuso a Dios. Él fue "arrojado de la presencia de Dios y del Hijo, y fue *llamado Perdición*, porque los cielos lloraron por él; y era Lucifer, un hijo de la mañana.[46] Los miembros de la Iglesia quienes se rinden a las tentaciones de Satanás, después de tener una completa preparación y un testimonio firme, comienzan a ser "hijos de perdición":

> . . . porque vimos a Satanás, la serpiente antigua, sí, el diablo, que se rebeló contra Dios y procuró usurpar el reino de nuestro Dios y su Cristo;
>
> *por tanto, les hace la guerra a los santos de Dios, y los rodea por todos lados.*
>
> Y vimos una visión de los sufrimientos de aquellos a quienes hizo la guerra y venció, porque la voz del Señor vino a nosotros con estas palabras:
>
> Así dice el Señor concerniente a *todos los que conocen mi poder, y han llegado a participar de él, y se dejaron vencer a causa del poder del diablo, y niegan la verdad y se rebelan contra mi poder.*
>
> *Estos son los hijos de perdición*, de quienes digo que mejor hubiera sido para ellos no haber nacido;
>
> porque son vasos de ira, condenados a padecer la ira de Dios con el diablo y sus ángeles en la eternidad;
>
> concerniente a los cuales he dicho que no hay perdón en este mundo ni en el venidero,
>
> *habiendo negado al Santo Espíritu después de haberlo recibido, y habiendo negado al Unigénito del Padre, crucificándolo para sí mismos y exponiéndolo a vituperio.*[47]

Los Santos de los Últimos Días entienden que pueden tener la preparación suficiente para convertirse en hijos de perdición si se rinden a las artimañas de Satanás.[48] Por ejemplo, el presidente José Fielding Smith enseñó lo siguiente en una conferencia general:

---

46. D. y C. 76:25-26. Perdición significa "Perdido".

47. D. y C. 76:28-35. Para una explicación más detallada sobre el pecado de los hijos de perdición y su destino, véase el libro del autor titulado "Life Everlasting", edición de 1997, pág. 412-428 (*La Vida Sempiterna,* Volumen I, pág. 273-290). D. y C. 76 también indica que los hijos de perdición son aquellos quienes "niegan al Hijo después que el Padre lo ha revelado" (76:43), y habrá muchos quienes sufrirán su destino (76:45-48).

48. Véase nuevamente D. y C. 76:29, 32.

> Pienso que me encuentro a salvo al decir que *ningún hombre puede convertirse en Hijo de Perdición hasta que conozca la luz: Aquellos quienes nunca han recibido la luz no se pueden convertir en Hijos de Perdición.* Serán castigados si se revelan en contra de Dios. Tendrán que pagar el precio por sus pecados, pero *esto solo es para aquellos quienes tienen la luz por medio del sacerdocio y del poder de Dios; y a través de su membresía en la Iglesia,* quienes serán desechados para siempre de su influencia encontrándose en las tinieblas para residir con el diablo y sus ángeles. *Ese es un castigo que no vendrá a aquellos quienes nunca han conocido la verdad.* Es terrible lo que podrán sufrir y horrible podrá ser su castigo, pero no están entre el grupo que esta destinado a sufrir la muerte eterna y apartado de toda influencia del poder de Dios.[49]

En la misma conferencia, el presidente Stephen L. Richards mencionó la declaración del presidente Smith y dijo:

> Deseo que todos ustedes, quizá no todos, hayan escuchado lo que el presidente Joseph Fielding Smith nos dijo ayer, algo que he creído por mucho tiempo, y me siento contento por tener sanciones a mi comportamiento. Él dijo en pocas palabras que *no habrá Hijos de Perdición quienes no posean el sacerdocio.* Lo he creído por muchos años porque no creo que el Señor en su misericordia pueda condenar a un hombre a ese indescriptible castigo de ser desechado totalmente del Reino y de todas las gracias, a menos que ese hombre *supiese que Jesús fue el Cristo y supiese del poder de Cristo; y tan solo pudiese conocer eso.* Creo, por ser poseedor del sacerdocio. Creo que lo más importante de lo que fue dicho en verdad, es *que solo los hombres que poseen el sacerdocio de Dios, se encuentran en peligro de tener ese castigo terrible y ser catalogados como desarraigados.*[50]

Si alguien debe ser miembro de la Iglesia para ser hijo de perdición, entonces es obvio que este Cristo falso no pueda ser un Papa católico o ni un ministro protestante o ningún evangelista. Él tendrá que ser un Mormón apóstata y no algún forastero desconocido. Esto puede explicar cómo él podría ser capaz de "engañar a los escogidos" y tener acceso al templo. Él parecerá tener el poder del sacerdocio y las

---

49. José Fielding Smith, presidente del Concilio de los Doce Apóstoles, CR, octubre de 1958, pág. 21.

50. Presidente Stephen L. Richards, primer consejero a la primera presidencia, CR, octubre de 1958, pág. 86.

"señales y prodigios mentirosos" pero su poder será falso, "por obra de Satanás."[51]

3. ***El hijo de perdición se sentará en el templo de Dios, haciéndose pasar por Dios.*** La existencia de un templo es una parte esencial de esta amonestación profética, y la existencia tangible de esta estructura es un requisito para el cumplimiento literal de la profecía.

Pablo visitó a Tesalónica durante su segundo viaje misional,[52] después viajó a Atenas y a Corinto. Estando en Corinto, escribió ambos epístolas a los Santos Tesanolicences. La Biblia académica establece la fecha de estas epístolas en los años 50 al 51 D.C. Un templo existía en aquella época en Jerusalén. Este templo, conocido como el templo de Herod, estuvo hasta el año 70 D.C., cuando fue destruido por las legiones romanas bajo el comando de Tito. Ningún templo se encontraba sobre la tierra hasta la construcción nuevamente de los templos sagrados en los últimos días, comenzando con el templo de Kirtland a mediados de 1830.

Debido a que el hijo de perdición debe sentarse en el templo para el cumplimiento de la profecía, lo tendrá que hacer cuando un templo exista sobre la tierra. Esto ayudará para determinar el tiempo del cumplimiento de la profecía. Si se cumplió en tiempos remotos, entonces el cumplimiento tubo que haber tomado lugar entre las dos décadas del tiempo de la epístola de Pablo y la caída del templo, de año 50 a 70 D.C.

Pero aquellos que creen que esta profecía se cumplió en tiempos remotos, como parte de la "gran apostasía", no pueden presentar incidentes históricos durante ese periodo por que podría ser un posible cumplimiento. Ciertamente, en el año 70 D.C. sería una

---

51. 2 Tesalonicenses 2:9. Observe que el Cristo falso no será Satanás, será un "hijo de perdición" y su poder será "por obra de Satanás." Él será "destruido" con el resplandor de la venida de Cristo, pero Satanás permanecerá en la tierra y finalmente será atado por mil años. (Véase Apocalipsis 20:2-3.) Con relación a los apóstoles falsos quienes funcionan con poder satánico, el apóstol Pablo escribió:

> Mas lo que hago, lo haré aún, para quitar la ocasión a aquellos que la desean, a fin de que en aquello en que se glorían, sean hallados semejantes a nosotros.
>
> Porque éstos son falsos apóstoles, obreros fraudulentos, que se disfrazan como apóstoles de Cristo. (2 Cor. 11:12-13)

52. Véase Hechos 17:1-14.

fecha extremadamente prematura, una fecha difícil de defender, para haber ocurrido la "gran apostasía".

Si el cumplimiento no fue culminado antes del año 70 D.C., entonces debe estar en la época de los últimos días comenzando con el templo de Kirtland en el año 1836. Ciertamente, ningún cumplimiento se conoce desde esa fecha al presente, así que debe ser concluido ese cumplimiento en el futuro.

El hijo de perdición se hará pasar por Cristo, exaltándose el mismo sobre todo aquel que es digno. Él ocupará un lugar en el templo de Dios (¿en la Nueva Jerusalén?) y se hará pasar por Dios, engañando al injusto quien carece del espíritu de discernimiento,[53] a través de prodigios mentirosos, y causando su caída.[54]

4. ***Cristo destruirá al hijo de perdición con el resplandor de su venida.*** Nuevamente, un elemento de la profecía auxilia en su interpretación. ¿Vino Cristo en tiempos remotos y destruyó un apóstata que se hacía pasar por Dios, o todavía ese evento está por ocurrir en el futuro? La respuesta es obvia, los registros históricos no muestran ningún evento que cumpliese la amonestación profética.[55] El evento todavía esta por ocurrir.

Por lo tanto, esta es una profecía extremadamente importante para los Santos de los últimos días. Advierte de un Cristo falso quien tendrá gran influencia sobre el curso de la Iglesia en el futuro y será capaz de engañar a un grupo de inicuos, dirigiéndoles en diferente dirección mediante fuertes aberraciones y enviándolos al infierno después de morir por las cosas malas que hicieron. Para ser un hijo de perdición, debe ser un miembro de la Iglesia, y quien disfrute de tener acceso inmediato al templo en los últimos días. El último mensaje para los miembros de la

---

53. Véase D. y C. 50:1-34; 45:56-57.

54. 2 Tesalonicenses 2:9-12.

Y no es maravilla, porque el mismo Satanás se disfraza como ángel de luz. Así que, no es extraño si también sus ministros se disfrazan como ministros de justicia; cuyo fin será conforme a sus obras. 2 Corintios 11:12-15.

55. Si hay quienes persisten en la aseveración de que esta profecía se cumplió tiempo atrás como parte de la "gran apostasía", deberían estar preparados para explicar:

A. ¿Quién fue el hijo de perdición? ¿En qué templo se hizo pasar como Dios?

B. ¿Cuándo y cómo Cristo le destruyó por el resplandor de su venida?

C. ¿Qué registros históricos prestan credibilidad a tal como una interpretación?

Iglesia en el futuro fue aplicar la declaración de Pablo: no dejar que "Nadie os engañe en ninguna manera . . .[56]

La amonestación del Señor: Aquellos quienes han sido engañados serán echados al fuego (D. y C. 45:56-57)

Como parte de su sermón profético en el Monte de los Olivos, Jesús les dice a sus discípulos la parábola de las diez vírgenes. La parábola se relaciona a diez vírgenes quienes salieron a recibir al esposo con sus lámparas. Pero el esposo tardó, y cinco de las vírgenes se les acabó el aceite de sus lámparas. Cuando el esposo vine, permitió solo a las cinco vírgenes prudentes, quienes se prepararon apropiadamente, dejarlas entrar con él a las bodas.

Los pasajes en las Doctrinas y Convenios añaden representaciones simbólicas en la interpretación de la parábola, e indican que las vírgenes representaban a los miembros de la Iglesia en los últimos días. Está profetizado que algunos de los miembros serán malvados:

> Estas cosas son las que habéis de esperar; y hablando según la manera del Señor, están ahora a las puertas, y en un tiempo que está por venir, sí, en el día de la venida del Hijo del Hombre.
>
> *Y hasta aquella hora habrá vírgenes insensatas entre las sensatas; y en esa hora se hará una separación completa de los justos y los malvados*; y en aquel día enviaré a mis ángeles para extirpar a los inicuos y arrojarlos al fuego inextinguible.[57]

De acuerdo a las amonestaciones proféticas del Señor, los Santos necesitarán tomar al Espíritu Santo como su guía o serán engañados y echados al fuego:

> Y en aquel día, cuando yo venga en mi gloria, se cumplirá la parábola que hablé acerca de las diez vírgenes.
>
> Porque aquellos que son prudentes y han recibido la verdad, y *han tomado al Santo Espíritu por guía, y no han sido engañados*, de cierto os digo que éstos no serán talados ni echados al fuego, sino que aguantarán el día.[58]

---

56. 2 Tesalonicenses 2:3.
57. D. y C. 63:53-54. Con relación a las cosas que los Santos tendrán que buscar, véase 63:24-52.
58. D. y C. 45:56-57.

Amonestación de Nefi: Satanás pacificará a los habitantes de Sión y los adormecerá con seguridad carnal y los dirigirá al infierno (2 Nefi 28:21-31)

El profeta Nefi amonestó acerca de un evento de serias consecuencias a los Santos en los últimos días. Lo transportó en una época futura cuando las iglesias de los hombres negaran el Espíritu Santo,[59] y vilipedian en contra de lo justo,[60] y en la época de la caída de la gran y abominable iglesia.[61]

Esto se relaciona con la "obra maravillosa" de Dios[62] y del periodo en el cual Dios extenderá su mano para restaurar a los de Israel.[63] Amonestó que en ese periodo, la obra de Satanás tendrá un doble propósito, por una parte "*enfurecerá los corazones de los hijos de los hombres, y los agitará a la ira contra lo que es bueno.*"[64] La segunda parte de su ataque será dirigido a los Santos mismos, a quienes se esfuerza pacificar dentro de una seguridad falsa.

Está claro que esta segunda parte de su plan preocupa hoy en día a los miembros de la Iglesia, en América e Israel. Por tanto, ¡ay del reposado en Sión![65] Han "recibido la palabra de Dios"[66] y se les ha enseñado "línea por línea, precepto por precepto."[67]

Esta es la amonestación profética de Nefi:

> *Y a otros los pacificará y los adormecerá con seguridad carnal, de modo que dirán: Todo va bien en Sión; sí, Sión prospera, todo va bien. Y así el diablo engaña sus almas, y los conduce astutamente al infierno.*
>
> Y he aquí, a otros los lisonjea y les cuenta que no hay infierno; y les dice: Yo no soy el diablo, porque no lo hay; y así les susurra al oído, hasta que los prende con sus terribles cadenas, de las cuales no hay rescate.
>
> Sí, son atrapados por la muerte y el infierno; y la muerte, el infierno y el diablo, y todos los que hayan caído en su poder deben presentarse ante el trono de Dios y ser juzgados según sus obras, de

59. 2 Nefi 28:4.
60. 2 Nefi 28:16.
61. 2 Nefi 28:18.
62. Véase 2 Nefi 29:1.
63. De la misma fuente.
64. 2 Nefi 28:20.
65. 2 Nefi 28:24.
66. 2 Nefi 28:29.
67. 2 Nefi 28:30. Véase D. y C. 128:21, Isaías 28:10, 13.

> donde tendrán que ir al lugar preparado para ellos, sí, un lago de fuego y azufre, que es tormento sin fin.
>
> *Por tanto, ¡ay del reposado en Sión!*
>
> *¡Ay de aquel que exclama: Todo está bien!*
>
> *Sí, ¡ay de aquel que escucha los preceptos de los hombres, y niega el poder de Dios y el don del Espíritu Santo!*
>
> *Sí, ¡ay de aquel que dice: Hemos recibido, y no necesitamos más!*
>
> *Y por fin, ¡ay de todos aquellos que tiemblan, y están enojados a causa de la verdad de Dios!* Pues he aquí, aquel que está edificado sobre la roca, la recibe con gozo; y el que está fundado sobre un cimiento arenoso, tiembla por miedo de caer.
>
> ¡Ay del que diga: Hemos recibido la palabra de Dios, y no necesitamos más de la palabra de Dios, porque ya tenemos suficiente!
>
> Pues he aquí, así dice el Señor Dios: Daré a los hijos de los hombres línea por línea, precepto por precepto, un poco aquí y un poco allí; y benditos son aquellos que escuchan mis preceptos y prestan atención a mis consejos, porque aprenderán sabiduría; pues a quien reciba, le daré más; *y a los que digan: Tenemos bastante, les será quitado aun lo que tuvieren.*
>
> ¡Maldito es aquel que pone su confianza en el hombre, o hace de la carne su brazo, o escucha los preceptos de los hombres, salvo cuando sus preceptos sean dados por el poder del Espíritu Santo![68]

¿Cuál será la naturaleza de la batalla en ese día? De acuerdo a la amonestación profética, habrán recibido una revelación nueva y no estarán dispuestos a aceptarla. Careciendo de don del Espíritu Santo, dirán: "!Hemos recibido, y no necesitamos más!" "!Ya tenemos suficiente!" Habrá "aquellos que tiemblan, y están enojados a causa de la verdad de Dios".

Como se indicó en la profecía, habrá aquellos quienes confíen en el hombre y escuchen los preceptos del hombre en lugar de seguir los avisos del Espíritu Santo. Esto indica que existirá una batalla en la que los Santos recibirán dirección de al menos dos fuentes diferentes y estarán inciertos a quien seguir. ¿Serán el resultado de las enseñanzas del Cristo falso?[69] o ¿de los Santos rehusándose aceptar y hacer caso del Salvador cuando aparezca?[70] o ¿de la batalla entre él "que es fuerte y poderoso" y el hombre quien "extienda su mano para sostener el arca de Dios"?[71]

---

68. 2 Nefi 28:21-31.
69. Véase pág. 143-145.
70. Véase pág. 142, 154-155.
71. Véase pág. 155-161.

La amonestación del Señor: Aquellos quienes no escuchen a Cristo cuando él aparezca, serán desarraigados (3 Nefi 20:22-23)

El Salvador mismo, mientras ejercía su ministerio entre los Nefitas en el meridiano de los tiempos, habló de la futura época de la Nueva Jerusalén. Habló del tiempo en que el resto de la casa de Jacob destruirá la tierra y despedazará a sus enemigos,[72] y cuando la espada de la justicia de Dios caiga "sobre todas las naciones de los Gentiles."[73] Él recogerá a su pueblo,[74] establecerá la Nueva Jerusalén,[75] y aparecerá a su pueblo.[76] Sin embargo, él profetiza que algunos le rechazarán y serán desarraigados:

> Y he aquí, estableceré a este pueblo en esta tierra, para el cumplimiento del convenio que hice con Jacob, vuestro padre; y será una *Nueva Jerusalén. Y los poderes del cielo estarán entre este pueblo; sí, yo mismo estaré en medio de vosotros.*
>
> He aquí, yo soy aquel de quien Moisés habló, diciendo: El Señor vuestro Dios os levantará a un profeta, de vuestros hermanos, semejante a mí; a él oiréis en todas las cosas que os dijere. *Y sucederá que toda alma que no escuchare a ese profeta será desarraigada de entre el pueblo.*[77]

Entonces habló a los conversos Gentiles de la Iglesia, diciéndoles: "*Cuando hayan recibido la plenitud de mi evangelio endurecen sus corazones en contra de mí, haré volver sus iniquidades sobre sus propias cabezas . . .*"[78]

Aquí se encuentra un indicador profético; cuando el Salvador aparezca a los Santos en le Nueva Jerusalén, algunos de ellos endurecerán sus corazones y rehusarán escuchar al Señor. De acuerdo al Maestro, serán "desarraigados de entre el pueblo". ¿Será posible que

---

72. 3 Nefi 20:15-17. Compare con 3 Nefi 16:14-16 y 3 Nefi 21:14-25.
73. 3 Nefi 20:20.
74. 3 Nefi 20:18.
75. 3 Nefi 20:20-22.
76. 3 Nefi 20:22-23.
77. De la misma fuente. En Deuteronomio 18:15, 18-19 es cuando la profecía de Moisés se registra. Pedro mencionó la profecía en Hechos 3:22-23, y Moroni dijo que Cristo sería el que cumpliría la profecía en una época futura. Véase José Smith–Historia 1:40.
78. 3 Nefi 20:28.

tendrán que poner su confianza en la "carne del brazo"[79] de un Cristo falso,[80] y sean engañados de tal forma que no reconozcan al Cristo verdadero cuando aparezca?

Amonestación de Nefi: Aquellos quienes no escuchen al profeta, serán desarraigados (1 Nefi 22:20-22)

También Nefi citó la profecía de Moisés con relación a la venida de Cristo, la cual Jesús explicó posteriormente. Como el Salvador, él colocó a la profecía en un contexto cronológico del recogimiento de Israel,[81] la caída de la gran abominable iglesia,[82] la época de la Nueva Jerusalén cuando los hombres estén combatiendo en contra de Sión,[83] y la ira de Dios se derramará sobre los inicuos de tal manera que serán destruidos por fuego.[84] Él dijo:

> . . . Y el Señor ciertamente preparará una vía para su pueblo, a fin de cumplir las palabras que habló Moisés, diciendo: El Señor vuestro Dios os levantará a un profeta, semejante a mí; a él oiréis en todo lo que os dijere. Y sucederá que todos *aquellos que no quieran escuchar a ese profeta serán desarraigados de entre el pueblo.*
>
> Y ahora bien, yo, Nefi, os declaro que este profeta de quien habló Moisés era el Santo de Israel; por tanto, *juzgará con justicia.*
>
> Y los justos no tienen por qué temer, pues *ellos son los que no serán confundidos* . . .[85]

Una vez más el modelo surge: cuando el Señor aparezca en la Nueva Jerusalén, habrá confusión y apostasía. Algunos serán confundidos y rehusarán hacer caso al Señor y serán desarraigados o excomulgados.

La amonestación del Señor: Los apostatas serán desarraigados cuando uno poderoso y fuerte se establezca para poner en orden la casa de Dios (D. y C. 85:7-12)

José Smith describió el fuerte impacto físico que sintió cuando recibió una revelación personal la cual está registrada en Doctrinas y

79. Véase 2 Nefi 28:31.
80. 2 Tesalonicenses 2:3-4.
81. Véase 1 Nefi 22:8-12.
82. Véase 1 Nefi 22:13.
83. Véase 1 Nefi 22:14, 19.
84. Véase 1 Nefi 22:15-17.
85. 1 Nefi 22:20-22.

Convenios. El registro que sus sentimientos fueron inusuales y sin ninguna característica igual a otras revelaciones que él había escrito. Le sirvió para enfatizar esta profecía importante. Escribió:

> Sí, así dice la voz suave y apacible que a través de todas las cosas susurra y penetra, y *a menudo hace estremecer mis huesos mientras se manifiesta, diciendo . . .*[86]

También, la revelación que registró es inusual, porque establece acerca de la venida de "uno que es fuerte y poderoso", quien vendrá en los días de la Nueva Jerusalén. Él pondrá en orden la casa del Dios y dispondrá de la herencia de los Santos justos. Cuando esto suceda, habrá apóstatas quienes serán desarraigados de la Iglesia, y se les negará un lugar para vivir entre los Santos:

> Y sucederá que yo, Dios el Señor, *enviaré a uno poderoso y fuerte*, con el cetro de poder en su mano, revestido de luz como un manto, cuya boca hablará palabras, palabras eternas, mientras que sus entrañas serán una fuente de verdad, *para poner en orden la casa de Dios y para disponer por sorteo las heredades de los santos* cuyos nombres, junto con los de sus padres e hijos, estén inscritos en el libro de la ley de Dios.
>
> *mientras que aquel hombre, que fue llamado por Dios y nombrado, que extienda su mano para sostener el arca de Dios, caerá por el dardo de la muerte, como el árbol herido por el fulgente golpe del rayo.*
>
> Y todos aquellos cuyos nombres no estén asentados en el libro de memorias, no hallarán herencia en aquel día, antes serán desarraigados y se les señalará su porción entre los incrédulos, en donde es el lloro y el crujir de dientes.
>
> No digo yo estas cosas de mí mismo; por tanto, tal como habla el Señor, así también cumplirá.
>
> *Y los del sumo sacerdocio, así como los del sacerdocio menor y los miembros, cuyos nombres no se hallen escritos en el libro de la ley, o se descubra que han apostatado, o que han sido separados de la iglesia, no tendrán herencia entre los santos del Altísimo en aquel día.*
>
> por consiguiente, les será hecho como a los hijos del sacerdote, cual está escrito en el capítulo segundo, versículos sesenta y uno y sesenta y dos de Esdras.[87]

---

86. D. y C. 85:6. José también enfatizó que no era su propia declaración, pero que era un mensaje del Señor que ciertamente se cumpliría. (D. y C. 85:10.)

87. D. y C. 85:7-12.

Son apropiadas diversas observaciones con relación a la profecía. Primero, ¿quién es él "que es fuerte y poderoso"? Es muy probable que sea el mismo Señor. Mientras él es el profeta quien Moisés dijo que vendría, ¿no puede también ser el cumplimiento de esta profecía? Se había establecido claramente que él vendría en los días de la Nueva Jerusalén, así como de la enseñanza de que los Santos inicuos serían desarraigados cuando el Señor apareciere. Además, observe las frases que describen él que es fuerte y poderoso, las cuales son utilizadas en otros contextos para describir a Jehová el Señor, que es Jesucristo. Él es *poderoso*,[88] *fuerte*,[89] sostiene el *cetro de poder*,[90] y es revestido de *luz*.[91]

A través de los años, varios apóstatas aseguran ser aquel poderoso y fuerte, sin embargo no ha venido el tiempo, ni el lugar especificado en la revelación; ni han realizado la misión de poner en orden la casa de Dios y disponer por sorteo las heredades de los santos como se estipula en la revelación.

Por lo tanto, no se han opuesto al que caerá, ni han hablado "palabras eternas", ni han mostrado tener las "entrañas" que serán "una fuente de verdad." No han llegado a la situación de guardar un "libro de la ley de Dios", ni donde los apóstatas se les ha prohibido encontrar una herencia entre los Santos. La profecía se refiere al tiempo y situación en que todavía se encuentran en el futuro, y hasta ahora ninguno "que es fuerte y poderoso" ha sido enviado por el Señor.

El "fuerte y poderoso" no ha puesto en orden la casa de Dios. ¿Puede esta acción tomarse para corregir los errores del hijo de perdición quien se sentará en el templo?[92]

---

88. Compare Salmos 24:8 (el Señor fuerte y poderoso), Salmos 89:13 (Tuyo es el brazo potente: fuerte en tu mano), Isaías 63:1 (la grandeza de su poder, grande para salvar), Jeremías 32:18-19 (Dios grande, magnífico en hechos), Isaías 1:24 (el fuerte de Israel), Isaías 49:26; 60:16 (el fuerte de Jacob), etc.

89. Véase nuevamente Salmos 24:8, 89:13; 1 Reyes 8:42, Nehemías 1:10 (tu mano poderosa), Salmos 31:2 (sé tu mi roca fuerte), Salmos 71:7 (mi refugio fuerte), Salmos 89:8 (¿quién como tu? Poderoso eres), etc.

90. Salmos 45:6 (el cetro de tu reino); Hebreos 1:8 (cetro de equidad); Números 24:17 (Y se levantará un cetro de Israel).

91. Salmos 4:6 (la luz de tu rostro); Salmos 27:1 (Jehová es mi luz); Salmos 104:2 (el que cubre de luz como de vestidura); Daniel 2:22 (y con él mora la luz); Hab 3:4 (y el resplandor fue como la luz); etc.

92. 2 Tesalonicenses 2:3-4.

Observe que el "fuerte y poderoso" hablará "palabras eternas". ¿Son estas palabras lo que causará aquellos quienes son los "reposados de Sión" estar "enojados a causa de la verdad de Dios" y diciendo "no necesitamos más de la palabra de Dios, porque ya tenemos suficiente"; como se profetizó en 2 Nefi 28?

Todo parece indicar que habrá una batalla entre el "que es fuerte y poderoso" y el hombre quien "extienda su mano para sostener el arca de Dios." ¿Será este el tiempo en que "los que fueren apóstoles y profetas serán descubiertos," como se profetizó en D. y C. 64?

De acuerdo con la profecía, la gente será desarraiga, y no se les permitirá tener herencia con los Santos. ¿Es el término "desarraigados" el mismo concepto en 3 Nefi 20:23 y el establecido en 3 Nefi 21:20? ¿Y podría esta relación indicar que "uno que es fuerte y poderoso" es realmente el mismo Señor Jesucristo?

Ciertamente, la profecía describe un futuro evento importante, y su mensaje no puede ignorarse.

Amonestación de Isaías: Vendrá un fuerte y poderoso, pasará una enfermedad desoladora, y el Señor llevará a efecto un acto extraño (Isaías 28:1-22)

Una profecía fascinante por Isaías enlaza frases importantes de los últimos días que se asocian con otra amonestación profética:

> ¡Ay de la corona de soberbia de los ebrios de Efraín, y de la flor caduca de la hermosura de su gloria, que está sobre la cabeza del valle fértil de los aturdidos del vino!
>
> He aquí, Jehová tiene uno que es fuerte y poderoso; como turbión de granizo y como torbellino trastornador, como ímpetu de recias aguas que inundan, con fuerza derriba a tierra.
>
> Y con los pies será pisoteada la corona de soberbia de los ebrios de Efraín.
>
> Y será la flor caduca de la hermosura de su gloria que está sobre la cabeza del valle fértil, como la fruta temprana, la primera del verano, la cual, apenas la ve el que la mira, se la traga tan luego como la tiene a mano.
>
> *En aquel día Jehová de los ejércitos será por corona de gloria y diadema de hermosura al remanente de su pueblo;*
>
> *y por espíritu de juicio al que se sienta en juicio, y por fuerzas a los que rechacen la batalla en la puerta.*

Pero también éstos erraron con el vino, y con sidra se entontecieron; el sacerdote y el profeta erraron con sidra, fueron trastornados por el vino; se aturdieron con la sidra, erraron en la visión, tropezaron en el juicio.

Porque toda mesa está llena de vómito y suciedad, hasta no haber lugar limpio.

¿A quién se enseñará ciencia, o a quién se hará entender doctrina? ¿A los destetados? ¿a los arrancados de los pechos?

Porque mandamiento tras mandamiento, mandato sobre mandato, renglón tras renglón, línea sobre línea, un poquito allí, otro poquito allá;

Porque en lengua de tartamudos, y en extraña lengua hablará a este pueblo,

a los cuales él dijo: Este es el reposo; dad reposo al cansado; y este es el refrigerio; más no quisieron oír.

La palabra, pues, de Jehová les será mandamiento tras mandamiento, mandato sobre mandato, renglón tras renglón, línea sobre línea, un poquito allí, otro poquito allá; hasta que vayan y caigan de espaldas, y sean quebrantados, enlazados y presos.

Por tanto, varones burladores que gobernáis a este pueblo que está en Jerusalén, oíd la palabra de Jehová.

Por cuanto habéis dicho: Pacto tenemos hecho con la muerte, e hicimos convenio con el Seol; *cuando pase el turbión del azote, no llegará a nosotros, porque hemos puesto nuestro refugio en la mentira, y en la falsedad nos esconderemos.*

por tanto, Jehová el Señor dice así: *He aquí que yo he puesto en Sión por fundamento una piedra, piedra probada, angular, preciosa, de cimiento estable; el que creyere, no se apresure.*

Y ajustaré el juicio a cordel, y a nivel la justicia; y granizo barrerá el refugio de la mentira, y aguas arrollarán el escondrijo.

Y será anulado vuestro pacto con la muerte, y vuestro convenio con el Seol no será firme; *cuando pase el turbión del azote, seréis de él pisoteados.*

Luego que comience a pasar, él os arrebatará; porque de mañana en mañana pasará, de día y de noche; y será ciertamente espanto el entender lo oído.

La cama será corta para poder estirarse, y la manta estrecha para poder envolverse.

Porque Jehová se levantará como en el monte Perazim, como en el valle de Gabaón se enojará; *para hacer su obra, su extraña obra, y para hacer su operación, su extraña operación.*

> Ahora, pues, no os burléis, para que no se aprieten más vuestras ataduras; porque *destrucción ya determinada sobre toda la tierra he oído del Señor*, Jehová de los ejércitos.[93]

Las frases importantes merecen un comentario especial:

> "***Jehová tiene uno que es fuerte y poderoso***" (Isaías 28:2). Observe la relación con D. y C. 85:7, la cual predice la venida de "uno que es fuerte y poderoso" para poner en orden la casa de Dios y disponer de la herencia de los Santos en la Nueva Jerusalén. Su aparición se describe por estar acompañado como un turbión de granizo, un torbellino trastornador, e ímpetu de recias aguas.[94] ¿Los versículos 5 ("En aquel día Jehová de los ejércitos será por corona de gloria . . .") y versículo 16 ("He aquí que yo he puesto en Sión por fundamento una piedra, piedra probada, angular, preciosa[95] de cimiento estable; . . . ") indican que Cristo mismo es el "que es fuerte y poderos"?
>
> Ese día el Señor será un "***espíritu de juicio al que se sienta en juicio, y por fuerzas a los que rechacen la batalla en la puerta.***" (Isaías 28:6). Esta será la época cuando la Iglesia juzgará a las naciones (D. y C. 64:37-38) y durante el periodo cuando los de Sión serán los únicos sin guerra (D. y C. 45:66-71).

"***Pasará una enfermedad desoladora***" (Isaías 28:15, 18-19). Aunque la gente piense que podrán escapar de esta plaga terrible en los últimos días (a pesar de un falso "pacto con la muerte"[96]), todavía vendrá a ellos. Ellos serán "de él pisoteados"[97] y "y será ciertamente espanto el entender lo oído."[98] Este castigo también está profetizado en D. y C. 84:58, 96-97; 97:22-26; 5:19; y 45:31. Isaías advierte que habrá una "*destrucción ya determinada sobre toda la tierra*" (Isaías 28:22).

El Señor hará "***su obra, su extraña obra, y para hacer su operación, su extraña operación***", (Isaías 28:21). Como se profetizó en D. y C. 95:89-95, el Señor afligirá a la nación y realizará una extraña obra "a fin

---

93. Isaías 28:1-22.

94. Isaías 28: 2, 17. ¿Esta profecía estará asociada con D. y C. 29:14-21, la cual relaciona una tormenta de granizo, una terrible enfermedad y la caída de la gran y abominable Iglesia?

95. Cristo es la piedra angular y la fundación. Véase Efesios 2:20, 1 Corintios 3:11, Salmos 118:22 y Mateo 21:42-44.

96. Isaías 28:15, 18.

97. Isaías 28:18.

98. Compárelo con D. y C. 97:23.

de que los hombres disciernan a los justos de los malos." [99] Se discutió previamente la relación de este "extraño acto" y la de "una obra maravillosa y un prodigio."[100]

La profecía de Isaías 28 no aparece estar dirigida solo a los Santos de América, sino también a "varones burladores que gobernáis a este pueblo que está en Jerusalén."[101] Ellos son descritos como "ebrios de Efraín, y de la flor caduca de la hermosura de su gloria",[102] y son descritos por Isaías como los que erraron en visión y siendo trastornados por el vino:

> Pero también éstos erraron con el vino, y con sidra se entontecieron; *el sacerdote y el profeta erraron con sidra, fueron trastornados por el vino; se aturdieron con la sidra, erraron en la visión, tropezaron en el juicio.*[103]

Mientras la relación entre Isaías 28 con las otras amonestaciones proféticas de los últimos días no está aparentemente cumplida, es obvio que esta profecía haga referencia a las frases importantes que se encuentran en las escrituras modernas las cuales pueden entenderse únicamente en un contexto del futuro.

La amonestación del Señor: Habrá un azote y el juicio sobre los hijos de Sión a menos que se arrepientan y obedezcan los mandamientos (D. y C. 84:54-59)

En el año de 1832 el Señor habló con la voz de amonestación a la Iglesia y les dijo:

> . . . En ocasiones pasadas vuestras mentes se han ofuscado a causa de la incredulidad, y por haber tratado ligeramente las cosas que habéis recibido,
>
> *y esta incredulidad y vanidad han traído la condenación sobre toda la iglesia.*

99. D. y C. 101:95.

100. Véase las pág. 81-89. También observe la cercana proximidad de Isaías 28:21 e Isaías 29:14, los cuales asocia a los dos términos. Ambos capítulos muestran la relación entre América e Israel.

101. Isaías 28:14.

102. Isaías 28:1.

103. Isaías 28:7.

> Y esta condenación pesa sobre los hijos de Sión, sí, todos ellos;
>
> y permanecerán bajo esta condenación hasta que *se arrepientan y recuerden el nuevo convenio, a saber, el Libro de Mormón y los mandamientos* anteriores que les he dado, no sólo de hablar, sino de obrar de acuerdo con lo que he escrito,
>
> a fin de que den frutos dignos para el reino de su Padre; *de lo contrario, queda por derramarse un azote y juicio sobre los hijos de Sión.*
>
> Porque, ¿han de contaminar los hijos del reino mi tierra santa? De cierto os digo que no.[104]

El Maestro entonces instruyó a los miembros de la Iglesia en cómo deberían predicar, diciéndoles, "He aquí, os envío para reprobar al mundo por todos sus hechos inicuos, y para enseñarle acerca de un juicio que ha de venir."[105] Y entonces explicó cómo ese juicio sería:

> . . . ¡ay de aquella casa, o aldea, o ciudad que os rechace a vosotros, vuestras palabras o vuestro testimonio concerniente a mí!
>
> ¡Ay, vuelvo a decir, de aquella casa, aldea o ciudad que os rechace a vosotros, o vuestras palabras, o vuestro testimonio de mí!
>
> Porque yo, el Omnipotente, he puesto mis manos sobre las naciones *para azotarlas por sus iniquidades,*
>
> Y se derramarán plagas, y no serán quitadas de la tierra hasta que haya cumplido mi obra, la cual se ha de acortar en justicia,
>
> hasta que me conozcan todos *los que quedaren*, desde el menor hasta el mayor, y sean llenos del conocimiento del Señor, y vean ojo a ojo, . . .[106]

La amonestación del Señor: Sión será visitada con aflicción, pestilencia, plaga, espada y fuego si falla al obedecer lo que yo he mandado (D & C 97:21-26)

Otro pasaje amonesta del azote de desolación que vendrá sobre la tierra en los últimos días; y da una amonestación condicional a Sión de

---

104. D. y C 84:54-59. Véase D. y C. 63:63.

105. D. y C. 84:87. Véase también el versículo 117.

106. D. y C. 84:94-98. Posteriormente en la revelación, hablando de Albany, Boston, y New York (EE.UU.), el Salvador dijo "de la desolación y destrucción completa que les espera si rechazan estas cosas. Porque si rechazan estas cosas, se acerca la hora de su juicio, y su casa les será dejada desierta" (D. y C. 84:114-115).

los últimos días y sus habitantes. Se les promete a los Santos que ellos pueden escapar de los juicios si hacen "todas las cosas" que Dios ha mandado; sin embargo son amonestados acerca de los juicios severos que vendrán si fracasan al no someterse a una total obediencia.

> Por tanto, de cierto, así dice el Señor: Regocíjese Sión, porque ésta es Sión: LOS PUROS DE CORAZÓN; por consiguiente, regocíjese Sión mientras se lamentan todos los inicuos.
>
> Porque he aquí, la venganza vendrá pronto sobre los impíos, como el torbellino; y ¿quién podrá escapar de ella?
>
> *El azote del Señor pasará de noche y de día, y su rumor afligirá a todo pueblo; sí, y no cesará hasta que venga el Señor;*
>
> porque se ha encendido la indignación del Señor en contra de sus abominaciones y todas sus obras inicuas.
>
> Sin embargo, Sión escapará si procura hacer todo lo que le he mandado.
>
> *Mas si no procura hacer lo que le he mandado, la visitaré según todas sus obras, con penosa aflicción, con pestilencia, con plagas, con la espada, con venganza y fuego devorador.*[107]

Junto con esta amonestación profética está una profecía acerca de la gloria de Sión en los últimos días o la Nueva Jerusalén. Pero inclusive esa profecía está condicionada a la rectitud y menciona acerca del peligro por el cual el templo de la Nueva Jerusalén podría ser profanado:

> Y si mi pueblo me edifica una casa en el nombre del Señor, y *no permite que entre en ella ninguna cosa inmunda para profanarla*, mi gloria descansará sobre ella.
>
> Sí, y mi presencia estará allí, porque vendré a ella; y todos los de corazón puro que allí entren verán a Dios.
>
> *Mas si fuere profanada, no vendré a ella, ni mi gloria estará allí; porque no entraré en templos inmundos.*

---

107. D. y C. 97:21-26. El Señor enfatiza que busca bendecir a Sión en lugar de castigarla, y promete que estos juicios serán anulados "si no peca más":

> Sin embargo, léasele a sus oídos esta sola vez, que yo, el Señor, he aceptado su ofrenda; y si no peca más, ninguna de estas cosas le sobrevendrá;
>
> y la bendeciré con bendiciones, y multiplicaré una multiplicidad de bendiciones sobre ella y sobre sus generaciones para siempre jamás, dice el Señor, vuestro Dios. Amén (D. y C. 97:27-28).

Y ahora bien, he aquí, si *Sión hace estas cosas*, prosperará, y se ensanchará y llegará a ser gloriosa en extremo, y muy grande y muy terrible.

Y las naciones de la tierra la honrarán y dirán: Ciertamente Sión es la ciudad de nuestro Dios, e indudablemente Sión no puede caer ni ser quitada de su lugar, porque Dios está allí, y la mano del Señor está allí;

y él ha jurado por el poder de su fuerza ser su salvación y su alto refugio.[108]

La amonestación del Señor: Ocurrirá una enfermedad desoladora y los hombres se matarán el uno al otro con la espada (D. y C. 45:31-33)

El Señor ha hablado más con relación a la futura desolación de la tierra en la sección 45 de Doctrinas y Convenios. En la generación en la cual el tiempo de los Gentiles se cumpla,[109] Dios derramará su "plaga desoladora" o una "enfermedad desoladora." Este será el periodo en que los hombres "endurecerán sus corazones" y "tomarán su espada y se matarán unos a otros":

> Y vivirán hombres en esa generación que no morirán hasta que *vean una plaga arrasadora, porque una enfermedad desoladora cubrirá la tierra.*
>
> *Pero mis discípulos estarán en lugares santos y no serán movidos*; pero entre los inicuos, los hombres alzarán sus voces y maldecirán a Dios, y morirán.

---

108. D. y C. 97:15-20. Observe nuevamente el modelo profético de la amonestación de Cristos falsos y del hijo de perdición quien se sentará en el templo de Dios. Es real la profanación del templo y el tema se repite en las amonestaciones de las escrituras.

109. El "tiempo de los Gentiles" se discute con más detalle en el libro del autor titulado *Prophecy—Key to the Future,* pág. 17-34 (*La Profecía—Llave al Futuro,* pág. 28-39). Brevemente, el "tiempo de los Gentiles" es la época presente cuando el evangelio se predique a la gente de las naciones de los Gentiles (Caucásicos). El "cumplimiento del tiempo de los Gentiles" marca el fin del período de la obra misional entre ellos. Ese fin será identificado por el retiro de misioneros entre ellos y el aumento de los juicios de Dios derramados sobre el mundo. El tiempo de los Gentiles se cumplirá antes de que los Santos regresen a establecer la Nueva Jerusalén en el Condado de Jackson, Missouri, EE.UU.

> Y también habrá terremotos en diversos lugares, y *muchas devastaciones; sin embargo, los hombres endurecerán su corazón contra mí y levantarán la espada el uno contra el otro, y unos a otros se matarán.*[110]

El Salvador ha caracterizado a este periodo (después de que se cumpla el tiempo de los Gentiles) como el tiempo cuando el dispersado resto de Israel se congregue[111] nuevamente a su tierra prometida y haya guerras mundiales y tiempo de confusión:

> Y en ese día se oirá de guerras y rumores de guerras, y toda la tierra estará en conmoción, y desmayará el corazón de los hombres y dirán que Cristo demora su venida hasta el fin de la tierra.
>
> Y el amor de los hombres se enfriará, y abundará la iniquidad.[112]

Amonestación del Señor: Una plaga desoladora emanará hasta que la tierra quede vacía si no se arrepienten (D. y C. 5:18-19)

La advertencia de una desolación en la tierra en los últimos días se reveló a José Smith aún inclusive antes de que la Iglesia fuera restaurada. Como en muchas otras amonestaciones proféticas, esta fue condicional. Describe lo que pasará si la gente "endurece sus corazones" y si "no se arrepienten":

> y su testimonio también saldrá para condenar a los de esta generación, si endurecen sus corazones en contra de ellos;
>
> porque se desatará una plaga asoladora entre los habitantes de la tierra, y seguirá derramándose de cuando en cuando, si no se arrepienten, *hasta que quede vacía la tierra, y sus habitantes sean consumidos y enteramente destruidos por el resplandor de mi venida.*[113]

Después de dar la amonestación profética, el Maestro aseguró de la naturaleza literal de la profecía, comparándola con la destrucción de

110. D. y C. 45:31-33. Observe el modelo reportado repetitivamente a través de este libro: claramente la gente caerá dentro de dos categorías diferentes en este tiempo, los justos (en este caso los "discípulos"), y los injustos quienes segarán los juicios de Dios.

111. D. y C 45:24-25. Véase también 3 Nefi 21:24-29.

112. D. y C. 45:26-27.

113. D. y C. 5:18-19.

Jerusalén (en el año 70 D.C.) y proclamando, "se *verificará* mi palabra en esta ocasión como se ha verificado antes."[114]

Amonestación del Señor: La ira de Dios estará entre aquellos quienes blasfemen en su casa (D. y C. 112:24-26)

Mucho se ha dicho en este capítulo acerca de los futuros conflictos que se incrementarán en la Iglesia, primordialmente en los primeros días del establecimiento de la Nueva Jerusalén. También, este último pasaje se enfoca en ese tema y advierte que habrá en su santa casa quienes blasfemen en contra de Dios. La venganza del Señor se derramará sobre estos apóstatas y de ahí saldrá:

> He aquí, la venganza viene presto sobre los habitantes de la tierra, *un día de ira, de fuego, de desolación, de llanto, de lloro y de lamentación*; y como un torbellino vendrá sobre toda la faz de la tierra, dice el Señor.
>
> *Y empezará sobre mi casa*, y de mi casa se extenderá, dice el Señor; primero entre aquellos de *vosotros que habéis profesado conocer mi nombre, dice el Señor, y no me habéis conocido, y habéis blasfemado en contra de mí en medio de mi casa, dice el Señor.*[115]

Ese juicio comenzará en la casa de Dios fue predicho por el apóstol Pedro en tiempos bíblicos; además el pasaje de 1 Pedro tiene una relación importante[116] con D. y C. 112:24-26 y con D. y C. 63:34. Él vio

---

114. D. y C. 5:20. Véase también D. y C. 1:7, 37-39.

115. D. y C. 112:24-26. Dentro del contexto de esta profecía, el Señor describe la maldad de los habitantes de la tierra en este periodo, "tinieblas cubren la tierra, y densa obscuridad la mente del pueblo, y toda carne se ha corrompido delante de mi faz". (D. y C. 112:23.).

116. Es interesante observar cómo el tiempo del cumplimiento ha sido alterado por traductores en el pasaje de 1 Pedro. Estas palabras añadidas, marcadas en letras itálicas en la versión de King James, cambian el significado de 1 Pedro 4:17 con la palabra *viene* y con el comienzo de 1 Pedro 4:18. Estos cambios hacen que el pasaje parezca tener aplicación únicamente en aquella época, lo cual no esta claramente establecido como lo pretende Pedro. ¿No pudo conocerse de los juicios de los últimos días que comenzarían en la casa de Dios? ¿Estaba intentando comparar ese futuro evento con las circunstancias en su época? ("Hizo una comparación de este tipo en Hechos 2:17-21. Compare ese pasaje con Joel 2, el cual sitúa a esta profecía después [Joel 2:28] de la futura batalla de Armagedón, y vea la explicación de Moroni acerca del evento que no surgió en días de José Smith [José Smith 2:41]).

que habrá una "fuego de prueba"[117] y advirtió que el justo "con dificultad se salva."[118] Esta es su profecía:

> *Porque es tiempo de que el juicio comience por la casa de Dios*; y si primero comienza por nosotros, ¿cuál será el fin de aquellos que no obedecen al evangelio de Dios?
> Y: Si el justo con dificultad se salva, ¿En dónde aparecerá el impío y el pecador?
> De modo que los que padecen según la voluntad de Dios, encomienden sus almas al fiel Creador, y hagan el bien.[119]

El pasaje de D. y C. 112:24-26 y la profecía de Pedro son amonestaciones siniestras por impíos pecadores quienes blasfemarán contra Dios. Ellos harán el bien al hacerle caso a lo que aconseja Pedro, "De modo que los que padecen según la voluntad de Dios, *encomienden sus almas al fiel Creador*, y hagan el bien."[120]

Resumen

1. Las escrituras contienen numerosas profecías proféticas de un futuro periodo de batallas y apostasía dentro de la Iglesia. Claves cronológicas en estos pasajes y su contexto indican que la apostasía ocurrirá primeramente en el periodo de la Nueva Jerusalén.

2. El Señor reveló que es la responsabilidad de cada hombre y miembro de la Iglesia amonestar a otros de los juicios que vienen. Tienen que amonestar a los habitantes de que la "desolación sobrevendrá a los inicuos". También se les mandó "preparar a los santos para la hora del juicio que ha de venir".

3. A pesar de la posibilidad de los problemas en el futuro que ocurrirán dentro de la Iglesia, resulta desagradable reflexionar, discutir o escribir acerca de ellos, lo cual no puede evitarse por aquellos que se están esforzando por obedecer los mandamientos. Los poseedores del Sacerdocio tienen la responsabilidad de "velar siempre por los

---

117. Compare 1 Pedro 4:12 y 1 Pedro l:7 con el día de fuego de D. y C. 112:24 y con el fuego inextinguible de D. y C. 63:34.

118. Compare 1 Pedro 4:18 con "y también los santos apenas escaparán" de D. y C. 63:34.

119. 1 Pedro 4:17-19.

120. 1 Pedro 4:19.

miembros de la iglesia, y estar con ellos y fortalecerlos; y cuidar de que no haya iniquidad en la iglesia."

4. A pesar de que debemos soportar las contiendas y apostasía, el reino de Dios "nunca será destruido" ni "dejado a otro pueblo". A pesar de las dificultades, se deben soportar pues continuaran creciendo hasta "que cubran toda la tierra". El Reino ha venido "por última vez" y los Santos se les ha dado la promesa divina que "el enemigo no los vencerá".

5. Hay dieciséis amonestaciones proféticas que se citan en este capítulo. Hay profecías hechas por:

- Isaías (Isaías 24:5-6).
- El Señor (D. y C. 1:14-16).
- El Señor (D. y C. 64:35-40).
- El Señor (Mateo 24:24).
- Pablo (2 Tesalonicenses 2:3-12).
- El Señor (D. y C. 45:56-57).
- Nefi (2 Nefi 28:21-31).
- El Señor (3 Nefi 20:22-23).
- Nefi (1 Nefi 20:20-22).
- El Señor (D. y C. 85:7-12).
- Isaías (Isaías 28:1-22).
- El Señor (D. y C. 84:54-59).
- El Señor (D. y C. 97:21-26).
- El Señor (D. y C. 45:31-33).
- El Señor (D. y C. 5:18-19).
- El Señor (D. y C. 112:24-26).

6. Muchas de las profecías están relacionadas al periodo de los últimos días llamado "abominación desoladora." Este es el tiempo cuando los juicios de Dios vendrán sobre el inicuo y reducirán grandemente la población de la tierra, dejando partes desoladas.

7. Isaías profetizó que la maldición del Señor dejará a la tierra desolada debido a que los habitantes transgredieran las leyes, cambiarán las ordenanzas y quebrantarán el sempiterno convenio. El convenio sempiterno es la plenitud del evangelio. Una persona puede romper un convenio solo si ha hecho convenio; y puede cambiar una ordenanza sólo si tiene ya la ordenanza—todo parece indicar que habrá trasgresión entre los futuros Santos—lo que ocasionará los juicios de las profecías

de Isaías. Esta interpretación se reafirma por la profecía del Señor con relación a los futuros Santos quienes "serán desarraigados", él revela que se desviarán de sus ordenanzas y quebrantarán sus convenios sempiternos (D. y C. 1:14-16).

8. Los Santos serán "desarraigados" si "no oyeren la voz del Señor, ni la voz de sus siervos." Todo parece indicar que la confusión existirá debido a un Cristo, profetas y apóstoles falsos; además de otros líderes de la Iglesia quienes serán desenmascarados en los últimos días de la Nueva Jerusalén. De ser posible, ellos "engañarían a los escogidos," o a otros miembros de la Iglesia. Los habitantes de Sión juzgarán acerca de todas las cosas pertenecientes a Sión, y probarán quienes son mentirosos e hipócritas.

9. Los rebeldes apóstatas serán desterrados de la tierra de Sión, y serán expulsados y no heredarán la tierra.

10. Un tiempo de tribulaciones ha de venir más severo que cualquier otro que la tierra haya visto o soportado. A menos que este periodo se reduzca, ninguna alma se salvará. El Señor ha revelado que el tiempo se acortará por causa de los elegidos.

11. Un hijo de perdición se sentará en el templo de Dios, haciéndose pasar por Dios. Mostrará señas y prodigios y engañará a los inicuos. Cuando Cristo aparezca, destruirá al hijo de perdición. (Se asume que esta será la manifestación de Cristo en la Nueva Jerusalén, antes de su venida final en gloria.)

12. Los líderes de la Iglesia han enseñado que el requisito para poder ser hijo de perdición es ser miembro de la Iglesia. Los hijos de perdición son aquellos quienes conocen el poder de Dios y quienes han recibido el Espíritu Santo, después niegan la verdad y desafían al poder de Dios. De acuerdo a D. y C. 76:45-48, habrá muchos hijos de perdición.

13. El fuego se menciona repetidas veces en las profecías con relación a la abominación desoladora. De acuerdo a las profecías, muchos inicuos serán destruidos por fuego. Este no es el fuego que acompañará a la venida final de Cristo en gloria.

14. Para evitar ser engañado durante este periodo de apostasía, será necesario que los Santos tomen como guía el Espíritu Santo. El Espíritu es el espíritu de discernimiento.

15. Satanás pacificará algunos de los habitantes de Sión con seguridad carnal y los dirigirá al infierno. Todo parece indicar que confiarán en los preceptos de los hombres y rehusarán recibir nuevas revelaciones cuando se le sean dadas. Lo que es más inquietante es que ellos rehusarán aceptar las amonestaciones proféticas y no prestarán atención al Salvador cuando aparezca entre los Santos en la Nueva Jerusalén. Aquellos quienes rehúsen a escucharlo serán desarraigados.

16. En el pasaje, "enviaré a uno poderoso y fuerte", significa que probablemente el Salvador mismo vendrá a la Nueva Jerusalén para establecer orden en la casa de Dios y preparar las herencias de los Santos. Él podría frustrar el dominio del hijo de perdición quién se sentará en el templo de Dios. El elegido por Dios extenderá su mano "para sostener el arca de Dios" y caerá. A los apóstatas se les negarán herencias en la nueva Sión, lo cual parece indicar que estos eventos surgirán relativamente al comienzo del periodo de la Nueva Jerusalén.

17. La venganza de Dios en los últimos días dará comienzo en su casa, y de ahí emergerá. Comenzará con los hombres quienes hayan blasfemado en medio de su casa.

18. En las escrituras, repetidas profecías registran de una "plaga arrasadora" o "enfermedad desoladora" la cual procederá y continuará hasta la venida del Señor. Habrá una "destrucción ya determinada sobre toda la tierra". Los hijos de Sión pueden liberarse de ella si se arrepienten, recuerdan los nuevos convenios (que se encuentran en el Libro de Mormón), viven los mandamientos de Dios y traen fruto idóneo para el reino del padre. A Sión se le ha advertido que si los Santos fracasan al hacer "todas las cosas" que el Señor ha mandado, ellos serán visitados "con plagas, con la espada, con venganza y fuego devorador."

19. El Señor advirtió que si el templo de la Nueva Jerusalén es profanado, no entrará y su gloria no estará ahí, ya que él no habita en templos inmundos.

20. Cuando la plaga arrasadora sea derramada, los inicuos endurecerán sus corazones, tomarán su espada y se matarán unos a otros. Los discípulos de Dios estarán en lugares santos y no serán apartados.

Sección 2

Hambre, Espada y Pestilencia: Instrumentos de los Juicios de Dios

10

PROFECÍAS DE LA FUTURA HAMBRUNA

Juicios por hambre, espada y pestilencia

En Septiembre 21 de 1823, José Smith recibió tres visitas de Moroni, un ángel del Señor. Moroni enseñó al profeta, citando una serie de profecías bíblicas las cuales predicen eventos importantes en los últimos días. Mientras relataba las palabras del ángel visitante, José registró:

> *. . . Me informó de grandes juicios que vendrían sobre la tierra, con gran desolación causada por el hambre, la espada y las pestilencias, y que esos penosos juicios vendrían sobre la tierra en esta generación.*[1]

¡Hambre! ¡Espada! ¡Pestilencia! Estos tres términos se utilizan repetidamente en las escrituras para simbolizar los juicios de Dios. Aunque se utilizan juntos, cada uno representa un aspecto diferente del sufrimiento que el hombre puede traer a sí mismo por su desobediencia a los mandamientos de Dios.

Numerosos y variados ejemplos de estos términos son utilizados juntos en las escrituras. Los hebreos en la época de Moisés suplicaron al Faraón egipcio permitirles ofrecer sacrificios a Dios para que no fueran castigados con pestilencia o por la espada.[2] Cuando Israel pecó en los días del rey David, se les dió a escoger entre siete años de hambruna, tres meses de guerra o tres días de pestilencia. La pestilencia se escogió, y 70.000 hombres murieron antes de que la pestilencia fuera abatida.[3] El rey Salomón habló de hambre, pestilencia y enemigos rodeando Israel cuando dedicaba el gran templo que había construido.[4] Josaf, rey de Judá, oró a Dios para evitar los males de "espada, juicio, pestilencia o hambre"[5] que vendrían a su pueblo. En los días de Jeremías, Judá se había vuelto tan inicua que Dios prometió que su triple juicio vendría sobre ellos; y aún a Jeremías le prohibió orar por ellos:

---

1. José Smith—Historia 1:45.
2. Éxodo 5:3.
3. 2 Samuel 24:13-16.
4. 1 Reyes 8:37-38; 2 Crónicas 6:28-29.
5. 2 Chónicas 20:9.

> Me dijo Jehová: *No ruegues por este pueblo para bien.*
>
> *Cuando ayunen, yo no oiré su clamor, y cuando ofrezcan holocausto y ofrenda no lo aceptaré, sino que los consumiré con espada, con hambre y con pestilencia.*[6]

Jeremías advirtió repetidamente del hambre, la espada y la pestilencia que vendría sobre su pueblo por su maldad.[7] El profeta Ezequiel les proporcionó numerosas amonestaciones acerca de la gente de Jerusalén, siempre relacionando los tres aspectos de los juicios de Dios.[8]

También, el hambre, la espada y la pestilencia se asocian repetidamente en el Libro de Mormón. Lehi advirtió a su pueblo que serían maldecidos por muchas generaciones y "castigados por la espada y por el hambre, y fueseis aborrecidos."[9] Abinadí maldijo al rey Noé, diciéndole que su pueblo sería impelido por hombres y afligidos por hambre y pestilencia.[10] Amulek advirtió al pueblo de Ammoníah impedir los juicios de hambre, pestilencia y espada.[11] Pocos años antes del nacimiento del Salvador, a Nefi se le dio poder para herir a la tierra con hambre, pestilencia y destrucción.[12] Con relación a la generación final Nefita, el Señor reveló, a través de Samuel el Lamanita: ". . . los visitaré con la espada, y con hambre, y con pestilencia."[13]

---

6. Jeremías 14:11-12. Los profetas falsos le habían dicho al pueblo que ni hambre ni guerra vendrían sobre ellos. Con relación a ellos, el Señor les amonestó:

> . . . así ha dicho Jehová sobre los profetas que profetizan en mi nombre, los cuales yo no envié, y que dicen: Ni espada ni hambre habrá en esta tierra; *con espada y con hambre serán consumidos esos profetas.*
>
> *Y el pueblo a quien profetizan será echado en las calles de Jerusalén por hambre y por espada, y no habrá quien los entierre a ellos, a sus mujeres, a sus hijos y a sus hijas; y sobre ellos derramaré su maldad.* (Jeremías 14:15-16. Véase también los versículos 17-22).

7. Véase Jeremías 21:4-9; 24:10; 27:8, 13; 29:17-18; 32:24, 36; 34:17; 38:2.

8. Véase Ezequiel 5:2, 12; 6:11-12; 7:15; 12:16. En Ezequiel 14:21 un cuarto juicio se añade: "fieras".

9. 2 Nefi 1:18.

10. Mosíah 12:1-8.

11. Alma 10:22-23.

12. Helamán 10:6.

13. Helamán 13:9.

Por lo tanto, la Biblia y el Libro de Mormón contienen una amplia evidencia que el hambre, la espada y la pestilencia son herramientas combinadas de los juicios de Dios sobre los malos. No solo son instrumentos de venganza divina, también sirven como métodos que utiliza Dios para hacer despertar a su pueblo a la rectitud antes de comenzar a abandonarlos.

Como Nefi lo percibió:

> . . . vemos que excepto que el Señor castigue a su pueblo con muchas aflicciones, sí, *a menos que lo visite con muerte y con terror, y con hambre y con toda clase de pestilencias, no se acuerda de él.*[14]

Futuros juicios profetizados por hambre, espada y pestilencia

También las escrituras hablan del futuro y advierten que el hambre, espada y pestilencia estarán combinados en los juicios de los últimos días los cuales serán derramados sobre la tierra. El Señor ha revelado acerca de su advertencia:

> . . . *con la espada y por el derramamiento de sangre se han de lamentar los habitantes de la tierra; y con hambre, plagas*, terremotos, truenos del cielo, y también con violentos e intensos relámpagos, se hará sentir a los habitantes de la tierra la ira, la indignación y la mano castigadora de un Dios Omnipotente, *hasta que la consumación decretada haya destruido por completo a todas las naciones*;
>
> a fin de que cesen de ascender desde la tierra a los oídos del Señor de Sabaot, el clamor de los santos, y de la sangre de ellos, pidiendo que sean vengados de sus enemigos.
>
> Por tanto, permaneced en lugares santos y no seáis movidos, hasta que venga el día del Señor; porque he aquí, viene pronto, dice el Señor.[15]

Cristo, en su descriptiva profecía en el Monte de los Olivos, enseño:

> . . . se levantará nación contra nación, y reino contra reino; y habrá pestes, y hambres y terremotos en diferentes lugares.
>
> Y todo esto será principio de dolores.[16]

---

14. Helamán 12:3.
15. D. y C. 87:6-8.
16. Mateo 24:7-8.

Es la intención del autor analizar cada uno de estos instrumentos del juicio de Dios en los siguientes tres capítulos, juicios que son relevantes en el futuro.

Hambre—ejemplos del pasado

Muy poca gente comprende acerca del número y severidad de las hambrunas que han ocurrido en el transcurso de la historia de la tierra. Muchas hambrunas han tomado lugar en áreas en donde se carece de comunicación con el mundo exterior. Muchas de ellas no han sido documentadas propiamente. La más completa lista publicada incluye 370 hambrunas hasta el año de 1940,[17] pero muchas hambrunas locales se excluyen de esta lista. La más graves hambrunas incluyen:

1333-37	China—una gran hambruna reportó 4.000.000 muertes en una sola región; podrían haber sido la fuente de la muerte negra europea.
1600	Rusia—se reportó 500.000 muertes; también plaga.
1769-70	India, Bengal—las muertes estiman un rango de 3.000.000 (1/3 de la población a 10.000.000).
1837-38	Noroeste de India—con 800.000 muertes.
1846-51	Irlanda—una gran hambruna; con 1.000.000 muertes por inanición y enfermedades, aún más emigrantes.
1866	India, Bengal y Orisa—con 1.500.000 muertes.
1876-78	India—siendo afectados más de 36.000.000; con 5.000.000 de muertes estimadas.
1876-79	China del Norte—de 9.000.000 a 13.000.000 muertes estimadas.
1892-94	China—con 1.000.000 de muertes estimadas.
1896-97	India—con 5.000.000 de muertes estimadas.
1899-1900	India—siendo afectados 3.250.000, con 1.250.000 de muertes estimadas.

17. "Famine" *Enciclopedia Británica* (Chicago: Encyclopaedia Britannica, Inc., 1971), Vol. 9, pág. 58A. Para indicar la insuficiencia de esta lista, el artículo añade:

> Un estudio detallado por Ping-ti Ho, uno de los historiadores locales de la provincia de Hupei, China, indica que 62 hambrunas ocurrieron entre los años de 1644 y 1911; ninguna está incluida en la lista de 370 hambrunas. W. H. Mallory se refiere al estudio realizado en la Universidad de Nanking, China reportando 1.828 hambrunas en China entre los años de 108 A.C. y D.C. 1911. (*De la misma fuente*).

1920-21 China del Norte—siendo afectados 20.000.000; con 500.000 muertes.

1921-22 U.S.S.R.—siendo afectados 20.000.000 a 24.000.000; con 1.250.000-5.000.000 de muertes estimadas.

1928-29 China, Shensi, Honan, y Kansu—en sólo Shensi hubo 3.000.000 de muertes estimadas.

1932-34 U.S.S.R.—8.000.000 de muertes el el Ukraine cuando el gobierno del U.S.S.R. confiscó las provisiones de granos de los campesinos rurales.

1941-43 Grecia—con una pérdida estimada de 450.000.

1943-44 India, Bengal—1.500.000 de muertes.[18]

Entre 1940 y 2000 la población mundial creció desde cerca de 2.5 billones a más de 6 billones. Otras grandes hambrunas han ocurrido durante éste período:

1943 China. Entre 3 y 5 millones de personas murieron en la provincia de Henan de hambre como resulatado de la Segunda Guerra Mundial.

1958-60 China. Aproxiamdamente 20 millones murieron cuando el gobierno comunista comenzó su Gran Salto hacia Adelante para reorganizar las áreas rurales en comunes, resultando en un masivo descuido y desorganización de la producción agrícola.

1971-73 Etiopía. 1 millon y medio murieron en una sequía que indujo al hambre.

Mediados de los 80, una severa escasez de comida amenazó la salud y la vida de 150 millones de habitantes de una sequía amenazante en Sahara, Africa.[19]

---

18. Adaptada de la misma fuente, pág. 58-58A.

19. De la "Hambruna" en *1994-2002 Encyclopedia Británica, Inc.* CD; y "Hambruna" en la *Encarta Referencia Boteca 2003* CD. El segundo resultado de ésta observación, después de muchas investigaciones acerca de 400 hambrunas en el período de la la historia del mundo:

> Muchas hambrunas en los últimos 2000 años han ocurrido en Africa. Los factores contribuyentes han sido la sequía que extendió los desiertos, empobreció la tierra, y las malas condiciones siguieron avanzando en contra de las técnicas agrícolas, el rápido crecimiento de la población, y una inadecuada atención por algunos gobiernos en la producción de comida. Recientemente la hambruna en Africa ha sido más severa cuando las guerras y el descontento de la gente existió, como en el caso de la República del Congo, Chad, Sudán del Sur, Etiopía, Mozanbique y Zomalía.

En 1980 el Obispo Victor L. Brown dijo que una encuesta reciente de la Iglesia:

> . . . indica que en circunstancias de emergencia, como pérdidas de trabajo, enfermedades, desastres naturales, la familia promedio tenía comida, para 26 semanas; ropa, para 52 semanas; agua, para dos semanas; y combustible para 4 días. Esto ni se acerca a un año de proviciones.
>
> Las encuestas también indican que las reservas financieras son bajas. Solamente el 17% podría vivir por más de un año si sus reservas fueran recortadas y un 45% reportó que solamente les alcanzaría para tres meses.[20]

El presidente Thomas S. Monson, en 1986, mientras comentaba sobre el estatus de los programas para la reseva de comida en la Iglesia, indicó que las encuestas mostraron serios desgastes en el número de familias quienes tienen proviciones para suplir un año de necesidades. El observó que la mayoría de los miembros planean hacerlo, y muy pocos han comenzado.[21]

Una encuesta en Utah County, Utah en diciembre de 1998, revela los resultados de la pregunta "Tiene usted algo de comida reservada en su casa?" Ochenta y cuatro por ciento dijo si, y un quince dijo no, mientras que el uno por ciento restante dijo no se. Al 84% que dijo si, luego se le preguntó cuánto tiempo podría sobrevivir con su familia, y la respuesta fue:

Menos de una semana: 5%
De una a dos semanas: 10%
Dos semanas a un mes: 16%
Uno a tres meses: 20%

Las siguientes sumas son del resultado de la encuesta:

> Algunos del 56% (más de la mitad del 86% cuya respuesta fue sí) sería afortunado para hacerlo através de una semana a lo mejor 90 días, sin tener que ir al almacén, 16% puede estar sin ir, por tres a seis meses,

---

20. Mayo 1980, p. 89, como es citado en *Prophetic Statements on Food Storage for Latter-day Saints* escrito por Leash, Neil H. (Bountiful, Utah: Horizon Publishers, 1999), pág. 112.

21. Septiembre 1986, p. 4, como es citado en *Prophetic Statement on Food Storage for Latter-day Saints* escrito por Leash, Neil H. (Bountiful, Utah: Horizon Publishers, 1999), pág. 112.

el 19% podría estar sin comprar comida de seis meses a un año. De ésto nosotros vemos que de el 84% que respondió en la encuesta que ellos tiene provisiones de comida, solamente el 31% podría sobrevivir a un período de seis a doce meses de duración. Solamente el 8% dijo que ellos sobrevirían sin comprar por más de un año.[22]

Sin embargo, significantes progresos se han producido en las últimas tres décadas.

The Freedom House (Casa de Libertad) en el reporte anual del año 2002, en el cual se encuestaron 192 países, resulta que 85 son libres (44%), 59 países parcialmente libres (31%) y 48 países no son libre (25%). (Ver el sitio web www.freedomhouse.org).

La más severa de las hambrunas en el pasado ha matado más de un tercio de la población en las áreas afectadas.

¿Cuáles son las causas de las hambrunas? Existen diferentes razones:

La pérdida de cultivos. Sequía es la causa más usual, sin casi lluvia en áreas afectadas de tres a siete años. Otros factores climáticos incluyen el frío durante el cultivo y el prematuro periodo de cultivo; exceso de lluvia, a menudo dando como resultado inundaciones; insectos, enfermadades en las plantas y la prematura helada o nevada lo cual acorta el periodo de cultivo.

La guerra y los disturbios civiles. La incomunicación y aislamiento de ciudades han originado muchas hambrunas. Las armadas que invaden evitan que los cultivos se siembren o se cosechen. A menudo, los alimentos se utilizan como armas.

Las catástrofes naturales. Huracanes, inundaciones, terremotos y erupciones volcánicas pueden ser el resultado de la destrucción de cultivos, alimentos almacenados y la pérdida de recursos para obtenerlos.

¿Qué sucede a las personas cuando realizan huelgas de hambre? Por supuesto, el efecto inmediato es la pérdida de peso. Después de dos a tres meses en una dieta diaria de 1,600 calorías, la pérdida de peso es del 25%. La actividad se reduce. Ocurre somnolencia general. La mente comienza a ser dominada por el deseo de alimentos. Otras sensaciones son tediosas. Los índices de natalidad caen y los bebes que

---

22. 24 de Enero de 1999, como es citado en *Prophetic Statement on Food Storage for Latter-day Saints* escrito por Leash, Neil H. (Bountiful, Utah: Horizon Publishers, 1999), pág. 112.

nacen muertos se incrementa. Hay diarrea continua, la cual es la causa inmediata de muerte. El estómago se inflama, los brazos y piernas comienzan a ser delgados, el cabello se vuelve gris, los ojos comienzan a tener una mirada penetrante. La epidemia de enfermedades infecciosas: cólera, malaria, viruela, tifoidea y gripe a menudo acompañan a la hambruna.

La gente empieza a buscar alimentos. Comen pasto, serrín, las cortezas de los árboles. Mastican pedazos de madera. Los precios se disparan, los alimentos comienzan a ser imposibles de comprar. Los valores morales se pierden. La gente comete asaltos y robos. Los padres venden a sus hijos. Algunos se convierten en asesinos y caníbales.

Considere los efectos terribles del hambre, como se describe en la Biblia:

> Y hubo gran hambre en Samaria; *a consecuencia de aquel sitio; tanto que la cabeza de un asno se vendía por ochenta piezas de plata, y la cuarta parte de un cab de estiércol de paloma por cinco piezas de plata.*
>
> Y pasando el rey de Israel por el muro, una mujer le gritó, y dijo: Salva, rey señor mío.
>
> Y él dijo: Si no te salva Jehová, ¿de dónde te puedo salvar yo? ¿Del granero, o del lagar?
>
> Y le dijo el rey: ¿Qué tienes? Ella respondió: Esta mujer me digo: *Da acá tu hijo, y comámoslo hoy, y mañana comeremos el mío.*
>
> *Cocimos, pues, a mi hijo, y lo comimos. El día siguiente yo le dije: Da acá tu hijo, y comámoslo. Mas ella ha escondido a su hijo.*
>
> Cuando el rey oyó las palabras de aquella mujer, rasgó sus vestidos, y pasó así por el muro; y el pueblo vio el cilicio que traía interiormente sobre su cuerpo.[23]

El profeta Jeremías describió una hambruna de su época:

> *¡Cómo se ha ennegrecido el oro! ¡Cómo el buen oro ha perdido su brillo! Las piedras del santuario están esparcidas por las encrucijadas de todas las calles.*
>
> Los hijos de Sión, preciados y estimados más que el oro puro, ¡Cómo son tenidos por vasijas de barro, obra de manos de alfarero!

---

23. 2 Reyes 6:25-30. Esta hambruna sucedió durante la aflicción siriana de Samaria. Ochenta piezas de plata, para comprar la cabeza de un asno, equivalente a $50 dls. US; el costo de una pinta (la cuarta parte de un cab) de excremento de paloma equivale a $3 dls. US. 2 Reyes 7 menciona cómo Dios trajo el afortunado fin a las hambrunas (Véase también Ezequiel 5:10; Deuteronomio 28:53-57).

Aun los chacales dan la teta, y amamantan a sus cachorros; *La hija de mi pueblo es cruel como los avestruces en el desierto.*

La lengua del niño de pecho se pegó a su paladar por la sed; Los pequeñuelos pidieron pan, y no hubo quien se lo repartiese.

Los que comían delicadamente fueron asolados en las calles; Los que se criaron entre púrpura se abrazaron a los estercoleros.

Porque se aumentó la iniquidad de la hija de mi pueblo más que el pecado de Sodoma, que fue destruida en un momento, sin que acamparan contra ella compañías.

Sus nobles fueron más puros que la nieve, más blancos que la leche; Más rubios eran sus cuerpos que el coral, su talle más hermoso que el zafiro.

Oscuro más que la negrura es su aspecto; no los conocen por las calles; *Su piel está pegada a sus huesos, seca como un palo.*

Más dichosos fueron los muertos a espada que los muertos por el hambre; *Porque éstos murieron poco a poco por falta de los frutos de la tierra.*

Las manos de mujeres piadosas cocieron a sus hijos;

Sus propios hijos les sirvieron de comida en el día del quebrantamiento de la hija de mi pueblo.

Cumplió Jehová su enojo, derramó el ardor de su ira. Y encendió en Sión fuego que consumió hasta sus cimientos.[24]

Sin embargo, la moralidad degenerada que viene con la hambruna esparcida es quizá descrita mejor por el historiador Josefo, quien relacionó los eventos que tomaron lugar en Jerusalén cuando la ciudad fue asediada por los romanos en el año 70 D.C.:

> . . . *La insensatez de la rebeldía también incrementó junto con la hambruna*, y ambas miserias *se incrementaban cada día más y más*; porque no había grano en ninguna parte donde solía haber, *sin embargo los ladrones entraban corriendo, y buscaban en las casas de los hombres; y entonces, si lo encontraban, los atormentaban, porque habian negado tenerlo;* y si no lo encontraban, los atromentaban aun peor, porque suponían que ellos lo habian escondido cuidadosamente. *La señal que ellos utilizaban para saber si tenían o no alimentos, era basada en la apariencia de los cuerpos de estos miserables e infelices; ya que, si veían que estaban en buena forma, ellos suponían que no les faltaban alimentos; pero si estaban delgados y débiles, se marchaban sin más buscar; no pensaban en matarlos, porque veían que muy pronto morirían por la falta de alimentos. Ciertamente, había quienes*

24. Lamentaciones 4:2-11. Esta hambruna ocurrió cuando Jerusalén derriba a Babilonia. Véase también Jeremías 14:1-6.

vendían lo que tenían por una medida; la cual era trigo, si eran ricos; pero si eran pobres, era cebada. Cuando esto se hacia, se encerraban en secreto en sus dormitorios de sus casas, y comían el grano que habían adquirido; algunos no lo molían, debido a la necesidad que ellos tenían, y otros lo utilizaban para hornearlo, de acuerdo a su necesidad y al miedo dictado a ellos: ninguna mesa estaba puesta para alimentos, sacaban el pan del fuego lo más rápido que podían, casi crudo, y lo comían apresuradamente.

No había cuestión miserable y ninguna señal que justificara sus lagrimas en sus ojos, como los hombres que se sostenían en pie, mientras *el más poderoso tenia más de lo que necesitaba, y el débil se lamentaba* [por lo que no tenían]. *Pero el hambre era mas dura que otras pasiones, y destruía a nada más que la modestia*; por lo que se tenia reverencia ahora no se tenia respeto; a tal grado que los *niños les jalaban los bocados a sus padres cuando comían lo que salía de sus bocas, y lo que todavía era más penoso, las madres lo hacían a sus infantes; y aquellos quienes eran los más respetados estaban pereciendo bajo sus manos, pues no se apenaban por tomar de ellos la ultima gota de lo que podría preservar sus vidas*: y mientras comían de esta manera, no les importaba ser vistos por lo que estaban haciendo; pero las disputas vinieron a ellos inmediatamente, y se arrebatan lo que habían otros dejado; porque *cuando veían cualquier casa cerrada, para ellos era una señal que la gente adentro tenia alimentos*; por lo tanto rompían las puertas para abrirlas, y corrían hacia adentro, y tomaban lo que la gente estuviese comiendo casi de sus gargantas, y a la fuerza esto se hacia: los ancianos, quienes tomaban sus alimentos rápidamente, se les golpeaba; y si las mujeres escondían lo que tenían en sus manos, les jalaban los cabellos por lo que hacían; no había ninguna consideración para los ancianos o para los infantes, sin embargo recogían del suelo a niños cuando veían que sostenían bocados que habían obtenido, y los azotaban al suelo. *Pero hacían más barbaridades crueles aquellos a quienes habían prevenido su venida, y habían comido lo que "iban a disfrutar, como si hubiesen sido defraudados injustamente de sus derechos.* También inventaban métodos terribles de tortura para descubrir donde se encontraban los alimentos: tapaban los pasajes de las partes privadas de los débiles y miserables, y les empujaban estacas afiladas; y un hombre era forzado a soportar lo más terrible inclusive para escuchar, para hacerlo confesar que él había tenido una rebanada de pan o que había descubierto un puñado de cebada, se escondía este alimento; y todo esto se hacia cuando estas torturas no se esperaban; porque la cosa que había sido menos bárbara tenia la necesidad de forzarlos a hacerla bárbara; sin embargo esto era hecho para mantener su enojo en ejercicio, y para preparar provisiones para los siguientes días. Estos hombres también se encontraban aquellos quienes entraban a la ciudad de noche, guardianes Romanos, para buscar plantas y hierbas que crecieran sin ser cultivadas; y *cuando pensaban que habían evadido al enemigo, se les despojaba de lo que habían traído con ellos*, aunque ellos suplicaran repetidamente, e invocaran el nombre de Dios, para que les dieran parte de lo que habían traído; sabían que no les darían ni por lo menos migajas, y estaban contentos de que solo fueran despojados y no asesinados al mismo tiempo.[25]

Siete años de hambruna

¿Cuánto dura una hambruna cuando Dios la envía? Aunque las hambrunas registradas en las escrituras y en la historia han continuado por varios períodos, un intervalo de tiempo ha sido especificado en las escrituras y por profetas modernos, por lo tanto no puede ser ignorado. *Siete años* ha sido la duración proclamada por los profetas de Dios. Este lapso es aterrorizador, porque excede a la duración de las mayores hambrunas que han reclamado la vida de millones en los pasados años. Si una hambruna viene sobre la tierra en el futuro y se extiende hasta siete años, seguramente dejaría desolada a muchas partes de la tierra.

Probablemente la hambruna mejor conocida en las escrituras es la de los siete años de muerte que vino en la época de José, quien fue vendido en Egipto. Dios favoreció al faraón egipcio con dos sueños proféticos,[26] que advirtieron que a siete años de prosperidad le seguirían siete años de hambruna. José interpretó los sueños, diciéndole al Faraón, "Dios ha mostrado a Faraón lo que va hacer":

> Las siete vacas hermosas siete años son; y las espigas hermosas son siete años: el sueño es uno mismo.

25. Flavius Josephus, *The Life and Works* of *Flavius Josephus* (New York: Holt, Rinehart and Winston, n.d.), *Wars of the Jews*, Bk V, chpt. x, pp. 798-799.

26. Véase Génesis 41:1-7. Observe que la revelación fue dada a un líder no religioso y no a un profeta de Dios; tal es el caso de las visiones del rey Nabuconodosor sobre el futuro (véase Daniel capítulos 2 y 4). Lo demuestran estos y otros ejemplos de las escrituras y de la historia de índole religioso. En la sabiduría de Dios, a muchos otros, a parte de sus profetas, se les permite la oportunidad de aprender acerca de profecías legítimas. Aunque tales revelaciones no forman parte de una "doctrina" o "mandamiento" en la iglesia de Dios, no obstante ellas son la verdad revelada.

> También las siete vacas flacas y feas que subían tras ellas, son siete años; y las siete espigas menudas y marchitas del viento solado, *siete años* serán de hambre.[27]

Con esta amonestación profética como su guía, el Faraón estableció un vasto programa de almacenamiento de alimentos, en el cual suficiente alimento estaba disponible para cuando viniese esa hambruna, "el hambre estaba por toda la extensión del país"[28] y "el hambre era grande en la tierra."[29] José, quien fue puesto a cargo del programa, desarrolló una función inspirada. Posteriormente le dice a su hermano "*porque para preservación de vida me envió Dios delante de vosotros.*"[30]

Siete años de hambre son mencionados en otros ejemplos en las escrituras. Por ejemplo, cuando el profeta Gad le da al rey David a escoger entre hambre, guerra o pestilencia como castigos que vendrían sobre Israel, su pregunta fue "*¿Quiéres que te vengan siete años de hambre en tu tierra?*"[31]

---

27. Génesis 41:26-27. José entonces le dijo al Faraón, "la cosa es firme de parte de Dios, y que Dios se apresura a hacerla". (Génesis 41:32) Para ver la promesa de que Dios trae hambres véase Helamán 12:1-3; Mosíah 1:17; 9:3; Éter 9:28; 11:7; 1 Reyes 17:1; Ezequiel 5; Deuteronomio 28; Jacob 5:17; etc.

28. Génesis 41:56. Véase Génesis 42-47. Observe las condiciones económicas, en la que el dinero falló, durante la hambruna (Génesis 47:15-26).

29. Génesis 43:1. Una estatua en una tumba egipcia, conocida actualmente como "stele de hambre," registra otros siete años de hambre en Egipto:

> La narración es una de la más afligidas y angustiantes narraciones: "Soy desdichado en mi supremo trono por la enorme desgracia, porque ¡*la inundación del Nilo en mi tiempo no ha venido por siete años!* La luz es el grano; hay carencia de cultivos y de toda clase de alimentos. Cada hombre se ha convertido en ladrón de su vecino. Ellos desean ir rápido pero no pueden caminar. Los niños lloran, los jóvenes se arrastran, y los viejos—sus almas ceden hacia abajo, sus piernas se doblan juntas y las jalan del suelo; y sus manos descansan en sus pechos. El consejero más notable en la corte está como ausente. El enojo abre las cómodas de provisiones, pero en su lugar hay aire. Todo se ha terminado". (De Ralph A. Graves, "Fearful Famines of the Past", *The National Geographic Magazine*, vol. xxxii, julio de 1917, pág. 70.) (*Encyclopaedia Britannica, op. cit.,* vol. 9, pág. 58A.)

30. Génesis 45:5.

31. 2 Samuel 24:13.

Siete años de hambre vino al área de Palestina en los días de Eliseo, y el profeta le advierte a la mujer sumanita, "*Jehová ha llamado el hambre, la cual vendrá sobre la tierra por siete años.*"[32]

Los Mormones resistieron diversas hambrunas durante los primeros días del establecimiento de Utah. Los Santos continuamente aconsejan desde aquella época almacenar alimentos para sobrevivir en tiempos de hambre y privaciones. Lo que se debe enfatizarse es que el consejo e instrucción que se les dio a los Santos fue que deben almacenar un *abastecimiento de alimentos para siete años.*

Por ejemplo, Heber C. Kimball, advirtió en su discurso, en el año de 1857, lo siguiente: "después de su testimonio, *vendrá el testimonio de terremotos, de hambre, de fuego y de desolación:* vendrá sobre el mundo y comenzará en mi casa, dice el Señor, *con esta sección quién se rebelará en contra de él en medio de su casa* . . . Estas calamidades están por venir". Los siguientes pasajes son parte de su discurso:

> Hermanos y hermanas, este es el tiempo de preparación. Si no están temporalmente a salvo en estos valles, yo no lo estaré. Si toman el camino que trae pesar a este pueblo, tendremos que estar apesadumbrados . . .
>
> Hermanos, vayan y construyan sus almacenes antes de que su grano sea cosechado y guardado; y *nunca nos detengamos hasta que poseamos un abastecimiento para siete años.* Tal vez pienses que no veremos el tiempo en que lo necesitaremos. ¿Pueden comprender que grato sería saber que tenemos *suficiente grano para sobrevivir por siete años?*. . .
>
> Estarán despreocupados, hermanos, y dejarán que el mal venga sobre nosotros, cuando les advirtamos de los futuros eventos que vienen . . . Les estamos diciendo de lo que los profetas han dicho, de lo que el Señor ha dicho a José. Despertar ahora, despertar, Oh Israel, y guarda tu grano y almacénalo. Os digo que hay contrariedades que vienen al mundo . . .
>
> ¿Las hay en los Estados Unidos? Sí las hay. Ellos tendrán que comer ese platillo; *y cuando el hambre, pestilencia e inanición venga sobre nosotros en un grado menor, se incrementará sobre ellos,* y no podrán asistirlo . . . *Guardaremos el grano por siete años,* y miles de ellos nos venerarán por un pequeño trozo de pastel.[33]

Dos meses después, el presidente Kimball nuevamente se refirió a la instrucción de almacenamiento de alimentos para siete años:

---

32. 2 Reyes 8:1.
33. Heber C. Kimball, JD 4:336-339. Junio 7, 1857.

Esta es una parte de nuestra religión, guardar alimentos y administrarlos para nosotros mismos y para los que nos rodea; porque el día esta cerca cuando *ellos vengan por miles y por millones, con hambre, para tener un poco de pan.* El tiempo se acerca a nuestra puerta . . .

Os digo, despertar, si Santos de Sión, mientras el llamado es hoy, dificultades y vicisitudes vienen sobre ustedes como un ladrón en la noche.

Supongan que no se avecinan, ¿les afectaría *guardar las cosechas de la tierra para siete años?* ¿Les afectaría si tuvieran sus armas, espadas y arpones en buena condición de acuerdo a las leyes de los Estados Unidos?[34]

El élder George A. Smith recordó a los Santos del consejo de guardar provisiones para siete años, explicó cómo debería hacerse; y advirtió de la insensatez de venderlas cuando deberían estar almacenadas para futuras necesidades:

. . . Deseo llamar la atención a la conferencia sobre el texto de presidente Young con relación al almacenamiento de nuestro trigo. Es una cuestión de suma importancia. Hace alguno años, el presidente Young aconsejó a la gente, *guardar provisiones por siete años*, de lo que estoy de acuerdo. Hubiésemos comenzado hace tres años, y guardado pan por más de un año y tendríamos por encima de un año de provisiones. El año siguiente hubiéramos añadido otro año de provisiones y así continuado hasta completar nuestro almacén para siete años . . . *Sé que algunos de nuestros hermanos pensaron que este consejo era exagerado*; consideraron que no era necesario almacenar tal cantidad de harina; y algunos de ellos, en lugar de cortar madera y hacer mejores recipientes para la preservación de su trigo, cambiaron sus ingresos por animales de carga, y transportaron su harina al norte, al este y al oeste; y no solo eso, pero en muchos casos ellos lo tiraron, si podían solo transportarlo a la mitad de su precio. Cientos y miles de sacos de harina fueron llevados lejos de aquí, *cuando deberían haber sido almacenados.*[35]

El presidente Brigham Young, mientras hablaba acerca de la cabal función que deberían realizar los obispos, comentó acerca de la instrucción de almacenar alimentos para siete años:

Hemos dicho mucho a la gente con relación al almacenamiento de provisiones por los últimos años. Esta es nuestra responsabilidad ahora;

34. Heber C. Kimball, JD 5:163-164. Agosto 30, 1857.
35. George A. Smith, JD 12:141. Octubre 9, 1867.

ha sido nuestra responsabilidad por años. ¿Cuántos de nuestros obispos han almacenado provisiones para un año, dos años o *siete años*? . . . Cada obispo debe ser un ejemplo a su barrio. Si el obispo de un barrio almacena trigo para su familia para un año, dos años *o siete años*, el caso que fuere, sus vecinos a su izquierda o derecha serían capaces de hacer lo mismo; probablemente harían buenos recipientes y tratarían de llenarlos.[36]

El presidente Young les recordó a los Santos acerca del consejo de almacenar para al menos siete años; y les amonestó que no podían esperar que Dios continuara dándoles cosechas abundantes si no almacenaban sus alimentos:

Hace algunos años, el hermano Kimball aconsejo a su gente del almacenar provisiones para dos años, y después para cuatro, seis y siete años. Lo he hecho y ahora estoy ocupándome de él. Algunos tiene tanta fe que aunque el gran número de saltamontes esté alrededor, confían que tendrán una abundante cosecha, porque las travesías han hecho juntar a los pobres de esta estación. Ellos dicen que el Señor no inspiraría a sus siervos a traer al pobre de las naciones para causarle sufrimiento de hambre. Y al creerlo, ellos irán y venderán el ultimo celemín de trigo por casi nada, confiando que Dios proporcionará lo que ellos desean. *Mi fe no es de esta clase; es prudente. Si el Señor proporciona buenas cosechas en esta estación y nos dice que almacenemos esa abundancia, no creo que incremente sus bendiciones sobre nosotros si tontamente malgastemos aquellas que nos ha dado.* Yo creo que él bendecirá la tierra para el bienestar de su pueblo; y la cultivaré y trataré de obtener una cosecha de ella; pero *si soy negligente al no tomar ventaja de estas bondades del Señor, o no utilizarlas en la forma apropiada, o tratar ligeramente su misericordia, no necesito esperar que continúen sobre mí de la misma manera.* ¿Mis hermanas aquí, ustedes han recogido espigas alrededor de los campos por los pasados años? Y cuando *han tenido que tirar las espigas, ¿han llevado el grano al almacén y vendido a nuestros enemigos, en lugar de tirarlo?* ¡Y todavía esperan ser bendecidos continuamente con abundancia! No tengo tanta fe en esto. *Tengo una fe prudente, una fe sustentada, en la que puedo construir mis esperanzas*; y creo que no estaré desilusionado. Me esfuerzo y trabajo duro pero no desperdicio mi esfuerzo.[37]

Hablando de la necesidad para los Santos de proveer para sus propias necesidades, Brigham Young comentó sobre la necesidad de un

36. Brigham Young, JD 12:106. Noviembre 3, 1867.
37. Brigham Young, JD 12:219. Mayo 17, 1868.

abastecimiento de comida abundante, en preparación cuando llegue el día en que la gente venga a los Santos por alimentos. Él amonesta a los Santos y les dice que deben trabajar para ser bendecidos ellos mismo, y no solo esperar que Dios satisfaga sus necesidades. Nuevamente, un abastecimiento de siete años se menciona:

> . . . ¿no resulta ser de lo más inconsciente tirar y desperdiciar el alimento que el Señor nos ha dado, y cuando vengamos requerirlo, lloraremos ante él por lo que hemos desperdiciado y malgastado? El Señor nos ha bendecido todo el tiempo, y *nos pregunta el porque no nos hemos bendecido nosotros mismos.*
>
> ¿Mis hermanos, sería esto edificante para ustedes, a partir de ahora? *Muchos han tomado este consejo, y están preparados. Desde el año pasado, tengo mi abastecimiento para elaborar pan para siete años*; pero tengo que ocuparme de él, y me ocuparé de él hasta el último celemín, y trataré mi fe con mis hermanos. ¿Pero seremos merecedores de una recompensa de Dios o del hombre? ¿Quién merece la recompensa? ¿Las personas quienes se cuidan por ellas mismas o las que siempre confían en la gran misericordia del Señor para que él las cuide? Es usual esperar que el Señor nos proporcione fruto cuando no plantamos árboles; o cuando no aramos y sembramos y guardamos el trabajo de cosecha, debemos llorar ante el Señor para salvarnos, así como pedirle que nos salve de las consecuencias de nuestra propia torpeza, desobediencia y despilfarro. Se dice, por algunos, que el Señor no les dirá a sus siervos que reúna a su pueblo para que sufran de hambre. Eso es verdad; *pero el Señor ha dicho:* "Reúnan al pobre de las naciones"; y a la gente de aquí, "*Reúnanla y guarden la cosecha que yo he puesto a su alcance y prepárense para el día en que se requieran.* "*Supongan que cientos de miles o millones de gente hambrienta viniesen aquí, y solo tengamos grano para un par de años, con hambruna alrededor; ellos ofrecerán su oro y su plata, y su plato, y sus cosas más preciadas por comer pan; y ustedes lo den hasta que todo se termine. Entonces podrán sentarse y mirar las riquezas que han obtenido, hasta que todos perezcan juntos con el hambriento.*
>
> *Así será, a menos que la gente actúe más sabiamente de lo que ellos hacen ahora.*[38]

Mucho de los Santos carecen de almacenes de alimentos adecuados

¿Y qué tan obedientes son los Santos con relación al consejo de almacenamiento de alimentos el cual se les dio por más de un siglo? Las

38. Brigham Young, JD 12:243-244. Julio 25, 1868.

estadísticas no están disponibles para contestar a esta pregunta. Sin embargo, los resultados de un estudio realizado por los SUD's (Santos de los Últimos Días) en Utah, en la Universidad del Estado de Utah, se presentó en la reunión de bienestar en la Conferencia General de Octubre en 1975. El obispo H. Burke Peterson, primer consejero a la presidencia del obispado, presentó las estadísticas, las cuales fueron reunidas como muestra representativa:

> *Cinco porciento de los miembros de la Iglesia tienen un abastecimiento de productos derivados de carne para un año, tres porciento lo tienen de frutas o vegetales secos o enlatados, cerca del 18 porciento lo tienen de granos para un año y solo tres familias de cien tienen un abastecimiento de comida enlatada y de leche en polvo para un año.*
>
> *"En promedio, cerca del 30 porciento de la Iglesia tienen un abastecimiento de alimentos para dos meses. El resto tienen muy poco o nada,"* dijo el obispo Peterson.[39]

Los reportes de la reunión indicaron que "solo más de la mitad de los 5.000 barrios de la Iglesia en todo el mundo tienen proyectos de bienestar,"[40] El programa de bienestar de la Iglesia está diseñado para asistir solo a los necesitados, cerca del cuatro porciento de la Iglesia, y sería insuficiente abastecer las necesidades de una parte grande de la Iglesia a la hora de una gran emergencia.[41] La posición de la Iglesia es que los miembros

---

39. "Most LDS Unprepared, Welfare Meeting Told," *Deseret News*, Octubre de 1975.

40. De la misma fuente.

41. El reporte estableció:

> Existen 78 almacenes de bienestar del obispo en la Iglesia para distribuir productos a los necesitados. Él dijo que mucho de estos se encuentran concentrados al oeste de los Estados Unidos, pero los obispos y presidentes de estaca quienes deberían planear estos almacenes a través del mundo.
>
> El obispo Peterson mostró una gráfica que indicaba las demandas en los almacenes de bienestar de los obispos las cuales habían alcanzado a más de $600.000 dls. US en 1975 y la necesidad se está incrementando en un 25 porciento anual.
>
> Él dijo: "*Debemos prepararnos ahora, si queremos tener productos almacenados adecuados para afrontar los futuros problemas económicos*".
>
> A pesar del alto volumen, los *almacenes ayudaron solo al cuatro porciento de los miembros de la Iglesia el año pasado.*
>
> El Obispo Peterson dijo que *el abastecimiento de productos para un año lo está manejando actualmente el sistema*, pero *podría "decaer rápidamente al tener un mayor incremento en la demanda."* (De la misma fuente).

sean responsables por satisfacer sus propias necesidades en futuras emergencias. Nuevamente refiriéndose al reporte del élder Peterson:

> Él dijo que era "extremadamente importante" que los líderes locales y los miembros hicieran gran énfasis sobre almacenamiento en el hogar para un año en el abastecimiento de alimentos, ropa, y si fuera posible, combustible, así como el cultivo en los huertos familiares y el confeccionar su propia ropa.
>
> Él dijo, "En general, convertirse en personas auto-suficientes tan pronto como sea posible *como preparación para los tiempos difíciles que vienen*".
>
> El obispo Peterson dijo que la Iglesia tiene un total de 671 proyectos de producción, incluyendo 143,000 acres de cultivo, pero esto es tan solo para cubrir las necesidades actuales.
>
> Él dijo, "*La preparación familiar, con la producción y almacenamiento en el hogar, debe ser la manera en que la mayoría de las familias de nuestra Iglesia podrían cuidarse ellas mismas*".
>
> Él dijo que el barrio, la estaca y los proyectos de producción multiestacas están solo como "un programa de respaldo" para ayudar aquellos quienes no pueden cuidar por ellos mismos.[42]

Las profecías de la hambruna en tiempos de un futuro conflicto

Los profetas de la Iglesia restaurada han advertido repetidamente de las hambrunas que vendrán en los últimos días. En particular, se han enfocado a la hambruna que se experimentará, en América durante un periodo de conflictos internos antes de regresar al condado de Jackson, EE.UU.

Diversas de estas profecías mencionan de la venida de mucha gente para obtener alimento de los Santos en lo alto de las montañas. Por ejemplo, José Smith advirtió:

> Estoy preparado para decir por la autoridad de Jesucristo, que no pasarán mucho años antes de que *los Estados Unidos presenciaren la escena de derramamiento de sangre que no tiene semejanza en la historia de nuestra nación; pestilencia, granizo, hambruna y terremotos arrollarán la maldad de esta generación de toda la faz de la tierra, para abrir y preparar el camino de regreso a las tribus de Israel del país del norte.*[43]

42. De la misma fuente.
43. HC 1:315. Carta de José Smith al editor N.E. Seaton, enero 4, 1833.

En julio de 1839, el profeta José mencionó de una visión que había recibido, que advertía de los serios conflictos internos en los Estados Unidos que los miembros de las familias lucharán a muerte unas a otras. Su referencia de la hambruna, al final de la visión, indica que la gente estaría luchando para obtener alimentos en una época de extrema carencia; y explicó por que los miembros de las familias tomarán sus vidas a favor de sus seres amados:

> *Habrá aquí y habrá allá una estaca [de Sión] para el recogimiento de los Santos. Algunos habrán clamado por paz, pero los Santos y el mundo tendrá un poco de paz de aquí en adelante. No dejemos que esto nos detenga de ir a las estacas; porque Dios ha dicho que huyamos sin perder el tiempo, o estaremos dispersados, uno aquí y otro allá.* Tus hijos serán bendecidos y tú en medio de amigos donde podrán ser bendecidos. El evangelio puede reunir a muchos de toda clase.
>
> Yo profetizo, que aquel hombre quien no se apresure después de que tenga la oportunidad de retirarse, será abatido por la maldad. Las guerras se aproximan; no debemos tardar; porque no se requiere sacrificio. Tenemos que hacer más fuerte a Sión y hacerlo nuestro principal objetivo. *Cuando las guerras vengan, tendremos que huir a Sión.* El lamento se apresura. Las últimas revelaciones dicen, "No habrá tiempo para analizar a la tierra, hasta que estas cosas vengan". Vendrá como viene el cólera, la guerra, el fuego y los terremotos; *una pestilencia después de la otra, hasta que Anciano de Días venga, entonces el juicio les será dado a los Santos.*
>
> Cualquier cosa que hayan escuchado acerca de mí o de Kirtland, tome nota de esto; porque habrá un lugar de refugio, la maldad utilizará sus grandes energías para atrapar a los Santos. Deben aprender de aquellos hombres como Daniel que oraban tres veces al día en la casa del Señor. *Busquen a la presidencia y recibirán instrucción. Cada hombre que este temeroso, codicioso, será llevado a una trampa. El tiempo esta cerca, cuando ningún hombre tenga paz a no ser de Sión y sus estacas.*
>
> *Veo a los hombres acosando las vidas de sus propios hijos, y el hermano asesinando a su hermano, la mujer matando a su propias hijas, y las hijas buscando por la vida de sus madres. Vi armadas peleando contra armadas. Vi sangre, desolación y fuego. El Hijo del Hombre ha dicho que la madre estará en contra de la hija y la hija en contra de la madre.* Estos acontecimientos están a nuestras puertas. *Seguirán a los Santos de Dios de ciudad en ciudad.* Satanás se enfurecerá, y el espíritu de la maldad esta furioso ahora. No sé que tan pronto estas cosas sucederán; pero al verlas, ¿Debería clamar por paz? ¡No! Alzaré mi voz y testificaré de ellas. *Por cuánto tiempo tendréis buenos cultivos para*

> *que el hambre no venga, no lo sé; cuando el árbol del higo se vaya, sabiendo que el verano esta muy cerca.*[44]

Una poderosa profecía hecha al final de la guerra civil por élder Orson Hyde, el presidente del quórum de los doce, declara que la escasez de alimentos será la razón del futuro conflicto en los Estados Unidos. La profecía fue declarada en el año de 1865 en Nephi, Utah, EE.UU.:

> El águila de la guerra ahora tomará su vuelo y se posará en los bancos del río Rhine, regresando a su nativo brezal cuando no este el hombre blanco del norte peleando por la liberación del hombre de color del sur, *pero estará el hombre blanco del norte y el hombre blanco del sur peleando por pan, para sus esposas e hijos.*[45]

Brigham Young advirtió del hambre que ocurrirá en América y en el mundo cuando el testimonio de los élderes acabe de darse [el tiempo de los Gentiles se cumpla] y Dios derrame sus juicios:

> "¿Piensan que hay calamidad en otros países ahora entre la gente?" No mucha. *Todo lo que hemos escuchado y experimentado solo es apenas un prefacio del sermón que será predicado. Cuando el testimonio de los élderes termine de ser dado y el Señor les dirá, "Venid a casa; ahora predicaré mis propios sermones a las naciones de la tierra," todo lo que ustedes saben puede apenas ser llamado un prefacio del sermón que será predicado con fuego y espada, tempestades, terremotos, granizo, lluvia, rayos y relámpagos y espantosa destrucción.* ¿Qué importa la destrucción de unos cuantos carros ferroviarios? Escuchareis que las ciudades impresionantes, idolatradas por la gente, ahora hundidas en la tierra y los habitantes sepultados. El mar se saldrá de sus fronteras, cubriendo a grandes ciudades. El hambre se esparcirá sobre

---

44. HC 3:390-391. Julio 1, 1839. Este fue una parte del discurso del profeta dirigido a los doce. Observe acertados aspectos de su amonestación: (1) Cuando la guerra venga, los Santos tendrán que huir a las estacas de Sión para que no sean esparcidos. (2) Los juicios continuarán hasta la venida del Anciano de Días [el Concilio en Adam-ondi-Ahman, al principio de la época de la Nueva Jerusalén. Véase HC 3:386-387, 389, 391]. (3) su mensaje fue tal que uno debe testificar de la visión cuando la recibe como amonestación.

45. Esta profecía se encuentra en las copias de los documentos personales del élder Orson Hyde dadas al autor por Romania Woolley, la hija del élder Hyde. Los documentos originales fueron donados a la biblioteca de BYU (Universidad de Brihgam Young) y las copias fueron dadas al colegio de la iglesia en Hawaii, EE.UU.

todas las naciones y la nación se levantará contra nación, reino contra reino, y estado contra estado; en nuestro país y en tierras extranjeras; y se destruirán la una con la otra, sin importarles la sangre y vidas de sus prójimos, o la de sus familias o la de sus propias vidas. Serán como los Jareditas quienes precedieron a los Nefitas en este continente, y se destruirán cada una hasta destruir al último hombre, por la ira que el diablo colocará en sus corazones, porque han rechazado las palabras de la vida y se les han dado palabras de Satanás para hacer cualquier cosa que escuchasen hacer con ellas. Puedes pensar que lo poco que han escuchado ahora es extremadamente grave; *porque el pueblo leal de Dios verá días en que preferirá cerrar sus ojos debido al pesar que vendrá sobre las malas naciones. Los corazones de los fieles serán llenados con pesar y angustia.*[46]

Orson Pratt también advirtió de la futura batalla que tomará lugar en América, y dijo, con relación al abastecimiento de alimentos:

> . . . Habrá mucho derramamiento de sangre, populachos, disturbios dirigidos por bandas y destrucción y saqueo a países que harán sufrir a la gente y los persuadirán para tratar de alcanzar cualquier vocación local a cualquier grado de seguridad. *¿Qué es lo que pasará a millones de agricultores en la tierra? Dejarán sus cultivos y permanecerán sin cultivar, y huirán antes de que las armadas vengan de lugar en lugar a destruirlos*; y por lo tanto quemarán y saquearán al país completo; . . .[47]

En otro discurso sobre el futuro período de la batalla interna, el élder Pratt también habló acerca del abastecimiento de alimentos:

> Vendrá el tiempo cuando *no habrá seguridad para tratar de obtener paz en cultivos o en la agricultura. Sin embargo, estos serán olvidados, y la gente pensará que es necesario ir de ciudad en ciudad, de pueblo en pueblo y escapar por sus vidas. Así el Señor visitará al pueblo, si no se arrepienten.*[48]

Toma un poco de imaginación contemplar lo que podría pasar al abastecimiento de alimentos nacional si esta situación tomase lugar por lo menos en una estación. Para perder una cosecha nacional traería una hambruna de proporción ¡nunca antes vista!

---

46. JD 8:123. Julio 15, 1860.
47. JD 20:151. Mazo 9,1879.
48. JD 12:344. Diciembre 27, 1868.

El élder Heber C. Kimball anticipó que las futuras hambrunas, las cuales formarían parte de los juicios derramados por Dios, "serán lo más terrible y severo que haya venido a las naciones de la tierra":

> . . . Cada hombre que tiene un cultivo necesita un almacén hecho de roca y cal, para guardar sus granos contra ratones, ratas y otros bichos de cuatro patas; así como los de dos patas, *tengo mas temores por los de dos patas que los de cuatro.*
>
> Planeen construir buenos almacenes, cada hombre que tenga un cultivo, y no se detengan hasta obtenerlo. Y no olvide pagar su diezmo antes de poner el grano en el almacén. *Guarden lo suficiente para siete años, calculen de cinco a diez en cada familia; y después calculen que habrá en sus familias de cinco a diez personas de lo que ahora tienen, porque irán en aumento . . .*
>
> Cuando almacenemos nuestros granos estaremos a salvo, independientemente del mundo, en caso de que hubiese hambre, ¿no es así? Sí lo estaremos; porque tendremos manera de sobrevivir con nuestros propios recursos. Cuando las hambrunas comiencen a venir sobre la tierra, seremos muy capaces de sentirlos primero.
>
> *Si los juicios deben comenzar en la casa de Dios, y si los justos apenas serán salvados, ¿cómo será para con los inicuos? ¿Búsco por hambrunas? Sí, la más terrible y severa que nunca haya venido sobre las naciones de la tierra . . .*[49]

El élder Kimball profetizó que vendría un tiempo cuando los Santos "serán obligados a depender de sus propios recursos" y que la gente de los Estados Unidos vendrá a ellos por pan para comer:

> Guarden en sus almacenes y tomen sus sedas y artículos finos y cámbienlos por grano y por las cosas que necesitan; y *el tiempo vendrá cuando seremos obligado a depender de nuestros propios recursos; porque el tiempo no está tan lejos cuando la cortina se caiga entre nosotros y los Estados Unidos*. Cuando el tiempo venga, hermanos y hermanas, desearán haber comenzado antes para hacer su propia vestimenta. De cierto os digo, Dios requiere que nosotros vayamos a producir en casa; y prolongarlo tanto ustedes lo deseen, pero lo tienen que hacer.
>
> Verán también el día en que desearán tener guardado su grano, si no lo hacen ahora; porque verán el día, si no cuidan las bendiciones que Dios les ha dado, se convertirán en sirvientes, lo mismo que el mundo hará.

---

49. JD 5:20, Abril 6, 1857.

Se lo hemos dicho antes. Han sido exhortados, año tras año, a prepararse para tiempos difíciles: se les ha dicho esto lo suficiente. Les hemos dicho que cuando tiempos difíciles vengan nuevamente, no tendrán el privilegio que tuvieron la última vez de comerciar, sin embargo pagarán por todo lo que obtengan. Esto pasará. Supongo que hay muchos que no lo creen. Para los cuales es como una tono que golpea al oído, pasa y se olvida.

Les probaré que pondré mi fe con mis obras y *almacenaré para mi familia y amigos que están en los Estados Unidos, y seré con ellos lo que José fue para la gente en la tierra de Egipto. Cada hombre y mujer será un salvador si hacen lo que digo.* Pueden escribirlo y enviarlo a los Estados Unidos; para que sea publicado.

. . . es menester ser ahorradores y prepararse porque el tiempo se acerca. El día vendrá cuando la gente de los Estados Unidos venga cargando sus fardos bajo sus brazos, viniendo a nosotros por pan para comer . . .

Si hacen lo correcto, guardan los mandamientos de Dios, puedo decir con toda propiedad que cualquier hombre, profeta o apóstol hizo, *nunca buscarán alimentos, o ropa o casas o tierras; y ningún poder sobre la tierra podrá lastimarlos.* No habrá poder que detenga nuestra prosperidad; porque la incrementaremos, mientras otro poder sobre la tierra que es opuesto a esta obra y a nuestro Dios caerá. Lo sé. Amén.[50]

Y este fue élder Kimball quien profetizo que "*El día vendrá en que ustedes (extraños) tendrán que venir a nosotros por pan para comer; y seremos sus salvadores aquí sobre el Monte de Sión.*"[51]

También dijo cómo la gente vendrá a lo alto de las montañas en este tiempo de futuro peligro. Hablando a la llegada de la segunda compañía de carretas, él profetizo:

Habrá *millones de millones* que vendrán en el mismo camino, solo que ellos no tendrán carretas, porque *tomarán sus fardos bajo sus brazos; y tendrán sus hijos a sus espaldas y huirían, y el pueblo de Sión tendrá que enviar consuelo, porque ellos vendrán cuando los juicios vengan a las naciones.*[52]

---

50. JD 5:10-11. Julio 5, 1857. Observe la naturaleza condicional del último párrafo de su profecía. ¿Será que los Santos serán capaces de pedir esta bendición si no mantienen un abastecimiento de alimentos como se les ha ordenado tener?

51. JD 5:9. Julio 5, 1857.

52. JD 4:106. Septiembre 28, 1856.

Entonces, la hambruna ha sido claramente representada en la profecía como un instrumento en los juicios de Dios sobre la maldad en los últimos días. Aunque los Santos se les ha ordenado tener extensos abastecimientos a la mano, parece que muchos han fallado en hacerlo. ¿Podrían demandar misericordia a Dios cuando el hambre venga si han fallado en obedecer el consejo de aquellos quienes se les ha dado? De acuerdo a las amonestaciones proféticas citadas, las hambrunas serán severas, y será grande la responsabilidad de los Santos. Podría ser mejor poseer un adecuado almacén de alimentos, en obediencia a los mandamientos, será el factor que separe a los Santos del justo y el injusto, los imprudentes y los sabios, en los últimos días.

Resumen

1. El ángel Moroni advirtió a José Smith que los juicios están por venir sobre la tierra por hambre, espada y pestilencia. Estos tres términos se utilizan repetidamente en las escrituras para simbolizar el cumplimiento de los prolongados juicios de Dios.

2. Ejemplos del Antiguo Testamento y el Libro de Mormón demuestran la utilización de estos términos. En muchas de las situaciones mencionadas, la venganza divina fue inmediata y completa, dejando la destrucción y la desolación a su paso.

3. El hambre, la espada y la pestilencia sirven como instrumentos en la venganza de Dios y como un método para hacer reaccionar a su pueblo a la obediencia cuando la rectitud comienza a alejarse de ellos.

4. Dios ha advertido que los habitantes de la tierra se lamentarán por su mano castigadora la cual será manifestada a través de espada, hambre y plagas; hasta que el consumo que él ha decretado llegue al fin total en todas las naciones. Los Santos estarán en lugares sagrados cuando estos eventos sucedan.

5. Las hambrunas pasadas han matado a millones de gente, algunas veces matando violentamente hasta un tercio de la población.

6. Las causas de la hambruna incluyen la pérdida de cultivos, guerra, disturbios civiles y catástrofes naturales.

7. Los efectos físicos de la hambruna incluyen la perdida de peso, somnolencia, aburrimiento emocional, diarrea, epidemias de enfer-

medades infecciosas cuando se reduce la resistencia del cuerpo, el estomago inflamado, y el cabello se vuelve gris.

8. Ejemplos del comportamiento humano en otras hambrunas se citan en la Biblia y por Josefo. Ellos muestran los problemas económicos causados por una escasez de alimentos; canibalismo, robo y asesinato y una decadencia general en valores morales.

9. En diversos sucesos que narran las escrituras, la duración de las hambrunas enviadas por Dios fue de siete años. Los primeros lideres de la Iglesia de Jesucristo de los Santos de los Últimos Días instruyeron a los Santos a almacenar alimentos suficientes por siete años, y así estar preparados para futuras hambrunas. Ellos advirtieron a los Santos que no pueden esperar que Dios los bendiga con cosechas abundantes y adecuados abastecimientos de alimentos, si los Santos no trabajan para satisfacer sus propias necesidades, y si no guardan un abastecimiento para siete años en lugar de vender lo que producen.

10. Una encuesta reportada en una conferencia general en el año de 1975 mostró que la mayoría de los Santos de los Últimos Días no obedecieron el consejo que se les dio de almacenar alimentos. Solo el 30% de la Iglesia tenia un abastecimiento adecuado para dos meses. Aproximadamente tres por ciento tenia un abastecimiento de alimentos para un año.

11. Las profecías dadas por los primeros lideres de la Iglesia advierten de la futura hambruna durante el periodo de batalla interna en los Estados Unidos, e indican que la carencia de alimentos se pudo deber a la contención en esa época. Las futuras hambrunas son profetizadas como las más severas que habrán de venir a la tierra.

11

Dios ha Declarado Guerra Contra los Inicuous

La libertad es un estado frágil, y una bendición gozado por poca gente en el mundo hoy día.[1] De la misma forma, la paz es frágil y depende de la rectitud de los hombres. Jesucristo, el "Príncipe de Paz,[2] tiene el poder de dar paz al hombre y quitársela. Concede paz al justo y la niega al inicuo. El Salmista escribió: "Mucha paz tienen los que aman tu ley",[3] y el autor sabio de Proverbios estableció: "Cuando los caminos del hombre son agradables a Jehová, aun a sus enemigos hace estar en paz con él."[4] Desgraciadamente, es un mensaje de las escrituras y de los profetas en el que se establece que la iniquidad del hombre en los últimos días causará que la paz se elimine de la tierra y el miedo venga sobre toda clase de hombre. La guerra se derramará sobre las naciones.

Guerra será derramado sobre las naciones

Las guerras vendrán sobre la tierra en los últimos días. Este es el mensaje que Dios ha revelado repetidamente a través de sus profetas. En el año de 1831 se declaró la siguiente revelación:

> He jurado en mi ira y he decretado guerras sobre la faz de la tierra, y los inicuos matarán a los inicuos, y el temor se apoderará de todo hombre;

---

1. Desde los años 50, una organización en New York, EE.UU. llamada *Freedom House* (El hogar de la Libertad) se ha encargado de observar el nivel de libertad que se disfruta en cada una de las naciones sobre la tierra. Los estudios realizados concluyeron que la libertad en las naciones está decayendo:

> La organización "Freedom House" concluyó que solo el *19.8% de la población mundial disfruta de la libertad, el 35.3% es parcialmente libre y 44.9% no es libre.* Se estableció que desde hace tan solo un año que el 35% de la población mundial es libre. ("World Freedom Plunges, Research Group Notes," *Salt Lake Tribune,* diciembre 28, 1975.)

2. Isaías 9:6.
3. Salmos 119:165.
4. Proverbios 16:7.

> *y también los santos apenas escaparán;* sin embargo, yo, el Señor, estoy con ellos, y descenderé en el cielo, de la presencia de mi Padre, y a los malvados los consumiré con fuego inextinguible.
>
> Y he aquí, esto no es aún, sino ya pronto.[5]

En 1832, la "Profecía sobre la guerra" advierte que las guerras continuarán hasta que se haya "destruido por completo a todas las naciones":

> De cierto, así dice el Señor concerniente a las guerras que pronto acaecerán, comenzando por la rebelión de Carolina del Sur, de las cuales finalmente resultarán la muerte y la miseria de muchas almas;
>
> *y vendrá el tiempo en que se derramará la guerra sobre todas las naciones,* empezando en ese lugar.[6]

La profecía prodijo los problemas de la guerra civil de los Estados Unidos e indicó la función de la Gran Bretaña en la Primera y Segunda Guerra Mundial, después continuó diciendo acerca de acontecimientos futuros:

> *. . . y entonces se derramará la guerra sobre todas las naciones.*
>
> Y acontecerá, después de muchos días, que los esclavos se sublevarán contra sus amos, los cuales serán movilizados y disciplinados para la guerra.
>
> Y también acontecerá que el resto de los que hayan quedado en la tierra se movilizarán y se irritarán extremadamente y hostigarán a los gentiles con severa aflicción.
>
> *Y así, con la espada y por el derramamiento de sangre se han de lamentar los habitantes de la tierra; . . . hasta que la consumación decretada haya destruido por completo a todas las naciones;*[7]

El Señor amonestó a los Santos diciendo:

> Oís de guerras en países extranjeros; mas he aquí, os digo que están cerca, aun a vuestras puertas, y *dentro de pocos años oiréis de guerras en vuestras propias tierras.*[8]

La misma revelación habla de la época del "cumplimiento de los tiempos de los Gentiles."[9] Esa futura etapa de los juicios de Dios será una época de intenso combate:

---

5. D. y C. 63:33-35.
6. D. y C. 87:1-2.
7. D. y C. 87:3-6.
8. D. y C. 45:63. Observe que el pasaje habla de las guerras en plural. Claramente incluye más que la guerra civil de los Estados Unidos.
9. D. y C. 45:25.

Y en ese día se oirá de guerras y rumores de guerras, y toda la tierra estará en conmoción, y desmayará el corazón de los hombres y dirán que Cristo demora su venida hasta el fin de la tierra. . . .

los hombres endurecerán su corazón contra mí y *levantarán la espada el uno contra el otro, y unos a otros se matarán.*[10]

Otra revelación advierte a los Santos diciendo:

Oís de guerras en países lejanos, y decís que pronto habrá grandes guerras en países lejanos, mas *no conocéis el corazón de los hombres en vuestro propio país.*[11]

Las cinco futuras batallas profetizadas

Las profecías hablan de cinco grandes batallas o períodos de combate, las cuales todavía ocurrirán en el futuro:

1. ***Una tercera guerra mundial,*** en la que los Estados Unidos saldrán victoriosos después de recibir ayuda divina.
2. ***Una batalla interna en las Américas,*** caracterizada por la violencia de populachos y rebelión de los Lamanitas.
3. ***Una guerra mundial*** durante la época del establecimiento de la Nueva Jerusalén, durante la cual todas las naciones, con excepción de los Santos, estarán en guerra.
4. ***La batalla mundial la cual estará controlada por la gran y abominable iglesia,*** la cual será destruida.
5. ***Batallas involucrando a Israel,*** las cuales culminarán en *la Batalla de Armagedón.*

Estas batallas podrían tender a una relación del tipo causa-efecto entre ellas y combinarse cronológicamente. Podrían tener características comunes, con problemas que comiencen en una parte del mundo como descontentos violentos en todas partes debido a un conflicto diferente. Deben verse como porciones por separado de una época en general cuando haya "guerras y rumores de guerras entre todas las naciones y familias de la tierra."[12]

10. D. y C. 45:26, 33.
11. D. y C. 38:29.
12. 1 Nefi 14:15.

Los dos tipos de guerra: Guerras preparatorias y guerras de completa destrucción

Los primeros líderes de la Iglesia explicaron que las guerras ocurrirían durante los últimos días y que serían de dos clases diferentes:

Guerras preparatorias—las cuales prepararían la senda para la predicación del evangelio.

Guerras de completa destrucción—las cuales servirán como castigo para los inicuos y tendrán como resultado una gran desolación.

Estos dos tipos de combates en los últimos días son discutidos y documentados en detalle en *Prophecy—Key to the Future* (*La Profecía—Llave al Futuro*)[13] y serán considerados brevemente.

Orson Pratt comparó los dos tipos de guerra, estableciendo: "*una es una guerra preparatoria para la predicación del evangelio; la otra es una guerra de terrible destrucción, la cual no mejorará la condición de aquellos quienes escapen.*"[14]

El primer período es la etapa de ***Guerras preparatorias.*** En este período, los Santos estarán todavía dispersados por la tierra. Las guerras servirán para quitar a los gobernantes quienes no son receptivos a la obra misional, y los reemplazarán con líderes que permitirán la predicación del mensaje del evangelio dentro de su territorio. Por ejemplo, la Segunda Guerra Mundial, la Guerra de Corea y la Guerra de Vietnam sirvieron para abrir el camino para que creciera la iglesia en el área de Japón, Indochina y el Pacífico. La línea divisoria entre los dos períodos será el "cumplimiento del tiempo de los Gentiles", cuando Dios empiece el recogimiento de los Santos y comience el derramamiento de sus juicios sobre los inicuos en gran medida.

Cuando el período de *Guerras de completa destrucción* comience, la guerra se convertirá en instrumento de Dios para la terrible destrucción y la extinción de la maldad; cuando purifique la tierra en preparación para su venida en gloria. El espíritu tendrá que quitarse de las naciones de los Gentiles.

---

13. Véase *Prophecy—Key to the Future, páginas* 4-10 (*La Profecía—Llave al Futuro*, páginas 18-22). Estas secciones deben leerse dentro de este contexto para entender completamente la explicación dada en esta reseña.

14. JD 7:186. Julio 10, 1859.

La tercera guerra mundial parece tomar lugar durante el período de las guerras preparatorias. Aunque las otras batallas mencionadas anteriormente podrían comenzar a desarrollarse durante ese período, se anticipa que se verá su culminación en guerras de completa destrucción.

Las profecías de una Tercera Guerra Mundial

José Smith hizo diversas declaraciones proféticas las cuales indican que la futura batalla aparentemente será de una magnitud igual a la de una guerra mundial. En una de estas declaraciones, establecida el 19 de junio de 1844, el profeta utilizó la formación de una unidad política conocida como "Independent American Party" (Partido Americano Independiente)[15] para ubicar el contexto de la profecía en el siglo XX en lugar de su propia época. Pijo que el tiempo cuando otras naciones atentarán "dividir el país de los Estados Unidos". Vio que los Estados Unidos estarán dañados militarmente por haber utilizado sus fuerzas

---

15. Una agitación notable se originó por la creación del "American Independent Party" durante los años de 1960 para apoyar las ambiciones políticas del gobernador George Wallace. El nombre de su partido no fue exactamente el mismo que profetizó José Smith, y por lo tanto probablemente no fue el cumplimiento de la profecía. También se organizaron durante esa época, diversos grupos políticos nombrados exactamente como "Independent American Party". Uno, se organizó en el año de 1955 en New Orleans, Louisiana, EE.UU., siendo su fuerza motivadora la editora Phoebe Courtney, que publicaba un diario anticomunista conocido como "The Independent American" (El Americano Independiente). La señora Courtney declaró que la inspiración divina era la fuerza motivadora en sus esfuerzos para la organización. (Véase "Who is Behind the Independent American and Its Activities?," (¿Quién Está Detrás Del Americano Independiente y Sus Actividades?), una carta de cuatro páginas de Phoebe Courtney, P.O. Box 4223, New Orleans, La., 70118, marzo 28, 1969.) Quizá el cumplimiento de la profecía de José Smith recae en el trabajo de esta señora, o quizá el futuro mantendrá más el preciso cumplimiento. No es el privilegio del autor decirlo.

La importancia de "Independent American Party" estipulado por José Smith es tan solo una guía cronológica, para identificar el tiempo del cumplimiento del resto de la profecía.

y recursos en tierras extranjeras; y el ejército 'estará desmoralizado lo suficiente'.[16] Esta es su profecía:

> Habrá dos grandes partidos políticos en este país. Uno se le llamará el partido Republicano y el otro el Demócrata. Estos dos partidos irán a la guerra y *surgirá de estos dos partidos otro partido el cual será el Partido Americano Independiente. Los Estados Unidos agotarán sus fuerzas y recursos peleando en tierras extranjeras hasta que otras naciones les digan: "Dividamos el país de los Estados Unidos,"* entonces el pueblo de los Estados Unidos se unirá, y jurará por la sangre de sus antepasados que el país no será dividido. Entonces el país irá a guerra y *lucharán hasta que la mitad del ejército de los Estados Unidos se rinda y el resto continuará en la lucha.* Se mantendrán en ese estado hasta que estén muy agotados y desanimados, y casi listos para rendirse, cuando *los jóvenes de las montañas se apresuren a tiempo para salvar al ejército americano de la derrota y ruina.* Y ellos dirán, 'Hermanos, nos alegra que hayan venido; desde ahora a darnos hombres quienes pueden hablar con Dios'. Entonces tendrán amigos, pero *salvarán al país cuando su libertad esté colgando de un hilo.*[17]

Otra profecía de José Smith acerca del futuro combate fue hecha por el padre del presidente John Taylor. José había estado conversado con Taylor padre con relación a la batalla de Waterloo, en la cual Taylor padre había participado. José se volvió al hermano Taylor y dijo:

> Taylor padre, vivirá para verlo, aunque yo no lo vea, habrá grandes batallas más que la de Waterloo. Los Estados Unidos irán a la guerra con México y como resultado ganarán un extenso territorio. La pregunta del esclavo causará una división entre el norte y el sur; y en estas guerras ocurrirá grandes batallas como la de Waterloo. *Pero*

---

16. Ciertamente los inmensos gastos de la guerra coreana y vietnamesa podrían cumplir una parte de la profecía. Estas guerras sin nada que se ganara desmoralizaron la armada de los Estados Unidos y se vieron miles de deserciones de soldados estadounidenses. Ellas guiaron la formación de toda la armada voluntaria. Quizá ellas establecieron el escenario de una situación cuando una gran parte de la armada americana pudiera "rendirse"—una situación desconocida anteriormente en la historia militar de los Estados Unidos. Ahora los EE.UU. estan agotando sus fuerzas y recursos en Iraq, Afganistan y otras lugares—guerras causados por los ataques de los terroristas el 11 de Septiembre de 2001.

17. Mosiah Lyman Hancock, *Life Story of Mosiah Lyman Hancock,* pág. 29.

> *. . . cuando la gran osa deje caer su garra sobre el león, la escena final no estará tan lejos.*[18]

Una declaración teóricamente realizada por José Smith el 6 de mayo de 1843, también establece el acontecimiento de una tercera guerra mundial:

> El Señor tomó la mejor sangre de las naciones y la plantó en pequeñas islas llamadas ahora Inglaterra y Gran Bretaña, y les dio gran poder entre las naciones por mil años, y *su influencia continuará de tal manera que puedan mantener el balance del poder y limitar a Rusia de tomar control sobre todo el mundo. Inglaterra y Francia son ahora grandes enemigos pero serán aliados y se unirán para no dejar a Rusia conquistar al mundo.*[19]

Muchas otras declaraciones hechas por varios líderes de la Iglesia con relación a las características de una Tercera Guerra Mundial se citan en *Prophecy—Key to the Future* (*La Profecía—Llave al Futuro*), pág. 10-15, por lo que no se repetirá aquí. El objetivo de esta sección es comentar sobre otros materiales que generalmente no se encuentran disponibles.

Los patriarcas a través de la Iglesia han estado advirtiendo de una Tercera Guerra Mundial por varias décadas en las bendiciones que se les dan a los Santos. Estas amonestaciones proféticas son fragmentos de las bendiciones patriarcales que por naturaleza son personales y no se pretende su distribución general a través de la Iglesia.[20] El significado

---

18. N.B. Lundwall, *Inspired Prophetic Warnings,* pág. 75. El autor se estaba refiriendo al *Juvenile Instructor,* marzo 15, 1890, pág. 162. La interpretación tradicional de esta declaración es que la osa simboliza Rusia y el león simboliza Inglaterra. Véase pág. 287.

19. Profecía registrada por Edwin Rushton establecida el 6 de mayo de 1843. Para más comentarios acerca de esta profecía, véase *Prophecy—Key to the Future,* pág. 301-322 (*La Profecía—Llave al Futuro*, pág. 246-270). Observe que Inglaterra y Francia son descritas como el "balancia del poder" en lugar de ser en realidad la mayor potencia que se opondrá a Rusia. Véase la referencia a esta profecía en la página 203.

20. Las declaraciones oficiales de las bendiciones patriarcales no son doctrina de la Iglesia. La doctrina, en el más estricto y especifico sentido, representa "una creencia y posición oficial" de una organización religiosa. En este sentido, y entre los Santos de los últimos Días, es una función que le corresponde a las autoridades generales anunciar los preceptos de doctrina que la Iglesia unifica y autoriza. Tal es la tarea y el privilegio de los líderes generales ordenados, quienes lo hacen bajo la dirección de la revelación de lo alto.

de sus múltiples mensajes es grande, y debe al menos mencionarse dentro de este contexto.

Durante los pasados cuartenta y cinco años, el autor frecuentemente se le ha preferido entre otros quienes han relacionado revelaciones proféticas que han sido arregladas. Cientos han mencionado que las bendiciones patriarcales o las revelaciones personales los preparan para funciones personales que ellos harán cuando los juicios de Dios sean derramados sobre la tierra. Muchos han mencionado acerca de bendiciones patriarcales que hablan acerca de

---

Sin embargo, también existen otros niveles de doctrina. Existen pasajes en las escrituras reveladas de la Iglesia los cuales cuando muestran tener modelos específicos y relaciones que toman un nuevo y más importante significado. Las escrituras son santificadas y consideradas como doctrina, y nuevas revelaciones también se establecen como doctrina cuando son demostradas y documentadas apropiadamente. A pesar de que al principio no hayan podido ser declaradas ni ser explicadas por las autoridades de la Iglesia, estos pasajes todavía constituyen la palabra revelada de Dios, la más alta autoridad de todas. El hombre está obligado a escudriñar las escrituras, esforzarse para entender su significado completo, para descubrir el significado cabal intencionado por Dios.

Ciertamente existe otro nivel. Dios ha revelado que cuando los hombres hablen como si fueran movidos por el Espíritu Santo, entonces "lo que hablen cuando sean inspirados por el Espíritu Santo será Escritura, será la voluntad del Señor, será la intención del Señor, será la palabra del Señor, será la voz del Señor y el poder de Dios para salvación." (D. y C. 68:4) El Señor hizo esta promesa "a todos los fieles élderes" de su Iglesia (D. y C. 68:2, 7). Aunque las revelaciones individuales a través del espíritu no son dadas como instrucciones o mandamientos a toda la Iglesia, y no son referidas como doctrina oficial de la Iglesia, a menos que se anuncien apropiadamente por las autoridades generales de la Iglesia en función, tales manifestaciones indiscutiblemente constituyen la verdad revelada. Ciertas revelaciones a través del Espíritu Santo no son negadas, ni criticadas, ni ignoradas. La verdad revelada es verdad, no importa a quien le es revelada.

Cuando muchos modelos de revelaciones privadas emergen, especialmente en la manera en que relacionan una guerra mundial la cual afectará la vida de cada ciudadano y Santo, llegará el tiempo cuando dichos modelos deberán traer la atención de todos nosotros. No deberán ser representadas como doctrina oficial ni como una posición establecida por la Iglesia, pero como información de valor, que las personas deberán evaluar comparando factores actuales y doctrina, pensamientos lógicos y por medio de oración con objeto de verificar lo revelado. Especialmente en este concepto, las instrucciones de Pablo deben ser consideradas: "No apaguéis al Espíritu. No menospreciéis las profecías. Examinadlo todo; retened lo bueno." (1 Tesalonicenses 5:19-21.)

una Tercera Guerra Mundial. Frecuentemente el espíritu se quema con fuego dentro de nosotros cuando este tema se discute. Ha sido correcto y propio que den testimonio acerca de estos futuros eventos.[21]

Enseguida se encuentra un breve resumen de algunas de ellas, consideradas por el autor como declaraciones típicas que se refieren a una futura guerra mundial. Por ejemplo, una bendición dada en el año de 1953 dice:

> ¡Vivirás para ver al mundo ir a *otra guerra mundial,* donde reino se levantará en contra de reino, y *Rusia y sus aliados, en el debido tiempo del Señor, irán desfalleciendo para nunca volverse a levantar nuevamente con gran poder! Y los Estados Unidos, después que el interior de la copa esté limpio, saldrán victoriosos* y después se levantarán a grandes alturas entre las naciones del mundo.[22]

Otra bendición profetiza de la singularidad de Rusia y describe la guerra como un evento típico del período de guerras preparatorias, alistando el camino para la obra misional en ese país:

> Vivirás para ver el mundo ir a *otra guerra mundial, porque la madre patria será atacada por un poder fuerte europeo. Esta guerra será mayormente en el aire y bajo la superficie del océano, y las aguas serán inseguras para tránsito común, y los cielos serán inseguros, debido a las bombas mortales que serán enviadas para la aflicción de las ciudades de este gran país, y como respuesta, nosotros los afligiremos con bombas;* y vivirás para ver a la madre patria limpiada como del interior de un vaso, porque traidor tras traidor será sospechoso, descubierto y aprendido. Vivirás para ver al *Dios del Cielo tomar control; como lo realizaba, y traer esta guerra a una rápida victoria para Norte América y sus aliados. Verás a Rusia caer hasta su derrota, para que nunca se levante de nuevo como una mayor potencia del mundo,* y vivirás para ver el *evangelio partir a ese país después que la guerra*

---

21. El autor, por razones que no comprende plenamente, ha encontrado que su función es de recibir y analizar información relacionada a futuros eventos. Una hermana, después de compartir diversos sueños proféticos, escribió posteriormente: "Es extraño pero no he tenido más sueños acerca de este tema desde que hablé con usted. Es como si el propósito se hubiese cumplido al decirle acerca de estas cosas desde ese día." (Carta con fecha del 16 de octubre de 1967.)

22. Parece indicar en los eventos registrados en este volumen acerca del levantamiento de los Estados Unidos a grandes alturas, mencionado en este contexto, será personificado por el trabajo de los Santos durante la época del establecimiento de la Nueva Jerusalén en lugar de la escena política como lo es hoy en día.

haya sido traída a su fin, y una gran y gloriosa obra culminará en esa tierra.[23]

Hoy en día, con armamentos nucleares y otras armas de destrucción masiva, ¿no resulta razonable asumir que si la guerra alcanza el nivel en que Rusia y Estados Unidos se bombardeen el uno al otro, estas bombas representarán lo último en tecnología, con la bomba atómica como un poder destructivo total?

Otra bendición, dada en el año de 1960, continúa el tema de las "guerras preparatorias" donde la senda se abre a la obra misional en Rusia:

> . . . Muchos cambios tomarán lugar en tu época y tiempo. *Las naciones caerán y se levantarán nuevamente al quitar las barreras, de tal manera que los misioneros podrán ir libremente a la nación de Rusia;* así como Efraín ha sido reunido desde partes lejanas de la tierra, de tal manera que *Judá será recogida* como el Señor ha decretado . . .[24]

Otra bendición, dada en el año de 1956, advierte otra guerra mundial. El tema de la intervención divina se menciona nuevamente:

> Vivirás sobre la tierra para ver las guerras y conmociones, e inclusive mucha preparación para ir a la guerra, *y verás derramamiento de sangre empapar a la tierra* hasta que tu alma se enferme de verla. Vivirás para ver *otra guerra mundial* y podrías servir a tu país antes de que partas, y *vivirás para ver la mano de la providencia venir al lado del libre albedrío, y los Estados Unidos serán limpiados desde el interior del vaso . . . Vivirás para ver a la Osa Rusa recostar su pesada mano sobre el León Británico, de acuerdo a la profecía de José Smith.*[25]

Y otra dice:

---

23. Observe que el tema de intervención divina trae la guerra a un victorioso fin para Norte América y sus aliados, lo cual ocurre repetidamente. ¿Es este el mismo evento que la profecía de José Smith registrada por Mosiah Hancock, citada anteriormente, cuando los "jóvenes de las montañas se apresuren a tiempo?"

24. Todavía hay mucho más judíos en Rusia que los que hay en Israel. Deberán ser reunidos como parte del recogimiento de Israel.

25. Las similitudes entre las diversas referencias citadas simplemente son aparentes, debido a que algunas de las bendiciones fueron pronunciadas por la misma persona.

> Verás nación levantarse contra nación y reino contra reino; y verás *una gran y sangrienta guerra en la cual los Estados Unidos y sus fuerzas serán formados contra Rusia;* y aparentemente el Dios del Cielo mirará por algún tiempo, y *entonces la tomará y traerá victoria* a favor de lo que es correcto, porque el Dios del Cielo nunca permitirá que el libre albedrío sea hollado con el pie y eliminado de la faz de la tierra.

Y otra dice:

> Verás a *las naciones de Europa dividirse en secciones* poderosas, y muchas de ellas las forzarán a salir de su lugar de origen, nunca surgirán como reinos nuevamente. Por lo tanto, verás guerras y sangre vertida en tus días, porque el resto de los hombres que todavía existan elaborarán *espadas y bombas mortales. Vivirás para ver terribles terremotos, y uno de estos sacudirá el continente de océano a océano.*

Estas referencias son suficientes para describir el modelo de las amonestaciones proféticas que aparecen de esta fuente.

Otras manifestaciones personales incluyen revelaciones que describen eventos de una futura guerra. Un ejemplo de tales eventos, es la descripción de los futuros problemas revelados al élder Charles David Evans,[26] por medio de un ángel visitante.[27] Esto fue publicado en *The Contributor.* La manifestación describe lo que parece ser una

---

26. Charles David Evans se unió a la Iglesia en Inglaterra en el año de 1848 y vino a Utah, EE.UU. en 1854. Fue obispo del barrio Salem por una década, fue ordenado miembro del sumo consejo en 1889 y llamado como patriarca en 1895, en donde sirvió hasta su muerte, el 14 de mayo de 1908 en Payson, Utah. (Información proporcionada por su bisnieta, la señora Joyce Lindstrom, en correspondencia personal con el autor, el 8 de septiembre de 1969. Su breve biografía se encuentra en la enciclopedia bibliográfica de los Santos de los Últimos Días llamada *Latter-day Saint Biographical Encyclopedia,* vol. 4, pág. 568, por Andrew Jenson.)

27. El élder Evans describe claramente al ángel y su entrada a su dormitorio a media noche. El ángel cortésmente le dijo estas palabras:

> Hijo, comprendo de tus serias preocupaciones sobre el inseguro estado de tu país, de tal forma que tu alma haya sentido pesar por su futuro. Por lo tanto he venido a ayudarte y a decirte de las causas que han traído esta amenazadora situación. Escúchame cuidadosamente. ("A Dream," ["Un Sueño"] *The Contributor;* Representando a las asociaciones de mejoramiento mutuo de hombres jóvenes de los Santos de los últimos Días (Salt Lake City, Utah: Deseret News Publishing Company, 1894), vol. 15, pág. 639.

destrucción nuclear, siguiéndole enfermedades por radiación, u otro ataque biológico. Narra acerca de la invasión de una potencia extranjera, del repentino surgimiento de una fuerza en el oeste la cual neutraliza la invasión, y provee señales cronológicas de la guerra que antecederá a la fundación de la Nueva Jerusalén. ¿Nuevamente, puede este ser el tiempo para que "los jóvenes de las montañas se apresuren", como se predijo en la profecía de José Smith registrada por Mosiah Lyman Hancock, mencionada anteriormente?

> *. . . Nubes densas, más obscuras que las tinieblas de la medianoche, cuyos rayos resonaban con entonación haciendo temblar a la tierra, obscureciendo la luz del sol. La obscuridad reinaba, sin rival y en extremo.*
>
> Nuevamente la luz brilló, revelando *una atmósfera tenue con un color gris obscuro y sin brillo, lo cual era el precursor de una plaga singular* cuyos primeros síntomas eran reconocidos por una marca *púrpura que aparecía en la mejilla o en el dorso de la mano, casi siempre se agrandaba hasta que se dispersaba por el cuerpo, produciendo sin duda la muerte. Las madres, al reconocerla, echaban a sus hijos como si ellos fueran reptiles venenosos. Esta plaga, en personas mayores, descomponía los ojos en sus cavidades y consumía la lengua como si fuera un fuerte ácido o debido a un calor intenso. Los hombres inicuos, sufriendo sus agonías se retorcían, maldecían a Dios y morían, aun estando de pie, y los pájaros de rapiña festejaban sobre sus cadáveres.*
>
> Ví en mi sueño al mensajero nuevamente que apareció con un frasco en su mano derecha, quien me decía: "Sabes algo de química que se enseña en las escuelas de aprendizaje humano, observa ahora un químico suficientemente poderoso para cambiar las aguas del mar".
>
> Entonces, vació su frasco sobre el mar y comenzó a descomponerse como la sangre de un hombre muerto, y murió cada alma viviente que moraba. Otras plagas siguieron pero me abstuve de registrarlas.
>
> *Una potencia extranjera había invadido la nación la cual, de cada señal humana, parecía haber tomado el control del gobierno y suplantado con monarquía.* Estuve inmóvil ante lo que observaba, cuando *una fuerza surgió en el oeste, la cual se declaró a favor de la constitución en su forma original; a esta repentina fuerza le dio su fuerte apoyo cada persona devota de los derechos constitucionales y de libertad en la nación. La batalla se peleó ferozmente,* pero las estrellas y las bandas de colores flotaban sobre la brisa y ondeaban orgullosamente sobre la tierra, desafiaba la provocación de la oposición. Entre muchos estandartes, vi que estaba uno con la inscripción: "El gobierno basado en la constitución, ahora y para siempre"; en otro, "La libertad de la conciencia, social, religiosa y política".

Tenían *la luz del evangelio, pero brillaba tenuemente debido a la abominación; ahora brotaba súbitamente con un brillo que llenaba la tierra.* Las ciudades aparecían en cada dirección, *una de las cuales, en el centro del continente, era una representación de la arquitectura como ciencia después del modelo de perfecciones eternas, cuyas torres resplandecían con la radianza que emana del brillo de las esmeraldas, rubís, diamantes y otras piedras preciosas colocadas en una marquesina de oro,* y tan elaboradamente y expertamente arregladas como para desprenderse por brillantez la cual deslumbraba y hechizaba al ojo, excitba admiración entusiasmada por el desarrollo a un gusto por la belleza, lejos de lo que cualquier hombre haya concebido . . .[28]

---

28. "A Dream" (Un Sueño), de la misma fuente, pág. 640-641. Observe la similitud de la descripción del élder Evan de la "plaga" la cual proviene de las nubes obscuras con las descripciones de los supervivientes de la bomba atómica de Japón. La radiación averió las celdas de sangre, causando que la gente sangrara bajo la piel, en forma similar a la leucemia, dando como consecuencia marcas púrpuras como grandes moretones.

La manifestación del élder Evans también reportó el conflicto interno el cual se profetizo que vendría sobre la nación:

> . . . A este punto, vi un estandarte flotando en el aire en el cual estaban escritas las palabras Banca rota, Hambre, Inundaciones, Fuego, Ciclones, Sangre, Plaga. Los hombres y mujeres enloquecidos con furia peleaban entre sí. *La sangre se vertía por las calles de las ciudades como agua. El maligno del odio sangriento se había establecido en la fortaleza de la razón; la sed por sangre era más intensa que la lengua seca por agua. Miles de cuerpos yacían en las calles.* Hombres y mujeres caían calladamente por el terror que inspiraba el miedo. Había tregua por el fundador de la obra sangrienta de la mañana. Todo aledor yacía en el pesar de un pasado en ruinas. Los rígidos monumentos que inmortalizaban a los nombres de los nobles y valientes fueron bárbaramente destruidos por explosivos. Una voz decí a fuertemente estas palabras: "Una vez más no solo haré temblar a la tierra sino también a los cielos. Y esta palabra una vez más indica la eliminación de las cosas que son sacudidas, así como de las cosas que son hechas; y las cosas que no puedan ser sacudidas podrán permanecer".
>
> *Los terremotos rasgaban a la tierra en vastos abismos, los cuales sumergían a multitudes; terribles gemidos y lamentos llenaban el aire; los chillidos del sufrimiento eran indescriptiblemente horribles. El agua violentamente se ajetreaba frente a los océanos turbulentos quienes muy ruidosamente bajo la enloquecida y furiosa fuerza del ciclón, era*

Las profecías muestran relaciones entre la Tercera Guerra Mundial y la batalla interna en los Estados Unidos

El panorama profético parece indicar que habrá una Tercera Guerra Mundial, seguido por un conflicto interno en los Estados Unidos, y el regreso al condado de Jackson para el establecimiento de la Nueva Jerusalén. Algunas amonestaciones proféticas muestran la relación cronológica entre estos eventos.

Una visión declarada por el presidente Wilford Woodruff en el año de 1878 parece describir claramente este período. Había mostrado que esa gran desolación vendría sobre la tierra por una terrible enfermedad la cual mataría a mucha gente.[29] Independence, Missouri, EE.UU. [Condado de Jackson] sería destruido; la batalla interna [¿por falta de alimentos?] y gente luchando para llegar a las montañas; y finalmente el comienzo de la construcción de la Nueva Jerusalén; lo cual establece la relación cronológica e identifica la hora del cumplimiento.

El presidente Woodruff registró la visión en su diario personal,[30] el cual abarca otras numerosas revelaciones proféticas. Esto es lo que registró:

---

intolerable para el oído. Las ciudades eran exterminadas en instantes, los mísiles eran arrojados a la atmósfera a una espantosa velocidad, y la gente era llevada hacia arriba sólo para bajarla en una masa irreconocible. Las islas aparecían una vez que las olas del océano sacudían cuidadosamente el gigantesco barco de vapor. En otras partes las flamas voluminosas, emanaban de incendios enormes, girando con velocidad aterradora destruían la vida y propiedades en su curso demoledor. El sello del miedo amenazante de la desolación era descrito en cada rostro humano; los hombres caían exhaustos, consternados y temblando. Cada elemento de la alterada naturaleza parecía un demonio de furia encolerizado. (De la misma fuente, pág. 640).

---

29. ¿Es esta la misma plaga descrita por Charles David Evans? Parece que lo es. ¿Es la enfermedad de radiación? (Observe las características que parecen sustentar esa posibilidad: sed extrema, repentina muerte dejando a miles sin sepultura, las calles vacías, sin embargo la gente utilizaba los sótanos como refugio, la devastación mundial.) ¿Es el azote de la desolación del Señor? ¿Son ambos lo mismo?

30. El apóstol Matthias F. Cowley, quien preparó una biografía del presidente Woodruff, basándose en sus diarios y otros documentos personales, citó la ultima porción de la visión en su libro titulado "*Wilford Woodruff—History of*

Me fui a la cama a la hora usual, nueve treinta en punto. *Había estado leyendo el libro de Apocalipsis en francés.* Mi mente estaba calmada, más de lo usual, lo que no era común. Me tranquilicé para dormir, pero sentí un estupor extraño que venía sobre mí y aparentemente comencé poco a poco a estar inconsciente. Todavía no estaba dormido ni tampoco despierto, pero tenia un extraño sentimiento de no estar soñando.

Lo primero que reconocí fue que estaba en el tabernáculo de Ogden, Utah, EE.UU., sentado en la esquina por miedo a que me llamaran, lo cual, después de la segunda canción, ellos me llamaron al estrado. Me levanté para hablar y decir que no sabía que tenía algo especial para decir excepto el de compartir mi testimonio de la verdad de esta obra, cuando repentinamente me pareció que me estaba transportando fuera de mí. Dije, "Sí, tengo algo que decir, es esto: Algunos de mis hermanos presentes aquí me han preguntado que es lo que acontecerá. *Les diré brevemente lo que sucederá."*

Entonces, estaba en Salt Lake City caminando por las calles. En partes de la ciudad y sobre la puerta de cada casa, vi una insignia de duelo, y no pude encontrar una casa que no estuviera en duelo. Pasé por mi casa y vi la misma insignia. Pregunté, "¿Yo soy quien esta muerto?"

Algo me dió la respuesta, "No".

Me pareció extraño que no viera a ninguna persona en las calles en mi errante caminata por la ciudad. Parecía que ellos estuvieran en sus casas con sus enfermos y muertos. No vi ninguna procesión funeral o ninguna de esta clase, pero la ciudad estaba muy apacible y quieta como si la gente estuviese orando. *Pareciera que la gente tuviese control sobre la enfermedad, cualquiera que fuese, no lo sé,* no se me mostró.

Entonces miré en todas direcciones sobre el territorio, este, oeste, norte y sur, y *encontré la misma insignia en cada lugar.*

Lo siguiente que supe es que estaba en *éste lado de Omaha.* Parecía que estuviese arriba de la tierra mirando hacia abajo sobre ella cuando me dirigía hacia el este. *Ví que los caminos estaban llenos de gente, principalmente mujeres, con solo lo que ellas podían cargar en tajos sobre sus espaldas, viajando a pie hacia las montañas.* Y me preguntaba cómo podían llegar ahí con nada más que un tajo pequeño en sus

---

His Life and Labors" (Salt Lake City, Utah: Bookcraft, 1964), pag. 505. Cabe mencionar que la descripción publicada en *Wilford Woodruff* difiere sutilmente en algunas palabras, pero no en el mensaje, de la descripción impresa de esta declaración. Es posible que varias copias o "versiones," ahora existan de esta manifestación.

espaldas. Fue trascendental para mí que *hubiese tan pocos hombres entre ellas.* Inclusive no me parecía ver pasar los trenes; *las vías se miraban oxidadas y los caminos abandonados.* Definitivamente, no concebía como había viajado mientras miraba a la gente de abajo.

Continuaba viajando hacia el este por *Omaha y Council Bluffs, el cual estaba lleno de enfermedades y había mujeres por todas partes. Las calles de Missouri e Illinois estaban en conmoción y conflicto. Los hombres se mataban el uno al otro, y las mujeres se unían a la lucha. Familia contra familia estaban acuchillándose en pedazos la una a la otra de la manera más horrible que se pueda imaginar.*

Después ví *Washington, D.C. y encontré a la ciudad en desolación. La Casa Blanca estaba vacía, así como la Sala del Congreso.* Todo estaba en ruinas, y la gente parecía escapar de la ciudad y dejarla para cuidarse por sí misma.

Estaba cerca de la ciudad de *Baltimore,* en la plaza donde se encuentra un monumento establecido en 1812 frente a San Carlos y de otros hoteles. *La muerte estaba en todas partes. Ví sus cuerpos apilándose, llenando la plaza. Ví mujeres cortando las gargantas de sus propios hijos para beneficio de su sangre. Ví que la succionaban de sus venas para saciar su sed, y caían en las calles y morían.*

Las aguas de la ciudad y la *bahía Chesapeake* estaban estancadas y salía hedor de ellas por la putrefacción de los cadáveres muertos, por lo que un poco de su olor traía la muerte.

Nuevamente no vi hombres, excepto por los muertos o los que se estaban muriendo en las calles. Había muy pocas mujeres y estaban locas o trastornadas o en un estado agonizante. Dondequiera que iba, veí a lo mismo en todas partes de la ciudad. Era horrible más allá de cualquier mente pudiera considerar.

Creí que era el fin; pero no lo era. Repentinamente en un instante estaba en *Filadelfia* donde todo estaba inmóvil. No había ninguna alma viva para darme la bienvenida. Parecía que la ciudad completa estaba deshabitada. En las calles de Arch y Chestnut, de hecho en cualquier parte, se veía la putrefacción de los cuerpos muertos así como un hedor que era imposible de soportar cualquier criatura viviente.

Después me encontré en Broadway en *Nueva York.* Parecía como si la gente hubiese hecho todo lo que pudo para combatir a la enfermedad. Pero al caminar errante en Broadway, ví los cuerpos de bellas mujeres tirados sobre las aceras, algunas muertas y las otras casi muertas. Ví a los hombres gateando y saliendo de los sótanos; y perturbando a las personas que estaban vivas, después las mataban y robaban los objetos valiosos que tenían los cuerpos muertos. Entonces, antes que pudieran regresar a los sótanos, se revolcaban en agonía una o dos veces y morían.

En algunas de estas calles, *ví madres matando a su propia progenie y comiendo de su carne,* y después de unos cuantos minutos morían. Y dondequiera que miraba, veía las mismas escenas de horror y desolación, rapiña y muerte. *No había caballos, ni carruajes, ni ómnibuses, ni autos, nada que no fuese muerte y destrucción en todas partes.*

Entonces, fui a Central Park, y miré hacia atrás, ví que un incendio iniciaba, y repentinamente ví que el poderoso viento del este se levantaba y llevaba las flamas al oeste sobre la gran ciudad. *Y se quemó hasta donde no hubiese un solo edificio en pie;* inclusive al borde de las aguas. muelles y barcas—todo parecía haberse quemado y consumido por la destrucción común. Nada se había dejado, solo la desolación de una gran ciudad que estaba allí anteriormente. El olor de los cuerpos que se quemaron era tan fuerte que alcanzaba una distancia grande hasta cruzar el rio Hudson, y en cualquier parte en donde los gases penetraban se dispersaba enfermedad y muerte.

No puedo relatar con palabras los horrores que parecían cubrirme, era mas allá de cualquier descripción o pensamiento que se haya concebido.

Supuse que era el fin, sin embargo se me dio a conocer que los mismos horrores que estaban aquí estaban en todo el mundo, en el este, oeste, norte y sur, que pocos vivos quedaban, pero todavía habían algunos.

Inmediatamente después, me parecía estar parado al lado izquierdo de la reserva del río de Missouri, opuesto a la ciudad de *Independence—sin embargo, no ví ninguna ciudad. Ví todo el estado de Illinois y Missouri, y parte de Iowa, un absoluto desierto, abandonado y despoblado.*

Y entonces, ví a poca distancia desde río, doce hombres vestidos con túnicas del templo, parados en un cuadro o algo parecido. Entendí que representaban a las doce entradas de la *Nueva Jerusalén.* Y *alzando las manos, estuvieron consagrando el suelo y colocando la piedra de fundación del templo.*

Y mientras estaban ocupados, vi gran cantidad de ángeles flotando arriba y alrededor de ellos. Y escuché a los ángeles cantando la música más celestial. Palabras como: *"¡Ahora está establecido el Reino de Dios y su Hijo, y reinará para siempre! ¡Y el Reino nunca será derribado, porque los Santos han triunfado!"*

Ví a gente viniendo desde el río y de lugares distantes para construir el templo y la ciudad. Parecía que *hubiera congregaciones de ángeles ayudando a traer material para la construcción de ese edificio. Algunos vestían túnicas del templo,* y in pilar, como una nube continuaban flotando sobre el lugar.

> Posteriormente, me encontré en el tabernáculo de Ogden, donde la gente me llamaba para escuchar el bello acorde musical de ángeles, mientras el edificio parecía llenarse con ellos. Cantaban las palabras que había escuchado anteriormente: "¡Ahora está establecido el Reino de Dios y su Hijo, reinará para siempre!"
>
> Me viré en mi cama y el reloj señalaba las doce. La visión había ocurrido entre las 9:30 p.m. y la media noche.

Aun mucha gente afuera de la Iglesia ha declarado manifestaciones y/o profecías acerca de la tercera guerra mundial.[31] Entre las cuales, se encuentra la escrita por la señora Sols Guardisto, la cual es de interés específico porque parece mostrar la relación cronológica y geográfica entre la tercera guerra mundial, el comienzo de la persecución religiosa reanudada contra los Santos, enfermedades y hambre en el continente, y el recogimiento de los Santos en lugares de refugio. La señora Guardisto visitó el templo de Cardston en dos ocasiones en el año de 1922, antes de la terminación y dedicación del edificio. De acuerdo a su descripción, cada vez que ella visitaba el lugar, recibía "fuertes emociones" acerca de la construcción y de la futura función del templo. Ella las escribió en una carta, la cual se encontró en posesión del presidente Edward James Wood, el primer presidente de ese templo. Conservó la carta en su archivo familiar y también la puso a disposición a otras personas. Una tesis de maestría de BYU (Universidad de Brigham Young) sobre la vida del presidente Wood, escrita por Melvin S. Tagg, un estudiante del College of Religious Instruction (Colegio del Instrucción Religiosa), reportó la manifestación en un apéndice. En su descripción,[32] ella menciona cómo observó a los primeros líderes de la

---

31. Una discusión de tal materiales y una verificación de su validéz e importancia se encuentra fuera de esta volumen. Lo importante, sin embargo, es la realización de él que lea que muchas revelaciones así existen.

32. Muy poco está documentado sobre la identidad de la señora Guardisto. Aunque el autor de la tesis quien preservó su manifestación asegura que ella se unió a la Iglesia posteriormente, no se concedió el registro de su membresía al verificarlo con el departamento de membresías de la Iglesia. Una carta a este autor escrita por J. Forrest Wood, un descendiente de Edward Wood, establece:

> Parece ser una experiencia increíble que ella tuvo, describe cosas que han sucedido y de otras cosas que podrían suceder. Pero cualquier persona que estudia las condiciones del mundo tanto los aledores de país con relación al templo, podría ver sus posibilidades. Le pregunté a nuestro presidente del templo y también a la esposa de nuestro presidente actual;

Iglesia, en ese entonces muertos, quienes la instruyeron en el templo y le mostraron los futuros eventos. Entonces registró las emociones que se le concedieron con respecto a la futura guerra internacional y la batalla interna en América:

---

quienes crecieron aquí y recuerdan bien la historia de la visita y la experiencia de ella. Ambos dicen que nunca supieron que esta fuera llamada una profecía.

No sé el nombre exacto de ella. No se muestra en mi copia. Tenemos una copia aquí en el templo donde yo la registré. Se me dio antes de la dedicación del templo. Melvin Tagg no dio la historia completa; pero los detalles principales son correctos. Todos aquellos relacionados directamente con la historia han muerto. Recuerdo muy bien de eso y escuché a mi padre hablar muchas veces de ello. Tuve acceso a los registros aquí en el templo pero nunca encontré nada más de lo que he mencionado antes. (Carta de Cardston, Canadá, con fecha 5 de mayo de 1971.)

En un forum de L.D.S.S.A. en el Instituto de Religión de la Universidad de Utah, en octubre 10 de 1969, el autor le preguntó al presidente Hugh B. Brown acerca de la manifestación y de su autor. Su contestación fue: "Conozco a la mujer casi bien y fui al templo con ella. Ella aseguraba tener una manifestación trascendental pero no siguió hablando de ella. Ella se fugó con el esposo de otra mujer. *Eso no descalifica la validez de la manifestación, pero no siguió hablando de ella.*" (El autor registró su declaración inmediatamente después que fue hecha.) He intentado conocer más de la mujer a través de la obra genealógica, pero no he tenido éxito.

Al principio de su carta menciona que las emociones que recibió fueron un nuevo tipo de experiencias para ella, las encontraba con un efecto poderoso y convincente:

> Hemos estado en el templo construido por su iglesia, en el lugar en donde los ritos sagrados se realizarán de acuerdo a su fe. La primera vez, me sentí a sumamente impulsada a describirle mis emociones. Lo hice, pero antes de terminar la carta, recibí noticias que me afectaron de tal modo que actué impulsivamente y destruí todo el documento.
>
> Los continuos sentimientos de insatisfacción dentro de mi al dejar algo inconcluso, junto con el deseo de algunos miembros de mi familia, quienes no habían visitado el templo, fue lo que nos dirigió a nuestra segunda visita a Cardston, en donde usted gentilmente nos acompañó; a pesar de las inclemencias del tiempo e inconveniencias personales, lo que el viaje involucró.
>
> Debido a esto y a muchas otras evidencias de su amistad son lo que me condujeron a molestarle con lo que, después del todo, podría ser solo las tontas fantasías de una mente sumamente susceptible. Para mi no lo

No puedo establecer el momento exacto de los eventos sucedidos excepto por las emociones que recibí, las cuales fueron del presente o futuro inmediato.

Primero vi un breve pero claro bosquejo del estado en que el mundo se encuentra actualmente, o como usted lo llame, los Reinos de los

---

parece, porque nunca antes en mi vida tales fuertes emociones han sido impuestas en mi conciencia como cuando visité el templo. Especialmente en mi segunda visita; las emociones de nuestra primera visita se repitieron con tan fuerte intensidad y la gran variedad de detalles es lo que me conduce a informarle de mis experiencias.

Me parece que es una sagrada tarea por mi parte al hacer esto, y sé que al hacerlo sus amigos ni siquiera ligeramente ridicularizarán lo que para mí es de suma importancia, le comentaré en detalle acerca de mis experiencias con la esperanza de que, pueda ser algo más que imaginación, usted u otros de su fe pueden sabiamente analizarlas y utilizarlas correctamente en cualquier forma que fuese recolectada en esta carta.

(Melvin Tagg, "A Remarkable Occurrence in the Cardston Temple", (Un notable suceso en el templo de Cardston), *The Life of Edward James Wood* (*La Vida de Edward James Wood*), una tesis presentada en el College of Religious Instruction (Colegio del Instrucción Religiosa), Brigham Young University, julio de 1959, pág. 148.)

Observe que el autor, la señora Guardisto, no ha escondido el motivo para reportar la manifestación; ella lo hizo solo porque tuvo la impresión que era su "tarea sagrada" hacerlo.

Esto es como ella describió la experiencia revelada y su opinión de los líderes de la Iglesia:

Nuevamente escuché al orador explicar sobre una fase de la construcción o su significado, *estaba viendo más aya de una ilustración de un kaleidoscopio natural proporcionando una fotografía de lo que él estaba describiendo, solo más completo y más vividamente.* Los protagonistas fueron tan claros que requerí todo mi autocontrol para mantener silencio de habitación en habitación. Esto continuaba y solo se detenía cuando salíamos a la helada y a la nieve una y otra vez.

No había ningún plan establecido para la presentación de estas escenas o memorias. *Parecía como cuando pensaba en algo, una fotografía en el instante se presentaba en mi mente explicando alguna palabra del orador, lo cual tenía el mismo efecto.* No estaba asustada, solo estaba impresionada por la maravilla de todo esto y el extraordinario sentimiento de emoción que recibí, lo cual parecía implantarse en cada pequeña escena detallada en mi cerebro, por lo que sentí que nunca se me olvidaría. En ocasiones, parecía recibir un mandato, de observar, recordar y registrar,

Gentiles. Cada país en turno mostraba su anarquía, hambre, ambiciones, desconfianza y actividades belicosas, etc., y en mi mente estaban formadas por alguna fuente las palabras, "Así como actualmente es con los Gentiles".

Después vi la guerra internacional de nuevo estallar con su cede en el océano pacífico, pero arrollando y rodeando el globo completo. Ví que las *fuerzas opuestas estaban divididas generalmente por lo que se llamaban Cristianismo de un lado y por los que se llamaban los seguidores de Mohamed y Buda en el otro lado.* Ví que la gran fuerza del poder dentro de estas llamadas "Naciones Cristianas" era la *Gran Apostasía de Roma* en todos los aspectos políticos, sociales y religiosos. *Ví la desolación mundial y la devastación de la producción y la muerte de la gente que ocurría más rápidamente y a una escala mayor nunca antes vista. Ví el comienzo de un antagonismo que se manifestaba en aquellas llamadas naciones Cristianas contra su pueblo. Ví aquellos de una fe similar a la suya en el lejano este comenzar a buscar refugio en Palestina.*

Ví la guerra del mundo internacional automáticamente estallar y las revoluciones nacionales ocurrir en cada país y concluir la obra de

---

tan claro como se me presentaba, estos incidentes interrelacionados son por los que recibí instrucciones.

Las escenas que observe de naturaleza histórica, parecían la mayor parte verificar y desarrollar un resumen del pasado histórico del orador, y no me siento temerosa de registrarlo, excepto para establecer que los mismos protagonistas patriarcales a quienes observé dirigían e influenciaban las primeras ideologías de la Iglesia, fueron los mismos en cada período y época. *Cuando la escena progresaba a tiempos modernos, vi entre estos consejeros espirituales a personas cuya fisonomía había observado anteriormente en otros eventos históricos con un cuerpo tangible.*

Parecía que el templo fuese ocupado por cuerpos espirituales de estos primeros líderes de la Iglesia, cada uno parecía tener un trabajo definido, inconscientemente dentro del mundo espiritual iniciaban el trabajo regular al que la persona estaba asignada hacer en la carne. En ese templo vi a personas quienes eran líderes de su iglesia durante su marcha hacia el desierto americano, ahora comprometidos en ayudar aquellos patriarcas bajo sus órdenes los cuales parecían estar trabajando. *Había estos líderes de su iglesia o líderes espirituales, si pudiera utilizar este término, quienes parecían ser instruidos para mostrarme las escenas aquí registradas.* (De la misma fuente, pág. 150-151)

La discusión de tal material y análisis con relación a su validez y méritos está fuera del alcance de este libro. Sin embargo, lo que es importante para el lector es comprender que muchas de tales profecías existen.

caos y desolación. Ví ocurrir disturbios geológicos, los cuales ayudaron en esta obra como si fueran hechos intencionalmente. Ví al templo de Cardston ser preservado de todo esta conmoción geológica. *Ví que las líneas de las fronteras internacionales desaparecían cuando estos dos gobiernos rompían relaciones y se desvanecía el caos. Ví disturbios de razas sobre este continente americano a gran escala.*

Ví hambre e inanición en el continente americano desarrollándose estos peligrosos elementos en gran número. Ví enfermedades causadas por el hambre, disensión y caos concluyendo el fin de esta orden actual o época. ¿Por cuanto tiempo estos eventos alcanzaron esta culminación?, no lo sé. Pero me impresioné por el repentino estallido *de la guerra internacional, estos eventos se desarrollaron en una continua secuencia, y casi se realizaron al mismo tiempo,* como lo es con una enfermedad, los múltiples síntomas son todos la evidencia de uno y surgiendo al mismo tiempo, pero en diferentes fases de desarrollo. Mi pensamiento intenso fue, "¿Qué le sucederá a la Iglesia si se convirtiera en el reino de la tierra?"

Este pensamiento inmediatamente fue contestado por una declaración del subconsciente, "Como lo es en la iglesia actualmente", y vi que estos grandes seres espirituales por todo lo largo y ancho del aire, guiaban sus fuerzas espirituales y los concentraban sobre los altos oficiales de su iglesia en la tierra. Ví a estas fuerzas espirituales trabajar como líderes de estos oficiales, persuadiéndoles y dirigiéndoles, influenciándoles y amonestándoles. Ví estas fuerzas espirituales comenzando a darles detalles de estas cosas a las mentes de sus élderes y a otros altos oficiales, especialmente durante sus devociones espirituales y tareas oficiales, y aquellas actividades que exaltan la mente individual o de grupos. Ví que tomaban efecto las emociones e inspiraban a los hombres más receptivos y espirituales, hasta que todo claramente se les reveló en la forma en que los patriarcas espirituales lo anhelaban.

Nuevamente parecía escuchar las palabras, "Así será". Ví a los altos oficiales en concilio y bajo una guía inspirada darles instrucciones a su gente, *para volver a santificar sus vidas y dar energía a su fe.* Como una disciplina voluntaria, ellos mismos se abstenían de aquellas formas de complacencias que abatían el cuerpo, debilitaban la mente y ucían el espíritu o malgastaban sus ingresos. Ví posteriormente, instrucciones dadas acerca de *los lugares de refugio que fueron preparados, calladamente, pero tan eficientemente por élderes inspirados. Ví a Cardston y las pequeñas colinas de los aledores, especialmente al oeste y norte, siendo preparados como un lugar de refugio para su gente, en silencio pero apresuradamente.*

Ví pozos artesianos y otras excavaciones de pozos en todo ese territorio, de tal forma que la gente de la Iglesia y su ganado pudiesen abastecerse de ellos *cuando las aguas abiertas fuesen contaminadas y envenenadas.* Ví los recursos de combustible del distrito extenderse en muchos lugares, y enormes montones de carbón y madera almacenados para ser utilizados y manufacturados para el futuro.

Ví los élderes, todavía bajo guía divina, aconsejar y fomentar *la planeación de cada acre de tierra disponible en el distrito, de tal forma que las grandes provisiones pudieran estar cerca al refugio.* Ví las propiedades de la Iglesia bajo una cultura con cualidades extremadamente diferentes a las demás, no para venta o utilidad, sino para el uso de la gente. Ví a los oficiales inspirados dando instrucciones de lo que serían las mejores cosechas a plantar y cultivar, no para obtener utilidad sino para *almacenarlas y utilizarlas al tiempo de caos.* Ví el territorio cuidadosamente estudiado y *organizado en detalle para el campamento de un gran grupo* de gente de la Iglesia. También ví provisiones hechas para *una gran aglomeración de gente quien aún no pertenecía a la Iglesia pero quienes serían reunidos en momentos de tribulación.* Ví grandes cantidades de equipo quirúrgico, medicinas, desinfectantes, etc., almacenadas en el sótano del templo. Ví que la inspiración era dada a los élderes cuando se examinaba la calidad, cantidad y variedad de cosas para ser almacenadas, lo cual no podía ser posible en este territorio durante momentos de caos. Ví el proceso de los *preparativos de defensa y almacenamiento como se sugerían por el poder de inspiración.* Ví a los élderes estudiando las organizaciones de los campamentos identificadas en mapas. Ví los corredores de minería utilizados como lugares de almacenamiento subterráneo; ví que se trazaban en silencio y apresuradamente la construcción de corrales y el estudio de colinas en lugares remotos para el ganado, las ovejas, etc.

Ví los planes y las tareas para la organización de hombres solteros, scauts, seguridad, enfermeros, cocineros, mensajeros, niños, líderes, personal de seguridad del templo, etc. Ví toda clase de preparativos que se llevaban a efecto sin que el mundo de los Gentiles prácticamente lo supiese, excepto por la Gran Apostasía cuyo conocimiento y odio iba más allá de su poder temporal. Esto se llevaba a efecto sección por sección, como los élderes fueron instruidos para el beneficio del refugio.

Ví a otros oficiales obedecer las instrucciones inspiradas, llevando sus mensajes y exhortando a su gente a seguir las revelaciones que se les habían dado. *En cualquier parte del mundo Gentil el caos se desarrollaba en una variedad de facetas; rebelde contra rebelde, nación contra nación; pero todos se oponían en forma abierta o secreta a su pueblo de su fe.* Ví a su pueblo unirse poco a poco cuando esto comenzaba a ser más intenso y el poder espiritual les advertía por medio de la boca de sus élderes y otros oficiales. Ví las fuerzas espirituales tener influencia en estos miembros, quienes se habían apartado, para volver al redil. Ví un gran evento que nunca antes había visto. *Ví grandes cantidades de necesidades que habían sido proveidos por miembros* cuyos *ojos espirituales habían sido abiertos. Ví la liquidez de propiedades y posesiones* realizarse calladamente y apresuradamente por los miembros de la Iglesia, mientras las autoridades espirituales los dirigían.

Ví el llamado inspirado enviado a toda la Iglesia para reunirse en los refugios de Sión. Ví el continuo flujo de su pueblo dirigiéndose silenciosamente a sus refugios. Ví a su pueblo mudándose rápidamente y en gran número hasta que todos los rezagados estaban hospedados. Ví los mensajes transmitirse de un refugio de Sión a otro en diversos lugares diciendo "todo estaba bien en el mundo". *Y entonces, la obscuridad del caos se cerró alrededor de las fronteras de su pueblo, y los últimos días de tribulación habían comenzado.*[33]

Como otras amonestaciones proféticas registradas en este capítulo, la anterior no se establece como "doctrina". El lector esta invitado a determinar su validez buscando verificar lo revelado, como se debe hacer con cualquier revelación espiritual.

En resumen, con relación a las profecías de una Tercera Guerra Mundial, se debe observar que numerosas amonestaciones proféticas predicen su realidad. Ellas afirman que América será atacada por Rusia y los de la religión musulmana, y sus aliados, y que la guerra tendrá un extremadamente alto índice de victimas. Las bombas serán arrojadas en ambos países, y es sensato pensar que serán utilizados armamentos

---

33. En caso de que se confunda la guerra internacional que ella observó con la Segunda Guerra Mundial, deben ser reconocidas algunas de las características identificadas en la futura batalla que no fueron típicas en la Segunda Guerra Mundial:

1. Las fuerzas tienden a dividirse entre líneas religiosa—Cristianas contra Musulmanas y Budistas.
2. La iglesia en Roma tendrá un poder poderoso bajo las fuerzas del Cristianismo.
3. La oposición se desarrolla entre las naciones Cristianas contra el Mormonismo.
4. La gente en el Extremo Oriente con una fé similar a los Santos de los Últimos Días se cree que empezará a mirar hacia Palestina o Israel por su seguridad.
5. La guerra internacional estallará y las revoluciones nacionales ocurrirán en cada país.
6. La línea de la frontera internacional entre los Estados Unidos y Canadá desaparecerá cuando los dos gobiernos rompan relaciones y se separen en caos.

Ninguno de estos aspectos caracteriza el escenario de la Segunda Guerra Mundial.

nucleares y/u otras armas de destrucción masiva. Algunas de las revelaciones citadas parecen describir los grandes efectos a nivel nacional de enfermedades y destrucción por radiación y/o armas biológicos. Muchos espías terroristas y traidores serán descubiertos dentro de los Estados Unidos. La guerra será sumamente perjudicial para Norte América, entonces Dios intervendrá y llevará la guerra a un fin victorioso para Norte América y sus aliados, mientras tanto sus enemigos caerán hasta ser derrotados, para nunca más levantarse nuevamente con tal poder. La senda será abierta a la obra misional para que crezca en Rusia, lo cual indica que la guerra será una "Guerra Preparatoria", antes de que se cumpla el "tiempo de los Gentiles". A la guerra le seguirá un período de caos en el cual los gobiernos caerán y la anarquía prevalecerá, en los Estados Unidos y en el resto del mundo.

Rusia todavía está preparada para la guerra

Por varias décadas, Rusia se ha preparado militarmente para futuras guerras. La prisa que tienen por ser superiores militarmente se ha hecho más y más obvio; más que tan solo la protección de la tierra de Rusia. El día vendrá cuando sus máximas fuerzas sean empleadas para conquistar y no sólo para defenderse.

Muchos americanos rehúsan aceptar las señales de las intenciones de Rusia. El Secretario de Defensa de los Estados Unidos, James Schlesinger, explicó la actitud apática que prevalece en la nación:

> *Nosotros como nación estamos dándonos el lujo de estar dentro del síndrome del avestruz, escondiendo nuestras cabezas en la tierra y no observando lo que esta sucediendo a nuestro aledor.*
>
> Los soviéticos han incrementado su organización militar en más de cuatro millones de hombres . . . En recientes años, *han producido cuatro veces más personal de combate marino y terrestres de lo que nosotros hemos hecho. Están produciendo 70 porciento más de aviones estratégicos. El equipo de fuerzas terrestres es de una proporción de producción de siete y ocho a uno . . .*
>
> *Lo que nosotros estamos haciendo es escapar de la realidad.*[34]

Corresponsales muy bien informados están profundamente preocupados acerca del crecimiento militar ruso y están alzando sus voces

---

34. Jack Anderson, "America's Flight From Reality," *Deseret News,* enero 1, 1976.

acerca del peligro que crece en la nación. Antes de que dejara su cargo como Secretario de Defensa en enero de 1977, Donald Rumsfeld dijo:

> *La balanza de poder que gradualmente ha cambiado en los últimos 10 a 15 años ha sido "indudablemente adverso" para los Estados Unidos.*
>
> Rumsfeld dijo que las difundidas fuerzas soviéticas nucleares y las poderosas fuerzas convencionales han incrementado las alternativas de los soviéticos. Sugirió que la prolongación de esa tendencia podría convencer a los soviéticos a confrontar a los Estados Unidos en un área de interés nacional americana.
>
> Los reportes de inteligencia se hicieron públicos cuando se dijo que a pesar que el *presupuesto militar ruso se había incrementado a una tercera parte entre 1965 y 1975, el gasto de armamentos de los Estados Unidos había disminuido por una cantidad similar desde la alta época de guerra de 1968.*[35]

Un reporte por el Centro de Información de Estrategia Nacional advirtió que nunca más había habido un peligro militar más grande en la nación que el actual:

> *"En términos de capacidades explicitas militares soviéticas . . . la amenaza global militar de los Estados Unidos nunca más había sido tan grande en este siglo".*
>
> *"La postura actual y planeada de la defensa de los Estados Unidos no es la adecuada para confrontar la amenaza de la Unión Soviética", el reporte establece: Se estimó que los gastos militares rusos han aumentado dramáticamente al equivalente de al menos $130 billones de dólares U.S. en un año.*
>
> "Mientras tanto," el reporte dice, "los Estados Unidos ya no han estado invirtiendo en defensa debido a un proceso sutil de los recortes de presupuesto por el congreso . . . y los requisitos administrativos inadecuados para el gasto de defensa."
>
> Desde 1971, el centro de estudio estableció: los *recortes de presupuesto por el congreso y la inflación han reducido los recursos de defensa de los Estados Unidos por $45 billones de dólares (US).*[36]

El porcentaje anual de los gastos en armamentos de Rusia ahora excede a los más altos de Alemania cuando Adolfo Hitler estaba preparándose para la invasión Nazi europea:

---

35. George Gedda, "Russians Gaining Power Balance?" *Salt Lake Tribune,* julio 10, 1977.

36. "Defense Funds To Fall Short?" *Deseret News,* junio 16, 1976.

La década pasada, Rusia había estado gastando anualmente 20% de su producción nacional bruta en armamento, el anterior líder de Inteligencia de Defensa dijo.

Por el contrario, Lt. Gen. Daniel O. Graham, quien se jubiló el 3 de noviembre, dijo a los reporteros que esto es más de tres veces de lo que se ha estado estimado anteriormente por la inteligencia de los Estados Unidos.

El gasto en armamentos más alto de Adolfo Hitler en su programa preparatorio de la Segunda Guerra Mundial, "armas, no mantequilla", solo alcanzó el 19% de la PNB (Producción Nacional Bruta) de Alemania. Los Estados Unidos este año están presupuestando para la defensa a lo mucho el 5.4%.[37]

El Instituto para Estudios Estratégicos, en un "análisis sobre estrategia, 1975", reportó:

El balance numérico ha cambiado su posición en contra del oeste durante el paso de los años y la ventaja cualitativa (del este) podría gradualmente ser reducida si continúa la tendencia actual en la adquisición de armamento soviético. "El rápido *desarrollo en el incremento gradual de armamentos soviéticos presenta un riesgo mayor a causa del crecimiento del escepticismo . . . sobre las intenciones a largo plazo de los soviéticos.*[38]

Otros, alrededor del mundo, están advirtiendo que las intenciones rusas son para declarar la guerra. Particularmente China ha expresado estos temores:

Rusia, con todas las acostumbradas intenciones, está en una posición de combate. El ejército se ha estado incrementando hasta 4.3 millones de hombres. El colapso del programa de la edificación naval se ha acelerado.

Pekin aterrorizado insiste que *la expansión de los militares rusos no es primordialmente para propósitos de negociaciones diplomáticas y que las intenciones de Rusia son para hacer la guerra.*

Ciertamente, los chinos establecen que Leonid Breztnev ya esta conduciendo la guerra a través de pequeñas naciones suplentes y que por lo tanto él esta ganándoles.[39]

---

37. Col. Robert D. Heinl Jr., "Russia Is Spending 20 Pct. On Military, General Says," *Deseret News,* marzo 4, 1976.

38. "Both U.S., Russ 'Losing Influence,'" *Deseret News,* mayo 7, 1976.

39. Ernest Cuneo, "Russia Is On A War Footing," Deseret News, mayo 3, 1976.

Desde Londres viene esta advertencia con relación al crecimiento acelerado de la fuerza naval rusa, de la prestigiosa publicación anual de fuerza naval "Jane's Fighting Ships" se establece:

> Rusia ha gastado y construido más rápido que los Estados Unidos por un 50% o más en la construcción en barcos de guerra desde la década pasada; y ahora tiene una fuerza naval provocativa la cual, en el criterio del manual de autoridad internacional, "*ha desarrollado más de los requerimientos legítimos de la defensa nacional . . .*
>
> *La advertencia que una fuerza naval construida a la escala de Rusia solo puede ser para una "acción agresiva",* el Capitán Moore compara los problemas de la fuerza naval de los Estados Unidos contra "las muy elocuentes manifestaciones y algunas veces los esfuerzos deshonestos evidentes de un gran numero de gente con influencias quien ve su misión en la vida como el entorpecer las defensas de América."[40]

Las voces de la editorial también están advirtiendo que Rusia esta rápidamente excediendo a los Estados Unidos en un armamento competitivo. Aunque los Estados Unidos mantuvieron previamente una superioridad clara, ahora las dos fuerzas son consideradas de igual equivalencia aproximadamente. Sin embargo, dentro de unos pocos años, Rusia habrá ganado una superioridad clara e indiscutible. Una editorial tradicional proporciona la siguiente advertencia:

> No debieron haber tenido oportunidad los lideres de defensa para impresionar al Congreso y a la nación que *los Estados Unidos están atrasados con respecto al poder militar ruso.*
>
> El Secretario de Defensa, Donald Rumsfeld pronunció esa advertencia esta semana, sin embargo declaró que los Estados Unidos todavía tienen una "equivalencia desigual" con Rusia.
>
> Sin embargo, advirtió que *si las tendencias actuales continúan, los Estados Unidos definitivamente se desplazarían al No. 2 entre los poderes del mundo, con alcances peligrosos para la estabilidad internacional.*
>
> Fue lo mismo que James R. Schlesinger estaba diciendo el año pasado cuando fue despedido por el presidente Ford, aparentemente por haber sido muy estrepitoso en su oposición al recorte acentuado en el presupuesto de defensa.
>
> Esa preocupación también ha sido expresada por el general de la Fuerza Aérea, George S. Brown, presidente de la Comisión de

---

40. "Ominous New Russ Navy," Deseret News, septiembre 20, 1975.

Directores de Personal. "Creemos que el poder de la fuerza militar de los Estados Unidos . . . es ahora capaz," dijo el general Brown. "*Pero estamos grandemente preocupados acerca de las tendencias militares adversas y lo que ellos pretenden para el futuro.*

Estas preocupaciones están basadas por un reciente estudio realizado por la Biblioteca del Congreso requerido por el Senador de Iowa, John Culver, un demócrata liberal. En el *se muestra que los Estados Unidos y Rusia están aproximadamente igual en estrategia de poder nuclear en general. Sin embargo Rusia esta a la cabeza significativamente en armamento convencional tal como tanques, submarinos de ataque y fuerzas armadas en general. . . .*

Los críticos han señalado, y están en lo correcto, que la defensa en general no es solo una comparación de pistola contra pistola y hombre con hombre. *Por ejemplo, los Estados Unidos tienen un poder económico tremendo y habilidades tecnológicas las cuales deben estar incluidas en el balance.*

La inconveniencia aquí es que mientras tales ventajas podrían ser tomadas para resistir una guerra convencional, ellas podrían ser casi insignificantes en una guerra nuclear.

Con Rusia gastando una estimación de 40% más que los Estados Unidos en defensa, ahora parece ser un momento inapropiado para tratar de recortar el gasto para preparación de los Estados Unidos.[41]

Numerosas comparaciones se han publicado con relación a las capacidades militares de Rusia y Norte América, con el objeto de advertir la posición peligrosa que se va incrementando en la nación. Las estimaciones cambian en períodos cortos, mientras la carrera de las armas continúa en expansión, sin embargo la siguiente declaración es un ejemplo típico:

Si está convencido que la Unión Soviética no va a atacar los Estados Unidos a pesar de todo, no continúe leyendo.

Si por el contrario, está preocupado acerca de la posibilidad de nuestra postura desalentadora comparada con el poder militar que crece en Rusia, lo siguiente pudiese darle tranquilidad:

Principio: Los Estados Unidos, por primera vez en la historia, se encuentran casi desnudos a los ataques de bombas y mísiles.

Todos los mísiles antiaéreos (los cohetes Nikes y Bomarc que protegen nuestras ciudades por casi dos décadas) han sido retirados.

41. "Is America Already No. 2 In Military Power Race?" Deseret News, marzo 9, 1976.

Todos los mísiles antibalísticos de los Estados Unidos, (ABMs) han sido desmantelados.

Por el contrario, los Rusos actualmente tienen aproximadamente 12.000 mísiles antiaéreos, con un sitio "Galosh" ABM aledor de Moscú.

Los Estados Unidos actualmente tienen al menos 33 jets interceptores y casi todos tienen de 10 a 20 años. Rusia reportó que tenía 2.600 jets interceptores, todas son naves modernas y de primera línea.

Principio: Rusia sobrepasó a los Estados Unidos en el número de lanzamientos de mísiles en 1971, y ahora dirige cerca de 500. Rusia sobrepasó a los Estados Unidos en el número de mísiles balísticos intercontinentales en 1969 y ahora dirige cerca de 500. Se logró una igualdad aparente en el número de submarinos, lanzando mísiles balísticos el año pasado.

Los mísiles rusos son más grandes substancialmente y capaces de cargar cantidades mucho más grandes, mucho más destructivos armamentos. Por ejemplo, los SS-9 ICBM rusos cargan un misil nuclear igual a 25 millones de toneladas de TNT. Y el nuevo SS-18 puede descargar un misil inclusive más grande o mísiles pequeños al mismo tiempo.

Juntos, los mísiles rusos pueden descargar cerca de 7.5 veces de fuerza destructiva sobre blancos americanos que los mísiles de los Estados Unidos pueden descargar.

No obstante, los rusos han desarrollado un sistema de bombardeo orbital dividido en el cual primero los ICBMs son colocados en orbita, luego son llevados hacia el blanco. El sistema proporciona a los mísiles un rango virtualmente ilimitado. Los Estados Unidos no cuentan con una capacidad similar.

Principio: Los nuevos silos de lanzamientos soviéticos tienen una capacidad llamada "lanzamiento frío". Esto significa que los mísiles pueden ser lanzados de sus silos por gas comprimido (de la manera en que los mísiles americanos Polaris son lanzados desde sus tubos submarinos) y encendiendo los motores de los cohetes solo después de que los mísiles salgan del silo.

Esta técnica deja a un silo de misil sin ser dañado por la flama y por el calor parcial del cohete, listo para ser utilizado al instante. Por lo tanto, Rusia podría dar la apariencia de adherirse a las restricciones de acuerdos en cuanto a las limitaciones de armamentos estratégicos (SALT), y todavía almacenar mísiles adicionales listos para volver a cargarlos instantáneamente.

Los silos americanos Minuteman y Titan II son dañados por un lanzamiento y no cuentan con tal capacidad de recarga rápida.

Principio: Rusia ahora tiene una capacidad insuperable para conducir una guerra química. El secretario de defensa, Donald Rumsfeld calificó a esta capacidad "particularmente inquietante ya que no poseemos una capacidad similar".

Principio: Rusia tiene 4.4 millones de miembros activos en sus fuerzas armadas y 6.8 millones de hombres en reserva, dando un total de 11.2 millones. Los Estados Unidos tiene 2.1 millones de miembros activos de servicios armados y 1.8 millones de hombres en reserva, incluyendo los hombres de la Guardia Nacional, dando un total de 3.9 millones.

Los rusos también tienen 42.000 tanques contra nuestros 9.000; al menos 15.000 piezas de artillería contra nuestras 6.000, y al menos 35.000 vehículos blindados y otros vehículos para batalla contra nuestros 22.000.

De acuerdo al Departamento de Defensa y otras fuentes, *Rusia esta a la cabeza de los Estados Unidos en cada área aparentemente mayor a la fuerza militar, aunque algunas armas americanas todavía son superiores tecnológicamente.*[42]

El concepto de "contragolpe", o DMS ("Destrucción Mutua Segura", una suposición que ni el mayor poder nuclear puede arriesgar a iniciar una guerra nuclear debido a las pérdidas que ambos lados, en última instancia sustentarán, y podría ser muy desbastante) esta siendo desafiado.[43]

Los observadores indican que los rusos no han aceptado la validez de esa teoría, solo los americanos la creen:

La diferencia esencial y peligrosa entre la respuesta de los americanos y los rusos a la aterradora posibilidad de la guerra nuclear es que los *americanos realmente creen que ningún intercambio ocurrirá;* porque la nación no se arriesgará a su propia destrucción; pero *los rusos "nunca han aceptado el concepto de 'contragolpe' o el concepto de*

---

42. Peter Reich, "Russ Outstripping U.S. Defenses," Salt Lake Tribune, abril 10, 1976.

43. Un artículo definió el "contragolpe" de la siguiente manera:

Rusia controla 5.3 billones de toneladas de armas nucleares estratégicas en un rango intercontinental. Norte América controla 4.2 billones de toneladas.

Estas cifras, de la institución Brookings, significan que los rusos podrían destruir cada hombre, mujer y niño americano con una fuerza igual a 23.5 toneladas de TNT. Los americanos tienen 16 toneladas para cada ruso.

Sin embargo, toma solo unas pocas onzas de TNT para matar a una persona.

Esto es lo que los expertos quieren decir cuando hablan acerca de "contragolpe". (Arthur L. Gavshon, "Technology Is Outpacing Politicians in N-Arms Race," *Deseret News,* agosto 5, 1977.)

'destrucción mutua segura'. Por otra parte, el énfasis de los rusos ha sido luchar por la supervivencia pero también en la posibilidad de victoria si una guerra nuclear ocurre."[44]

Un reporte recibido por el Comité de Servicios de la Casa Armada en 1976, basado en estimaciones de la actual capacidad de defensa civil rusa y de la actual insuficiencia en la defensa de los Estados Unidos, presentó serias discrepancias en anomalías:

> La división recibió estimaciones verdaderame alarmantes . . . al comparar el número de víctimas en un ataque nuclear si los rusos evacuan a su gente durante un período de crisis y nosotros hacemos lo mismo: *los rusos perderían cerca de 10.5 millones de gente: los Estados Unidos perderían cerca de 90 millones de gente.*[45]

Los líderes militares ahora han reconocido que "Rusia ha mejorado su defensa civil al punto en que podría ser dañada en lo más mínimo en una guerra nuclear . . . *las capacidades de defensa civil rusas son tan extensas que en una guerra nuclear la nación podría reducir el número de muertes cerca de 10 millones de personas—menos que el número de muertes en la Segunda Guerra Mundial. . . . Los Estados Unidos no*

---

44. Rowland Evans and Robert Novak, "Russian Roulette and Civil Defense," *Deseret News,* mayo 26, 1976.

45. De la misma fuente. Se observó en el artículo que:

La supervivencia rusa se basó en la rápida evacuación de las ciudades, en enormes subterráneos con refugios para ataques nucleares en las áreas a ser desocupadas y en plantas de guerra capaces de continuar operaciones después de un intercambio nuclear en virtud de la difusión del llamado sitios o lugares geográficos "resistentes " en áreas remotas.

Al carecer inclusive de la estructura básica de programas para estas medidas de "supervivencia de guerra" (a menudo llamadas defensa pasiva), los Estados Unidos podrían encontrarse sumamente sorprendidos si no hay un cambio de posiciones entre Moscú y Washington lo cual comenzará el preludio a un posible intercambio nuclear. En lugar de arriesgarse a tal intercambio estando en una posición de inferioridad ya probada basándose en la habilidad para resistir a esta situación, los Estados Unidos podrían ser forzados a ceder. (De la misma fuente).

También se expresó preocupación por el programa de defensa civil de los Estados Unidos pues se presupuestó en menos del 10% de $1 billón gastado por los soviéticos cada año.

tienen aparentemente la capacidad de defensa civil y tomaría 10 veces el mismo número de víctimas en un ataque."[46]

Un estudio publicado a mediados de 1977 estableció con mucha sutileza la estimación de victimas en un holocausto nuclear, y enfatizó la insensatez de confiar en una estrategia que asume que cada bando sea capaz de destruir aparentemente al otro. El estudio de Jones midió fatalidades potenciales bajo un escenario arbitrario en el cual los soviéticos hacen su primer ataque nuclear contra los porta mísiles estratégicos de los Estados Unidos y las revanchas inmediatas de los Estados Unidos con un ataque nuclear específicamente diseñado para la exterminación de la población. Se predice en tan solo 4 millones de fatalidades rusas. Sin embargo, en una situación opuesta, la pérdida de los Estados Unidos se estima en 72 millones:

> El estudio establece que bajo "una evacuación completa de acuerdo con los estatutos de la defensa civil soviética" *el número de fatalidades en un ataque vengativo sería de por lo menos 4 millones*—aún menor, si en 24 horas la evacuación se prolonga.
>
> *Pero los Estados Unidos actualmente no tienen un plan para "refugios eficaces".* Ciertamente la defensa civil ha estado perdiendo la solemnidad de DMS (Destrucción Mutua Segura), el concepto de prevención y la mitología del "contragolpe" (poder nuclear innecesario).
>
> *Consecuentemente, en el caso contrario—un primer ataque americano contra los portadores de mísiles rusos, y la revancha rusa diseñada únicamente para exterminar gente (el estudio predice 72 millones de muertes en los Estados Unidos. Lo que es aún peor—si cualquier cosa pudiera serlo) es que inclusive si la gente americana tiene acceso a los "refugios oportunos", el estudio predice que todavía podrían ser de 20 millones de muertos.*
>
> Ambos resultados catastróficos asumen que 90% de la población urbana tiene 24 horas para salir de la ciudad; que las evacuaciones toman máxima ventaja en las casas residenciales para protección de ataques nucleares; y que el 10% de lo que queda en las ciudades hacen un "uso optimo" de los refugios diseñados para ataques nucleares (tales

---

46. "Is Russia Bomb-proof?" *Deseret News,* julio 20, 1976. Se observó en el artículo que:

> *La irregularidad en la capacidad de supervivencia de guerra es uno de los factores que induce a los rusos a creer que la relación de las fuerzas del mundo es inestable y a favor de Rusia;* y por lo tanto uno tolera significativamente la estrategia de Moscú y los cálculos de riesgo; así como en las estimaciones del probable resultado de una guerra nuclear.

como subterráneos para trenes ligeros) como un pequeño recurso en una tragedia.

Una razón de estas altas y espantosas estimaciones es el *tamaño de las armas nucleares rusas, con muchos más altos rendimientos en fuerza explosiva y en radiación, más que los mísiles de largo alcance de los Estados Unidos.*

Los números son sorprendentes. Un refugio protegería a un ciudadano ruso en una milla desde el punto de impacto de un misil americano de tamaño mediano (un submarino Poseidon—como arma de lanzamiento), mientras que un refugio daría protección sólo a tres millas del punto de impacto en un-megatón mediano (millones de toneladas de TNT equivalente) de un misil ruso.

El estudio cabalmente sugiere esta conclusión: *"Si este modelo altamente exagerado . . . no puede producir niveles de victimas mucho más grandes que aquellos en guerras pasadas, entonces el concepto de 'población cautiva' de mutua prevención pierde mucho de su cibilidad." Rusia sufrió 20 millones en tragedias en la Segunda Guerra Mundial, cinco veces más que si sufriera en el supuesto ataque nuclear americano dirigido únicamente a los rusos.*[47]

Por lo tanto, Rusia se está preparando rápidamente para la guerra, por medio de la producción acelerada de armas y por un programa intenso de defensa civil. El balance del poder esta rápidamente cambiando en favor a los rusos y parece que ellos podrían llevar a sus victimas a los niveles que ellos pudieran considerar aceptables, si iniciaran una batalla nuclear (las persecuciones internas a los ciudadanos rusos en el pasado indican que el gobierno no tiene una alta consideración por las vidas de su pueblo).

Si Rusia adquiere una superioridad militar definitiva, el escenario podría ser bien establecido para el cumplimiento de muchas profecías citadas anteriormente en este capítulo.

Las profecías de conflictos internos en las Américas

Las escrituras hablan expresamente de un período de contiendas y batallas internos en los Estados Unidos y el resto de las Américas. Sumamente interesantemente, la mayoría de las profecías de las escrituras de esta futura batalla fueron todas declaradas por el Salvador mismo cuando visitó a los Nefitas y Lamanitas en América siguiéndole

47. Rowland Evans and Robert Novak, "In Nuclear Holocaust, How Many Deaths?" Deseret News, julio 6, 1977.

su resurrección. Aunque ellas han sido consideradas previamente en esta obra,[48] merecen nuevamente su atención con un énfasis diferente, porque el Señor da en estas profecías una explicación de como los Lamanitas podrían recuperar muchas de las Américas como la tierra de su herencia. Este es el mensaje profético del Salvador:

> Pero ¡ay de los gentiles incrédulos!, dice el Padre—pues aun cuando han venido sobre la superficie de esta tierra, y han dispersado a mi pueblo que es de la casa de Israel; y han echado de entre ellos a mi pueblo que es de la casa de Israel, y lo han hollado;
>
> y a causa de las misericordias del Padre para con los gentiles, así como de los juicios del Padre sobre mi pueblo que es de la casa de Israel, de cierto, de cierto os digo que después de todo esto, y luego que yo haya hecho que los de mi pueblo que son de la casa de Israel sean heridos, y afligidos, y muertos, y que sean echados de entre ellos, y que sean aborrecidos por ellos, y sean entre ellos objeto de escarnio y oprobio—
>
> y así manda el Padre que os diga: *El día en que los gentiles pequen contra mi evangelio, y rechacen la plenitud de mi evangelio, y se envanezcan por el orgullo de su corazón sobre todas las naciones y sobre todos los pueblos de la tierra, y estén llenos de toda clase de mentiras, y de engaños, y de maldades, y de todo género de hipocresía, y asesinatos, y supercherías sacerdotales, y fornicaciones, y abominaciones secretas; y si cometen todas estas cosas, y rechazan la plenitud de mi evangelio, he aquí, dice el Padre, retiraré la plenitud de mi evangelio de entre ellos.*
>
> Y entonces recordaré mi convenio que he concertado con los de mi pueblo, oh casa de Israel, y *les llevaré mi evangelio.*
>
> Y te mostraré, oh casa de Israel, que *los gentiles no tendrán poder sobre ti, antes bien me acordaré de mi convenio contigo, oh casa de Israel, y llegarás al conocimiento de la plenitud de mi evangelio.*
>
> Pero si los gentiles se arrepienten y vuelven a mí, dice el Padre, he aquí, serán contados entre los de mi pueblo, oh casa de Israel.
>
> *Y no permitiré que los de mi pueblo, que son de la casa de Israel, vayan entre ellos y los huellen bajo sus pies, dice el Padre.*
>
> *Pero si no se vuelven a mí, ni escuchan mi voz, yo les permitiré, sí, permitiré que los de mi pueblo, oh casa de Israel, pasen por en medio de ellos y los huellen, y serán como la sal que ha perdido su sabor, que desde entonces para nada es buena sino para ser arrojada y hollada bajo los pies de mi pueblo, oh casa de Israel.*

---

48. Véase pág. 31-34, 55-58.

> De cierto, de cierto os digo que así me ha mandado el Padre: *Que dé a este pueblo esta tierra por herencia.*[49]

Nuevamente, en 3 Nefi 20, el Salvador habló de la batalla interna en América lo cual podría servir para restablecer las Américas a los Lamanitas como la tierra de su herencia. Será en la misma época en que la espada del juicio de Dios caerá "sobre todas las naciones de los Gentiles".[50]

El dijo que iba a ocurrir en el momento cuando Dios pudiera completar "el cumplimiento del convenio" que había hecho con la Casa de Israel.[51] Esta fue su profecía:

> Y *entonces* los restos, que estarán dispersados sobre la faz de la tierra, serán *recogidos del este y del oeste, y del sur y del norte;* y serán llevados al conocimiento del Señor su Dios, que los ha redimido.
>
> Y el Padre me ha mandado que *os dé esta tierra por herencia.*
>
> Y os digo que si los gentiles no se arrepienten después de la bendición que reciban, después que hayan dispersado a mi pueblo,
>
> *Entonces vosotros, que sois un resto de la casa de Jacob, iréis entre ellos; y estaréis en medio de aquellos que serán muchos; y seréis entre ellos como un león entre los animales del bosque, y como cachorro de león entre las manadas de ovejas, el cual, si pasa por en medio, huella y despedaza, y nadie las puede librar.*
>
> *Tu mano se levantará sobre tus adversarios, y todos tus enemigos serán talados.*
>
> Y yo *recogeré a mi pueblo como el hombre que junta sus gavillas en la era.*
>
> Porque haré a mi pueblo, con el cual el Padre ha hecho convenio, sí, tu cuerno yo haré de hierro, y tus uñas de bronce. *Y desmenuzarás a muchos pueblos;* y consagraré al Señor sus riquezas, y sus bienes al Señor de toda la tierra. Y he aquí, yo soy quien lo hago.
>
> Y sucederá, dice el Padre, que en aquel día *la espada de mi justicia se cernerá sobre ellos; y a menos que se arrepientan caerá sobre ellos, dice el Padre, sí, sobre todas las naciones de los gentiles.*
>
> Y acontecerá que estableceré a mi pueblo, oh casa de Israel.

---

49. 3 Nefi 16:8-16.

50. Recordemos la observación, registrada anteriormente: *"Ví la guerra del mundo internacional automáticamente estallar y las revoluciones nacionales ocurrir en cada país y concluir la obra de caos y desolación"*. Véase pág. 218-221.

51. Véase 3 Nefi 20:11-12.

> *Y he aquí, estableceré a este pueblo en esta tierra,* para el cumplimiento del convenio que hice con Jacob, vuestro padre; y *será una Nueva Jerusalén. Y los poderes del cielo estarán entre este pueblo; sí, yo mismo estaré en medio de vosotros.*[52]

Una tercera declaración profética hecha por el Salvador durante su aparición en las Américas describe la futura batalla en detalle. Muestra a los Lamanitas cuando conquistan a sus enemigos, destruyendo la transportación, fortaleza militar y también las ciudades:

> *Y los de mi pueblo, que son un resto de Jacob, estarán en medio de los gentiles, sí, en medio de ellos como león entre los animales del bosque, y como cachorro de león entre las manadas de ovejas, el cual, si pasa por en medio, huella y despedaza, y nadie las puede librar.*
>
> Tu mano se levantará sobre tus adversarios, y todos *tus enemigos serán talados.*
>
> Sí, ¡ay de los gentiles, a menos que se arrepientan! Porque sucederá en aquel día, dice el Padre, que *haré matar tus caballos de en medio de ti, y haré destruir tus carros;*
>
> *y talaré las ciudades de tu tierra, y derribaré todas tus plazas fuertes;*
>
> y exterminaré de tu tierra las *hechicerías,* y no tendrás más adivinos;
>
> tus *imágenes* grabadas también destruiré, así como tus *esculturas* de en medio de ti, y nunca más adorarás las obras de tus manos;
>
> y arrancaré tus *bosques* de entre ti, *y asolaré tus ciudades.*
>
> Y acontecerá que todas las mentiras, y falsedades, y envidias, y contiendas, y supercherías sacerdotales, y fornicaciones, serán extirpadas.
>
> Porque sucederá, dice el Padre, que en aquel día talaré de entre mi pueblo a cualquiera que no se arrepienta y venga a mi Hijo Amado, oh casa de Israel;
>
> *Y ejecutaré venganza y furor sobre ellos, así como sobre los paganos, tal como nunca ha llegado a sus oídos.*[53]

El profeta Mormón, mientras registraba la destrucción final de los Nefitas, repentinamente miró hacia adelante en el tiempo a los últimos días y amonestó a los Gentiles de aquella época, y les dijo que deberían arrepentirse o serían atacados por el "resto de la posteridad de Jacob". Él predijo que si esto ocurriese, "no haya nadie para librar":

---

52. 3 Nefi 20:13-22. Observe que el verso final establece el tiempo de la batalla como antes del establecimiento de la Nueva Jerusalén.

53. 3 Nefi 21:12-21. Observe los versículos 22-23, de este contexto, los cuales nuevamente establecen los eventos que presiden al establecimiento de la Nueva Jerusalén.

> Y entonces, oh gentiles, ¿cómo podréis hallaros ante el poder de Dios *sin que os arrepintáis y os volváis de vuestros inicuos caminos?*
>
> ¿No sabéis que estáis en las manos de Dios? ¿No sabéis que él tiene todo poder, y que por su gran mandato la tierra se plegará como un rollo?
>
> Por tanto, arrepentíos y humillaos ante él, *no sea que se levante en justicia contra vosotros; no sea que un resto de la posteridad de Jacob vaya entre vosotros como león, y os despedace, y no haya nadie para librar.*[54]

La "Profecía sobre la guerra", dada a través de José Smith en 1832, se refiere a este período y advierte que *"los que hayan quedado en la tierra se movilizarán y se irritarán extremadamente y hostigarán a los gentiles con severa aflicción."*[55]

Los Santos indignos, quienes contaminen su herencia en los últimos días durante la época de la Nueva Jerusalén, podrían también sentir la ira del regreso de los Lamanitas si no viven dignamente. El Señor ha amonestado:

> . . . fueron puestos para ser una luz al mundo, y ser los salvadores de los hombres;
>
> y por cuanto no son salvadores de hombres, son como la sal que ha perdido su sabor, y entonces *no sirve sino para ser echada fuera y hollada por los hombres.*
>
> Mas de cierto os digo, *he decretado que vuestros hermanos que han sido esparcidos vuelvan a las tierras de su herencia y edifiquen los lugares asolados de Sión.*
>
> Porque tras mucha tribulación, como os he dicho en un mandamiento anterior, viene la bendición.
>
> He aquí, ésta es la bendición que he prometido *después de vuestras tribulaciones y las de vuestros hermanos:* Vuestra redención y la redención de vuestros hermanos, sí, *su restauración en la tierra de Sión* para establecerse, y nunca más ser derribados.
>
> No obstante, *si profanan sus heredades, serán derribados; porque no los perdonaré si las profanan.*[56]

---

54. Mormón 5:22-24. Con relación al resto de la posteridad de Jacob véase Alma 46:23-27; también D. y C. 109:65 y 113:10.

55. D. y C. 87:5.

56. D. y C. 103:9-14. Véase nuevamente D. y C. 85:7-12. Entonces, ¿es esto la apostasía de los Santos quienes el Señor se esta refiriendo como "El día en que los gentiles pequen contra mi evangelio", y quienes "rechazan la plenitud de mi evangelio"? ¿Ellos causarán que el resto de Jacob vaya entre ellos y que los huelle bajo sus pies? (Véase 3 Nefi 16:10, 14-15).

Los profetas modernos han dicho mucho acerca de este período de batallas internas, indicando que habrá una escena de conflictos locales, populachos y anarquía que llenará la tierra. Carencia de alimentos y la interrupción de la manufactura local, como resultado de un caos económico, han sido relacionados a este período. Ya se citó la visión de José Smith en la cual se estableció, *"Veo a los hombres acosando las vidas de sus propios hijos y el hermano asesinando a su hermano, la mujer matando a sus propias hijas, y las hijas buscando por la vida de sus madres. Ví ejércitos peleando contra ejércitos. Ví sangre, desolación y fuego."*[57]

También se hizo referencia a la amonestación de Orson Hyde en la cual dijo: *"¡estará el hombre blanco del norte y el hombre blanco del sur peleando por pan para sus esposas e hijos!"*[58]

Orson Pratt dijo con relación a la batalla interna:

> *Habrá una guerra de vecino contra vecino, ciudad contra ciudad, pueblo contra pueblo, condado contra condado, estado contra estado,* e irán destruyendo y serán destruidos, y la *manufactura, en gran medida, se detendrá por un tiempo en la nación Norte Americana.* ¿Por qué? Porque en estas guerras terribles, ellos no serán privilegiados para elaborarla, habrá *demasiado derramamiento de sangre, populachos, disturbios dirigidos por bandas, y destrucción y saqueo al país* para permitir a la gente tratar de alcanzar cualquier vocación local a cualquier grado de seguridad. *¿Qué es lo que pasará a millones de agricultores en la tierra? Dejarán sus cultivos y permanecerán sin cultivar, y huirán adelante de los ejércitos que vengan de lugar en lugar a destruirlos; . . .*[59]

También él advirtió:

> "¡Qué! Esta gran y poderosa nación de nosotros será dividida una parte en contra de la otra y *¡muchos cientos de miles de almas serán destruidas por las guerras civiles!* Ninguna palabra de esto creerían ellos. Ellos no creen de *lo que todavía esta en el futuro* . . . Vendrá el tiempo cuando *no habrá seguridad para tratar de obtener paz en cultivos o en la agricultura. Sin embargo, estos serán olvidados, y la gente pensará que es necesario ir de ciudad en ciudad, de pueblo en pueblo y escapar por sus vidas.*[60]

---

57. HC 3:390-391.

58. Profecía hecha en Nephi, Utah, EE.UU. por el élder Orson Hyde. Véase pág. 192.

59. JD 20:151. Marzo 9, 1879.

60. JD 12:344. Diciembre 27, 1868.

Brigham Young enseñó que había escuchado a José Smith decir:

> Ellos tendrán muchísimos populachos, si no se remedia sus errores en contra de los Santos de los Últimos Días. *El populacho no disminuirá, mas se incrementará hasta que todo el gobierno se convierta en un populacho, y eventualmente será estado contra estado, ciudad contra ciudad, vecindario contra vecindario.*

Entonces extendió la declaración diciendo que "será cristiano contra cristiano, y hombre contra hombre, y *aquellos quienes no tomen la espada contra su prójimo tendrán que huir a Sión.*"[61]

El presidente John Taylor amonestó diciendo:

> . . . Dios extenderá su mano sobre esta nación, y ellos la sentirán *terriblemente* como jamás la hayan sentido. *Habrá más derramamiento de sangre, más ruina, más devastación como jamás se haya visto* . . . Todavía vendrá un sonido de guerra, dificultades y pesares, en los cuales el *hermano estará en orden de batalla contra el hermano, padre contra hijo, hijo contra padre, una escena de desolación y destrucción que se saturará nuestro país* hasta que sea terrible escuchar aun su rumor.[62]

Así es evidente que los profetas modernos hayan estado completamente enterados de la venida de una batalla interna, y hayan advertido repetidamente de sus efectos devastadores sobre la nación.

Aunque sus amonestaciones no serán repetidas aquí, debe observarse que hay actualmente muchos Santos de los Últimos Días quienes han recibido indicios proféticos acerca del trabajo que ellos realizarán en esa época. Estas señales han venido en bendiciones patriarcales, revelaciones personales, o en ambas. Ha sido el privilegio del autor hablar con algunas de estas personas, en ocasiones entrevistándolas intensamente. Es obvio que Dios esta dirigiendo a su pueblo a muchos niveles en el tiempo en que este período tumultuoso se aproxime.

Los Santos de la Nueva Jerusalén asumirán el poder político cuando se acabe el gobierno de los Estados Unidos

Es a menudo respondida la pregunta, "¿Aguantará la nación de Norte América?" La respuesta descrita por los profetas es ¡sí! El poder

61. *Deseret News,* Vol. II, No. 9. Mayo 1, 1861.
62. JD 20:318. Octubre 6, 1879.

político y la unidad que seguirá la época de batallas internas eventualmente serán restablecidos y las naciónes Norte Americana serán nuevamente la mejor entre las naciones de la tierra.

Sin embargo, los profetas han enseñado claramente que habrá un cambio completo de gobierno. Washington, D.C., EE.UU., ya no será la capital. La actual burocracia nacional tendrá su fin. La batalla interna destruirá el sistema actual de gobiernos y establecerá la senda para el politizado reino de Dios,[63] y el reino del milenio a través de Jesucristo el cual regirá y reinará. La Nueva Jerusalén tomará su lugar profetizado como el centro dominante de los asuntos nacionales y del mundo.

La perdida de nuestro gobierno nacional no es un concepto agradable para americanos patrióticos emocionados con un amor a su país, y no buscamos que ese día se apresure. Un tiempo eventual de transición debe venir. Ciertamente la esperanza de la ley de rectitud por hombres inspirados de Dios, y eventualmente por el mismo Salvador, es mucho mejor que la pérdida predicha de nuestro gobierno como se conoce hoy en día.

Las declaraciones proféticas por los primeros líderes de la Iglesia fueron hechas repetidamente para que el gobierno de los Estados Unidos finalizará en el momento en que la mano de Dios se mueva sobre la nación en juicio.

José Smith, en diversas ocasiones, predijo el colapso del gobierno federal. El 4 de marzo de 1840, poco después del regreso de una visita a Washington, D.C., EE.UU., José escribió:

> . . . Mi corazón desfallece cuando *veo, por medio de las visiones del Omnipotente, el fin de esta nación,* si continúa no haciendo caso del llanto y peticiones de sus virtuosos ciudadanos, como lo ha hecho y lo esta haciendo ahora.[64]

Otra profecía fue expresada por José como parte de una sorprendente predicción con relación a los políticos americanos, cuyo pleno

---

63. Un tratado completo de las declaraciones relacionadas a esta entidad política está fuera del alcance de esta obra. Véase "The Establishment of the Kingdom of God," (El Establecimiento del Reino de Dios), *Prophecy—Key to the Future*, pág. 67-81, (*La Profecía—Llave al Futuro*, pág. 68-79) para más detalle.

64. HC 4:89. Marzo 4, 1840. El gobierno continuó haciendo falta de consideración de las peticiones de los Santos, dejando los aspectos condicionales de la profecía sin cumplir.

cumplimiento se ha visto desde entonces.[65] El 18 de mayo de 1843, José profetizó lo siguiente al juez Stephen A. Douglas:

> *Yo profetizo en el nombre del Jehová el Señor de Israel,* a menos que los Estados Unidos restituyan las injusticias ejecutadas a los Santos en el estado de Missouri y castiguen los crímenes cometidos por sus oficiales que *en unos pocos años el gobierno será completamente derrocado y quitado, y será discuelo como un gobierno.*[66]

El 16 de diciembre de 1843, José Smith nuevamente profetizó la destrucción del gobierno nacional:

> Mientras estábamos discutiendo la petición del Congreso, *yo profeticé, en virtud del santo sacerdocio que poseo, y en el nombre de nuestro Señor Jesucristo,* que si el Congreso no escuchará nuestra petición y nos da protección, *ellos serán quebrantado como un gobierno.*[67]

---

65. El 18 de mayo de 1843, José profetizó a un juez de la corte de Illinois, EE.UU., Stephen A. Douglas, que él (Douglas) podría aspirar a la presidencia de los Estados Unidos, advirtiéndole que si él se volviera contra los Santos de los Últimos Días, "sentiría el peso de la mano del Omnipotente". Douglas comenzó la candidatura presidencial del Partido Democrático Independiente, el partido prominante en esos días, en 1860. Adoptó una posición de crítica en contra de los Santos. Aunque parecí a que Douglas ganaría una fácil victoria presidencial, repentinamente su partido se desintegró y él perdió por el poco-conocido candidato republicano, Abraham Lincoln.

Para mas detalles sobre la extraordinaria profecía hecha por José Smith y su cumplimiento literal, véase el libro del autor, *The Prophecies of Joseph Smith,* pág. 336-338.

66. HC 5:394. Mayo 18, 1843. La profecía fue de naturaleza condicional, con las condiciones que permanecen sin su cumplimiento. Los Santos nunca fueron restituidos de sus perdidas en Missouri, ni las personas originales de Missouri fueron castigadas por sus ofensas. Sin las condiciones reunidas, parece que los juicios sobre el gobierno todavía pueden ser esperados a que tomen lugar.

67. HC 6:116. Diciembre 16, 1843. Una interpretación que José "indudablemente hace referencia al partido en el poder", el Partido Democrático, en lugar del gobierno nacional, se menciona en un comentario de una editorial en la página de la *Historia de la Iglesia.* Mientras proporciona comentarios interesantes sobre las políticas del día, de ninguna manera documenta las suposiciones injustificadas de lo que José quería decir a parte de lo que actualmente dijo: "Congreso . . . serán quebrantado como un gobierno." La luz de otras declaraciones de José citadas en esta obra y las declaraciones por otros lideres de la Iglesia también citados, indican claramente que la validez de la nota de pie con su suposición es dudosa.

Nuevamente, la profecía es condicional en la cual las condiciones no se cumplen. El Congreso no otorgó protección a los Santos, quienes desesperadamente la necesitaban.

Otros lideres de la Iglesia también advirtieron que el gobierno de los Estados Unidos tendría su fin. Por ejemplo, el presidente Brigham Young dijo:

> *Las naciones se destruirán la una con la otra,* y el Señor las hará sufrir para que las cosas sucedan. No se requiere mucho talento o tacto para ganar oposición en estos días. Se ve frecuente en comunidades, en reuniones, en vecindarios y en ciudades. *Este es el cuchillo que cortará a este gobierno. El hacha esta tendida en el techo del árbol, y cada árbol que no produzca buen fruto será talado.*[68]

Orson Pratt, mientras estaba describiendo la futura batalla en los Estados Unidos, dijo:

> Si una guerra con estas características tomaría lugar, ¿quién podría continuar con su negocio en forma segura? ¿Quién se sentiría seguro para cosechar o continuar con cualquier empresa? *Tendrán que huir de un estado a otro, y existirá una confusión general en toda la república. Tal casualidad es la condición de toda esta nación,* si la gente no se arrepiente de sus maldades; y *tal estado de asuntos no es más que el total derrocamiento de la nación, y no solo esta nación sino de las naciones europeas.*[69]

El élder Pratt propiamente describió la transición de la regulación del gobierno de los Estados Unidos a los Santos, y les mostró a los Santos cómo mantener la estabilidad cuando el actual gobierno termine:

> Dios ha enviado su mensaje de amonestación en medio de esta nación, sin embargo la han rechazado y han tratado a sus siervos con desdén; el Señor recogerá a su pueblo en medio de ellos, y los ha de colocar aquí en estas montañas; y *él rápidamente cumplirá la profecía con relación a la exoneración de esta nación, y de su destrucción. Estaremos obligados a tener un gobierno para preservarnos en unidad y paz; porque ellos, a través de su gradual debilidad, no tendrán el poder para gobernar;* porque estado será dividido contra estado, ciudad contra ciudad, pueblo contra pueblo, y todo el país estará en terror y confusión; el populacho prevalecerá y no habrá seguridad, entre esta gran república, para sus vidas o propiedades. *Cuando ese tiempo llegue, inevitablemente vamos a querer llevar a cabo los principios de nuestra grandiosa constitución y como el pueblo de Dios, vamos a querer ver aquellos principios magnificados, de acuerdo al orden de unión y de alianza que prevalece entre el pueblo de Dios.* Podemos

---

68. JD 8:143. Agosto 12, 1860.
69. JD 18:341. Febrero 25, 1877.

magnificarlos, y seremos unidos sin tener demócratas o republicanos y toda clase de religiones; podemos magnificarlos de acuerdo al espíritu y la carta de la constitución, al ser unidos en política, religión y todo lo demás.[70]

El presidente Wilford Woodruff también previó y pronosticó de la eventual caída del gobierno de los Estados Unidos. Escribió:

> *La nación Norte Americana se romperá en pedazos como la vasija del alfarero* y se dirigirá al infierno si no se arrepiente,—y esto debido a los asesinatos, fornicaciones, iniquidades, y a toda clase de abominaciones, *porque el Señor lo ha dicho.*[71]

En una epístola al mundo, escrita por Wilford Woodruff el 22 de febrero de 1879, profetizó:

> . . . *Lo digo en el nombre de Jesucristo,* el hijo de Dios viviente, que "el mormonismo" vivirá y prosperará, Sión florecerá y el reino de Dios se sostendrá en poder y gloria y dominio como Daniel lo vio, *cuando esta nación se rompa en pedazos como la vasija del alfarero y caiga al polvo, y sea traído a juicio,* o Dios nunca habló por mi boca.[72]

En la misma epístola, él advirtió que habrá un período de anarquía internacional, cuando las barreras legales caigan y las leyes no sean observadas:

> . . . Deseo amonestar a todas las naciones de los juicios de Dios los cuales están a nuestras puertas. *Los tronos serán destruidos, las naciones serán derrumbadas, la anarquía reinará, todas las barreras legales se romperán y las leyes serán holladas en el polvo. Ustedes serán casi visitados por la guerra, la espada, el hambre, la pestilencia, los temblores, los torbellinos, las tempestades y con la flama del fuego devorador;* con fuego y por la espada Dios suplicará con toda carne y *será mucha la masacre del Señor.* La ira del Señor esta encendida, y su espada esta cubierta en el cielo y esta cerca de caer sobre Idumea o el

---

70. DEN, Vol. 8, No. 265. Octubre 2, 1875.

71. Matthias F. Cowley, *Wilford Woodruff—History of His Life and Labors* (Salt Lake City, Utah: Bookcraft, 1964), pág. 500. Verano, 1877. Al cerrar su diario del año anterior, el élder Woodruff escribió: "A un gran grado, la virtud se ha apartado de la tierra y la honestidad ha sido ambicionada por varios departamentos de gobierno. Los hombres buscan engrandecerse en lugar de servir por los intereses de la gente. Muerte y destrucción se propagan en el país lo cual se esta madurando para la cosecha". (De la misma fuente, pág. 490.)

72. De la misma fuente, pág. 508.

mundo. ¿Y quién es capaz de soportar estas cosas? ¿Y quién resistirá cuando él aparezca? Los árboles de higo se están partiendo y las señales de todo el cielo y la tierra indican la venida del Hijo del Hombre. *Los sellos casi se están abriendo, las plagas se están difundiendo. Sus ríos y mares se convertirán en sangre y enfurecerán. Y los habitantes de la tierra morirán por las plagas.* Y la gran Babilonia incrédula, con todo el mundo cristiano, no crearán las verdades de Dios sin consecuencia.[73]

En una carta a los líderes de la Iglesia, escrita desde Arizona, EE.UU. el 15 de septiembre de 1879, el élder Woodruff escribió: *"los abogados, jueces y la nación están precipitando sus condenas tan rápido como el tiempo lo permitirá, y están seguros de su destino."*[74]

El 26 de enero de 1880, una visión al élder Woodruff nuevamente mostró la destrucción de la nación. derramó lágrimas, como cualquiera que ama a su país:

> Me fui a la cama con el deseo de orar y meditar. Me quedé dormido y permanecíen un sueño profundo hasta cerca de la media noche, cuando me desperté. Entonces el Señor derramó su espíritu sobre mí y abrió la visión en mi mente de tal forma que pudiese comprender en gran medida el significado y la voluntad de Dios concerniente a la nación y a los habitantes de Sión. *Ví la maldad de la nación, sus abominaciones y las corrupciones y los juicios de Dios y la destrucción que le esperaba.* Entonces, también comprendí de la gran responsabilidad que recae sobre el Quórum de los Apóstoles. Mi cabeza comenzó a ser una fuente de lágrimas, y mi almohada estaba mojada con el rocío del

---

73. De la misma fuente, pág. 511.

74. De la misma fuente, pág. 528. El élder Woodruff sabía muy bien de los futuros eventos los cuales pasarían en Norte América, habiéndolos visto en una visión. El 18 de octubre de 1848, escribió:

> . . . las visiones en mi mente se habían abierto de tal forma que percibí claramente mi labor hacia mi Dios, a mi esposa, a mis hijos, a los Santos y al mundo. También había visto los juicios terribles y seguros de Dios, los cuales eran como la acumulación de una tormenta que esta lista para caerse sobre los Gentiles del mundo, especialmente a esta nación la cual había escuchado el sonido del evangelio pero lo había rechazado, junto con el testimonio de los siervos de Dios; habían apedreado y asesinado a los profetas; se habían emborrachado con la sangre de mártires y Santos; y finalmente habían encaminado a la Iglesia completa con el sacerdocio y las llaves de la vida eterna fuera en medio del desierto y las montañas de Israel. (De la misma fuente, pág. 333. Véase también pág. 164-165.)

cielo. El sueño se apartó de mí. El Señor me reveló la labor de los apóstoles y de todos los élderes fieles de Israel.[75]

En un discurso dado en 1880, el élder Woodruff enfatizó que la destrucción de la nación Norte América, junto con otras naciones del mundo, "es segura":

> Cuando contemplé la condición de nuestra nación y vi que la maldad y las abominaciones estaban creciendo, de tal forma que los cielos completos se quejaban y lloraban por las abominaciones de esta nación y de las naciones de la tierra, *me pregunté, ¿La nación Norte Americana puede escapar? La respuesta vino, "No"; su destrucción, así como la destrucción del mundo, es segura;* tan seguro que el Señor desarraigó y destruyó a las dos grandes y prósperas naciones que una vez habitaron este continente en el norte y sur de América, debido a su maldad, de tal forma que él las destruirá, y *tarde o temprano ellos segarán los frutos de sus propios actos de maldad, y serán contados entre los del pasado.*[76]

Otros también han visto el fin de la nación Norte Americana en una visión. Uno de ellos fue el apóstol Moses Thatcher, quien le dijo a la congregación en 1882: "He visto el *fin de esta nación* y es terrible."[77]

Sin embargo al mismo tiempo que el actual sistema político se desintegre bajo el caos y la anarquía profetizados, se esperan que sean

---

75. De la misma fuente, pág. 530-531. La historia registra que "La revelación fue sometida al Quórum de los Doce Apóstoles antes de la conferencia de abril de ese año. Fue aceptada por esa organización como la palabra del Señor, de acuerdo al diario del élder Woodruff, el 4 de abril de 1880. (De la misma fuente, pág. 531.)

Dos días antes de la visión, el 28 de enero de 1880, otra visión le fue dada:

> El 28 de enero, se me fue dada nuevamente una visión. Era relacionada al destino de nuestra nación y de Sión. Mi almohada estaba nuevamente mojada por una fuente de lágrimas mientras veía los juicios de Dios sobre la maldad. Estaba sumamente impresionado que los apóstoles y los líderes deberían advertir a los habitantes de la tierra. (De la misma fuente.)

76. JD 21:301. Agosto 1, 1880. Profecía de Wilford Woodruff el 16 de diciembre de 1878, debe ser recordada en este contexto. Vió la terrible destrucción en todo el mundo, con una desolación en Washington, D.C., EE.UU. El Congreso y la Casa Blanca estaban vacías y la gente había huido de la ciudad. (Véase pág. 211-215.)

77. *Franklin Ward Historical Record,* Franklin, Idaho, junio 16, 1882.

preservados entre los Santos la ley, el orden y el gobierno constitucional.

Brigham Young enseño que los Santos podrán salvar la Constitución en un "punto critico":

> ¿La Constitución será destruida? No: será mantenida inviolable por este pueblo; y como José Smith dijo, "El tiempo vendrá cuando *el destino de la nación se cierne sobre una amenaza. A ese punto crítico, este pueblo dará un paso adelante y la salvará de la amenaza de la destrucción." Así será.*[78]

El siguiente año, él enseño:

> . . . Cuando la Constitución de los Estados Unidos se excluya, como se hizo, sobre una menaza, *tendrán que llamar a los "élderes mormones para salvarla de una absoluta destrucción; y ellos darán un paso adelante y lo harán.*[79]

El presidente Young enseño que la preservación de los principios constitucionales por los Santos será bajo su propio gobierno, el Reino de Dios, no bajo el gobierno de los Estados Unidos como se conoce actualmente:

> *El día vendrá cuando el Reino de Dios portará la ley,* la bandera de los Estados Unidos orgullosamente ondeará sin mancha sobre la bandera del grupo de libertad e igualdad de derechos, sin una marca que contamine su superficie; la bandera gloriosa que nuestros padres nos han legado entonces será desenrollada a la brisa *por aquellos quienes tienen el poder para enarbolarla en lo alto y defender su santidad.*[80]

En 1879, el presidente John Taylor estableció:

> . . . Y entonces *el día no esta tan distante cuando esta nación estará temblando desde el centro de la periferia.* Y ahora, ustedes podrían

---

78. JD 7:15. Julio 4, 1854.

79. JD 2:182. Febrero 18, 1855.

80. JD 2:317. Julio 8, 1855. Véase D. y C. 105:32-34. Aunque algunos han interpretado estas declaraciones como su cumplimiento en la Guerra Civil de los Estados Unidos, Brigham Young aclaró que esto no era una interpretación apropiada. Siguiendo con lo de la guerra, él dijo: "¿Cuánto tiempo tendrá que pasar antes de que las palabras del profeta José se cumplan? Dijo que esto debe de realizarse por este pueblo si la Constitución de los Estados Unidos fuese rescatada. No pasarán muchos años antes de que estas palabras acontezcan." (JD 12:204. Abril 8, 1868.)

> escribirlo, cualquiera de ustedes, y *yo lo profetizo en el nombre de Dios.* Y entonces esa predicción se cumplirá para ser encontrada en una de las revelaciones dadas a través del profeta José Smith. *Aquellos quienes no tomaren su espada para pelear contra su prójimo deben huir a Sión por su seguridad . . . Cuando la gente este furiosa para despedazar la Constitución de los Estados Unidos, los élderes de Israel se encontrarán sosteniéndola en lo alto a las naciones de la tierra y proclamando libertad e igualdad de derechos a todos los hombres,* y extendiendo la mano de compañerismo a los subyugados de todas las naciones. Esto es parte del programa, y tan pronto como hagamos lo que es correcto y justo para Dios, él nos ayudará bajo cualquier circunstancia.[81]

George Q. Cannon también aseguró que el tiempo vendrá cuando la libertad y gobierno constitucional solo se encontrarán entre los Santos:

> . . . el día vendrá—y esta es otra predicción de José Smith—yo quiero recordarles de esto, mis hermanos y hermanas, *cuando un gobierno bueno, un gobierno constitucional—libre—se encuentre entre los Santos de los Últimos Días, y sea buscado en vano por todas partes;* cuando la Constitución de esta tierra y gobierno republicano e instituciones sean apoyados por esta gente quienes ahora son subyugadas y cuya destrucción se busca ahora tan diligentemente. *El día vendrá cuando la Constitución y gobierno libre basada en ella, serán sustentados y preservados por esta gente.*[82]

Por lo tanto, el escenario se ilustra con las numerosas declaraciones citadas anteriormente, de un futuro período en un conflicto interno en el cual la anarquía y el estar sin control originarán la ruina por lo que el gobierno nacional y local caerán. Habrá gran estabilidad entre los Santos durante este período, y la gente será atraída por esto para escapar del caos en otras áreas. Un nuevo gobierno será establecido entre los Santos, y ese politizado Reino de Dios apoyará y sostendrá los principios del gobierno constitucional. Eventualmente será el único poder gubernamental con estabilidad en la nación, y crecerá en poder e influencia como la Nueva Jerusalén crece a una supremacía singular.

---

81. JD 21:8. Agosto 31, 1879.

82. JD 23:104. Noviembre 20, 1881. Para otras declaraciones sobre este tema véase el libro del autor, *Prophecy—Key to the Future* pág. 297-300 (*La Profecía—Llave al Futuro,* pág. 243-245), "Apéndice 1, The United States Constitution Will Hang By A Thread," (La Constitución de los Estados Unidos Colgará por un Hilo).

¿Entonces esta nación soportará? Sí, pero solo después de una trágica disminución de población, una completa desorganización y trastorno económico; desintegración del control gubernamental y finalmente del gobierno mismo. Habrá mucho sufrimiento, mucho miedo, mucha pena y mucha escarmiento. La nación, la cual sobresaldrá, será como la mariposa que batalla para salir de su capullo. Se dará comienzo un evento de beldad, dejando atrás al marchito caparazón que una vez albergo y le cubrió.

La batalla internacional durante la época de la Nueva Jerusalén: Una Cuarta Guerra Mundial

Se esperaba que el período de conflicto interno marcará el momento para que los Santos emprendiesen su camino de regreso al Condado de Jackson, Missouri, EE.UU. para establecer la Nueva Jerusalén. Orson Pratt expresó la expectativa que mantenían los Santos con relación al futuro tiempo de regreso:

> *El tiempo vendrá para que el Señor gradualmente debilite a esta nación, dará el mandamiento a este pueblo para regresar y poseer su propia herencia* la cual algunos compraron hace cuarenta y cuatro años en el estado de Missouri.[83]

Se espera el área haya sido limpiada en la destrucción de la guerra mundial o los conflictos internos que precederán al regreso. En 1878, Wilford Woodruff recibió la visión de los futuros juicios y relato: "Me parecía estar parado en la reserva izquierda del río de Missouri, opuesta a la ciudad de *Independence, sin embargo no vi ninguna ciudad. Vi los estados completos de Illinois y Missouri, y parte de Iowa, un absoluto desierto, abandonado y despoblado.*[84]

Heber C. Kimball, en su amplia profecía a Amanda H. Wilcox, dijo que el Condado de Jackson sería "exterminado de tal manera que se

83. DEN, Vol. 8, No. 265, Octubre 2, 1875. Para una amplia descripción del regreso y establecimiento de la Nueva Jerusalén, y los eventos que tomarán lugar, véase *Prophecy—Key to the Future* pág. 83-126 (*La Profecía—Llave al Futuro, pág.* 80-114).

84. Revelación a Wilford Woodruff, diciembre 16, 1878. Véase pág. 211-215.

limpie de sus habitantes—no quedará tanto como un perro amarillo moviendo su cola.[85]

Ciertamente, el Señor ha revelado que limpiará la senda para el regreso de los Santos, quitando a sus enemigos:

> Porque he aquí, *no exijo de sus manos que peleen las batallas de Sión,* pues como dije en un mandamiento anterior—y así cumpliré—*yo pelearé vuestras batallas.*
>
> He aquí, yo he enviado al destructor para deshacer y asolar a mis enemigos; y de aquí a muy pocos años no quedarán para profanar mi heredad, ni para *blasfemar mi nombre en las tierras que he consagrado para el recogimiento de mis santos.*[86]

Parece que los Santos todavía tendrán que estar preparados militarmente y funcionar como un ejército a su regreso:

> Y después que se compren estos terrenos, no *tendré por culpables a los ejércitos de Israel si toman posesión de sus propios terrenos que previamente compraron con su dinero, si derriban las torres de mis enemigos que estén sobre ellos, y esparcen a sus atalayas, y me vengan*

---

85. Prophetic Sayings of Heber C. Kimball to Amanda H. Wilcox. El término "perro amarillo", parece que fue originalmente establecido por José Smith, como se determina en la siguiente carta escrita por George Burkett a sus hijos en diciembre, 1870, desde la ciudad de Eden (Ogden Valley, Condado de Weber), Utah, EE.UU. Primeramente en la carta, el élder Burkett indicó que los miembros del campamento de Sión fueron a su casa cuando el cólera se dispersó entre ellos [véase HC 2:112]. Es probable que ese término fue establecido por José Smith, el cual cita el élder Burkett:

> No te apresures por ir al Condado de Jackson porque la tierra tiene que ser limpiada y el poder de Dios descansa sobre ella antes de que pensemos regresar ahí.
>
> Escuché a José Smith decir en mi casa a la entrada de Clay Co. que cuando regresemos ahí, no habrá un perro moviendo su cola o moviendo la lengua contra nosotros; nadie sino los puros de corazón irán ahí y el Señor preparará al pueblo. Estarán limpios como el sol, resplandecientes como la luna y terriblemente valientes como un ejército de pendones; habrá vírgenes y ciento cuarenta y cuatro mil que permanecerán en el 'Monte de Sión; estas son las prometidas de la esposa del cordero.

Una porción de la carta fue dada al autor el 11 de febrero de 1965 por Geraldine Nelson (señora Merrell Nelson), de Logan, Utah, EE.UU. Ella es la tercera bisnieta de George Burkett.

86. D. y C. 105:14-15.

> *de mis enemigos* hasta la tercera y la cuarta generación de los que me odian.
>
> *Pero primero hágase mi ejército muy numeroso, y santifíquese delante de mí, para que llegue a ser resplandeciente como el sol, claro como la luna y sean sus pendones imponentes a los ojos de todas las naciones;*
>
> para que los reinos de este mundo se vean constreñidos a reconocer que el reino de Sión es de hecho el reino de nuestro Dios y su Cristo; sujetémonos, pues, a sus leyes.[87]

Habrá otras ciudades y pueblos en las áreas cercanas que estarán de pie, sin embargo estarán desoladas, y así como las tribus de Israel se reúnen en el área de la Nueva Jerusalén que ellos hearán. Habrá más de ellos que de miembros de la Iglesia, "porque más son los hijos de la desolada que los de la casada, dice el Señor.[88]

El Salvador les ha prometido que:

> . . . porque hacia la mano derecha y hacia la izquierda te extenderás; y *tu posteridad heredará las naciones gentiles, y hará que se habiten las ciudades desoladas.*[89]

---

87. D. y C. 105:30-32.

88. 3 Nefi 22:1. Véase también D. y C. 133:26-34; 2 Nefi 29:12-14. Orson Pratt apoyó esta interpretación cuando dijo:

> La ciudad de Sión, con su santuario y sacerdocio y plenitud gloriosa de su evangelio, constituirá un estándar que colocará un fin cos adversos y disputas políticas, por los unidos estados de las republicas, provincias, territorios, naciones, tribus, reinos, lenguas, pueblos y sectas del norte y Sudamérica en una gran y común lazo de hermandad; mientras la verdad y el conocimiento los hará libres, y amarán la fortaleza de unión. (JD 24:31-32. Octubre 26, 1879.)

89. 3 Nefi 22:3. Observe la importante secuencia cronológica resumida en los siguientes versículos:

> 1. El resto de la simiente de Jacob pisarán las ciudades de los Gentiles (3 Nefi 21:12-19).
> 2. El inicuo (apóstata) será desarraigado de entre el pueblo del Señor (3 Nefi 21:20-21).
> 3. La Iglesia ayudará al resto de la simiente de Jacob a construir la Nueva Jerusalén (3 Nefi 21:23).
> 4. El pueblo del Señor, dispersado cruza la tierra, se reunirá en la Nueva Jerusalén (3 Nefi 21:24).
> 5. El Señor se les aparecerá (3 Nefi 21:25).

La Nueva Jerusalén será un lugar de refugio para el pueblo por todo el mundo, quien vendrá para librarse del combate que será violento entre ellos. Ciertamente, el Señor ha revelado que "será el único pueblo que no estará en guerra el uno contra del otro":

> Y con corazones y mentes unánimes juntad vuestras riquezas para que compréis una heredad que más adelante os será designada.
>
> Y se llamará la Nueva Jerusalén, una tierra de paz, *una ciudad de refugio, un lugar de seguridad para los santos del Dios Altísimo;*
>
> y la gloria del Señor estará allí, y *el terror del Señor también estará allí,* de tal manera que los inicuos no llegarán a ella, y se llamará Sión.
>
> Y acontecerá entre los inicuos, que *todo hombre que no tome la espada contra su prójimo tendrá que huir a Sión para hallar seguridad.*
>
> Y se recogerán en ella de todas las naciones debajo del cielo; y *será el único pueblo que no estará en guerra el uno contra el otro.*
>
> Y se dirá entre los inicuos: *No subamos a combatir contra Sión, porque sus habitantes son terribles; por tanto, no podemos prevalecer.*
>
> Y acontecerá que los justos serán recogidos de entre todas las naciones, y vendrán a Sión entonando canciones de gozo sempiterno. . . .
>
> Porque cuando el Señor aparezca, será terrible para ellos, de modo que *el temor se apoderará de ellos, y se mantendrán alejados y temblarán.*
>
> *Y todas las naciones temerán a causa del terror del Señor y del poder de su fuerza.* Así sea. Amén.[90]

Entonces, esto es una profecía significativa de conflicto internacional—sin una tercera guerra mundial, porque esa guerra previamente habrá terminado. ¿Si fuese así, una cuarta guerra mundial—una guerra devastadora que sólo la Nueva Jerusalén librará porque el poder de Dios estará ahí?

Otras revelaciones hablan de esta. El Señor habló de guerras que habrán de venir sobre la tierra, entonces advierte de una guerra

---

6. El evangelio será picado al resto de la simiente (Lamanitas) (3 Nefi 21:26).
7. La obra comenzará entre las tribus perdidas de Israel (3 Nefi 21:26).
8. El mayor período del recogimiento del Israel dispersado comenzará, entre todas las naciones (3 Nefi 21:27-29).
9. Aquellos quienes se reúnan habitarán las ciudades desoladas (3 Nefi 22:1-3).

---

90. D. y C. 45:65-71, 74-75.

específica durante la cual los Santos serán reunidos en la tierra de Sión y la desolación vendrá sobre el inicuo:

> Yo, el Señor, estoy enojado con los inicuos; les niego mi Espíritu a los habitantes de la tierra.
>
> *He jurado en mi ira y he decretado guerras sobre la faz de la tierra, y los inicuos matarán a los inicuos, y el temor se apoderará de todo hombre;*
>
> *y también los santos apenas escaparán; sin embargo, yo, el Señor, estoy con ellos, y descenderé en el cielo, de la presencia de mi Padre, y a los malvados los consumiré con fuego inextinguible.*
>
> Y he aquí, esto no es aún, sino ya pronto.
>
> Por tanto, viendo que yo, el Señor, he decretado todas estas cosas sobre la faz de la tierra, *quiero que mis santos se congreguen en la tierra de Sión;*
>
> y que todo hombre tome la rectitud en sus manos y la fidelidad sobre sus lomos, y levante la voz de amonestación a los habitantes de la tierra; y *declare, tanto por palabra como por fuga, que la desolación sobrevendrá a los inicuos.*[91]

El Salvador, después de decir cómo la Nueva Jerusalén sería limpiada de apóstatas, y profetas y apóstoles falsos,[92] predijo de la huida de la gente de todas las naciones a la Nueva Jerusalén y el temor de las naciones de la tierra que tendrán de la Nueva Sión:

> Porque, he aquí, os digo que Sión florecerá, y la gloria del Señor descansará sobre ella;
>
> y será por pendón al pueblo, y *vendrán a ella de toda nación debajo de los cielos.*
>
> Y llegará el día en que *las naciones de la tierra temblarán a causa de ella, y temerán por motivo de sus poderosos.* El Señor lo ha proferido. Amén.[93]

Nuevamente, posteriormente una revelación describe a la Nueva Jerusalén como un lugar de defensa cuando la ira de Dios se derrame sobre toda la tierra:

---

91. D. y C. 63:32-37. Observe que esta descripción de ninguna manera se relaciona con los eventos de la Tercera Guerra Mundial. Es una diferente configuración geográfica y cronológica.

92. Véase también D. y C. 64:35-40.

93. D. y C. 64:41-43. Observe nuevamente el alcance de la amonestación a escala mundial.

> De cierto os digo a todos: Levantaos y brillad, para que vuestra luz sea un estandarte a las naciones;
> a fin de que el recogimiento en la tierra de Sión y sus estacas *sea para defensa y para refugio contra la tempestad y contra la ira, cuando sea derramada sin mezcla sobre toda la tierra.*[94]

Una profecía en el libro de Apocalipsis parece referirse a esta cuarta guerra mundial, cuando cada nación excepto la Nueva Jerusalén este en guerra. Juan predijo que la guerra surgirá cerca del río Éufrates, en donde un ejército terrible utiliza fuego, humo y azufre[95] lo cual matará a una tercera parte de toda clase de hombre:

> El sexto ángel tocó la trompeta, y oí una voz de entre los cuatro cuernos del altar de oro que estaba delante de Dios,
> diciendo al sexto ángel que tenía la trompeta: *Desata a los cuatro ángeles que están atados junto al gran río Eufrates.*
> *Y fueron desatados los cuatro ángeles que estaban preparados para la hora, día, mes y año, a fin de matar a la tercera parte de los hombres.*
> *Y el número de los ejércitos de los jinetes era doscientos millones. Yo oí su número.*
> Así vi en visión los caballos y a sus jinetes, los cuales tenían corazas de fuego, de zafiro y de azufre. Y las cabezas de los caballos eran como cabezas de leones; y de su boca salían fuego humo y azufre.
> *Por estas tres plagas fue muerta la tercera parte de los hombres; por el fuego, el humo y el azufre* que salían de su boca.[96]

Orson Pratt, ese gran estudiante y expositor de profecía, sabía de este período de combate el cual vendría sobre la tierra durante la época de la Nueva Jerusalén. Habló de ello en diversas ocasiones. Las características de sus comentarios fueron:

> El espíritu de Dios se retirará de esas naciones Gentiles y los dejará por sí solos. *Entonces ellos encontrarán alguna otra cosa por hacer*

94. D. y C. 115:5-6. Observe nuevamente las consecuencias de la profecía a escala mundial.

95. Apocalipsis 9:17-18. ¿Nuevamente armas nucleares? ¡Imagine que terrible armamento se requiere para matar un tercio de toda clase de hombre! Véase el comentario de la relación cronológica de esta guerra, seguido por el recogimiento de Israel en Palestina, después seguido por la Batalla de Armagedón en *Prophecy—Key to the Future,* pág. 185 (*La Profecía—Llave al Futuro,* pág. 159-160). El comentario se relaciona con Apocalipsis 9:13-11:19.

96. Apocalipsis 9:13-18.

además de pelear contra los Santos en medio de ellos—además de levantar su espada y pelear contra el Cordero de Dios; porque entonces la guerra intensa comenzará, y tal inconcebible guerra probablemente nunca entró a los corazones de los hombres en nuestra época. *Ninguna nación de los Gentiles sobre la faz de toda la tierra pero si la que será comprometida en la guerra mortal, excepto el Reino de los últimos días.* Estarán peleando la una con la otra. Y entonces cuando el día venga, *los Judíos huirán y esas naciones casi tomarán provecho de la una a la otra* para ganar y aquellas quienes sean abandonadas serán quemadas; porque será el último juicio que venga sobre la tierra para ser limpiada de la maldad.[97]

También él enseñó:

No solo un Evangelio va a ser predicado a todas las naciones de la tierra, pero con relación a el, *tu tendrás que hacer la predicación asociada con ello a todo el pueblo, para temer a Dios y dar gloria a él, porque la hora de sus juicios viene.* Y así como esos juicios vienen, *reinos y tronos serán desarraigados y derrumbados. Imperio combatirá contra imperio, reino con reino y ciudad con ciudad, y habrá una revolución general por la tierra, los Judíos huirán a su propio país,* la desolación vendrá sobre la maldad, con la rapidez de torbellino y furia vertida.[98]

Y también:

Cuando ese día venga [cuando los misioneros sean llamados para ir a casa] habrá guerras, no como las guerras que han venido en siglos y años que han pasado y marchado, sino *una guerra de desolación.* Cuando digo desolación, quiero decir que dejará *las naciones europeas desgastado. Las ciudades serán desocupadas, para no tener habitantes. La gente será destruida por la espada de sus propias manos. No solamente esta sino otras ciudades serán quemadas;* porque cuando peleen los ejércitos estarán preocupados por causar destrucción con terrible ira, sin que el espíritu de Dios se encuentre con ellos, cuando no tengan ese espíritu de misericordia que ahora caracteriza a muchas de las guerras entre las naciones, cuando sean abandonados y dejados a su suerte, no habrá sector a dar, ni prisioneros, sino *una guerra de destrucción, de desolación, de incendio de ciudades y villas, hasta que la tierra este desolada.*[99]

---

97. JD 7:188. Julio 10, 1859. Para una exposición adicional sobre el tema de una cuarta guerra mundial y otras declaraciones dadas por elder Pratt, véase *Prophecy—Key to the Future,* pág. 159-166 (*La Profecía—Llave al Futuro,* pág. 140-145): "El conflicto universal y la caída de las naciones cristianas".

98. JD 14:65-66. Marzo 26, 1871.

99. JD 20:150-151. Marzo 9, 1879.

De tal forma que esto sea visto como un modelo de escritura y exposición moderna que indica que será un período de combate mundial, en el día en que la Nueva Jerusalén haya sido establecida en el Condado de Jackson, Missouri, EE.UU. Ciertamente, la gente que se encuentre ahí, "será el único pueblo que no estará en guerra el uno contra el otro". En esa época, la Nueva Jerusalén será "una ciudad de refugio, un lugar de seguridad", y "todo hombre que no tome la espada contra su prójimo tendrá que huir a Sión para hallar seguridad". En esta reunión participará "toda nación debajo de los cielos". Verdaderamente este futuro evento, una cuarta guerra mundial, es una de las más significativas señales de los tiempos que precederán el regreso glorioso del Salvador.

La batalla mientras la gran y abominable iglesia se desploma—parte de la Cuarta Guerra Mundial

En uno de los capítulos anteriores[100] hemos discutido en detalle de la gran persecución que experimentarán los Santos bajo la dirección de la "gran y abominable iglesia." Como se mencionó, esa persecución continuará hasta que las naciones cual acepten esa iglesia combatirán entre ellos mismos y por consiguiente traerán la caída de esa entidad inspirada por Satanás. Ese obvio panorama de esta profecía no se necesita repetir en este contexto. Lo que es importante aquí es comentar acerca de la relación cronológica de estos eventos.

El comentario se realizó sobre la "gran y maravillosa obra" y el "extraño acto" del Señor que causará que los hombres se unan ya sea a la Iglesia de Dios o a la iglesia del Diablo.[101] Ese evento destacado fue profetizado en diversos pasajes del Libro de Mormón, los cuales indican su relación cronológica a otros futuros eventos. En 1 Nefi 22:8-12 indica que el evento destacado precederá al recogimiento de Israel a las tierras de su herencia (el cual 3 Nefi 21:22-29 muestra que será después de la construcción de la Nueva Jerusalén). En 2 Nefi 25:15-18 también habla del evento destacado en un contexto en que precede al

100. Véase "Sexta Amonestación: La gran y abominable iglesia perseguirá a los Santos," pág. 76-104.

101. Véase pág. 81-89.

recogimiento de Israel, sin embargo relacionándolo con la venida de un Mesías falso.[102]

En 2 Nefi 27:26 habla de "una obra maravillosa y un prodigio", y el capítulo la coloca en el contexto de la época cuando "la multitud de todas las naciones" que "pugnen contra de Sión"[103] sin embargo es bastante prematuro para que los Gentiles de "esta tierra" estuviesen "ebrios de iniquidad y de toda clase de abominaciones.[104] En 2 Nefi 28:32-29:14 nuevamente muestra que la "obra maravillosa" precederá al momento cuando la Casa de Israel sea "reunida sobre las tierras de sus posesiones.[105] También, en 3 Nefi 21:9-23 coloca a la "obra maravillosa" antes del levantamiento del resto de la cimiente de Jacob y la construcción de la Nueva Jerusalén. El "acto extraño" precede a la caída del gobierno de los Estados Unidos, porque el Señor en su ira "afligirá a la nación.[106] La revelación canadiense de Sols Guardisto dice de la hostilidad religiosa y persecución que se levantará contra la Iglesia durante la Tercera Guerra Mundial.

Todo lo de estas referencias se combina para mostrar que las persecuciones a los Santos por la gran y abominable iglesia comenzarán primeramente en las futuras escenas de los eventos de los últimos días, antes de la batalla interna en los Estados Unidos y antes del regreso al condado de Jackson, Missouri, EE.UU. La hostilidad continuará contra la Iglesia durante el período de la Nueva Jerusalén, y "las naciones de la tierra temblarán a causa de ella, y temerán por motivo de sus poderosos.[107] Los inicuos van a querer ir a la guerra contra la Nueva Jerusalén, sin embargo estarán temerosos al hacer esto,[108] y el Señor peleará batallas por los Santos.[109]

---

102. Véase pág. 143-151. Estas páginas y las referencias del Capitulo IX proporcionan fuertes indicadores que habrá dificultades a la venida del Mesías falso en los primeros días de la Nueva Jerusalén.

103. 2 Nefi 27:3.

104. 2 Nefi 27:1.

105. Nefi 29:14. Presumidamente esta reunión incluye el levantamiento del resto de la simiente de Jacob en la cual los Lamanitas recobrarán las Américas como la tierra de su herencia. Véase 3 Nefi 16:15-16; 20:14-18; 21:12-22.

106. D. y C. 101:89-95.

107. D. y C. 64:43.

108. D. y C. 45:67, 70.

109. D. y C. 105:14.

Pero el tiempo vendrá cuando la persecución cese, y la gran y abominable iglesia sea destruida en un período de combate internacional intenso. El combate incluirá: La Iglesia, porque Juan profetizo acerca de diez reyes que *"Pelearán contra el Cordero, y el Cordero los vencerá."*[110]

Nefi vio que la ira de Dios vendría sobre la gran y abominable iglesia, dando como resultado un combate internacional, mientras los Santos todavía estarán dispersos en la tierra:

> Y aconteció que miré y vi a la ramera de toda la tierra, y se asentaba sobre muchas aguas; y tenía dominio sobre toda la tierra, *entre todas las naciones, tribus, lenguas y pueblos.*
>
> Y sucedió que *vi la iglesia del Cordero de Dios, y sus números eran pocos a causa de la iniquidad y las abominaciones de la ramera que se asentaba sobre las muchas aguas. No obstante, vi que la iglesia del Cordero, que eran los santos de Dios, se extendía también sobre toda la superficie de la tierra; y sus dominios sobre la faz de la tierra eran pequeños, a causa de la maldad de la gran ramera a quien yo vi.*
>
> Y ocurrió que vi que la gran madre de las abominaciones *reunió multitudes sobre toda la superficie de la tierra, entre todas las naciones de los gentiles, para combatir contra el Cordero de Dios.*
>
> Y aconteció que yo, Nefi, vi que el poder del Cordero de Dios descendió *sobre los santos de la iglesia del Cordero y sobre el pueblo del convenio del Señor, que se hallaban dispersados sobre toda la superficie de la tierra;* y tenían por armas su rectitud y el poder de Dios en gran gloria.
>
> Y sucedió que vi que *la ira de Dios se derramó sobre aquella grande y abominable iglesia, de tal modo que hubo guerras y rumores de guerras entre todas las naciones y familias de la tierra.*[111]

Entonces él describe la caída de la gran y abominable iglesia cuando las naciones bajo su poder pelean entre ellas mismas:

> *Y la sangre de esa grande y abominable iglesia, que es la ramera de toda la tierra, se volverá sobre su propia cabeza; porque guerrearán entre sí, y la espada de sus propias manos descenderá sobre su propia cabeza; y se emborracharán con su propia sangre.*
>
> *Y toda nación que luche contra ti, oh casa de Israel, se volverá la una contra la otra,* y caerán en la fosa que cavaron para entrampar al pueblo del Señor. *Y todos los que combatan contra Sión serán destruidos, y esa gran ramera que ha pervertido las rectas vías del*

---

110. Apocalipsis 17:12-14.
111. 1 Nefi 14:11-15.

> *Señor, sí, esa grande y abominable iglesia caerá a tierra,* y grande será su caída.
>
> Porque he aquí, dice el profeta, se acerca rápidamente el tiempo en que Satanás no tendrá más poder sobre el corazón de los hijos de los hombres; porque pronto se acerca el día en que todos los soberbios y todos los que obran inicuamente serán como rastrojo; y está cerca el día en que han de ser quemados.
>
> Pues está próximo el tiempo en que la plenitud de la ira de Dios será derramada sobre todos los hijos de los hombres; *porque no consentirá que los inicuos destruyan a los justos.*
>
> Por lo tanto, protegerá a los justos por su poder, aun cuando tuviese que venir la plenitud de su ira, *y serán preservados los justos aun hasta la destrucción de sus enemigos por fuego.* Por tanto, los justos no tienen por qué temer; porque así dice el profeta: Se salvarán, aun como si fuese por fuego.
>
> He aquí, os digo, mis hermanos, que estas cosas deben venir muy pronto; sí, debe haber *sangre y fuego y vapor de humo;* y es menester que sea sobre la superficie de esta tierra; y sobrevendrá a los hombres según la carne, si es que endurecen sus corazones en contra del Santo de Israel.
>
> Pues he aquí, *los justos no perecerán; porque ciertamente vendrá el tiempo en que todos los que combatan contra Sión serán talados.*[112]

Su caída sería un gran evento, porque Nefi profetiza que "*grande será su caída.*"[113] También profetizó: "*Todos los que combatan contra Sión serán destruidos,* y esa gran ramera que ha pervertido las rectas vías del Señor, sí, *esa grande y abominable iglesia caerá a tierra, y grande será su caída.*"[114]

De acuerdo a la profecía de Juan, los diez reyes quienes pelearán contra la iglesia se volverán sobre la ciudad capital de la abominable iglesia "y la dejarán desolada y desnuda; y devorarán sus carnes, y la quemarán con fuego".[115]

Nefi aprendió de un ángel la hora de esta terrible destrucción de la gran y abominable iglesia, e indicó que todavía precederá el mayor período del recogimiento de Israel:

> y cuando llegue el día en que la ira de Dios sea derramada sobre la madre de las rameras, que es la iglesia grande y abominable de toda la

112. 1 Nefi 22:13-19.
113. 2 Nefi 28:18.
114. 1 Nefi 22:14.
115. Apocalipsis 17:16.

> tierra, cuyo fundador es el diablo, *entonces, en ese día, empezará la obra del Padre, preparando la vía para el cumplimiento de sus convenios que él ha hecho con su pueblo que es de la casa de Israel.*[116]

Al presentar las profecías, el profeta claramente asoció el recogimiento de Israel a las tierras de su herencia, la advertencia a las naciones de la gran y abominable iglesia, y del combate contra Sión por las naciones dentro de una etapa cronológica.[117]

Entonces, la conclusión es inevitable: La batalla que trae la caída de la gran y abominable iglesia es la misma que la que estará enfurecida en los días de la Nueva Jerusalén, cuando cada nación este en guerra excepto los habitantes de la ciudad protegida. Aunque dos modelos separados de la profecía parecen hablar de estas batallas, la relación cronológica muestra que ambas son del mismo período de batalla internacional, y ambas representan aspectos importantes de la Cuarta Guerra Mundial.

La Batalla de Armagedón

Esta batalla, el evento más importante y mas profetizado en todas las escrituras, tomará lugar en Israel en los últimos días. Toma su nombre de Meguido,[118] una montaña localizada en la planicie de Esdraelon, un valle triangular a sesenta millas al noroeste de Jerusalén. Esta montaña es una formidable posición defensiva la cual domina el valle y los puestos de mando de la ruta norte y sur a través de Palestina. Ha sido el lugar de innumerables batallas en la historia y los restos arqueológicos dan evidencia de las diversas fortificaciones durante la época del Antiguo Testamento.

Juan el Revelador predijo de esta gran futura batalla. Habla de tres "espíritus inmundos" que vió "salir de la boca del dragón, y de la boca de la bestia, y de la boca del falso profeta."[119] Entonces, él describe su misión:

> . . . son espíritus de demonios, que hacen señales, y van a los reyes de la tierra en todo el mundo, *para reunirlos a la batalla de aquel gran día del Dios Todopoderoso . . .*

---

116. 1 Nefi 14:17.

117. 1 Nefi 22:8-14.

118. Har-Magedón es la traducción literal griega del hebreo para "montaña de Meguidon."

119. Apocalipsis 16:13.

Y los reunió en el lugar que en hebreo se llama *Armagedón.*[120]

Israel ha vivido su existencia incierta por más de cinco décadas, peleando diversas batallas, y el mundo ha hablado incesantemente acerca de la batalla de Armagedón, a menudo asumiendo que el conflicto fue el comienzo de esa batalla. Aunque Israel probablemente tolere el constante conflicto y la tensión con sus vecinos en los años venideros,[121] aquellos quienes estén muy bien familiarizados con el mensaje de las escrituras reconocerán que numerosos e importantes eventos (adicionalmente a un grupo de eventos menores que se han profetizado) deben predecer a la batalla final. Estas incluyen:

1. Una Tercera Guerra Mundial.[122]
2. El cumplimiento del tiempo de los Gentiles.[123]
3. Una batalla interna en los Estados Unidos y otras naciones.[124]
4. El establecimiento de la Nueva Jerusalén y el politizado Reino de Dios.[125]
5. La aparición de Cristo en la Nueva Jerusalén.[126]
6. Una Cuarta Guerra Mundial.[127]
7. El regreso de las diez tribus desde el norte.[128]
8. El llamamiento de 144.000 sumo sacerdotes.[129]

---

120. Apocalipsis 16:14, 16.

121. Véase "Profecías Que Tratan las Acciones Políticas de Israel", *Prophecy—Key to the Future,* pág. 192-194 (*La Profecía—Llave al Futuro,* pág. 164-166).

122. Véase pág. 201-231; *Prophecy—Key to the Future,* pág. 1-16 (*La Profecía—Llave al Futuro,* pág. 14-27).

123. Véase *Prophecy—Key to the Future,* pág. 17-34 (*La Profecía—Llave al Futuro,* pág. 28-39).

124. Véase pág. 211-222, 231-237; *Prophecy—Key to the Future*, pág. 49-66 (*La Profecía—Llave al Futuro,* pág 58-67).

125. Véase pág. 237-246; *Prophecy—Key to the Future,* pág. 67-105 (*La Profecía—Llave al Futuro*, pág. 68-98).

126. Véase *Prophecy—Key to the Future, pág.* 112-117 (*La Profecía—Llave al Futuro*, pág. 103-107).

127. Véase pág. 246-257; *Prophecy—Key to the Future,* pág. 159-166 (*La Profecía—Llave al Futuro*, pág. 140-145).

128. Véase *Prophecy—Key to the Future,* pág. 117-121 (*La Profecía—Llave al Futuro*, pág. 107-110).

129. Véase *Prophecy—Key to the Future,* pág. 121-125 (*La Profecía—Llave al Futuro*, pág. 110-113).

9. La aparición de Cristo en el concilio en Adam-ondi-Ahman.[130]
10. El recogimiento de todas las tribus de Israel a la tierra de Israel.[131]
11. El gobierno de David el Príncipe.[132]
12. La construcción del templo en Jerusalén.[133]

Entonces, y no hasta entonces, será peleada la Batalla de Armagedón.

Este libro se enfoca en el futuro de Norte América, en lugar de los eventos en Israel y en otras partes, y no se intenta describir en detalle la Batalla de Armagedón. Esa batalla profetizada es de suma importancia que merece al menos resumirla en este capítulo sobre guerras que han sido profetizadas.

La carencia de alimentos será el motivo de la guerra, y Ezequiel profetizó que los enemigos de Israel vendrán:

> *para arrebatar despojos y para tomar botín,* para poner tus manos sobre las *tierras desiertas ya pobladas,* y sobre el *pueblo recogido de entre las naciones,* que se hace de ganado y posesiones, que mora en la parte central de la tierra.[134]

El líder del ejército del ataque será "Gog, príncipe soberano de Mesec y Tubal.[135] Su armada sería llamada "Magog";[136] y sería

---

130. Véase *Prophecy—Key to the Future,* pág. 167-176 (*La Profecía—Llave al Futuro*, pág. 146-152).

131. Véase *Prophecy—Key to the Future,* pág. 127-139, 177-179, 182-189 (*La Profecía—Llave al Futuro,* pág. 115-123, 153-154, 157-162).

132. Véase *Prophecy—Key to the Future,* pág. 179-182 (*La Profecía—Llave al Futuro*, 154-157.

133. Véase *Prophecy—Key to the Future,* pág. 189-192 (*La Profecía—Llave al Futuro*, pág. 162-164).

134. Ezequiel 38:12.

135. Ezequiel 38:2-3. Estos términos geográficos datan de la "tabla de las naciones" que se encuentra en Génesis 10, y que se refiere a los lugares de fundación de los descendientes de Noé, quienes se dispersaron al cruzar la faz de la tierra siguiendo la inundación. Mecec y Tubal parecen referirse a la porción de la Turquía moderna y sureste de Rusia cerca al mar Caspio. Debe recordarse que dos guerras mundiales surgirán antes de la Batalla de Armagedón la cual alterará grandemente las fronteras y estructura de las naciones de la tierra. Actualmente se intenta asegurar que Gog será de una nacionalidad definida, intentos que son de poco valor.

136. Ezequiel 39:6.

constituida primeramente por la gente de los países que circundan a Israel.[137]

La guerra, que continuará por tres y medio años,[138] llevará una carga pesada. Dos terceras partes del pueblo de Israel morirán,[139] y cinco sextos del ejército del ataque, incluyendo el líder Gog, caerán en las montañas de Israel.[140] La batalla se enfurecerá en Jerusalén. Zacarías profetiza: "y la ciudad será tomada, y serán saqueadas las casas, y violadas las mujeres; y la mitad de la ciudad irá en cautiverio, mas el resto del pueblo no será cortado de la ciudad".[141] Inclusive una porción del templo estará atestada por los invasores.[142] Dos profetas en Jerusalén profetizarán durante los 3.5 años, y tendrán el poder para retener la lluvia desde la tierra y herir con plagas. Ellos serán muertos en la batalla. Sus cuerpos caerán sin ser atendidos en las calles por 3.5 días, entonces la vida se les regresará y serán llevados al cielo.[143]

Durante la batalla, los juicios grandes serán derramados. No solo la lluvia será retenida por los dos profetas sino que Dios enviará pestilencia, una impetuosa lluvia, granizo grande, fuego y azufre.[144] Un fuerte terremoto derrumbará una décima parte de la ciudad de Jerusalén, y destruirá las ciudades de otras naciones al mismo tiempo.[145]

Israel peleará pobremente la batalla y parecerá estar condenado a la derrota, cuando Cristo repentinamente se presentará en el Monte de los Olivos. La montaña se partirá en dos, permitiendo un acceso de escape a los Israelitas asediados.[146]

Serán reunidos mientras Dios extiende su fuerza en la disputa.[147]

---

137. Véase "Nations Which Will Attack Palestine" (Las Naciones que Atacarán a Palestina), *Prophecy—Key to the Future,* pág. 198-202 (*La Profecía—Llave al Futuro,* pág. 169-171).

138. Apocalipsis 11:2. Observe que el tiempo para la Batalla de Armagedón va a ser más prolongada que el de la Cuarta Guerra Mundial o batalla universal, la cual Juan profetizó que durará por aproximadamente trece meses (Apocalipsis 9:15).

139. Zacarías 13:7-9.

140. Ezequiel 39:1-6.

141. Zacarías 14:2.

142. Apocalipsis 11:1-2.

143. Apocalipsis 11:3-12.

144. Ezequiel 38:22; Apocalipsis 16:21; Zacarías 14:12, 15.

145. Apocalipsis 11:13; 16:19.

146. Zacarías 14:4-5, D. y C. 45:47-50.

147. Zacarías 12:8.

Ezequiel profetizó acerca de la caída eventual del ejército invasor:

> Tú pues, hijo de hombre, profetiza contra Gog, y di: Así ha dicho Jehová el Señor: He aquí yo estoy contra ti, oh Gog, príncipe soberano de Mesec y Tubal.
>
> Y te quebrantaré, y te conduciré y te haré subir desde las partas del norte, y te traeré a los montes de Israel;
>
> y sacaré tu arco en tu mano izquierda, y derribaré tus saetas de tu mano derecha.
>
> *Sobre los montes de Israel caerás tú y todas tus tropas, y los pueblos que fueron contigo; a aves de rapiña de toda especie, y a las fieras del campo, te he dada por comida.*
>
> Sobre la faz del campo caerás; porque yo he hablado, dice el Jehová el Señor.[148]

Los pájaros de rapiña comerán la carne de los ejércitos caídos,[149] y siete meses se requerirá sepultar a los muertos.[150] Vendrá el tiempo de gran lamentación en Israel.[151]

La gran Batalla de Armagedón, tan trágica como será, todavía servirá para dirigir al hombre al conocimiento y la aceptación del gran poder de Dios. Ellos verán los milagros que la ayuda de Dios le dará a Israel, y sabrán de su aparición gloriosa en el Monte de los Olivos. Como lo dijo el Salvador, después de revelar los grandes juicios que vendrán sobre los invasores:

> Seré engrandecido y santificado, y seré conocido ante los ojos de muchas naciones; y sabrán que yo soy Jehová.[152]

Y también:

> Y pondré mi gloria entre las naciones, *y todas las naciones verán mi juicio que habré hecho,* y mi mano que sobre ellos puse.
>
> Y de aquel día en adelante sabrá la casa de Israel que yo soy Jehová su Dios.
>
> *Y sabrán las naciones* que la casa de Israel fue llevada cautiva por su pecado, por cuanto se rebelaron contra mí, y yo escondí de ellos mi

---

148. Ezequiel 39:1-5.
149. Ezequiel 39:17-20; Apocalipsis 19:17-18.
150. Ezequiel 39:9-16.
151. Zacarías 12:10-14.
152. Ezequiel 38:23. Este concepto, que Dios "seré engrandecido" o "hará desnudo su brazo" ante los ojos de todas las naciones, se expresa frecuentemente con relación a la Batalla de Armagedón y a veces se convierte en una "palabra clave" porque es un evento que hace referencia a las escrituras.

rostro, y los entregué en manos de sus enemigos, y cayeron todos a espada.

Conforme a su inmundicia y conforme a sus rebeliones hice con ellos, y de ellos escondí mi rostro.

Por tanto, así ha dicho Jehová el Señor: Ahora volveré la cautividad de Jacob, y tendré misericordia de toda la casa de Israel, y me mostraré celoso por mi santo nombre.

Y ellos sentirán su vergüenza, y toda su rebelión con que prevaricaron contra mí, cuando habiten en su tierra con seguridad, y no haya quien los espante;

cuando los saque de entre los pueblos, y los reúna de la tierra de sus enemigos, y sea santificado en ellos ante los ojos de muchas naciones.

Y sabrán que yo soy Jehová su Dios, cuando después de haberlos llevado al cautiverio entre las naciones, los reúna sobre su tierra, sin dejar allí a ninguno de ellos.

Ni esconderé más de ellos mi rostro: porque habré derramado de mi Espíritu sobre la casa de Israel, dice Jehová el Señor.[153]

Resumen

1. Dios ha prometido enviar guerras sobre la tierra en los últimos días "hasta que la consumación decretada haya destruido por completo a todas las naciones." Estas batallas servirán como juicios sobre aquellos quienes sean malos y endurezcan sus corazones. "Los inicuos matarán a los inicuos, y el temor se apoderará de todo hombre."

2. Las escrituras y los profetas han advertido de cinco importantes batallas o períodos de combate:
   A. Una Tercera Guerra Mundial.
   B. Conflictos internos en las Américas.
   C. Una Cuarta Guerra Mundial durante el período del establecimiento de la Nueva Jerusalén.
   D. Una batalla mundial con relación a la caída de la gran y abominable Iglesia.
   E. La batalla de Armagedón.

3. Existen dos tipos de combates en los últimos días:
   A. Guerras preparatorias—las cuales prepararían la senda para la predicación del evangelio.

153. Ezequiel 39:21-29.

B. Guerras de una total destrucción—las cuales castigarán a los inicuos y tendrán como resultado la gran desolación.

4. Una Tercera Guerra Mundial, entre Rusia y sus aliados, y Norte América y sus aliados ha sido profetizada repetidamente. Las características de esta futura guerra profetizada incluyen lo siguiente:

A. Un ataque inicial por Rusia u otros conectados con el o bajo su influencia.
B. Cada una de las más grandes potencias bombardeará la tierra de la otra.
C. La mayoría de la guerra se llevará acabo en el aire y en el mar.
D. La guerra será grande y sangrienta.
E. Los Estados Unidos parecerán estar perdiendo la guerra en su etapa inicial.
F. Muchos espías y traidores serán capturados dentro de los Estados Unidos.
G. Una porción grande del ejército de los Estados Unidos se rendirá.
H. Dios intervendrá y se unirá a la batalla, ayudando a Norte América a lograr la victoria.
I. Una grande fuerza repentinamente se levantará al oeste de Norte América para neutralizar una invasión enemiga.
J. Rusia y los otros asociados con ellos decaerán hasta su derrota, nunca más se levantará con tal poder nuevamente.
K. Misioneros irán a Rusia, predicando el evangelio a los miembros de la Casa de Israel.

5. Es grande la probabilidad de un combate nuclear o el uso de otras armas de destrucción masiva durante esta batalla, y las potencias más grandes probablemente bombardearán la tierra de sus enemigos. Algunas de las amonestaciones proféticas describen escenas y eventos que parecen ser combates atómicos dando como resultado efectos de radiación.

6. Actualmente, Rusia todavía está en una posición de combate y ha desarrollado una importante fuerza militar.

7. Una preocupación particular de Rusia es su extensa preparación de defensa civil, comparado con las muy limitadas capacidades de defensa civil en los Estados Unidos. De acuerdo a estudios recientes, realísticamente un ataque nuclear ruso en Norte América se podría es-

perar que se produjeran 72.000.000 fatalidades, mientras que la pérdida en un ataque americano sobre Rusia podría estar limitado a unos 4.000.000. Se ha descartado la suposición de que Rusia no se arriesgaría a atacar nuclearmente a los Estados Unidos como parte de su estrategia es debido a las pérdidas que se sufrirían en ataques vengativos.

8. Algunas amonestaciones proféticas establecen la relación entre la Tercera Guerra Mundial y la posterior batalla interna en los Estados Unidos, indicando que el estallido de la guerra internacional traerá como resultado revoluciones a nivel nacional; y que la confusión y destrucción de la guerra mundial establecerán condiciones de deficiencias, hamrepebre, inestabilidad económica y oposición que conducirá a la batalla interna.

9. Las relaciones cronológicas en las amonestaciones proféticas indican que la batalla interna en los Estados Unidos (y, por lo tanto, en la Tercer Guerra Mundial, la cual precederá a la batalla interna) ocurrirá antes del regreso a la Nueva Jerusalén.

10. El Salvador profetizó que el resto de la posteridad de Jacob [los Lamanitas] recobrarán mucho de las Américas como la tierra de su herencia cuando ellos se levanten para destruir transportación, fortaleza militar y ciudades.

11. La batalla interna en los Estados Unidos ha sido descrita como contiendas locales y anarquía, con leyes de populacho y bandas que hacen saqueos siendo imposible para la nación continuar eficientemente la búsqueda de manufactura, cultivos y comercios. Inclusive los miembros de la familia se matarán los unos con los otros. El surgimiento de la propagación de hambre claramente aparece en las amonestaciones proféticas y podría explicar la principal razón de las contiendas.

12. Los primeros líderes de la Iglesia repetidamente profetizaron la completa destrucción del gobierno de los Estados Unidos y el fin de esta nación como existe actualmente. Cuando la batalla interna trae el control del gobierno a su fin, se ha profetizado que los Santos serán capaces de mantener un alto nivel de estabilidad. Ellos formarán un gobierno, un politizado "Reino de Dios" que mantendrá los principios de libertad y de la constitución, y aumentará su influencia cuando la gente recupere ese estándar. Habrá reasignación del poder de gobernar a los Santos, como preparación al gobierno de Cristo en el milenio.

13. Durante el período de la Tercera Guerra Mundial y/o batallas internas, algunas regiones serán limpiadas de sus pobladores, dejándolas desoladas. Se ha profetizado que la ciudad de Independence, Missouri, EE.UU., sea una de esas regiones: Los Santos regresarán y construirán una gran ciudad, la Nueva Jerusalén. Las regiones cercanas desoladas también serán habitadas.

14. Los Santos serán organizados de una manera militar durante el regreso al Condado de Jackson. Sus ejércitos comenzarán a ser enormes y serán observados con temor y terror por otras naciones.

15. La Nueva Jerusalén servirá como un lugar de refugio en donde la gente de todas partes del mundo huirá para escapar de la destrucción de una Cuarta Guerra Mundial. El poder de Dios estará sobre la ciudad protegiéndola; sin embargo, será el único lugar que no estará en guerra como una Cuarta Guerra Mundial continua con violencia.

16. Juan el Revelador profetizó de una guerra que durará por trece meses y la cual matará la tercera parte de los hombres. Su profecía indica de algunos tipos de asociaciones geográficas con el "Río Éufrates".

17. Los Santos serán perseguidos por la gran y abominable iglesia, inclusiva antes del regreso al Condado de Jackson. La ira de Dios finalmente se tornará en contra de la organización de la maldad durante la Cuarta Guerra Mundial. Las naciones reunidas para pelear contra los Santos se tomarán la una con la otra e inducirán a la guerra, causando que la gran iglesia se derrumbe. Diez reyes quienes han luchado previamente contra los Santos destruirán la ciudad capital de la gran y abominable iglesia.

18. La Batalla de Armagedón es un combate que tomará lugar en la tierra de Israel siguiéndole la Cuarta Guerra Mundial, el regreso de los Judíos y de las Diez Tribus a su tierra natal; y la construcción del templo en Jerusalén. Tomará lugar durante el gobierno de David el Príncipe. La batalla toma su nombre profético de Meguido, una fortaleza en la planicie de Esdraelon. Esta guerra es el evento más profetizado en todas las escrituras.

19. El ejército enemigo, Magog, será dirigido por el general llamado Gog. Su ejército avanzará hacia Jerusalén y capturará la mayor parte de la ciudad. Una repentina aparición por el Salvador en el Monte de los Olivos ayudará a los Israelitas, les facilitará recuperarse y ganar la bata-

lla. Dos tercios de Israel serán muertos, mientras Gog y cinco sextos de su ejército caerán en las montañas de Israel.

20. La Batalla de Armagedón mostrará a las naciones paganas que el Señor es Dios. Ellos serán receptivos a la obra misional después de saber acerca de la intervención divina durante la batalla.

12

La pestilencia y la plaga desoladora del Señor

Los dos capítulos anteriores, y este capítulo, examinan los tres grandes instrumentos para los juicios de Dios sobre la maldad: hambre, espada y pestilencia. Muy poco se ha dicho del tercero de estos instrumentos—menos que de los otros dos, sin embargo el impacto que se ha profetizado de los terribles efectos de la pestilencia sobre las naciones malvadas del mundo obviamente serán terribles.

El Señor ha dicho a las naciones de la tierra:

> *¡Cuántas veces os he llamado* por boca de mis siervos y por la ministración de ángeles, y por mi propia voz y por la de los truenos y la de los relámpagos y la de las tempestades; *y por la voz de terremotos y de fuertes granizadas, y la de hambres y pestilencias de todas clases;* y por el gran sonido de una trompeta, y por la voz del juicio y de la misericordia todo el día; y por la voz de gloria y de honra y la de las riquezas de la vida eterna, y os hubiera salvado con una salvación sempiterna, mas no quisisteis!
>
> *He aquí, ha llegado el día en que la copa de la ira de mi indignación está llena.*[1]

Entonces la enfermedad y pestilencia son herramientas con las cuales Dios castiga a su pueblo y reprime al inicuo de la tierra.

Amonestaciones acerca de pestilencia en los últimos días

El Señor ha revelado que la pestilencia se espera en los últimos días:

> He aquí, hablo por el bien de mis escogidos; porque nación se levantará contra nación, y reino contra reino; *habrá hambres, pestes y terremotos en diversos lugares.*
>
> Y otra vez, *por motivo de que abundará la iniquidad, el amor de muchos se enfriará;* mas el que no fuere vencido, éste se salvará.[2]

1. D. y C. 43:25-26.
2. José Smith—Mateo 1:29-30.

Repetidas amonestaciones de las futuras enfermedades y pestilencia se han dado en revelaciones privadas y a través de patriarcas de la Iglesia. Tales amonestaciones deliberadamente son un consejo personal y no son doctrina oficial de la Iglesia. Nuevamente, como con las amonestaciones proféticas de una Tercera Guerra Mundial y de la batalla interna dentro de los Estados Unidos, los Santos deben con certeza saber que este modelo disperso de revelaciones personales existe. Las siguientes citas breves extraídas de bendiciones patriarcales son típicas del modelo:

> Vivirás sobre la tierra para ver azote tras azote de enfermedades en el mundo, y *los Santos apenas escaparán, porque muchos caerán por la plaga*—inclusive a tu derecha y tu izquierda.

También:

> Verás el azote de las enfermedades derramadas de vez en cuando y *verás al inicuo ser exterminado desde cielo en tan sólo un parpadeo, una y otra vez.*

Y de nuevo:

> ¿. . . tu vivirás tan prolongada la vida se desea, y el azote del día en el cual vivas te pasará, así como la plaga lo hizo en los días de los Israelitas en Egipto; y no morirás. *Verás hambre por todos pagos de la tierra. Verás la pestilencia debido a los temblores y conmoción en la tierra.*

Otra advierte:

> Vivirás para ver en las naciones de la tierra el azote por sus pecados. *Vivirás para ver epidemias expandirse las cuales confundirán las habilidades de los doctores y arrollarán a los habitantes de la tierra por miles al mundo de los espíritus* . . . Tendrás las bendiciones de la tierra a través de larga vida y nunca serás afligido por el *azote o el hambre que afectará al hombre.*

Otra menciona acerca de las Diez Tribus que vienen del norte a Sión, y dice, "*Verás a la tierra ser limpiada por una plaga de enfermedades antes de la venida de ellos* y así hacerles espacio para su morada".

Estas citas breves deberán ser suficientes señales de que existe un modelo general de amonestación personal. Dios se mueve a muchos niveles y en muchas maneras para preparar a su pueblo para afrontar los días de tribulación y acongojo que vienen pronto.

La plaga desoladora del Señor

Existe un modelo en las escrituras de profecía el cual advierte de una enfermedad específica que está identificada en revelaciones modernas como "La plaga desoladora del Señor". Una revelación dada inclusive antes de la restauración de la Iglesia, advierte del juicio que vendrá sobre la tierra si los hombres endurecen sus corazones contra el evangelio:

> . . . *se desatará una plaga asoladora* entre los habitantes de la tierra, y *seguirá derramándose de cuando en cuando,* si no se arrepienten, *hasta que quede vacía la tierra, y sus habitantes sean consumidos* y enteramente destruidos por el resplandor de mi venida.[3]

Una revelación dada en el año de 1831 habla acerca de enfermedades que vendrán después de que se cumpla el tiempo de los Gentiles:

> . . . vivirán hombres en esa generación que no morirán hasta que *vean una plaga arrasadora, porque una enfermedad desoladora cubrirá la tierra.*
>
> Pero mis discípulos estarán en lugares santos y no serán movidos; pero *entre los inicuos, los hombres alzarán sus voces y maldecirán a Dios, y morirán.*[4]

Un año después, en septiembre de 1832, el Señor reveló:

> . . . yo, el Omnipotente, he puesto mis manos sobre las naciones *para azotarlas* por sus iniquidades.
>
> *Y se derramarán plagas, y no serán quitadas de la tierra hasta que haya cumplido mi obra,* la cual se ha de acortar en justicia.[5]

Una preocupación particular de los miembros de la Iglesia es el entender de que diversas revelaciones advierten de la posibilidad de tener esta terrible plaga entre los Santos debido a su desobediencia. Fue sabia la amonestación a la Iglesia en el año de 1832 la cual dice:

> . . . en ocasiones pasadas vuestras mentes se han ofuscado a causa de la incredulidad, y por haber tratado ligeramente las cosas que habéis recibido,

---

3. D. y C. 5:19. Concerniente a este amonestación, el Señor prometió que "mi palabra será verificado en este tiempo como ha sido verificado antes."
4. D. y C. 45:31-32.
5. D. y C. 84:96-97.

> *y esta incredulidad y vanidad han traído la condenación sobre toda la iglesia.*
> *Y esta condenación pesa sobre los hijos de Sión, sí, todos ellos;*
> *y permanecerán bajo esta condenación hasta que se arrepientan y recuerden el nuevo convenio, a saber, el Libro de Mormón y los mandamientos anteriores que les he dado, no sólo de hablar, sino de obrar de acuerdo con lo que he escrito,*
> a fin de que den frutos dignos para el reino de su Padre; *de lo contrario, queda por derramarse un azote y juicio sobre los hijos de Sión.*
> Porque, ¿han de contaminar los hijos del reino mi tierra santa? De cierto os digo que no.[6]

Un año después, el Señor advirtió a los Santos que su azote vendría sobre el mundo, y previno a los Santos que si no eran obedientes, serían afligidos con pestilencia y plaga:

> Porque he aquí, la venganza vendrá pronto sobre los impíos, como el torbellino; y ¿quién podrá escapar de ella?
> *El azote del Señor pasará de noche y de día, y su rumor afligirá a todo pueblo; sí, y no cesará hasta que venga el Señor;*
> porque se ha encendido la indignación del Señor en contra de sus abominaciones y todas sus obras inicuas.
> Sin embargo, Sión escapará si procura hacer todo lo que le he mandado.
> Mas *si no* procura hacer lo que le he mandado, *la visitaré según todas sus obras, con penosa aflicción, con pestilencia, con plagas, con la espada, con venganza y fuego devorador.*[7]

Es importante hacer notar en este contexto la declaración hecha por el presidente Heber C. Kimball:

> Si los Santos se arrepienten, la ira del Señor se apartará, *pero no van a arrepentir hasta que es demasiado tarde.*[8]

Los pasajes bíblicos también hablan de este terrible azote de desolación. Previamente se ha hecho referencia a la profecía de Isaías,[9] en la

---

6. D. y C. 84:54-59. Véase también D. y C. 112:24-26, 1 Pedro 4:17. Observe que los dos últimos versículos se refieren a Sión, posiblemente asociado al tiempo de azote antes del regreso a esta tierra.

7. D. y C. 97:22-26.

8. Orson F. Whitney, *Life of Heber C. Kimball* (Salt Lake City, Utah, EE.UU.: Bookcraft, 1967), pág. 446.

9. Véase pág. 158-161.

cual él habla a los hombres quienes pensarán escapar del azote al hacer un "convenio" con la muerte y el infierno. Sin embargo, él advierte:

> Y será anulado vuestro pacto con la muerte, y vuestro convenio con el Seol no será firme; *cuando pase el turbión del azote, seréis de él pisoteados.*
>
> Luego que comience a pasar, él os arrebatará; porque de mañana en mañana pasará, de día y de noche; *y será ciertamente espanto el entender lo oído.*[10]

Isaías concluye su referencia al azote indicando: "*destrucción ya determinada sobre toda la tierra* he oído del Señor, Jehová de los ejércitos."[11]

Otro capítulo de Isaías declara: "¡ Ay!" de "la tierra que hace sombre con las alas". Analistas de la Iglesia atribuyen esta referencia a Norte América debido a las importantes manifestaciones en el contexto.[12] En su profecía, la población se compara a una vid. Isaías pronuncia esta advertencia de destrucción que vendrá sobre la tierra cuando el pueblo se reúna[13] en el Monte de Sión:

> Porque antes de la siega, cuando el fruto sea perfecto, y pasada la flor se maduren los frutos, *entonces podará con podaderas las ramitas, y cortará y quitará las ramas.*
>
> *Y serán dejados todos para las aves de los montes y para las bestias de la tierra; sobre ellos tendrán el verano las aves, e invernarán todas las bestias de la tierra.*[14]

El élder Orson Pratt, mientras explicaba la profecía de Isaías, dijo que Dios visitaría el continente Americano:

> . . . con juicios que son terriblemente severos en tanto que les causarán a yacer por los cientos y los miles de un extremo de la

---

10. Is. 28:18-19. Véase D. y C. 97:23.

11. Isaías 28:22.

12. Véase JD 17:318-319, JD 2:295. Observe las características de la tierra en la profecía: envía mensajeros [misioneros] a "una nación esparcida y descortezada" [Israel esparcido], levanta un estandarte en las montañas, y tiene un Monte de Sión. No es Palestina, pero "está tras los ríos de Etiopia" (Isaías 18:1-7). ¿Qué otra nación sino Norte América podría ser? Ninguna otra posibilidad se presenta.

13. Véase Isaías 18:7. Por lo tanto este versículo ayuda a establecer el tiempo del cumplimiento de profecía.

14. Isaías 18:5-6.

tierra al otro *sin ser sepultados,* y que serán carne para las aves del aire y las bestias de la tierra. ¿Por qué? *Porque los juicios serán tan rápidos que no habrá tiempo para sepultarlos.*

Uno se pregunta—"¿Realmente crees que tales juicios vendrán sobre nuestra nación?" No solamente lo creo, pero lo sé.[15]

Los efectos devastadores de las terribles enfermedades que serán derramadas no solo se sentirán en América. Se debe recordar que Wilford Woodruff vio la escena en una visión y "fue dada para entender que *los mismos horrores que estuvieron aquí representado estuvieron en todo el mundo; este, oeste, norte y sur. Pocos quedaron con vida, todavía estuvieron algunos."*[16]

Juan el Revelador profetizó una serie de plagas que vendrán sobre la tierra al comienzo de siete mil años de existencia de la tierra.[17] Estas constituyen el primero de los tres "¡Ay!" que pronunció:

> El primer ángel tocó la trompeta, y hubo granizo y fuego mezclados con sangre, que fueron lanzados sobre la tierra; *y la tercera parte de los árboles se quemó, y se quemó toda la hierba verde.*
>
> El segundo ángel tocó la trompeta, y como una gran montaña ardiendo en fuego fue precipitada en el *mar; y la tercera parte del mar se convirtió en sangre.*
>
> Y murió *la tercera parte de los seres vivientes que estaban en el mar,* y la tercera parte de las naves fue destruida.
>
> El tercer ángel tocó la trompeta, y cayó del cielo una gran estrella, ardiendo como una antorcha, *y cayó sobre la tercera parte de los ríos, y sobre las fuentes de las aguas.*
>
> Y el nombre de la estrella es Ajenjo. Y la tercera parte de las aguas se convirtió en ajenjo; y muchos hombres murieron a causa de esas aguas, *porque se hicieron amargas.*
>
> El cuarto ángel tocó la trompeta, y fue herida la tercera parte del sol, y la tercera parte de la luna, y la tercera parte de las estrellas, para que *se oscureciese la tercera parte de ellos,* y no hubiese luz en la tercera parte del día, y asimismo de la noche.
>
> Y miré, y oí a un ángel volar por en medio del cielo, diciendo a gran voz: ¡Ay, ay, ay, de los que moran en la tierra, a causa de los otros toques de trompeta que están para sonar los tres ángeles!

---

15. JD 17:319. Febrero 28, 1875.

16. Revelación de Wilford Woodruff, diciembre 16, 1878. Véase pág. 211-215.

17. Véase D. y C. 77:12-13. Estas plagas le seguirán los sellos de los 144.000 (véase Apocalipsis 7:2-8) y así, el regreso de las Diez Tribus.

El quinto ángel tocó la trompeta, y vi una estrella que cayó del cielo a la tierra; y se le dio la llave del pozo del abismo.

Y abrió el pozo del abismo, y subió humo del pozo como humo de un gran horno; *y se oscureció el sol y el aire por el humo del pozo.*

Y del humo salieron langostas sobre la tierra; y se les dio poder, como tienen poder los escorpiones de la tierra.

Y se les mandó que no dañasen a la hierba de la tierra, ni a cosa verde alguna, ni a ningún árbol, sino *solamente a los hombres que no tuviesen el sello de Dios en sus frentes.*

Y les fue dado, no que los matasen, sino que los atormentasen cinco meses; *y su tormento era como tormento de escorpión cuando hiere al hombre.*

Y en aquellos días los hombres buscarán la muerte, pero no la hallarán; y ansiarán morir, pero la muerte huirá de ellos.

El aspecto de las langostas era semejante a caballos preparados para la guerra; en las cabezas tenían como coronas de oro; sus caras eran como caras humanas;

tenían cabello como cabello de mujer; sus dientes eran como de leones;

Y tenían corazas como corazas de hierro; el ruido de sus alas era como el estruendo de muchos carros de caballos corriendo a la batalla;

tenían colas como de escorpiones, y también aguijones; y en *sus colas tenían poder para dañar a los hombres durante cinco meses.*

Y tienen por rey sobre ellos al ángel del abismo, cuyo nombre en hebreo es Abadón, y en griego, Apolión.

El primer ay pasó; he aquí, vienen aún dos ayes después de esto.[18]

Descripción de la plaga

Varias enfermedades nuevas podrían ser derramadas sobre la tierra en los últimos días. Por ejemplo, la posibilidad es también muy tangible acerca de las enfermedades por radiación de una guerra nuclear.[19] Sin embargo, permanecen diversas descripciones en las escrituras y en otras revelaciones que hacen referencia a una enfermedad espantosa, la cual en la actualidad no se ha identificado. Una de tales descripciones se encuentra en Doctrinas y Convenios, Sección 29, la cual está asociada con la caída de la gran y abominable iglesia:

---

18. Apocalipsis 8:7-9:12.
19. Véase pág. 208-211.

> Mas he aquí, os digo que antes que llegue este gran día, el sol se obscurecerá y la luna se tornará en sangre; las estrellas caerán del cielo y habrá señales mayores arriba en el cielo y abajo en la tierra;
> *y habrá lloro y lamentos entre las huestes de los hombres;*
> Y se enviará una fuerte tormenta de granizo para destruir las cósechas de la tierra.
> Y acontecerá que a causa de la iniquidad del mundo, me vengaré de los malvados, por cuanto no se arrepienten; porque la copa de mi indignación está llena; pues he aquí, mi sangre no los limpiará si no me escuchan.
> *Por lo tanto, yo, Dios el Señor, enviaré moscas sobre la faz de la tierra, las cuales se prenderán de sus habitantes, y comerán su carne y harán que se críen gusanos en ellos;*
> *y serán atadas sus lenguas a fin de que no hablen contra mí; y la carne se les caerá de los huesos, y los ojos de las cuencas;*
> *y acontecerá que las bestias del monte y las aves del aire los devorarán.*
> Y la grande y abominable iglesia, que es la ramera de toda la tierra, será derribada por fuego devorador, de acuerdo con lo declarado por boca de Ezequiel el profeta, quien habló de estas cosas, las cuales no han acontecido, pero vivo yo, que ciertamente acontecerán, porque no han de reinar las abominaciones.[20]

Una descripción parecida, de carne cayendo do los huesos, y los ojos cayendo de sus cuencas, se encuentra en la profecía de Zacarías acerca del juicio que vendrá sobre las naciones que luchan contra Jerusalén durante la Batalla de Armagedón:

> Esta será la plaga con que herirá Jehová a todos los pueblos que pelearon contra Jerusalén: la carne de ellos se corromperá estando ellos sobre sus pies, y se consumirán en las cuencas sus ojos, y la lengua se les deshará en su boca . . .
> Asi también será la plaga de los caballos, de los mulos, de los camellos, de los asnos y de *todas las bestias que estuvieren* en aquellos campamentos.[21]

El profeta Isaías también describe el período de la Batalla de Armagedón, como lo hace Zacarías. Advierte: "Jehová juzgará con fuego y con su espada a todo hombre; y los muertos de Jehová serán multiplicados."[22] Entonces, así como en el capítulo 14 de Zacarías, dice

---

20. D. y C. 29:14-21.
21. Zacarías 14:12, 15.
22. Isaías 66:16.

cómo la gente irá a Jerusalén siguiendo la batalla. Al hacerlo, aparentemente se refiere a la consecuencia de la plaga, diciendo:

> Y saldrán, y verán los cadáveres de los hombres que se rebelaron contra mí; *porque su gusano nunca morirá, ni su fuego se apagará,* y serán abominables a todo hombre.[23]

En la revelación mostrada por Charles D. Evans, reveló una enfermedad con síntomas similares. dijo:

> Esta plaga, en personas mayores *pudría los ojos en sus cavidades y consumía la lengua como si fuera un fuerte ácido o por un calor intenso.* Los hombres inicuos, sufriendo sus agonías se revolcaban, maldecían a Dios y morían, aun estando de pie, y los pájaros de rapiña festejaban sobre sus cadáveres.[24]

Revelaciones de la plaga en el pasado

Parece que la misma y terrible enfermedad, o una similar a ella, se había manifestado en situaciones pasadas la cual fue referida como el resultado de los juicios de Dios sobre la maldad. Específicamente, varios casos de la aflicción se reportaron a través de los años en relación con el populacho quien asesinó a José Smith. Una de tales descripciones fue establecida por Martha James Cragun, quien encontró a uno de los del populacho, Jack Reed, en agosto de 1881:

> Aproximadamente el último día de septiembre, escuché que Jack Reed estaba muy enfermo de una extraña enfermedad. Estaba enfermo pocos días después de declarar que él tomó parte en el episodio de Carthage—pero nadie me dijo acerca de su enfermedad hasta que lo escuché por uno de mis amigos indios quien dijo que él tenía gusanos en su carne. Decidí ir a verlo para verificar la declaración que había hecho en la reunión. El hombre no tenía familia, y el señor McGuire era su sirviente. Le pregunté al señor McGuire si me permitía a la señora Whitmore y a mi visitar al señor Reed. *Dijo que el señor Reed le había ordenado que ninguna mujer blanca lo viera. Estaba siendo comido literalmente en vida por gusanos. Sus ojos se habían sobresalido, la carne en sus mejillas y cuello se había caído, y aunque podía respirar, podía tomar alimentos sólo por la abertura hecha en su garganta, y dijo McGuire, "Pedazos de carne tan grandes como mis dos manos habían caído de diferentes partes de su cuerpo. . . ."* Uno llamado

23. Isaías 66:24.
24. Charles D. Evans, 208-211. Véase pág. 321-322.

"Jack Longstreet" comenzó a ser el primer sirviente de Reed, en compañía de McGuire. A estos hombres, Reed confesó que su participación en el asesinato del profeta fue la causa de su aflicción. *Le dijo a Longstreet: "Esta es la maldición sobre mi por el mormón. No puedo vivir—me he de pudrir completamente antes de morir." Dijo que Brigham Young había pronunciado la maldición sobre todos los del populacho, y sabía que trece de ellos murieron así como él estaba muriendo.*[25]

Parley P. Pratt, un primer apóstol, también registró un destino similar de algunas personas del populacho. Escribió diversos ejemplos:

Un coronel del populacho de Missouri, EE.UU., quien ayudó a golpear, hurtar y asesinar a los mormones, murió en el hospital de Sacramento en el año de 1849. Beckwith estuvo a su cuidado; *él estaba siendo devorado por gusanos—una gran cabeza negra como gusano—¡el cual pasaba a través de él en grandes cantidades aparentemente una mitad de una pinta [aprox. 0.24 litros, estándar de los Estados Unidos] a la vez! ¡Antes de que el muriere, estos gusanos fueron arrastrándose fuera de su boca y nariz! ¡Literalmente se pudría en vivo! Inclusive la carne de sus piernas estaba abierta y caía de sus huesos!* ¡Ellos recogieron el cuerpo putrefacto en una sábana y lo quemaron, no esperaron por un ataúd!

Un señor desconocido del populacho de Missouri murió en el mismo hospital aproximadamente a la misma hora, y bajo el cuidado del señor Beckwith. *¡Su cara y mandíbula de un lado concretamente estaban putrefactas y la mitad de su cara se había caído! ¡Un ojo salía podrido y la mitad de su nariz, boca y mandíbula caían de los huesos!* El doctor raspaba los huesos y abría y sacaba su mandíbula de la unión alrededor del centro de la barba. *¡La putrefacción y los gusanos continuaban comiéndolo hasta que consumieron la vena grande o yugular de su cuello y sangró hasta morirse!* Al igual que Townsend, apestaban así que antes de su muerte los pusieron en dormitorios individuales, y era casi imposible soportar su presencia; y las moscas no podían mantenerse alejadas de ellos mientras morían![26]

---

25. N.B. Lundwall, comp., "Thirteen Mobocrats Meet a Common Fate," *The Fate of the Persecutors of the Prophet Joseph Smith* (Salt Lake City, Utah: Bookcraft, 1952), pág. 295-296. Véase también pág. 298, 304, 334-335, 337 de aquel libro, las cuales citan otros ejemplos.

26. *Autografía de Parley P. Pratt* (Salt Lake City, Utah: Deseret Book Company, sexta edición, 1966), p. 425.

Inclusive en tiempos remotos, una enfermedad similar se registró y que vendría sobre los inicuos. El historiador Josefo registró la enfermedad del malvado rey Herod (hijo de Antipater):

> Pero ahora la enfermedad infecciosa de Herod se incrementó grandemente sobre él de una forma severa, y *esto fue por el juicio de Dios sobre él por sus pecados;* porque un fuego ardió en él lentamente, que no parecía mucho al tocarlo, se incrementaban sus dolores escondidos; vino sobre él un impulsivo apetito por comer, por lo cual no podía evitar suplicar por comida u otra cosa. También *sus entrañas estaban infectadas, y el dirigente violento de su dolor caía sobre su colon; un liquido acuoso y transparente también se había asentado en sus pies de la misma manera que lo abatía en su estomago. No lejos, su miembros privados estaban putrefactos y producían gusanos;* y cuando se sentaba en posición recta, tenia dificultad de respirar, lo cual no era muy placentero, por el mal olor que salía de su aliento; también tenía convulsiones, en todas partes del cuerpo, las cuales se incrementaban grandemente al grado de ser intolerables.[27]

Con las breves descripciones disponibles, es imposible determinar si estos ejemplos del pasado son los mismos profetizados en los futuros juicios. Un general y evidente principio es: las enfermedades y la pestilencia son utilizadas como instrumentos de venganza de Dios sobre la maldad. El registro del pasado muestra que se han utilizado en fundamentos limitados, sin embargo, las profecías del futuro advierten que sus efectos serán comunes al incrementarse el triunfo de la maldad.

---

27. *La Vida y Obra de Flavius Josephus* (New York: Holt, Rinehart y Winston, n.d.), *"Antiquities of the Jews,"* Libro XVII, párrafo 5, pág. 514. En "Wars of the Jews ("Guerras de los Judíos") libro I, párrafo 5, pág. 664, él proporciona una descripción similar:

> Después de esto, la infección creció en todo su cuerpo y sufrió un desequilibrio en todas sus partes con varios síntomas; porque cayó una leve fiebre sobre de él y una intolerable comezón sobre toda la superficie de su cuerpo y tenía un dolor continuo en su colon, y tumores en sus pies, y tenia inflamación en el abdomen, y una putrefacción de sus miembros privados que producían gusanos. Además tenía dificultad de respirar, y no podía respirar solo cuando se sentaba en forma recta y tenia una convulsión de todos sus miembros, a tal grado que los divinos le dijeron a aquellas enfermedades eran un castigo sobre él por lo que había hecho a los Rabinos.

Resumen

1. El Señor ha hecho un llamado a la gente de la tierra por muchos métodos, incluyendo enseñanzas, ángeles, temblores, hambrunas y peste; Él ofrece a la gente salvación eterna, sin embargo ellos no la reciben. Ha llegado el día en que la copa de su ira e indignación está llena.

2. El Señor ha advertido que habrán guerras, hambrunas, pestes, y temblores en los últimos días. Porque abundará la iniquidad, el amor de muchos se enfriará.

3. Muchas revelaciones privadas, y bendiciones patriarcales, advierten de futuras plagas y pestes que ocurrirán, llevando a cabo un alto índice de víctimas. Algunas de estas revelaciones asocian enfermedades a hambrunas.

4. El Señor ha advertido repetidamente de una enfermedad terrible en los últimos días llamada "Plaga desoladora del Señor". Cubrirá la tierra y continuará esparciéndose de vez en cuando hasta que el Señor venga en gloria.

5. El Señor ha advertido a su Iglesia que si los miembros no se arrepienten y obedecen sus mandamientos, él los azotará con pestilencia, plaga, espada y con un fuego devorador.

6. En su visión de la terrible plaga que vendrá sobre América, Wilford Woodruff vio que "pocos quedaron con vida" y que los horrores que el vio pasarían en todo el mundo.

7. Isaías profetizó que la destrucción que vendría sobre América haría que la gente se congregare en el Monte de Sión. Tambi én, Juan el Revelador profetizó una serie de plagas que vendrán sobre la tierra al comienzo de los siete mil años de la existencia de la tierra.

8. Juan profetizó lo siguiente:

A. Se quemarán una tercera parte de los árboles y hierva verde.

B. Serán destruidos una tercera parte de los animales del mar.

C. Se convertirán en aguas amarga un tercero de las aguas, y muchos hombres morirán por ellas.

D. Las langostas [u otros géneros descritos como langostas] atormentarán aquellos quienes no sean siervos de Dios por cinco meses.

E. La aflicción en aquellos días será tan severa que los hombres buscarán la muerte y tendrán el deseo de morir.

9. Las descripciones que se encuentran en las escrituras de una terrible enfermedad en los últimos días se describe como una epidemia en la cual la carne caerá de los huesos de los hombres y los ojos de sus cuencas, mientras los gusanos los contaminen. La enfermedad descrita se asocia cronológicamente con la tercera guerra mundial, con la caída de la gran y abominable Iglesia, y también con la Batalla de Armagedón. Esto parece ser una plaga que ocurre constantemente.

10. Las descripciones de las muertes de algunos de los hombres quienes participaron en el asesinato de José Smith parece corresponder con el modelo de la enfermedad profetizada, como lo describe Josefo acerca de la muerte del inicuo rey Herod. Es posible que haya una enfermedad específica por la cual Dios visite a los malvados. Podría ser la misma plaga que será revelada en los últimos días.

Sección 3

Preparación Personal por los Últimos Días

13

Escojiendo un Camino por el Futuro

¡América es en un lugar crítico! A pesar de que en los últimos cincuenta años ha habido un período de seria decadencia moral para la nación, todavía es posible originar cambios que traerán bendiciones, en lugar de maldición, sobre la tierra. Sin embargo, ahora es tiempo para hacer algo, porque si la nación se acerca rápidamente al pecado y la corrupción continúa en una paz precedente, la maldad pronto abundará al grado que los juicios de los últimos días sean derramados sin medida sobre todos nosotros.

Las preguntas que se escuchan frecuentemente son:

"¿Cuál debe ser mi actitud hacia el futuro?"

"¿Qué puedo hacer para ayudar a América a evitar los terribles juicios que han sido profetizados?"

"¿Qué debo hacer para proteger a mi familia y a mí del sufrimiento que acompañará a los juicios?"

"¿Cómo puedo prepararme para los eventos catastróficos que se aproximan?"

Este capítulo se ha escrito para sugerirle acciones específicas que los ciudadanos norteamericanos y fieles Santos de los últimos días pueden tomar para prepararse para el futuro. Observe que cada principio que se sugiere se basa en el consejo y revelaciones que Dios ha manifestado en las escrituras. Ha profetizado, advertido y revelado a sus santos los cursos de acción que deben seguir en los últimos días. Los principios que se sugieren se presentarán en una lista, la cual está diseñada para servirle como un resumen evidente el cual puede tomarlo y aplicarlo literalmente.

Adoptar actitudes basadas en los principios del evangelio

El evangelio de Jesucristo proporciona una instrucción y revelación que le indica al hombre cómo debe conducirse durante el período peligroso en los últimos días. Si él adoptará las perspectivas eternas reveladas en el plan del evangelio, él "construirá su casa sobre la roca", en lugar de la arena,[1] y tendrá estabilidad y tendrá sentido la vida cuando los juicios sean derramados. Esta sección sugerirá actitudes y conocimiento que debe de ser de beneficio.

1. Obtener una perspectiva eterna: Dios dirige los asuntos del hombre. Hay consuelo al saber que Dios, quien creó la tierra e hizo al hombre a su propia imagen,[2] ve y sabe de todas las cosas.[3] "Todas las cosas están delante de él",[4] y él "gobierna y ejecuta todas las cosas."[5] A pesar que permite al hombre ejercer su libre albedrío,[6] mantiene control absoluto sobre las acciones y destino de individuos y naciones.[7] Ha prometido guiar y formar el curso de aquellos quienes viven rectamente y ha instruido a los santos: "consuélense vuestros corazones, *porque todas las cosas obrarán juntamente para el bien de los que andan en rectitud*."[8]

2. Obtener una perspectiva eterna: Dios desea bendecir y recompensar al hombre. Dios busca el progreso eterno y el bienestar de su pueblo. Él ha revelado: "ésta es mi obra y mi gloria: Llevar a cabo la inmortalidad y la vida eterna del hombre."[9] Nuestro Salvador ha dicho a los Santos que ellos son los "*a quienes me deleito en bendecir con la mayor de todas las bendiciones*";[10] y también ha dicho:

> Yo, el Señor, soy misericordioso y benigno para con los que me temen, y *me deleito en honrar a los que me sirven* en rectitud y en verdad hasta el fin.
>
> *Grande será su galardón y eterna será su gloria.*[11]

---

1. Véase Mateo 7:24-27.
2. D. y C. 20:17-18.
3. D. y C. 38:1-3.
4. D. y C. 88:41.
5. D. y C. 88:40.
6. D. y C. 58:28; 104:17.
7. Para una extensa lista de ejemplos relacionados a este principio, véase el libro del autor titulado *Prophets and Prophecies of the Old Testament*, pág. 91.
8. D. y C. 100:15, como Pablo enseñó: "a los que aman a Dios, todas las cosas les ayudan a bien". (Romanos 8:28) Véase también D. y C. 90:24; 105:40; 111:11.
9. Moisés 1:39.
10. D. y C. 41:1. Sin embargo, el mismo versículo contiene una fuerte amonestación a los Santos: "Y a vosotros que habéis profesado mi nombre y no me oís, os maldeciré con las más graves de todas las maldiciones."
11. D. y C. 76:5-6. Los versículos 7-10 prometen una variedad de bendiciones a estas personas.

Él ha dicho a su pueblo que la plenitud de la tierra es suya para utilizarla y disfrutarla: "complace a Dios haber dado todas estas cosas al hombre;"[12] extenderá sus ricas bendiciones a todas las clases de hombre si tan solo aceptan su proposición:

> ¡Oh vosotras, naciones de la tierra, cuántas veces os hubiera juntado como la gallina junta a sus polluelos debajo de sus alas, mas no quisisteis!
>
> ¡Cuántas veces os he llamado . . . por la voz del juicio y de la misericordia todo el día; y por la voz de gloria y de honra y la de las riquezas de la vida eterna, y *os hubiera salvado con una salvación sempiterna, mas no quisisteis!*[13]

3. Obtener una perspectiva eterna: Los juicios de los últimos días son parte de la probación mortal. El profeta Alma explicó la naturaleza de probación de la vida mortal, diciendo:

> . . . se le concedió un tiempo al hombre en el cual pudiera arrepentirse; así que *esta vida llegó a ser un estado de probación; un tiempo de preparación para presentarse ante Dios;* un tiempo de prepararse para ese estado sin fin del cual hemos hablado, que viene después de la resurrección de los muertos.[14]

Dios ha revelado a los Santos que deben ser probados y sobresalientes durante el proceso de probación:

> . . . he decretado en mi corazón *probaros en todas las cosas, dice el Señor, para ver si permanecéis en mi convenio aun hasta la muerte, a fin de que seáis hallados dignos.*
>
> Porque si no permanecéis en mi convenio, no sois dignos de mí.[15]

Ciertamente, permaneciendo fieles cuando aparezca la tribulación es un requerimiento necesario para obtener la más alta de las recompensas eternas. Una revelación del Señor enseña:

> . . . bienaventurado es el que guarda mis mandamientos, sea en vida o muerte; y *el que es fiel en la tribulación tendrá mayor galardón en el reino de los cielos.*

---

12. D. y C. 59:20. Véase versículos 16-21.
13. D. y C. 43:24-25.
14. Alma 12:24. Véase también 2 Nefi 2:21; 9:27; 33:9; Alma 42:4; Helamán 13:38; D. y C. 29:42-44.
15. D. y C. 98:14-15.

> Por lo pronto no podéis ver con vuestros ojos naturales el designio de vuestro Dios concerniente a las cosas que vendrán más adelante, ni *la gloria que seguirá después de mucha tribulación.*
>
> *Porque tras mucha tribulación vienen las bendiciones.* Por tanto, viene el día en que seréis coronados con mucha gloria; la hora no es aún, mas está cerca.[16]

4. Obtener una perspectiva eterna: Dios corrige aquellos a quienes él ama. Nuestro Padre Celestial ama a sus hijos quienes están aquí en la tierra. Su hijo, Jesucristo, también ama a su pueblo—aquellos quienes son "hijos de Cristo" por medio del convenio del evangelio.[17] Como cualquier padre amoroso, busca enseñar y persuadir al hombre, algunas veces corrige su conducta y lo dirige hacia un curso apropiado de comportamiento.

Este proceso de corrección será una parte de los juicios de los últimos días y ultimadamente probará ser una bendición para los Santos quienes hacen caso al mensaje de amonestación. El Maestro reveló:

> De cierto, así dice el Señor a vosotros *a quienes amo, y a los que amo también disciplino para que les sean perdonados sus pecados,* porque con el castigo *preparo un medio para librarlos* de la tentación.[18]

Él también ha dicho:

> Es preciso que *los de mi pueblo sean probados en todas las cosas,* a fin de que estén preparados para recibir la gloria que tengo para ellos, sí, la gloria de Sión; y *el que no aguanta el castigo, no es digno de mi reino.*[19]

El proceso de disciplina se ha experimentado con anterioridad en la Iglesia asociado con la caída para establecer debidamente la Nueva Jerusalén. Si, "aunque sea afligida por un corto tiempo, Sión será redimida."[20] El problema concerniente al Condado de Jackson, en el cual los Santos fueron desalojados por sus enemigos, proporciona la base para una revelación en la cual el Señor explicó la relación entre castigo y proceso de santificación:

---

16. D. y C 58:2-4. Véase también D. y C. 103:11-14.
17. Véase Mosíah 5:5-7.
18. D. y C. 95:1.
19. D. y C. 136:31.
20. D. y C 100:13. Véase D. y C. 103:4.

De cierto te digo, concerniente a tus hermanos que han sido afligidos, perseguidos y expulsados de la tierra de su herencia,

yo, el Señor, he permitido que les sobrevenga la tribulación con que han sido afligidos, por motivo de sus transgresiones;

no obstante, los poseeré y serán míos el día en que yo venga para integrar mis joyas.

Por tanto, es preciso que sean disciplinados y probados, así como Abraham, a quien se le mandó ofrecer a su único hijo.

Porque todos los que no quieren soportar la disciplina, antes me niegan, no pueden ser santificados.[21]

Los Santos deben tener confianza que el castigo que venga será ultimadamente una bendición para ellos si lo resisten con fe. Así como el Señor le dijo a José Smith con relación a las grandes tribulaciones que él sufrió:

. . . entiende, hijo mío, *que todas estas cosas te servirán de experiencia, y serán para tu bien.*

El Hijo del Hombre ha descendido debajo de todo ello. ¿Eres tú mayor que él?[22]

5. Obtener una perspectiva eterna: La muerte es dulce para aquellos quienes mueren en el Señor. Todos los hombres tienen que morir. La muerte es un elemento esencial del eterno plan de salvación, porque también comienza en la siguiente fase de existencia de probación del hombre, el mundo espiritual. Para el justo, continúa la entrada al Paraíso, donde el hombre puede progresar más rápidamente que en la vida mortal y donde experimentará grande gozo, más que aquí en la tierra. Sí, el hombre debe hacerla su meta para vivir su vida mortal de la mejor manera y cumplir su misión de la vida con honor, pero su meta más alta es dejar su "vida frágil" y participar de las bendiciones disponibles en el mundo de los espíritus.

Al aproximarse el tiempo para que la tierra finalice su existencia temporal, Dios aumentará con rapidez la entrada a la siguiente fase de la vida, llevando a millones de mortales, justos[23] e injustos, a la vida es-

---

21. D. y C 101:1-5.

22. D. y C. 122:7-8. Véase los versículos 1-7.

23. La creencia de que los justos serán preservados completamente de los juicios de los últimos días es incorrecta y está en contradicción directa a docenas de pasajes de las escrituras citadas previamente en este libro. Dios mencionó de la muerte de muchos de los justos cuando reveló: "el día de mi visitación viene pronto, a la hora que no pensáis; y ¿dónde habrá seguridad para mi pueblo y refugio para aquellos que quedaren? (D. y C. 124:10).

piritual por medio de diversos juicios en los últimos días. Para los justos, la muerte será una bendición, y muchos desearán librarse del sufrimiento y tribulación de estos eventos que ocurrirán. El inicuo también buscará la muerte, sin embargo será sin esperanza y con temor.[24]

Los Santos pueden consagrarse y prepararse para aprender acerca de la muerte y la vida después de la muerte. José Smith enseño: "es importante que debamos entender . . . nuestra salida . . . y *es un tema que debemos estudiar más que cualquier otro.*"[25]

Con relación a aquellos quienes mueren, el Señor reveló:

> . . . *y si murieren, morirán para mí; y si vivieren, vivirán para mí.*
>
> Viviréis juntos en amor, al grado de que lloraréis por los que mueran, y más particularmente por aquellos que no tengan la esperanza de una resurrección gloriosa.
>
> Y acontecerá que *los que mueran en mí no gustarán la muerte, porque les será dulce;*
>
> *y quienes no mueran en mí, ¡ay de ellos!, porque su muerte es amarga.*[26]

Dios ha prometido:

> Y todos los que padezcan persecución por mi nombre, y la soporten con fe, aunque les sea requerido dar su vida por mi causa, aun así participarán de toda esta gloria.
>
> Por tanto, *no temáis ni aun a la muerte;* porque en este mundo vuestro gozo no es completo, pero en mí vuestro gozo es cumplido.
>
> De manera que *no os afanéis por el cuerpo, ni por la vida del cuerpo; mas afanaos por el alma y por la vida del alma.*
>
> Y buscad siempre la faz del Señor, para que con paciencia retengáis vuestras almas, y tendréis vida eterna.[27]

Su instrucción ha sido:

> *Ningún hombre tema dar su vida por mi causa; porque quien dé su vida por mi causa, la hallará de nuevo.*
>
> Y el que no esté dispuesto a dar su vida por mi causa no es mi discípulo.[28]

---

24. Apocalipsis 9:6. Véase también Mormón 2:13-15; 6:7.
25. HC 6:50. Octubre 9, 1843.
26. D. y C. 42:44-47.
27. D. y C 101:35-38. Véase también Alma 24:7-27.
28. D. y C. 103:27-28. Véase también D. y C. 101:10-16; 63:2-4, 49-51; 84:80-84; Mateo 6:25-34; 10:38-39; 16:24-27; 3 Nefi 12:30.

6. Obtener una perspectiva eterna: Debe haber una transición al reino de Cristo en el milenio. Mientras el panorama de conmoción y caos en América es considerablemente desagradable para contemplar, el comprender que servirá como la transición a la ley personal del Salvador sobre la tierra lo coloca en una perspectiva necesaria. Jesús ha revelado:

> Por tanto, escuchad mi voz y seguidme, y *seréis un pueblo libre; y no tendréis más leyes que las mías cuando yo venga,* porque soy vuestro legislador, y ¿qué cosa hay que detenga mi mano?[29]

Su promesa es: "cuando venga seré vuestro gobernante; y he aquí, vengo pronto, y cuidaréis de que se guarde mi ley."[30] Con relación a los Santos, él ha prometido: "el Señor estará en medio de ellos y su gloria estará sobre ellos, y *él será su rey y su legislador.*"[31] "Y el Señor, sí, el Salvador, estará en medio de su pueblo y reinará sobre toda carne."[32]

Los juicios que vendrán sobre América servirán para limpiarla, eliminando mucho de la maldad y elemento criminal el cual no tolera la ley del Salvador. El resultado final será un cambio desde el nivel telestial actual hacia las bendiciones del nivel terrestre que la tierra disfrutará durante el milenio.[33]

7. Obtener una perspectiva eterna: La tierra se aproxima al fin de su existencia temporal. Es difícil entender los eventos de los últimos días a menos que estos eventos sean vistos sobre la luz del plan eterno de Dios. El Señor ha revelado que la tierra solo existe bajo las actuales condiciones mortales por un período muy corto. Él se ha referido a "los siete mil años de su permanencia, o sea, su duración temporal."[34] En algún tiempo al comienzo del séptimo de los siete mil años, Cristo vendrá en gloria y regirá por un milenio en justicia.[35] Entonces, la tierra experimentará un

---

29. D. y C. 38:22.
30. D. y C. 41:4.
31. D. y C. 45:59.
32. D. y C. 133:25.
33. "La tierra será renovada y recibirá su gloria paradisíaca." (Artículo de Fe número 10)
34. D. y C. 77:6.
35. D. y C. 29:11.

dramático cambio,[36] muriendo[37] y entonces siendo recreada, o resucitada, como una tierra celestial.[38] Será reubicada de su lugar actual y "colocada en el lugar de reunión del reino celestial,"[39] y completará su misión eterna, sirviendo como una casa eterna para ser exaltada, siendo celestializada.[40]

Viéndolo desde esta perspectiva, la vida mortal sobre la tierra es una experiencia transitoria—breve únicamente sin embargo en un importante momento en el plan eterno de Dios. Los problemas del mundo actual, tales como la "sobrepoblación," el peligro de terminar con los alimentos y los abastecimientos minerales del planeta y preocupaciones similares, toman una perspectiva diferente cuando se ven desde el punto de vista de que la ejecución del plan de Dios no requiere a esta tierra para continuar como un lugar de habitación mortal mucho más que otros mil años. Podemos tener confianza en las declaraciones del Señor: "la tierra *está llena y hay suficiente y de sobra;* sí, yo preparé todas las cosas."[41]

8. Obtener una perspectiva eterna: Buscar por las bendiciones del milenio. Mientras se aproximan la aflicción de la tribulación de los últimos días, hay consuelo al buscar pasarlas para obtener las bendiciones gloriosas del período del milenio. Las revelaciones enseñan: *"El que viva cuando el Señor venga, y haya guardado la fe, bendito*

---

36. Así como el élder Orson Pratt explicó:

No solo los elementos se derretirán con el calor intenso sino que el mismo gran globo morirá. Cesará de existir como un mundo organizado. Acabará su existencia como uno de los mundos que se proporcionan para ser habitados. El fuego devorará todas las cosas, convirtiendo la tierra en sus elementos originales; morirá en el espacio.

Sin embargo, ninguna partícula de los elementos que componen la tierra será destruida o exterminada. Todas existen y serán reunidas nuevamente por un gran poder organizado que es conocido por el hombre. La tierra debe ser resurrecta nuevamente, del mismo modo que nuestros cuerpos; sus elementos serán reunidos y se juntarán por el poder de la palabra de Dios. (JD 18:346-347, Febrero 25, 1877.)

37. D. y C. 29:26; 88:25-26.
38. D. y C. 88:18-19.
39. Brigham Young, JD 17:117. Junio 28, 1874.
40. D. y C. 88:19-20.
41. D. y C. 104:17.

es;[42] Habrá un tiempo de paz y armonía; y Dios ha revelado que "*no harán mal ni dañarán* en todo mi santo monte; porque la tierra será llena del conocimiento de Jehová,"[43] Satanás será atado,[44] y los hombres "*no trabajarán en vano,* ni darán a luz para maldición."[45]

Después que el Salvador venga, "la misma *sociabilidad* que existe entre nosotros aquí, existirá entre nosotros allá; pero la acompañará una gloria eterna."[46] El Señor ha prometido: "y seréis un *pueblo libre;* y no tendréis más leyes que las mías."[47] El gran Jehová ha jurado que en ese período: "Derramaré mi *Espíritu sobre toda la carne*",[48] y "el día en que el Señor venga, él *revelará todas las cocas.*"[49] Ciertamente, vendrá el tiempo "en la que nada se retendrá."[50] Durante el período del milenio "*no habrá pesar, porque no habrá muerte*",[51] y "por el espacio de mil años *la tierra descansará.*"[52]

Mirar hacia adelante, pasar el conflicto y el pesar de los días de castigo y de purificación. Enfocarse en el regocijo del período del milenio, vivir para ser dignos de participar de ello y encender una esperanza que el día glorioso venga pronto.

Preparación espiritual para sobrevivir

Se debe recordar que los eventos catastróficos de los últimos días son juicios de Dios sobre los malos. Los envía sobre los hombres y los habitantes de la tierra: "*se hará sentir a los habitantes de la tierra la ira, la indignación y la mano castigadora de un Dios Omnipotente*"[53] en "*el día en que la ira de Dios sea derramada sin medida sobre los malvados.*"[54]

La maldad del hombre traerá los juicios. La justicia individual es la única defensa válida en contra de ellos. La justicia nacional es la única actitud que prevendrá de que sean derramados sobre la tierra.

La preparación personal a través de llevar una vida recta, siendo obediente a los mandamientos de Dios, y utilizada para recibir la guía del

---

42. D. y C. 63:50.
43. Isaías 11:9; 65:25.
44. Apocalipsis 20.1-3. Véase D. y C. 101:28.
45. Isaías 65:23.
46. D. y C. 130:2.
47. D. y C. 38:22.
48. Joel 2:28.
49. D. y C. 101:32.
50. D. y C. 121:28.
51. D. y C. 101:29.
52. Moisés 7:64.
53. D. y C. 87:6.
54. D. y C. 1:9.

Espíritu Santo es la clave para sobrevivir durante los tiempos difíciles que vendrán. En estos contornos el Señor ha dado muchos consejos en las escrituras.

9. La purificación de usted mismo de sus pecados que traerán juicios: Arrepentimiento. El consejo dado por revelación tiene un mensaje vital para el pueblo de Dios hoy en día. El Señor ha dado como mandamiento a los Santos lo siguiente:

> *Purificad vuestro corazón y vuestros vestidos, no sea que la sangre de esta generación sea requerida de vuestras manos.*
>
> Sed fieles hasta que yo venga, pues vengo presto; y mi galardón viene conmigo para recompensar a todo hombre según sus obras.[55]

Su mandamiento ha sido insistente:

> . . . *te mando que te arrepientas; arrepiéntete, no sea que te hiera* con la vara de mi boca, y con mi enojo, y con mi ira, *y sean tus padecimientos dolorosos;* cuán dolorosos no lo sabes; cuán intensos no lo sabes; sí, cuán difíciles de aguantar no lo sabes.[56]

Su amonestación es tal que los juicios se extenderán a cada hombre quien fracase al purificar su vida:

> Y en verdad, *todo hombre tiene que arrepentirse o padecer,* porque yo, Dios, soy sin fin.
>
> Por tanto, no abrogaré los juicios que pronuncie, sino que sobrevendrán los lamentos, lloros, gemidos y crujir de dientes, sí, a los que se hallaren a mi izquierda.[57]

El mandamiento de arrepentirse se da especialmente a los Santos, con la amonestación, "Arrepiéntanse, pues, de sus pecados los de la iglesia; y yo, el Señor, los reconoceré; de lo contrario, serán desarraigados."[58] Los Santos sin arrepentir carecerán de la inspiración y la fuerza de su testimonio necesario para preservarlos cuando los juicios vengan, porque el Señor ha advertido: "al que no se arrepienta, le será quitada aun la luz que haya recibido; porque mi Espíritu no luchará siempre con el hombre."[59] Pero para aquellos quienes se arrepientan de todos sus

---

55. D. y C. 112:33-34.
56. D. y C. 19:15.
57. D. y C. 19:4-5.
58. D. y C 63:63. Véase D. y C. 84:55-59.
59. D. y C. 1:33.

pecados, su promesa es: "iré delante de vosotros y seré vuestra retaguardia; y estaré en medio de vosotros y no seréis confundidos."[60]

Por lo tanto, esta es la gran clave para sobrevivir—aquellos quienes no se arrepientan segarán los juicios de Dios, pero aquellos quienes se arrepientan recibirán la guía de Dios y protección durante el período peligroso que ha de venir. Pero aun los que se arrepientan deben mantenerse lejos del pecado, porque el Señor así lo ha mandado:

> Perseverad en la libertad mediante la cual se os hace libres; *no os enredéis en el pecado, sino queden limpias vuestras manos hasta que el Señor venga.*[61]

10. Librarse de los juicios a través de la obediencia: Guardar los mandamientos de Dios. Obedecer los mandamientos de Dios también proporcionará la vía para escapar de los juicios que han de venir. Una revelación advierte:

> . . . se ha encendido la indignación del Señor en contra de sus abominaciones y todas sus obras inicuas.
>
> Sin embargo, *Sión escapará si procura hacer todo lo que le he mandado.*[62]

Mientras se amonesta acerca del pecado, el orgullo, la avaricia, y cosas detestables entre los Santos, el Señor enfatiza que el arrepentimiento y la obediencia son las llaves para escapar de sus juicios:

> De cierto os digo, que *yo, el Señor, los disciplinaré y haré lo que yo tenga a bien, si no se arrepienten y observan todo lo que les he dicho.*
>
> Y de nuevo os digo, *si procuráis hacer todo lo que os mando, yo, el Señor, apartaré toda ira e indignación* de vosotros, y las puertas del infierno no prevalecerán en contra de vosotros.[63]

La obediencia a cada mandamiento de Dios revela que será la prueba que los Santos deben alcanzar, como el Señor lo establece con los juicios de los últimos días:

> Y os doy un mandamiento, que vosotros desechéis todo lo malo y os alleguéis a todo lo bueno, y *que viváis de acuerdo con toda palabra que sale de la boca de Dios.*
>
> Porque él dará a los fieles línea sobre línea, precepto tras precepto; y en esto *os pondré a prueba y os probaré.*

---

60. D. y C. 49:26-27.
61. D. y C. 88:86.
62. D. y C. 97:24-25.
63. D. y C. 98:21-22.

> Y el que diere su vida en mi causa, por mi nombre, la hallará otra vez, sí, vida eterna.[64]

Así como la guía de Dios brinda el arrepentimiento, él ha prometido crear eventos para el beneficio a la obediencia en los últimos días:

> Guardad todos los mandamientos y convenios que os ligan; *y haré estremecer los cielos para vuestro beneficio,* y Satanás temblará, y Sión se regocijará sobre los collados y florecerá;[65]

Pero la pérdida de la fe y el triunfo de sus enemigos se anticipa de aquellos quienes fallen en el principio de la obediencia:

> Sed diligentes en guardar todos mis mandamientos, *no sea que os sobrevengan juicios, y os falte vuestra fe, y triunfen sobre vosotros vuestros enemigos.*[66]

11. Ser libres de los pecados de la generación: Santificarse por uno mismo. La santificación es el proceso mediante el cual los hombres "entregan el corazón a Dios,"[67] de tal manera que el Espíritu Santo les ayuda a negarse a ellos mismos de toda impiedad, y entonces son personas santificadas[68] capaces de estar sin mancha ante Dios.[69] Sus vestidos son "blanqueados mediante la sangre del Cordero" y el pecado les parece repugnante.[70]

En el contexto de los últimos días, el Señor ha advertido: "todos los que no quieren soportar la disciplina, antes me niegan, no pueden ser santificados."[71] Con relación al día de su venida en gloria, él ha revelado: "pronto vendrá el día en que me veréis, y sabréis que yo soy; porque el velo de tinieblas en breve será rasgado, *y el que no esté purificado no soportará el día.*[72]

Por lo tanto, el logro de la santificación defenderá a los Santos de los juicios, permitiéndoles liberarse de la responsabilidad de la sangre y pecados de las generaciones. El Señor ha revelado,

> *He aquí, apresuraré mi obra en su tiempo.*
>
> Y os doy a vosotros, que sois los primeros obreros en este último reino, el mandamiento de que os reunáis, y de que os organicéis, os

---

64. D. y C. 98:11-13.
    Véase D. y C. 45:2, 6.
65. D. y C. 35:24.
66. D. y C. 136:42.
67. Helamán 3:35.
68. Moroni 10:32-33.
69. 3 Nefi 27:20.
70. Alma 13:11-12.
71. D. y C. 101:5.
72. D. y C. 38:8.

preparéis y *santifiquéis; sí, purificad vuestro corazón y limpiad vuestras manos y vuestros pies ante mí, para que yo os haga limpios;*

a fin de que yo testifique a vuestro Padre, y vuestro Dios y mi Dios, que sois limpios de la sangre de esta perversa generación; . . .[73]

El proceso de santificación origina un cambio real y la renovación del cuerpo.Véase D. y C. 84:33; 88:67-68. Juan el Revelador ha dicho de 144.000 hombres quienes serían llamados de las tribus de Israel y "sellados . . . en sus frentes."[74] Estos hombres trabajarían durante los juicios de los últimos días para traer conversos a la Iglesia.[75] Así como el élder Orson Pratt explicó, "Dios purificará sus cuerpos hasta que sean limpiados, y renovados y fortalecidos, y sean cambiados parcialmente. Esto les preparará para ministerios posteriores entre las naciones de la tierra, . . . ellos podrán prevalecer en medio de estas desolaciones y plagas y no ser vencidos por ellas."[76]

Su santificación permitirá a los Santos encontrarse libres de la sangre y de los pecados de esta generación inicua, y prepararlos para recibir los completos beneficios eternos del sacrificio del Señor.

12. Preparación espiritual: Ser guiado por el Espíritu Santo. La habilidad para recibir inspiración y guía del espíritu será necesario para la supervivencia de los Santos durante los juicios de los últimos días. El Señor ha revelado:

. . . en aquel día, cuando yo venga en mi gloria, se cumplirá la parábola que hablé acerca de las diez vírgenes.

Porque aquellos que son prudentes y han recibido la verdad, y han tomado al Santo Espíritu por guía, y no han sido engañados—de cierto os digo que éstos no serán talados ni echados al fuego, sino que aguantarán el día.[77]

Reconocer las señales del peligro que se aproxima, recibir la guía sobre los métodos para obtener alimento y otros elementos necesarios; recibir dirección en que lugar vivir y viajar; discernir entre: amigos y enemigos, verdad y error, verdaderos y falsos profetas—todas estas ha-

73. D. y C. 88:73-75. Véase los versículos 85, 138; 109:42; 112:33.

74. Apocalipsis 7:3.

75. Para información más detallada acerca de los 144.000, véase el libro del autor, *Prophecy—Key to the Future,* pág. 121-125, 141-142 (*La Profecía—Llave al Futuro,* pág. 110-113, 124-125).

76. JD 15:365-366. Marzo 9, 1873.

77. D. y C. 45:56-57.

bilidades serán indispensables cuando el período de "la abominación desoladora" comience. Sin embargo, el ser receptivo continuamente al espíritu no viene fácilmente. Se requiere una preparación de la mente y deseo—humildad y purificación de uno mismo:

> *Aprenda sabiduría el ignorante, humillándose y suplicando al Señor su Dios,* a fin de que sean abiertos sus ojos para que él vea, y sean destapados sus oídos para que oiga;
> *porque se envía mi Espíritu al mundo para iluminar a los humildes y contritos, y para la condenación de los impíos.*[78]

"Y mediante la oración recibís el Espíritu",[79] para encontrarse cerca a Dios de tal forma que él se encuentre cerca de usted.[80] Entonces el poder del Espíritu Santo se confiere por Dios "a los que lo aman y se purifican ante él."[81] Hay la necesidad para desarrollar una relación de fe y verdad en las señales que vendrán:

> *Pon tu confianza en ese Espíritu que induce a hacer lo bueno,* sí, a obrar justamente, a andar humildemente, a juzgar con rectitud; y éste es mi Espíritu.
> De cierto, de cierto te digo: *Te daré de mi Espíritu, el cual iluminará tu mente y llenará tu alma de gozo;*
> *y entonces conocerás, o por este medio sabrás, todas las cosas que de mí deseares,* que corresponden a la rectitud, con fe, creyendo en mí que recibirás.[82]

El Espíritu Santo es un consolador,[83] quien enseña y trae las cosas necesarias a recordar.[84] Testificará de Cristo,[85] guiará hacia toda verdad,[86] y revelará las cosas que vendrán[87]—todos estos son bendiciones que serán muy necesarias a los Santos durante el futuro período de conflictos y caos.

13. Reconocer los eventos de los últimos días: Mirar por señales de los tiempos. El Señor instruyó a su pueblo a estar alerta de las señales de los eventos profetizados que han de venir. Después de dar a sus discípulos en el Monte de los Olivos su gran profecía relacionada a los eventos de los últimos días, les dijo:

---

78. D. y C. 136:32-33.
79. D. y C. 63:64. Véase 14:8.
80. D. y C. 88:63-65.
81. D. y C. 76:116.
82. D. y C. 11:12-14.
83. Jn. 14:26.
84. De la misma fuente.
85. Jn.15:26.
86. Jn. 16:13.
87. De la misma fuente.

> De la higuera aprended la parábola: Cuando ya su rama está tierna, y brotan las hojas, sabéis que el verano está cerca.
> Así también vosotros, cuando veáis todas estas cosas, conoced que está cerca, a las puertas.[88]

Una de las características que identifican aquellos quienes temen y sirven al Señor es de su conocimiento con relación a las señales de los tiempos. El Señor estableció:

> . . . el que me teme estará esperando que llegue el gran día del Señor, *sí, las señales de la venida del Hijo del Hombre. . . .*
> y el que no me esté esperando será desarraigado.[89]

El conocimiento de las señales de los tiempos se prometió a los Santos:

> Y el que creyere será bendecido con señales que le acompañarán, tal como está escrito.
> *Y a vosotros os será permitido conocer las señales de los tiempos, y las señales de la venida del Hijo del Hombre; . . .*[90]

La instrucción del Señor es:

> Ceñid vuestros lomos, y sed vigilantes y sobrios, *mirando hacia la venida del Hijo del Hombre,* porque viene a la hora que no pensáis.[91]

Es de suma importancia conocer los propósitos de las señales profetizadas de los tiempos y así saber de su cumplimiento al surgir los eventos. Primero, ese conocimiento previene engaños y confusión:

> Por tanto, *no seáis engañados,* sino continuad con firmeza, esperando que los cielos se estremezcan y la tierra tiemble y se tambalee como un borracho, y que los valles sean levantados, y las montañas rebajadas, y que sean allanados los lugares escabrosos. . . .[92]

Segundo, vislumbrando el cumplimiento de las señales de los tiempos se le recuerda a los Santos de la necesidad de mantener dignidad personal:

> *Mirad también por vosotros mismos,* que vuestros corazones no se carguen de glotonería y embriaguez y de los afanes de esta vida, y venga de repente sobre vosotros aquel día.

---

88. Mateo 24:32-33. Véase D. y C. 35:16.
89. D. y C. 45:39, 44.
90. D. y C. 68:10-11.
91. D. y C. 61:38.
92. D. y C. 49:23.

Porque como un lazo vendrá sobre todos los que habitan sobre la faz de la tierra.

Velad, pues, en todo tiempo orando que seáis tenidos por dignos de escapar de todas estas cosas que vendrán, y de estar en pie delante del Hijo del Hombre.[93]

Tercero, conociendo los eventos profetizados y el orden en el cual sucederán le permitirá prepararse y aceptarlos cuando tomen efecto. El Señor, al hablar de las tribulaciones de los últimos días, ha dicho a los Santos: "Recordad esto *que os digo de antemano,* para que lo consideréis en el corazón y *recibáis lo que está por venir.*"[94]

Finalmente, conociendo las profecías y reconociendo las señales de los tiempos permiten a los Santos ser testigos de la mano de Dios en los futuros eventos:

He aquí, de cierto os digo, por esta causa os he enviado: para que seáis obedientes, y *vuestros corazones estén preparados para testificar de las cosas que han de venir; . . .*[95]

El autor ha observado el "síndrome del avestruz" entre los Santos de cuando en cuando. Hay quienes dicen: "No quiero saber acerca de las profecías de los últimos días—ellas me atemorizan." Otros han dicho, "Las profecías son negativas en la forma en que se presentan. Debemos pensar positivamente—hablemos únicamente de cosas que traen felicidad." Sus filosofías no son a la manera del Señor, y están en una oposición directa a sus instrucciones repetivas. Ni se preparan a sí mismos ni cumplen con los mandamientos que ellos deben observar y preparar a otros. A ellos les irá bien al no ser caso de las amonestaciones del Señor: *"el que no me esté esperando será desarraigado."*[96]

14. Enseñar doctrinas de los últimos días: Buscar conocimiento para protección. Un mejor elemento en la preparación espiritual de los Santos es la necesidad de ser informados apropiadamente con relación a las profecías de los últimos días. El Señor ha enfatizado que este pueblo necesita entender lo que está profetizado y de lo que acontecerá, y necesita ser capaz de distinguir las señales de los tiempos,

---

93. Lucas 21:34-36. Véase también Mateo 24:42; 25:13; Marcos 13:35-37; Lucas 12:37-40; Efesios 6:18; 1 Tesalonicenses 5:6; 1 Pedro 4:7; Apocalipsis 16:15.

94. D. y C. 58:5. Véase D. y C. 106:4-5.

95. D. y C. 58:6.

96. D. y C. 45:44.

reconociendo los preparativos para estos eventos entre las naciones de la tierra. Esta instrucción fue dada como un mandamiento dado en revelación:

> *Y os mando que os enseñéis el uno al otro la doctrina del reino.*
>
> Enseñaos diligentemente, y mi gracia os acompañará, para que seáis más perfectamente instruidos en *teoría,* en *principio,* en *doctrina,* en la *ley del evangelio,* en *todas las cosas que pertenecen al reino de Dios,* que os conviene comprender;
>
> de cosas tanto en el cielo como en la tierra, y debajo de la tierra; *cosas que han sido, que son y que pronto han de acontecer; cosas que existen en el país, cosas que existen en el extranjero; las guerras y perplejidades de las naciones, y los juicios que se ciernen sobre el país; y también el conocimiento de los países y de los reinos,*
>
> *a fin de que estéis preparados en todas las cosas,* cuando de nuevo os envíe a magnificar el llamamiento al cual os he nombrado y la misión con la que os he comisionado.[97]

No solo se le ha ordenado a los Santos enseñar el uno al otro acerca de las cosas que han de acontecer, también se les ha mandado "atesorad sabiduría" para protegerse a ellos mismos contra la maldad de los hombres en los últimos días:

> Y además, os digo que el *enemigo en las cámaras secretas busca vuestra vida.*
>
> Oís de guerras en países lejanos, y decís que pronto habrá grandes guerras en países lejanos, mas no conocéis el corazón de los hombres en vuestro propio país.
>
> Os digo estas cosas a causa de vuestras oraciones; por lo tanto, *atesorad sabiduría en vuestro seno, no sea que la maldad de los hombres os revele estas cosas por medio de su iniquidad,* de una manera que retumbará en vuestros oídos con una voz más fuerte que la que sacudirá la tierra; mas *si estáis preparados, no temeréis.*
>
> Y para que os *escapéis del poder del enemigo y vengáis a mí, un pueblo justo,* sin mancha e irreprochable. . . .[98]

15. Preparar a los Santos para la hora del juicio: Amonestar a su prójimo. Después de enviar a los Santos a enseñar el uno a otro acerca de cosas "que pronto han de acontecer" y acerca de los "juicios que se

97. D. y C. 88:77-80. Véase también D. y C. 88:118; 97:12-14.
98. D. y C. 38:28-31.

ciernen sobre el país",[99] el Señor especificó que la tarea de amonestar se requiere a todo su pueblo:

> He aquí, os envié para *testificar y amonestar al pueblo,* y conviene que *todo hombre que ha sido amonestado, amoneste a su prójimo.*[100]

El contenido de este pasaje claramente indica que la amonestación mencionada por el Salvador no es solamente el predicar los principios del evangelio. Esa amonestación es para:

> *preparar a los santos para la hora del juicio que ha de venir;*
> a fin de que sus almas *escapen de la ira de Dios, la abominación desoladora* que espera a los malvados, tanto en este mundo como en el venidero.[101]

En la oración dedicatoria del templo de Kirtland, la cual fue dada por revelación por el profeta José Smith, se expresa una profunda preocupación por la necesidad de preparar a los Santos contra los juicios que han de venir:

> Pon sobre tus siervos el testimonio del convenio, para que al salir a proclamar tu palabra sellen la ley y *preparen el corazón de tus santos para todos aquellos juicios que estás a punto de mandar* en tu ira sobre los habitantes de la tierra, a causa de sus transgresiones, a fin de *que tu pueblo no desmaye en el día de la tribulación.*[102]

Y también:

> Sabemos que por boca de tus profetas tú has decretado cosas terribles concernientes a los malvados en los últimos días, y que derramarás tus juicios sin medida;
> Por tanto, oh Señor, *salva a tu pueblo de las calamidades de los inicuos;* habilita a tus siervos para sellar la ley y atar el testimonio, a fin de que *queden preparados para el día del fuego.*[103]

El Señor ha mandado a los Santos repetidamente:

---

99. Véase nuevamente D. y C. 88:79.
100. D. y C. 88:81.
101. D. y C 88:84-85.
102. D. y C. 109:38.
103. D. y C. 109:45-46.

> *Preparaos, preparaos para lo que ha de venir,* porque el Señor está cerca; y la ira del Señor está encendida, y su espada se embriaga en el cielo y caerá sobre los habitantes de la tierra.[104]

Les ha dicho:

> . . . os digo que os doy el mandamiento de que *todo hombre,* tanto el que sea élder, presbítero, o maestro, así como también el miembro, se dedique con su fuerza, con el trabajo de sus manos, *a preparar y a realizar las cosas que he mandado.*
>
> *Y sea vuestra predicación la voz de amonestación, cada hombre a su vecino,* con mansedumbre y humildad.[105]

Entonces el mandamiento del Señor es que los Santos amonesten y que se aconsejen el uno al otro, ayudándose el uno al otro para prepararse de los tiempos difíciles que han de venir. Obviamente, esto es la razón de este libro.

16. Predicar el arrepentimiento a los no miembros: Advertir de los juicios que han de venir. El Señor ha mandado que la amonestación de los juicios que han de venir sea en mayor parte el mensaje misional al mundo a gran escala en los últimos días. Dos mensajes: arrepentimiento, y la advertencia acerca de los juicios que han de venir, son los temas más importantes en la obra misional. Por ejemplo, el Señor dijo a los élderes, "*He aquí, os envío para reprobar al mundo por todos sus hechos inicuos, y para enseñarle acerca de un juicio que ha de venir.*"[106] Mandó que toda la Iglesia debe predicar acerca de esos dos mensajes:

> Y de cierto os digo a vosotros, el resto de mis siervos, salid a vuestros distintos llamamientos, según os lo permitan vuestras circunstancias, a las grandes y notables ciudades y pueblos, *reprobando en justicia al mundo por todos sus hechos injustos e inmundos, exponiéndoles clara y comprensiblemente la abominación desoladora de los últimos días.*[107]

---

104. D. y C. 1:12-13. Véase también D. y C. 31:8; 33:10; 65:1-3; 85:3; 88:92; 133:4-5, 10, 19.

105. D. y C. 38:40-41.

106. D. y C. 84:87.

107. D. y C 84:117. Inclusive en los días de Enoc los mismos mensajes, el llamar al arrepentimiento y profetizar acerca de los futuros juicios, se distinguieron en la obra misional. Véase Moisés 6:27.

El Señor ha instruido aquellos que trabajan en el campo misional a esforzarse al decir: "abrid vuestra boca y será llena, y decid: *Arrepentíos, arrepentíos y preparad la vía del Señor,* y enderezad sus sendas; porque el reino de los cielos está cerca; . . ."[108] Otras instrucciones, reveladas a aquellos quienes son llamados a predicar el evangelio, son:

> . . . *proclamar el arrepentimiento* a una corrupta y perversa generación, *preparando la vía del Señor* para su segunda venida.
> Porque he aquí, de cierto, de cierto te digo, que *está próxima la hora en que vendré en una nube con poder y gran gloria.*
> Y será un día grande al tiempo de mi venida, porque todas las naciones temblarán.
> Pero antes que venga ese día grande, el sol se obscurecerá y la luna se tornará en sangre; y las estrellas se negarán a brillar y algunas caerán; y *grandes destrucciones esperan a los malvados.*
> Por tanto, *alza tu voz sin cesar,* porque ha hablado Dios el Señor; *profetiza,* pues, y te será dado por el poder del Espíritu Santo.[109]

Y también:

> Levantad vuestras voces sin cesar. *Llamad a las naciones a que se arrepientan,* tanto ancianos como jóvenes, ora esclavos o libres, *diciendo: Preparaos para el gran día del Señor;*
> Porque si yo, que soy hombre, alzo mi voz y os llamo al arrepentimiento, y me aborrecéis, ¿qué diréis cuando venga el día en que los truenos hagan oír sus voces desde los extremos de la tierra, hablando a los oídos de todos los vivientes, diciendo: Arrepentíos y preparaos para el gran día del Señor?[110]

Así que es claro que el Señor haya establecido dos mensajes para los misioneros Santos de los Últimos Días. Llamar al arrepentimiento y preparar a la gente para la venida del Señor, amonestándoles de los juicios que tendrán lugar en los últimos días.

Las amonestaciones de futuros eventos se le requiere a aquellos quienes obedecen al Señor, y no se excluye en los mensajes de los misioneros:

> He aquí, de cierto os digo, por esta causa os he enviado: para que *seáis obedientes,* y vuestros corazones estén preparados *para testificar de las cosas que han de venir; . . .*[111]

---

108. D. y C. 33:10.
109. D. y C. 34:6-10.
110. D. y C. 43:20-21.
111. D. y C. 58:6.

Y este requisito se extiende a "todo hombre":

> Por tanto, viendo que yo, el Señor, he decretado todas estas cosas sobre la faz de la tierra, quiero que mis santos se congreguen en la tierra de Sión;
>
> y que *todo hombre* tome la rectitud en sus manos y la fidelidad sobre sus lomos, y *levante la voz de amonestación a los habitantes de la tierra;* y declare, tanto por palabra como por fuga, que la desolación sobrevendrá a los inicuos.[112]

17. Constreñir a la ley y sellar el testimonio: Testificar contra la maldad. El Señor ha revelado que esta generación inicua ha de madurar en iniquidad hasta que sea como un campo *"blanco para ser quemado."*[113] Es ahora la undécima hora y la última vez que se llamará a los misioneros:

> . . . sois llamados a alzar vuestras voces como con el son de trompeta, para *declarar mi evangelio a una generación corrupta y perversa.*
>
> Porque he aquí, el campo blanco está ya para la siega; y es *la hora undécima,* y la *última vez* que llamaré obreros a mi viña.
>
> *Y se ha corrompido mi viña por completo; y no hay quien haga lo bueno salvo unos pocos;* y éstos yerran en muchos casos a causa de las supercherías sacerdotales, porque todos tienen mentes corruptas.[114]

Esta "corrupta y perversa generación"[115] se ha vuelto tan inicua que el Señor está reteniendo su espíritu de los habitantes de la tierra.[116] Los Santos han sido instruidos a:

> . . . Velad, porque el adversario extiende sus dominios y las tinieblas reinan;
>
> y la ira de Dios se enciende contra los habitantes de la tierra; *y nadie hace lo bueno, porque todos se han extraviado.*[117]

El Señor ha revelado con relación al resto del mundo además de los Santos:

> Porque *toda carne se ha corrompido delante de mí; y los poderes de las tinieblas prevalecen en la tierra,* entre los hijos de los hombres, en presencia de todas las huestes de los cielos.

---

112. D. y C. 63:36-37.
113. D. y C. 31:4.
114. D. y C. 33:2-4.
115. D. y C. 34:6.
116. D. y C. 63:32.
117. D. y C. 82:5-6.

> Por lo que reina el silencio, y toda la eternidad padece, y *los ángeles esperan el gran mandamiento de segar la tierra* para juntar la cizaña y quemarla; y he aquí, *el enemigo se ha combinado.*[118]

Dios ha declarado que "será predicado este evangelio del reino en todo el mundo, *para testimonio a todas las naciones;* y entonces vendrá el fin."[119] El Señor ha dicho a los misioneros que son llamados: "*podar mi viña vigorosamente,* sí, por última vez."[120] Este testimonio o "poda" servirá para convertir y congregar a los justos quienes permanecen; sin embargo, también condenará a los inicuos. Hablando aquellos quienes han creído en sus palabras y han nacido de nuevo, el Señor dice: "su testimonio también saldrá *para condenar a los de esta generación,* si endurecen sus corazones . . .".[121]

Los siervos del Señor son sellados en justicia para que participen de las bendiciones de la vida eterna y para ser protegidos contra el poder de Satanás en los últimos días.[122] Tienen una responsabilidad similar para sellar la iniquidad sobre el juicio y la condenación. Una revelación del Señor establece:

> . . . Y de cierto os digo, que a los que salgan para llevar estas nuevas a los habitantes de la tierra, *les es dado poder para sellar, tanto en la tierra como en el cielo, al incrédulo y al rebelde;*
>
> sí, en verdad, *sellarlos para el día en que la ira de Dios sea derramada sin medida sobre los malvados, . . .*[123]

Este proceso de "sellamiento" es un aspecto fundamental en la obra de los misioneros en los últimos días. El Señor ha mandado:

> . . . trabajad diligentemente, para que seáis perfeccionados en vuestro ministerio de ir entre los gentiles por última vez, cuantos la boca del Señor llame, *para atar la ley y sellar el testimonio, . . .*[124]

La respuesta del Señor a los inicuos en los últimos días será tal que serán sellados en la obscuridad por los siervos del Señor:

---

118. D. y C. 38:11-12.
119. Mateo 24:14.
120. D. y C. 24:19.
121. D. y C. 5:18.
122. Véase D. y C. 68:11-12; 109:38; 124:124; 131:5.
123. D. y C. 1:8-9. Véase D. y C. 124:93; 128:8-11.
124. D. y C. 88:84.

He aquí, no hay quien os rescate, porque no obedecisteis mi voz cuando os llamé desde los cielos; no creísteis a mis siervos, y cuando os fueron enviados, no los recibisteis.

De manera que, *sellaron el testimonio y ataron la ley,* y vosotros fuisteis entregados a las tinieblas.[125]

Por lo tanto, los siervos del Señor se les ha mandado dejar un testigo contra aquellos quienes los rechazan, sacudiéndose el polvo de sus pies,[126] y eventualmente serán como un testigo de la casa, villa o ciudad quien los echó fuera.[127] El Señor ha dicho con relación a los enemigos quienes están contra los Santos y los echan fuera:

. . . *vosotros los maldeciréis;*

y a quien maldijereis, yo maldeciré; y vosotros me vengaréis de mis enemigos.

Y mi presencia estará con vosotros cuando me venguéis de mis enemigos, hasta la tercera y la cuarta generación de los que me aborrecen.[128]

Ser un testimonio contra el inicuo es una extraordinaria responsabilidad y no debe ser tomado a la ligera ni ser utilizado indiscriminadamente sin un control cuidadoso. Es una tarea decretada por Dios y una parte plena de su plan. Es necesario en los últimos días, así como lo fue en la época de Alma,[129] y en el período de la iglesia en el Nuevo Testamento.[130] Así como la brecha entre rectitud y la expansión de la iniquidad, la necesidad por un testimonio contra la maldad se incrementará rápidamente.

18. Salid de Babilonia: Para ser separado de la iniquidad. El Señor ha mandado, "preparaos, preparaos, oh mi pueblo"[131] y entonces les ha dicho a los Santos, *"Salid de Babilonia. Sed limpios los que lleváis los vasos del Señor."*[132] En otra revelación su consejo fue: *"Salid de entre los inicuos. Salvaos."*[133] Otra amonestación proclama el mensaje del Señor: "Todos los soberbios y los que hacen maldad serán como rastrojo; y yo los quemaré, porque soy el Señor de los Ejércitos; y *no perdonaré a ninguno que se quede en Babilonia.*"[134] Las instrucciones

---

125. D. y C. 133:71-72.
126. D. y C. 24:15-17; 60:15; 99:4-5.
127. D. y C. 75:18-22; 84:92-97.
128. D. y C. 103:24-26.
129. Alma 14:11.
130. Lucas 11:49-51.
131. D. y C. 133:4.
132. D. y C. 133:5.
133. D. y C. 38:42.
134. D. y C. 64:24.

del Señor han sido: *"Salid de en medio de las naciones, sí, de Babilonia, de en medio de la iniquidad, que es la Babilonia espiritual."*[135]

Aquel Santo que desea ser preparado espiritualmente y temporalmente le hará bien examinar el ambiente en el que vive y trabaja. Deberá evaluar su situación, revisando en oración si sus alrededores y asociados le son favorables para ayudarle a vivir el evangelio, o si su ambiente en donde se desenvuelve le conduce alejarse a él y su familia de lo que es correcto y bueno. También será para su beneficio evaluar lo que pasaría si las condiciones difíciles se presentarán tales como una severa escasez de alimentos, una guerra internacional, o una batalla interna, o una persecución a los de la Iglesia. En tales situaciones extremas, ¿podría continuar en su actual ambiente, o estaría sujeto a presiones serias y quizá el tener que "tomar la espada contra su prójimo"[136] para defender a su familia, su hogar, sus provisiones y su libertad? Cada Santo de los Últimos Días quien está en tono con el Espíritu Santo le es permitido una guía por revelación con respecto a dónde debería de trabajar y vivir. Tales señales vienen a muchos. Ciertamente, el autor ha conversado con muchas personas quienes se han mudado a nuevos lugares debido a la inspiración personal que han recibido. Sin embargo, la actividad actual y el curso de la Iglesia se considerarán cuando se haga una decisión con relación a dónde vivir.

En este día de progreso y el dar "pasos agigantados" para con la obra misional, el mensaje del evangelio está siendo enseñado a nivel mundial. El lugar en donde los Santos son más necesarios es en las estacas y misiones distantes, donde pueden estar más involucrados activamente con el crecimiento rápido en lugar de estar congregados en el centro de la Iglesia. Ningún mensaje general para "congregarse" se ha dado, y parece evitable pues "*es necesario que permanezcáis por lo pronto en los sitios donde moráis,* como convenga a vuestras circunstancias."[137] Todavía es tiempo de preparación antes de ser congregados; no obstante, es un tiempo para ayudar a los Santos, "*fortalecerás y prepararás* para la hora en que serán congregados."[138]

Incluso en circunstancias extremas de futuras dificultades, cuando la Iglesia esté sujeta a la intensa persecución, los Santos estarán dispersos

---

135. D. y C. 133:14.
136. D. y C. 45:68.
137. D. y C. 48:1.
138. D. y C. 31:8.

por el mundo. En su visión de esta futura época, Nefi vio: "la iglesia del Cordero de Dios, . . . se extendía también *sobre toda la superficie de la tierra; . . .*"[139]

Las escrituras indican que habrá dos períodos y tipos de recogimiento. El primero será en varios lugares de refugio entre las estacas de Sión, cuando las naciones toleren las agonías de la guerra mundial y la batalla interna. Entonces, después de que el área de Missouri sea limpiada,[140] la Nueva Jerusalén será construida. Las escrituras revelan que habrá una asamblea general en esa área. Ninguna ventaja se obtendrá por arreglos indirectos que estén fuera de la sincronización cronológica a estos períodos. Por ejemplo, el cambiarse al área de la Nueva Jerusalén antes de que se limpie, puede ser desastroso.

En el primer período de recogimiento, los Santos tendrán la necesidad de congregarse en lugares de refugio en América, la "tierra de Sión,"[141] entre las estacas:

> . . . el recogimiento en *la tierra de Sión y sus estacas sea para defensa y para refugio contra la tempestad* y contra la ira, cuando sea derramada sin mezcla sobre toda la tierra.[142]

El Señor dijo: *"Sión, y en sus estacas, y en Jerusalén"* como "sitios que he señalado como refugio."[143] Reveló que su voluntad es que los Santos "se congreguen y permanezcan en lugares santos."[144] Los versículos 20-22 mencionan que las estacas son los "lugares santos." Véase también los versículos 64-68. El Salvador dijo que como la plaga desoladora de enfermedad sea derramada, "mis discípulos estarán en lugares santos y no serán movidos."[145] El Señor advirtió que este recogimiento será llevado a cabo: *"no con prisa, no sea que haya confusión, lo cual*

---

139. 1 Nefi 14:12. Sin embargo Nefi añadió: "Sus dominios sobre la faz de la tierra eran pequeños, a causa de la maldad de la gran ramera a quien yo vi". (De la misma fuente).

140. Véase la visión de Wilford Woodruff, pág. 214, también pág. 246.

141. Véase pág. 220-221. En este pasaje el término "Sión" parece ser utilizado en forma extensa, como lo expresó José Smith en la conferencia de abril de 1844: . . . "Haré una proclamación que cubrirá un territorio extenso. América completa es Sión desde norte a sur, y es descrita por los profetas, quienes declaran que esta es la Sión donde la montaña del Señor debe ser y que debe estar en el centro de la tierra." (HC 6:318-319. Abril 8, 1844.)

142. D. y C. 115:6.

143. D. y C. 124:36.

144. D. y C. 101:22.

145. D. y C. 45:32. Véase 87:8.

trae pestilencia."[146] Su advertencia a los Santos es: "No se lleve a cabo vuestro recogimiento con prisa ni huyendo; antes *sean preparadas todas las cosas delante de vosotros.*"[147] Parece ser que los Santos necesitarán estar alertas a este período de recogimiento que se aproxima en lugares de refugio, y no permanecer o aplazar su decisión cuando las necesidades surjan.

Una declaración profética hecha por el presidente Heber C. Kimball parece indicar que la separación u "hora de tamizar", involucrará aun a los Santos del área de Utah, EE.UU. En el año de 1856 dijo:

> Pensamos que estamos a salvo aquí en las capillas de las montañas eternas, donde podemos cerrar las escasas puertas de los cañones contra el populacho y perseguidores, el inicuo y el infame, quienes siempre nos persiguen con violencia y robo, pero les quiero decir a ustedes, mis hermanos, el tiempo vendrá cuando *seamos combinados en estos valles hoy en día pacíficos a tal grado que sea difícil distinguir de la cara de un Santo a la cara de un enemigo a la del pueblo de Dios. Entonces, hermanos, tengan cuidado del gran tamizador, porque habrá un gran tiempo de tamizar, y muchos caerán;* porque les digo que hay una *prueba,* una PRUEBA, viene una PRUEBA, y ¿quién será capaz de soportar?[148]

Las escrituras también hablan de un segundo recogimiento, una asamblea de los Santos lejana, en el lugar de la Nueva Jerusalén en Missouri, EE.UU.:

> . . . del Padre ha salido el decreto de que serán recogidos en *un solo lugar sobre la faz de esta tierra,* a fin de preparar su corazón, y que se preparen en todas las cosas para el día en que se derramen *tribulaciones y desolación sobre los malvados.*[149]

---

146. D. y C. 63:24.
147. D. y C. 101:68.
148. Orson F. Whitney, *Life of Heber C. Kimball* (Salt Lake City, Utah, EE.UU.: Bookcraft, 1967), pág. 446. Esta declaración fue preservada por el élder Edward Stevenson. El presidente A. F. McDonald registró, con relación a Heber C. Kimball: "Claramente él predijo el período del juicio en que los Santos ahora están pasando, y un periodo todavía antes de nosotros. A menudo utiliza el lenguaje: 'Una prueba, una prueba se acerca.' "(De la misma fuente, pág. 447.)
149. D. y C. 29:8.

El Señor ha revelado su deseo: "Mi pueblo del convenio *se congregue como uno* en aquel día en que yo vendré a mi templo."[150] Describe a la Nueva Jerusalén como una *"ciudad de refugio, un lugar de seguridad para los Santos* del Dios Altísimo,"[151] y dice:

> . . . acontecerá entre los inicuos, que *todo hombre que no tome la espada contra su prójimo tendrá que huir a Sión para hallar seguridad.*
>
> *Y se recogerán en ella de todas las naciones debajo del cielo;* y será el único pueblo que no estará en guerra el uno contra el otro.[152]

Inclusive en ese día, cuando la guerra mundial se realice, será imperativo que los Santos sean "reunidos en uno," habrá todavía aquellos quienes les será "mandado permanecer,"[153] quienes serán esparcidos por el mundo.[154]

Para estar preparado para reunirse en lugares apropiados de refugio cuando las dificultades vengan sobre el mundo, se requerirá personas alertas a revelaciones personales y receptivas a las directrices de la Iglesia, además de la preparación adecuada para movilizarse, y concebir que muchos Santos encontrarán necesario que se *"declare, tanto por palabra como por fuga, que la desolación sobrevendrá a los inicuos."*[155] Será necesario entender y aceptar las implicaciones de una separación del obediente del desobediente y del injusto. También recae una tremenda responsabilidad sobre las autoridades de la Iglesia para preparar apropiadamente a los Santos; y para ayudarles a construir lugares de refugio adecuados, y ser suficientemente receptivos a la guía divina para que puedan dar direcciones apropiadas y oportunas, en una etapa cuando muchas vidas se encuentren que estan en juego, y cuando el sufrimiento humano sea excesivo.

19. Buscar fortaleza divina, guía y protección: Siempre orar. Hay una tremenda fortaleza y poder obtenido a través de la oración efectiva, y el Señor ha mandado que su pueblo utilice esta fortaleza para su propio beneficio durante los eventos difíciles de los últimos días.

---

150. D. y C. 42:36.
151. D. y C. 45:66.
152. D. y C. 45:68-69.
153. D. y C. 133:4.
154. Véase nuevamente 1 Nefi 14:12. También en *Prophecy—Key to the Future, pág.* 90-91 (*La Profecía—Llave al Futuro,* pág. 85).
155. D. y C. 63:37.

El Élder Heber C. Kimball habló de la importancia de cada persona siendo personalmente receptivo a la guía divina y el poseer un testimonio firme en conexión con los eventos de los últimos días. Dijo:

> Esta Iglesia tiene muchos lugares colindantes por los cuales tendrá que pasar antes que la obra de Dios sea coronada con victoria. El enfrentarse a las dificultades que están por venir, *será necesario que ustedes tengan un conocimiento de la verdad de esta obra por ustedes mismos. Las dificultades serán de tal naturaleza que el hombre o mujer quien no posea este conocimiento personal o testimonio caerá.* Si aún no posee un testimonio, viva rectamente, llame al Señor y no cese hasta que lo obtenga. Si no lo hace, no se sostendrá.
>
> Recordar estas cosas, porque muchos de ustedes vivirán para ver su cumplimiento. *El tiempo vendrá cuando ningún hombre o mujer sea capaz de tolerar una luz prestada. Cada uno tendrá que ser guiado por la luz en él mismo. Si no la tiene, cómo podrá sostenerse?* ¿Lo creen?
>
> *Tendrá toda la persecución que quiera y mucho más,* y toda la oportunidad para mostrar su integridad a Dios y la verdad de lo que usted pudiera desear.[156]

---

156. Orson F. Whitney, *Life of Heber C. Kimball, op. cit.,* pág. 449-450, 451. En este mismo discurso, transmitido en 1867, dijo:

> Ustedes tienen a la Primera Presidencia, de quienes pueden obtener consejo para guiarles y de quienes dependen. Vendrá el tiempo cuando no estarán con ustedes. ¿Por que? Porque tendrán que huir y esconderse para permanecer lejos de las manos de sus enemigos. Ustedes tienen a Los Doce ahora. No siempre los tendrán, porque serán perseguidos y tendrán que permanecer alejados de sus enemigos. Ustedes tienen otros hombres de quienes buscan por consejo y guía. Muchos de ellos no estarán entre ustedes, por la misma razón. Se les dejará la luz que hay dentro de ustedes mismos. Si no la tienen, no se sostendrán; por lo tanto busquen el testimonio de Jesús y no se separen de él, de tal manera que cuando el tiempo de prueba venga, no se tropiecen y caigan (de la misma fuete, pág. 450.)

Los Santos toleraron este tipo de experiencias durante las persecuciones antimormonas de 1880. Se verá, sin embargo, una situación similar que ocurrirá en relación a las persecuciones profetizadas por lo que resta del futuro. El cumplimiento de la profecía de Heber C. Kimball: "El tiempo vendrá cuando el gobierno detenga a los Santos para congregarse en reuniones. Cuando esto se haga, el Señor verterá sus juicios" (De la misma fuente, pág. 442), lo cual aún no se ha cumplido. ¿Esto implica la futura persecución por las fuentes gubernamentales y predice una situación similar a la del período de 1880?

En otra ocasión comentó, "*A menos que un hombre conozca que Jesús fue el Cristo, no podría mantenerse en esta Iglesia.* Dijo que el Señor permitirá todas las maneras de abominaciones que vengan a Sión, para purificar a su pueblo."[157]

El Salvador ha mandado que las suplicas divinas sean hecha por muchas cosas, pero primeramente mediante la oración personal para protección y fortaleza, de tal manera que uno pueda resistir hasta la venida de Cristo. La instrucción revelada ha sido: "*Orad siempre para que no entréis en tentación,* a fin de que podáis aguantar el día de su venida, ya sea en vida o en muerte."[158] Una revelación similar sugiere que la amonestación del Salvador es: "*Orad siempre para que no desmayéis, hasta que yo venga.* He aquí, vendré presto y os tomaré para mí."[159]

Se requiere diligente obediencia para ver si los Santos son capaces de depender de la oración y así ayudarlos cuando la época de tribulaciones venga. El Señor dijo con relación a los primeros Santos:

> Fueron lentos en escuchar la voz del Señor su Dios; por consiguiente, *el Señor su Dios es lento en escuchar sus oraciones y en contestarlas en el día de sus dificultades.*[160]

El Señor envió la misma amonestación al pueblo del Rey Noé en la época del Libro de Mormón:

> . . . a menos que este pueblo se arrepienta y se vuelva al Señor su Dios, será llevado al cautiverio; y nadie lo librará, salvo el Señor, el Dios Todopoderoso.
>
> Sí, y acontecerá que *cuando ellos clamen a mí, seré lento en oír sus lamentos; sí, y permitiré que sus enemigos los aflijan.*
>
> Y a menos que se arrepientan en cilicio y ceniza, y clamen fuertemente al Señor su Dios, *no oiré sus ruegos ni los libraré de sus aflicciones; . . .*[161]

Realmente ningún camino sino obedeciendo a lo que es correcto puede seguirse con seguridad en tiempo de peligro.

Otra escritura de amonestación habla de la oración al hacerse inútilmente debido a la indisposición que se tenga de compartir con los

---

157. De la misma fuente, pág. 441. Esta declaración fue hecha en 1856.
158. D. y C. 61:39.
159. D. y C. 88:126.
160. D. y C. 101:7.
161. Mosíah 11:23-25. Véase también Mosíah 7:29, 33; 9:3, 17-18; 21:14-15.

necesitados. Como la escasez de alimentos y hambrunas de los últimos días que habrán de ocurrir, esto podría convertirse en una seria consecuencia, afectando la salvación temporal y espiritual de muchos:

> *. . . si después de haber hecho todas estas cosas, volvéis la espalda al indigente y al desnudo, y no visitáis al enfermo y afligido, y si no dais de vuestros bienes, si los tenéis, a los necesitados,* os digo que si no hacéis ninguna de estas cosas, he aquí, *vuestra oración es en vano y no os vale nada,* y sois como los hipócritas que niegan la fe.[162]

Los Santos hacen bien al orar por la nación y sus líderes, buscando lo que podría seguir una trayectoria de rectitud, y al suplicar que los juicios que se aproximan sean demorados hasta que la obra del Señor de recoger a los justos se cumpla. Así como en la época del Libro de Mormón, tales oraciones puedan demorar los juicios, un proceso que podría pasar en la actualidad:

> Sí, y os digo que *si no fuera por las oraciones de los justos que actualmente hay en la tierra, ahora mismo seríais visitados con una destrucción completa;* sin embargo, no sería por un diluvio, como sucedió con la gente en los días de Noé, sino sería por el hambre, por pestilencia y por la espada.
>
> *Mas es por las oraciones de los justos que sois preservados;* ahora pues, *si desecháis a los justos de entre vosotros, entonces el Señor no detendrá su mano,* sino que en su furiosa ira vendrá contra vosotros; entonces seréis afligidos por el hambre, por pestilencia, y por la espada; y el tiempo pronto viene, a menos que os arrepintáis.[163]

El solo hecho de orar no puede salvar a las naciones—solo su arrepentimiento y el aceptar el evangelio puede prevenir los juicios. El Señor ha dicho:

> He aquí, de cierto, de cierto te digo, que la gente en Ohio me suplica con mucha fe, *pensando que retendré mi juicio de sobre las naciones, pero no puedo negar mi palabra.*
>
> Por tanto, trabaja con tu fuerza y llama a obreros fieles a mi viña para que la poden por última vez.

---

162. Alma 34:28.

163. Alma 10:22-23. Véase pág. 122-132. Con relación a la época en los últimos días cuando el Señor “en su furor afligirá a la nación”, el Señor ha instruido a los Santos a: “Orad, pues, para que lleguen hasta sus oídos vuestras lamentaciones, a fin de que yo tenga misericordia de ellos para que no les sobrevengan estas cosas.” (D. y C. 101:92.)

Y si se arrepienten y reciben la plenitud de mi evangelio, y se santifican, detendré el juicio de mi mano.[164]

Como los profetas y discípulos de la antigüedad, los Santos buscarán dejar "sobre esta tierra una bendición en sus oraciones."[165] Vendrá el tiempo cuando la persecución contra los Santos sea intensa, por lo que:

> invocando el nombre del Señor día y noche, diciendo: ¡*Oh, que hendieras los cielos;* que descendieras; que los montes se derritieran ante tu presencia! . . .
> Oh Señor, *tú bajarás para dar a conocer tu nombre a tus adversarios,* y todas las naciones temblarán ante tu presencia,
> cuando obres cosas terribles, . . .[166]

20. Prepararse para el regreso de la orden unida: Estar listo para compartir. Con la fuerte amonestación profética que se ha dado relacionada a la futura hambruna, hay una razón para considerar la manera en que las necesidades de grandes multitudes se puedan satisfacer. Ciertamente existe la necesidad para los Santos de "amonestar a su prójimo", exhortando aquellos a su alrededor a anticipar la posibilidad de una futura escasez de alimentos. A menudo surge la siguiente pregunta: "¿Debo compartir en momento de extrema necesidad?"

La Tercera Guerra Mundial y batalla interna en los Estados Unidos servirá como un período de transición, en la preparación para el regreso de los Santos y establecer la Nueva Jerusalén. El Señor ha revelado que para cuando sea ese regreso, los Santos deben nuevamente vivir la orden unida, por lo que esa unidad es:

> . . . unidos conforme a la unión que requiere la ley del reino celestial;
> y no se puede edificar a *Sión sino de acuerdo con los principios de la ley del reino celestial;* de otra manera, no la puedo recibir.[167]

Es desconocido por el autor cómo y cuando el principio de consagración bajo la orden unida será restablecido, sin embargo es obvio que una necesidad mayor pudiera surgir si la hambruna y la escasez extrema se manifestaran a los Santos. Tal escenario podría conformar la plataforma, creando la necesidad suficiente para que los Santos puedan

---

164. D. y C. 39:16-18.
165. Véase D. y C. 10:50. Véase más completamente versículos 46-52.
166. D. y C. 133:40, 42-43. Véase Alma 33:10; D. y C. 109:50-52.
167. D. y C. 105:4-5.

vencer el obstáculo del egoísmo; lo cual no permitió en el pasado que la orden unida se convirtiera en su manera de vida.[168]

El Señor ha dicho que la orden unida es: "para el beneficio de mi iglesia y *para la salvación de los hombres hasta que yo venga.*"[169] Al hablar de la orden unida, él ha revelado que fue establecida para servir y para hacer a la Iglesia independiente en tiempos de tribulación:

> He aquí, ésta es la preparación con la cual os preparo, y el fundamento y la norma que os doy, mediante los cuales podréis cumplir los mandamientos que os son dados; . . .
>
> mediante mi providencia, *no obstante las tribulaciones que os sobrevengan, la iglesia se sostenga independiente* de todas las otras criaturas bajo el mundo celestial; . . .[170]

También dijo:

> *Es mi propósito abastecer a mis santos,* porque todas las cosas son mías.
>
> Pero es preciso que se haga a mi propia manera; y he aquí, *ésta es la forma en que yo, el Señor, he decretado abastecer a mis santos,* . . .[171]

Por lo tanto, alguna vez los Santos pueden esperar que el Señor nuevamente les diga en el futuro: "Requiero que todos sus bienes sobrantes se pongan en manos del obispo de mi iglesia en Sión."[172] Y nuevamente sean instruidos:

> . . . *si reciben más de lo que se requiera para sus necesidades y carencias, se entregará a mi almacén;*
>
> *y se consagrarán los beneficios para los habitantes de Sión* y sus generaciones, si llegan a ser herederos de acuerdo con las leyes del reino.
>
> He aquí, esto es lo que el Señor requiere de todo hombre en su mayordomía, *tal como yo, el Señor, le he señalado,* o en lo porvenir *le señale a cualquier hombre.*
>
> Y he aquí, *ninguno de los que pertenecen a la iglesia del Dios viviente queda exento de esta ley;*[173]

---

168. Véase D. y C. 105:1-10.
169. D. y C. 104:1.
170. D. y C. 78:13-14.
171. D. y C. 104:15-16.
172. D. y C. 119:1.
173. D. y C. 70:7-10.

Pueden predecir que la instrucción sea:

> Porque Sión debe aumentar en belleza y santidad; . . .
> Por consiguiente, os doy este mandamiento de *ligaros por medio de este convenio,* y se hará según las leyes del Señor.
> He aquí, también esto me es prudente, para provecho vuestro.
> Y seréis iguales, o en otras palabras, *tendréis el mismo derecho a los bienes,* para el mejor manejo de los asuntos de vuestras mayordomías, *cada hombre según sus carencias y necesidades si éstas son justas,*
> *y todo esto para el beneficio de la iglesia del Dios viviente, a fin de que todo hombre mejore su talento, y cada uno gane otros talentos,* sí, hasta cien tantos, para guardarlos en el almacén del Señor, para que lleguen a ser bienes comunes de toda la iglesia, . . .[174]

El Señor ha recalcado la actitud con la cual los Santos deben desempeñar cuando los principios de la orden unida sean restablecidos, enfatizando que cada hombre debe estar "buscando cada cual el bienestar de su prójimo, y haciendo todas las cosas con la mira puesta únicamente en la gloria de Dios,"[175] y advierte que "en vuestras cosas temporales seréis iguales, *y esto no de mala gana;* de lo contrario, se retendrá la abundancia de las manifestaciones del Espíritu."[176]

Cuando este principio eterno[177] sea restablecido, el Señor ha advertido de los diversos castigos que vendrán sobre aquellos quienes endurezcan sus corazones contra esta. Su instrucción es: "será tratada de acuerdo con las leyes de mi iglesia y entregada a los bofetones de Satanás hasta el día de la redención."[178] La persona quien rompa el convenio de la orden unida, de acuerdo al Señor: "él será maldito en su vida, y será hollado por quien yo disponga"[179] y eventualmente: "en el infierno alzará los ojos con los malvados, estando en tormento."[180] Aquellos quienes no soporten la ley de la orden unida en los días de la Nueva Jerusalén "no serán considerados dignos de permanecer entre vosotros."[181]

---

174. D. y C. 82:14-18.
175. D. y C. 82:19.
176. D. y C. 70:14.
177. Véase D. y C. 82:20; 104:1; 119:4.
178. D. y C. 82:21. Véase 104:9.
179. D. y C. 104:5.
180. D. y C. 104:18.
181. D. y C. 119:5. Véase también el versículo 6.

Por lo tanto, una aspecto vital en la preparación espiritual de los Santos es que ellos mismos convengan aceptar en el futuro los principios de la orden unida. Su deseo de compartir para el bien común podría ser la llave a la salvación espiritual y temporal en los días venideros.

21. Proponerse obtener metas eternas: Perseverar hasta el fin. Mucho se ha escrito acerca de los juicios de Dios que serán derramados en los últimos días. Comentarios han sido hecho acerca de probar a los Santos, y con relación a la posibilidad de que los Santos reciban el castigo del Omnipotente. Parece ser que habrá muchas pruebas por soportar, y el futuro no será fácil. Para enfrentarse a tal posibilidad, es muy importante que el pueblo del Señor establezca claramente sus intereses para alcanzar sus metas eternas. Deben comprometerse ellos mismos, a sus familias, y a su Padre Celestial de que no importa lo que suceda, ellos perseverán hasta el fin, triunfando sobre sus pruebas y obstáculos. Ellos establecerán una ruta para obtener su salvación y exaltación, y para no ser intimidados por las pruebas de los últimos días.

El Señor ha prometido: "*Si guardas mis mandamientos y perseveras hasta el fin, tendrás la vida eterna,* que es el mayor de todos los dones de Dios."[182]

Él ha advertido que la condenación esperará a los temerosos e incrédulos,[183] al prometer: "*el que persevere con fe y haga mi voluntad, vencerá;* y recibirá una herencia sobre la tierra cuando venga el día de la transfiguración."[184]

El Señor "nunca da mandamientos a los hijos de los hombres *sin prepararles la vía* para que cumplan lo que les ha mandado."[185] El Padre ha dado a los Santos "*poder para vencer todas las cosas* que por él no son ordenadas."[186] Los Santos han sido instruidos: "oréis incesantemente, para que no seáis tentados más de lo que podáis resistir."[187] Por lo tanto, existe un poder dado a cada hombre para cumplir los mandamientos, vencer los desafíos y resistir la tentación que pueda venir.

Las privaciones podrían ser intensas. Los Santos podrían tener que "sufrir" en el sentido más completo del mundo. Podrían clamar en

---

182. D. y C. 14:7.
183. D. y C. 63:17-18.
184. D. y C. 63:20.
185. 1 Nefi 3:7. Véase 1 Nefi 17:3, 50-51.
186. D. y C. 50:35.
187. Alma 13:28.

agonía, como lo hizo el profeta Alma: "¿Cuánto tiempo, oh Señor, sufriremos estas grandes aflicciones? ¡Oh Señor!, fortalécenos según nuestra fe que está en Cristo hasta tener el poder para librarnos."[188] Pudieron haber sentido que Dios los había abandonado y le clamaron en angustia, así como lo hizo el profeta José:

> Oh Dios, ¿en dónde estás? ¿y dónde está el pabellón que cubre tu morada oculta?
>
> ¿Hasta cuándo se detendrá tu mano, y tu ojo, sí, tu ojo puro, contemplará desde los cielos eternos los agravios de tu pueblo y de tus siervos, y penetrarán sus lamentos en tus oídos?
>
> Sí, oh Señor, ¿hasta cuándo sufrirán estas injurias y opresiones ilícitas, antes que tu corazón se ablande y tus entrañas se llenen de compasión por ellos?[189]

La meta eterna no puede ser abandonada: "Benditos son aquellos que son fieles y perseveran, sea en vida o muerte, porque heredarán la vida eterna."[190] Deben ser como los antiguos conversos Lamanitas: "Y miraban con el mayor horror el derramar la sangre de sus hermanos; y nunca se les pudo inducir a tomar las armas contra sus hermanos; y no veían la muerte con ningún grado de terror, a causa de su esperanza y conceptos de Cristo y la resurrección; por tanto, para ellos *la muerte era consumida por la victoria de Cristo sobre ella.*"[191] Y deben ser como los misioneros quienes obraron en la época del Libro de Mormón, cuyas aflicciones eran "consumidas en el gozo de Cristo."[192] Así como uno de los profetas expresó su confianza en oración, *"clamaré a ti en todas mis aflicciones, porque en ti está mi gozo."*[193]

Sí, los Santos harán bien en enderezar su camino para alcanzar la meta eterna, y hacer la determinación de que perseveren hasta el fin, no importa que pruebas tengan que vencer.

Preparación temporal para sobrevivir

22. Anticipar necesidades físicas: Almacenamiento de alimentos, ropa y combustible. Repetidamente a los Santos se les ha aconsejado

---

188. Alma 14:26.
189. D. y C. 121:1-3.
190. D. y C. 50:5.
191. Alma 27:28.
192. Alma 31:38.
193. Alma 33:11.

almacenar recursos necesarios para preservar la vida en momentos de escasez y de necesidad.[194] Existe la responsabilidad de prepararse para satisfacer las necesidades individuales y las de la familia, y también anticipar las necesidades de muchos quienes se congregarán en momentos de futuros pesares. Así como Heber C. Kimball explicó: "*Esta es una parte de nuestra religión, guardar alimentos y administrarlos para nosotros mismos y para los que nos rodean;* porque *el día esta cerca cuando ellos vengan por miles y por millones, con hambre, para tener un poco de pan.*"[195]

Muchos eventos pueden causar la carencia y escasez de productos básicos. Además de los peligros obvios por la pérdida de cultivos y guerra, considere otras posibilidades: huelgas, interrupción de transportación, trastornos económicos, carencia de energía, desorganización de cultivos, cuarentena por pestilencia, etc. El abastecimiento de productos básicos depende directamente de la mano de obra, equipo y utilidades. Si no hay utilidades para crear, distribuir o vender productos, los artículos desaparecerán de las tiendas, o su precio se incrementará exorbitantemente hasta que la familia promedio no pueda tener los recursos para comprarlos.

Serias dificultades pueden originarse repentinamente. Almacenes de abastecimientos de alimentos repentinamente se vaciaron en muchas partes de la nación. Por ejemplo, cuando la "crisis Cubana" se desarrolló. La "gran depresión" explotó en sólo cuestión de horas cuando el mercado de acciones colapsó. La "crisis de energía" emergió abruptamente, sin ninguna previa advertencia significativa al público en general.

Debido a la posibilidad de cambios rápidos y a las amonestaciones proféticas de futuras adversidades, es vital que se establezca un programa efectivo de prevención en cada familia. Diversas sugerencias breves podrían ser de ayuda:

A. ***Anticipar situaciones de emergencia.*** Pensar en lo que podría pasar—inventar una variedad de situaciones tales como una prolongada falla de energía eléctrica, una prolongada huelga en el transporte lo cual podría dejar a las tiendas vacías, un desastre mayor tal como un terremoto, etc. ¿Qué podría necesitar si no pudiera comprar ningún

---

194. Véase páginas 183-188.

195. JD 5:163-164. Agosto 30, 1857.

artículo en los lugares de abastecimientos locales? Escriba sus observaciones y analícelas en términos de acciones requeridas de preparación.

B. ***Hacer un inventario de las necesidades y provisiones actuales.*** No se puede desarrollar ningún programa de abastecimiento significativo sin un análisis apropiado acerca de las necesidades, del establecimiento de metas reales, y de un calendario para su cumplimiento. Ningún programa completo de abastecimiento en un período extenso puede mantenerse si no se lleva un sistema de registro. El inventario debe incluir alimentos, ropa, combustible y necesidades de una familia. Anticipar el crecimiento familiar y las necesidades para los años venideros.

C. ***Almacenar provisiones médicas y de higiene.*** Ha ocurrido en diversos almacenes que la gente repentinamente necesita de artículos médicos básicos para protegerse de típicas enfermedades menores y por las que las familias comúnmente batallan. También puede haber la necesidad de desinfectantes, reservas de primeros auxilios, pesticidas caseros, etc.

D. ***Comprar provisiones para el mantenimiento de la casa.*** Si tiempos difíciles vienen, definitivamente hay una posibilidad de que se extiendan los períodos en los cuales el abastecimiento de los servicios básicos tales como la energía eléctrica y combustible se mantengan, sin embargo muchos de los artículos necesarios no estarán disponibles en centros de abastecimiento. Es sabio almacenar provisiones básicas de tornillos y tuercas, clavos, grifos, partes de inodoros, interruptores eléctricos, focos, etc. Cada hogar debe tener herramientas básicas disponibles para reparar y construir.

E. ***Involucrar al vecindario en actividades de abastecimiento.*** Se les ha pedido a los Santos de los Últimos Días de prevenir a sus vecinos y prepararlos para cuando los juicios vengan.[196] En ninguna situación esta disposición es más importante que el del área de almacenamiento de productos para la supervivencia. En momentos de verdadera carencia, los vecinos que no están preparados podrían causar problemas serios de orden moral y temporal.

F. ***Evadir la mentalidad de "acaparamiento".*** En tiempos de escasez, los "que no tienen" tienden a acusar a los "que tienen" de acaparar bienes. La publicidad que ellos crean puede algunas veces colocar un programa viable de almacenamiento en un medio

---

196. D. y C. 88:81, 84.

desfavorable, causando desaliento e inclusive persecución. Comprar sistemáticamente en lugar de "la compra por pánico" tiende a diseminar esta actitud. Enfatizar la prevención así como la publicidad en la comunidad sobre las ventajas de almacenamiento de alimentos y preparación, ayudará a ponerlo en práctica para un mejor futuro.

G. ***Plantar un jardín.*** Prepararse como sea posible al grado de ser autosuficiente. Para obtener exitosos cultivos se requieren de habilidades y experiencia las cuales no pueden aprenderse de la noche a la mañana, y a menudo se requiere de períodos prolongados para que se desarrolle el suelo. Se deben adquirir herramientas. Se deben almacenar semillas. Se deben llevar registros.

H. ***Se debe obtener una biblioteca de supervivencia.*** Muchos libros explican técnicas útiles para vivir autosuficientemente. El poseer de una biblioteca básica sobre almacenamiento y preservación de alimentos, hortalizas, reparación casera y supervivencia fuera de casa es una forma de prevención sabia.

I. ***Proporcionar opciones para emergencias de cambios climatológicos como calor y frío.*** La destreza para mantenerse caliente en emergencias, aún en una habitación, puede ser la más importante para prevenir una severa agonía y sufrimiento por la carencia de combustible o por un paro de corriente eléctrica. También, debe haber suministros de emergencia para cocinar en estufa o en fogata. Debe estar al alcance el abastecimiento de madera o carbón. Debe haber provisiones para emergencias de refrigeración de alimentos en caso de que exista una falla prolongada de corriente eléctrica.

J. ***Casas aisladas.*** Un esfuerzo por prevenir aislar apropiadamente las casas será de un valor único cuando haya carencia de combustible. El añadir aislante, actualizar la calidad de las ventanas, instalar material aledor de las puertas para prevenir que el aire frío entre e instalar puertas contra tormentas—todo esto es efectivo como medidas de precaución así como protegerse contra el desmedido incremento de los costos de combustible.

K. ***Reparar, pintar casas.*** Un aspecto vital de previsión es el tener la casa en buenas condiciones. Plomería, calefacción, aparatos eléctricos, techo, superficies exteriores—cada aspecto de una casa debe mantenerse en buenas condiciones. Las casas deben de estar pintadas. Cuando tiempos difíciles vengan, es duro enfrentarse a los costos de tales reparaciones.

L. ***Reemplazar los aparatos que estén dañados.*** Las estufas viejas, refrigeradores, inodoros y otros aparatos necesarios deben actualizarse mientras se existan sus partes plenamente.

M. ***Proveer un sistema de seguridad contra robo.*** La escasez de alimentos y otras provisiones necesarias podrían originar un serio incremento en robos. La preparación debe hacerse para mantener la seguridad dentro de la casa.

N. ***Tener un almacén seguro para registros importantes.*** Cuando disturbios o emergencias mayores ocurran, puede incrementarse la necesidad de tener acceso a vitales registros familiares. Tales registros deben ser clasificados y conservados en un lugar seguro, protegidos contra daño por fuego, agua y robo. También puede haber la necesidad de tener acceso a las direcciones de los miembros de la familia y otras guías importantes para áreas geográficamente distantes.

O. ***Mantener un medio de transporte y la capacidad de viajar.*** En caso de una emergencia seria, las familias podrían viajar distancias relativamente grandes para encontrar refugio en las casas de otros miembros de familia o amigos. Un automóvil debe mantenerse en buenas condiciones y se debe almacenar en forma segura en recipientes portátiles un adecuado abastecimiento de gasolina. Una guía y material de emergencia para viajes debe planearse y prepararse. Los mapas deben estar al alcance.

P. ***Planear anticipadamente un plan de emergencia para viajar.*** La oportunidad de tener que abandonar rápidamente un área y viajar a otra, se incrementa así como la posibilidad que se desarrolle una futura guerra. Las decisiones de contingencia deben ser hechas, y todos los miembros de la familia deben hacérselas comprender.

23. Anticipar la posibilidad de una guerra nuclear: Fortalecer la defensa civil. Numerosas profecías de los últimos días advierten del peligro de una Tercera Guerra Mundial y abiertamente aseguran que tal conflicto sucederá.[197] Actualmente los reportes en los medios frecuentemente citan evidencias del continuo incremento de terroristas en armas para la ofensiva, en un nivel en el que indica el intento de una "acción agresiva". Una preocupación particular son las noticias que mencionan de la vulnerabilidad Americana para atacar, lo cual predice

---

197. Véase pág. 198-266, y *Prophecy–Key to the Future,* pág. 10-15 (*La Profecía–Llave al Futuro,* pág. 22-26).

la probable destrucción de más de un tercio de la población de los Estados Unidos en un repentino asalto nuclear.

De acuerdo a la opinión del autor, es de necesidad vital fortalecer el programa de defensa civil de la nación, haciendo incrementar en gran medida suministros para la protección de un ataque nuclear. El programa de subterráneos como refugios debe volverse a enfatizar, con esfuerzos renovados para colocar nuevos refugios, re-abastecer los refugios actuales e informar y educar al público. El autor cree que los ciudadanos intelectuales deben aplicar sus influencias para hacer un llamado a nivel local, estatal y en toda la nación para tomar acción inmediata y fortalecer al país contra un ataque.

Mucho se ha dicho acerca de la capacidad de la ofensiva Americana, y hay quienes lo observan muy de cerca. Es de suma importancia que se mantenga una fuerte ofensiva. Sin embargo, esa fuerza ofensiva no prevendrá el ataque a Norte América, ni salvaguardará a la gente si un ataque ocurre. Existe la necesidad inmediata de fortalecer la capacidad de defensa de la nación así como la capacidad ofensiva.

A nivel individual, es prudente para las familias considerar cuidadosamente la necesidad de un refugio subterráneo a nivel familiar. Con muchos refugios federales actualmente sin abastecer, la vulnerabilidad de los ciudadanos esta incrementándose y a menudo no tienen alternativa sino de planear el abastecimiento de provisiones personales para la protección en subterráneos. Necesitan volver a educarse ellos mismos con relación a los peligros de la radiación nuclear; y descubrir que un refugio de dos semanas está muy lejos de una protección adecuada contra enfermedades de radiación, si uno de los nuevos y grandes armamentos explotara en las cercanías, con una gran emanación de radiación la cual dará como resultado un período extenso de descomposición radioactiva.

Recuerde, la amonestación de los profetas de que una Tercera Guerra Mundial ocurrirá, y que incluirá el bombardeo de Norte América, con pérdidas severas.

24. Anticipar el peligro del caos económico: Estar libre de deudas. Tan pronto como el mundo entre en el trauma de los últimos días, la estabilidad económica puede volverse más y más frágil. La escasez de provisiones puede ocurrir. La producción puede detenerse. Los sistemas de transportación y distribución pueden volverse inoperantes. Continúa el peligro de la inflación y depresión. La guerra siempre afecta a la economía.

Con la posibilidad de la alarmante inestabilidad económica es aun más preocupante cuando se aproximan tiempos inseguros, es prudente proceder cautelosamente en materia de finanzas personales. Estas son las sugerencias que se le ofrecen:

A. ***Esté libre de deudas.*** Este consejo se les ha dado en muchas ocasiones a los Santos de los últimos Días por medio de sus líderes. Es una sabia instrucción. En momentos de dificultad, la gratitud hacia alguien por su ayuda se convierte en opresión e inclusive aquellos quienes están en deuda no tienen un control total de sus vidas o sus propiedades. Establezca un curso en el cual reembolsará todas sus deudas tan pronto como sea posible. Puede ser que no sea el curso más lucrativo para "buenos" tiempos, sin embargo ofrece libertad y seguridad, porque en tiempos difíciles será más importante que la pérdida de ganancias.

B. ***Establezca la preparación como fuente de seguridad antes que el placer y las ganancias.*** Al establecer prioridades personales, examine el valor de almacenar apropiadamente alimentos, el cuidado del hogar y otros conceptos básicos de seguridad personal sobre muchos bienes lujosos que están disponibles. Una buena preparación para el futuro familiar debe tomar precedencia sobre botes, carros, casa y especulativos riesgos financieros.

C. ***Sea autosuficiente.*** Cada esfuerzo debe hacerse para que las personas saludables provean sus propias necesidades y resistan a la tentación de depender de los programas de ayuda del gobierno. Aquellos quienes no sean responsables de proveer sus propias necesidades no son libres y están atrapadas en situaciones improductivas, lo cual no les permitirá realizar los preparativos adecuados para el futuro, ni disfrutarán de una vida placentera en el presente. No existe un substituto efectivo para el esfuerzo personal y el desarrollo de habilidades y destrezas personales.

D. ***Estar preparados para emergencias financieras.*** Una familia necesita de un capital de reserva como un colchón disponible, para la protección contra emergencias repentinas. Se recomienda una cantidad igual a seis meses de ingresos. También existe la necesidad de la protección adecuada de programas de seguros.

E. ***Reconocer que el dinero tiene valor solamente en una economía que esté trabajando.*** El dinero es sólo un medio para intercambiar bienes y no tiene valor por sí mismo. Puede ser utilizado para obtener bienes y servicios en tiempos normales, sin embargo podría no ser útil en tiempos de agonía económica. Es sabio obtener artículos que sean necesarios o se deseen antes que se incrementen los períodos de inestabilidad.

25. Anticipar problemas de comunicación: Establecer planes de emergencia en períodos prolongados. Lineas de comunicación y transportación pueden ser interrumpidas o destruidas en momentos de guerra o de conflicto interno. Muchas de las familias actualmente están dispersadas por la nación. Es prudente establecer un plan de emergencia familiar, especificando las acciones que la familia pudiera tomar para reunirse o mantener los lazos familiares en el momento cuando surjan mayores problemas en la nación, estableciendo fechas y lugares para reuniones futuras; proponer sistemas alternativos de comunicación, etc. Una organización familiar normal fortalecerá los planes de emergencia.

Interacción con otros en el entorno de los últimos días

Las tareas de los ciudadanos americanos son muchas y requiere del servicio diligente y de lealtad a los principios de libertad, si es que la libertad se preserva. Una función de los Santos es de ser una influencia estable en muchas comunidades en que ellos residen por toda la tierra. El cumplir con la responsabilidad de ciudadanía:

26. Obedecer las leyes del país. Ya que se acercan los días de peligro de la "noche del sábado", es vital que la obediencia a las leyes del país y la estabilidad gubernamental se mantengan. El Señor ha revelado su consejo en este tema, al instruir a su pueblo:

> Ninguno quebrante las leyes del país, porque *quien guarda las leyes de Dios no tiene necesidad de infringir las leyes del país.*
>
> *Sujetaos, pues, a las potestades existentes,* hasta que reine aquel cuyo derecho es reinar, y someta a todos sus enemigos debajo de sus pies.[198]

Él ha pedido a los Santos apoyar las leyes que preservan la libertad, derechos y privilegios del hombre:

> De cierto os digo, concerniente a las leyes del país, es mi voluntad que mi pueblo procure hacer todo cuanto yo le mande.

198. D. y C. 58:21-22.

Y la ley del país que es constitucional, que apoya ese principio de libertad en la preservación de derechos y privilegios, pertenece a toda la humanidad y es justificable ante mí.

Por tanto, yo, el Señor, os justifico, así como a vuestros hermanos de mi iglesia, en apoyar la que fuere la ley constitucional del país;

y en cuanto a la ley del hombre, lo que sea más o menos que esto, del mal proviene.

Yo, Dios el Señor, os hago libres; por consiguiente, sois verdaderamente libres; y la ley también os hace libres.[199]

Una declaración de fé relacionada a los gobiernos y las leyes fue adoptada por la Iglesia en 1835, la cual declara: "Creemos que Dios instituyó los gobiernos para el beneficio del hombre, y que él hace a los hombres responsables de sus hechos con relación a dichos gobiernos, . . ."[200] Esta declaración sostiene que los gobiernos deben hacer y administrar leyes "para el bien y la protección de la sociedad,"[201] y que los gobiernos están para delinear y para mantener las leyes inviolables, lo cual cumple tres propósitos:

1. Asegurar que cada persona ejercite la libertad de conciencia,[202]
2. Asegurar que cada persona ejercite el derecho y control de propiedad, y
3. Asegurar que cada persona ejercite la protección de la vida.[203]

También esa declaración sostiene: *"todo hombre debe respeto y deferencia a las leyes, porque sin ellas la paz y la armonía serían suplantadas por la anarquía y el terror; . . ."*[204] Tal período de anarquía o conflicto interno está definido claramente por muchas amonestaciones proféticas con relación al futuro de América.[205]

---

199. D. y C. 98:4-8.

200. D. y C. 134:1.

201. De la misma fuente.

202. Observe que el Señor dijo que este fue su propósito al establecer la Constitución de los Estados Unidos, "para que todo hombre obre en doctrina y principio pertenecientes a lo futuro, de acuerdo con el albedrío moral que yo le he dado, para que todo hombre responda por sus propios pecados en el día del juicio." D. y C. 101:78. (Véase también los versículos 79-80.)

203. D. y C. 134:2.

204. D. y C. 134:6.

205. Véase pág. 211-222, 231-237, también *Prophecy–Key to the Future,* pág. 35-66 (*La Profecía–Llave al Futuro,* pág. 40-67).

Es obvio que la anarquía será abolida, en ese futuro período, solo al grado de que los ciudadanos Americanos mantengan la paz y estabilidad por medio de la obediencia a la ley y a la lealtad de convenios que existe entre los gobiernos.

¿Qué es lo que puede hacer cada persona para apoyar y mostrar obediencia a las leyes de su país? El autor enumeró las siguientes sugerencias en un programa de aniversario patrio el cual anotó y dirigió. Estas fueron presentadas bajo el título "What Can I Do To Preserve My Freedoms?" (¿Qué puedo hacer para preservar mi libertad?)

1. Estudiaré la constitución y el protocolo básico de Norte América con mi familia.
2. Hondearé la bandera y la respetaré como el símbolo de nuestro país.
3. Haré que los días festivos sean momentos especiales para enseñar a mis hijos de su herencia nacional.
4. Rogaré para mantener a mí y a mi familia libre de pecado; y de las maldades del país.
5. Tendré respeto por la ley y el orden; y por aquellos quienes rigen la ley.
6. Conoceré lo que mis hijos están estudiando en la escuela y alentaré a las autoridades de la escuela a promover el patriotismo y la lealtad.
7. Trabajaré para mantener nuestra comunidad y país limpio y bello.
8. Haré una jornada de trabajo honesta y seré honesto; y por encima de todo reprimiré la deshonestidad en todos mis tratos.
9. Estudiaré las escrituras y conoceré de las promesas proféticas y advertencias reveladas con relación a este gran país.
10. Enseñaré a mis hijos el valor del trabajo y fortaleceré sus cualidades de auto-confianza e iniciativa personal.
11. Apoyaré los grupos y organizaciones quienes trabajen para formar el carácter de individuos y establecen valores positivos.
12. Impugnaré activamente al crimen y corrupción; y estaré alerta a los peligros tales como vandalismo, drogas y pornografía.
13. Fortaleceré las relaciones de mi familia y haré que mi familia sea de beneficio para la sociedad.
14. Me prepararé para la posibilidad de futuros tiempos difíciles, teniendo un abastecimiento de emergencia de alimentos y ropa; y estaré libre de deudas.

15. Expresaré lo que yo creo, sin embargo estaré seguro de que mis declaraciones sean caracterizadas por la dignidad, decencia, madurez de pensamiento y conocimiento de acontecimientos.

16. Estudiaré y me preparé apropiadamente en una vocación en la que pueda ser un miembro productivo de la comunidad.

17. Estaré informado del aumento de la fortaleza de posibles enemigos a nuestra libertad, y estaré alerta a cambios en los balances de poder internacional.

18. Trabajaré para ayudar a ser elegidos hombres de bien y buscaré el tener oficiales gubernamentales responsables de sus acciones.

19. Leeré y aprenderé lo que pasa actualmente cuando la gente cae en opresión, de tal forma que pueda entender acerca de la libertad que algunas veces no la valoramos.

20. Conoceré los candidatos políticos quienes pueden formar mi manera de vida, y apoyaré sólo aquellos que yo sienta que servirán competentemente y cabalmente.

21. Apoyaré a los programas y políticas que hacen que el gobierno sea el servidor del pueblo, en lugar de que el pueblo sirva al gobierno.

22. Estudiaré los efectos de ideas ideológicas sobre nuestra paz y libertad de tal forma que pueda reconocer estas teorías y aquellos quienes las enseñan.

23. Haré una lista de principios y políticas por las cuales creo que ayudarán a preservar nuestra libertad y después trabajaré para apoyarlas.

24. Me subscribiré a una publicación nacionalista y trataré de estar bien informado sobre los eventos que ocurren.

25. Estudiaré los mayores problemas políticos locales, estatales y nacionales; y conoceré mi posición con relación a ellos.

26. Estaré informado de las capacidades de defensa nacional y trabajaré de hacer que mi país esté preparado.

27. Obedeceré los mandamientos de las escrituras para amonestar a otros acerca de los juicios que han de venir si la gente de esta nación permite que la maldad prevalezca.

28. Predicaré el evangelio por palabra y por ejemplo, porque sé que la rectitud de la gente es la llave del destino de esta nación.

29. Oraré cada día por nuestro país y por sus líderes, pidiendo a Dios permita que sus bendiciones y protección continúen con nosotros.[206]

---

206. Programa, *Este Es Mi País,* presentado por las estacas de Bountiful, Utah EE.UU., el 12 y 13 de marzo de 1976, en el Centro Regional de Bountiful.

27. Elegir buenos líderes: Sostener hombres honestos y sabios. En esta época cuando la nación ha cambiado rápidamente hacia la maldad, la cual podría traer los juicios de Dios, es esencial que la marea sea detenida al escoger hombres íntegros para las posiciones de liderazgo gubernamental. Dios ha revelado:

> *Cuando los inicuos gobiernan, el pueblo se lamenta.*
>
> Por tanto, debe buscarse diligentemente a hombres honrados y sabios, y a hombres buenos y sabios debéis esforzaros por apoyar; de lo contrario, lo que sea menos que esto del mal procede.[207]

La declaración de creencia relacionada a los gobiernos y leyes establece:

> Creemos que todo gobierno necesariamente requiere funcionarios y magistrados civiles para poner en vigor las leyes de ese gobierno; y *que se debe buscar y sostener,* por la voz del pueblo si es república, o por la voluntad del soberano, *a quienes administren la ley con equidad y justicia.*[208]

Los Santos de los Últimos Días creen que ellos deben trabajar dentro del sistema gubernamental para cumplir con necesarios propósitos. El criminal "será entregado para ser juzgado, de acuerdo con las leyes del país."[209] Aquellos quienes han sido maltratados deberán "obtener indemnización y redención, por medio de los que os gobiernan y tienen potestad sobre vosotros, . . ."[210] Los Santos tienen que ser tolerantes, e inclusive tolerar las imperfecciones de las acciones de sus líderes electos, recordando el consejo del Señor:

> . . . de cierto os digo, y esto es prudente, ganaos amigos por medio de las riquezas de maldad, y no os destruirán.
>
> *Dejadme a mí el juicio,* porque es mío, y yo pagaré.[211]

28. Prepararse para futuras persecuciones: Aprender cómo tratar con enemigos. Otro mensaje importante de profecía es en que los Santos deben soportar persecuciones severas en el futuro.[212] El

207. D. y C. 98:9-10.
208. D. y C. 134:3.
209. D. y C. 42:79. Véase los versículos 84-86.
210. D. y C. 101:76-77. Véase los versículos 81-92.
211. D. y C. 82:22-23. Véase 58:20, 28.
212. Véase pág. 76-104.

Señor parece haber dado instrucciones muy específicas con relación a cómo los Santos deben tratar aquellos quienes se opongan a ellos. Su pueblo debe conocer de estas instrucciones y debe estar preparado para poder tolerarlos si es necesario. Ha dicho:

> . . . de modo que tendréis poder para *organizaros conforme a las leyes del hombre;*
>
> *a fin de que vuestros enemigos no tengan poder sobre vosotros,* y seáis preservados en todas las cosas; para que os sea posible guardar mis leyes y sea deshecha toda traba con que el enemigo procura destruir a mi pueblo.[213]

El consejo revelado ha sido: "Ten paciencia en las tribulaciones; *no ultrajes a los que ultrajan.* Gobierna tu casa con mansedumbre y sé constante."[214] El Señor también pidió: "He aquí, en mis leyes está dicho, o sea, prohibido, contraer a deudas con vuestros enemigos." (D. y C. 64:27)

Al campamento de Sión se le enseñó otros principios para ayudarlos a estar a salvo de sus enemigos. El Señor les instruyó: "No habléis de juicios ni os jactéis de vuestra fe y obras poderosas, sino *congregaos cuidadosamente,* cuantos podáis, en una región, según el sentimiento del pueblo . . ."[215] También se les dijo:

> . . . proponed la paz, no sólo a la gente que os ha afligido, sino a todos;
>
> e *izad un pendón de paz,* y proclamad la paz hasta los extremos de la tierra.
>
> *Proponed la paz a los que os han afligido,* conforme a la voz del Espíritu que esté en vosotros, y todas las cosas obrarán juntamente para vuestro bienestar.[216]

Mientras era prisionero en la cárcel de Liberty, el profeta José Smith estableció cuatro deberes para los Santos con relación a sus perseguidores: dijo que era una "tarea importante":

1. Estar seguro que todos los Santos se les informe y darles conocimiento de los sufrimientos y abusos que se han soportado.[217]

---

213. D. y C. 44:4-5.
214. D. y C. 31:9.
215. D. y C. 105:24.
216. D. y C. 105:38-40.
217. D. y C. 123:1.
218. D. y C. 123:2. 3.
219. D. y C. 123:3.
220. D. y C. 123:4.

2. Estar seguro que se lleve un registro de todos los daños adquiridos, perjuicios personales y de propiedades.[218]

3. Estar seguro de llevar un registro de los nombres de todas las personas involucradas en hechos de opresión.[219]

4. Estar seguro de obtener evidencia en forma de declaraciones y juramentos.[220]

5. Estar seguro de recopilar copias de todas las publicaciones sin fundamento.[221]

6. Publicar lo de esta lista a todo el mundo y preséntalo a los líderes del gobierno.[222]

Todo lo anterior es:

> . . . el último esfuerzo que nuestro Padre Celestial nos ha mandado hacer, antes que podamos reclamar plena y cabalmente el cumplimiento de esa promesa que lo llamará de su morada oculta; y también para que *toda la nación quede sin excusa, antes que él descargue la fuerza de su brazo poderoso.*[223]

La sección 98 de Doctrina y Convenios contiene una explicación detallada de cómo tratar con los enemigos quienes persiguen a los Santos. El Señor ha dicho:

> Ahora os hablo concerniente a vuestras familias: *Si los hombres os hieren a vosotros o a vuestras familias una vez,* y lo soportáis con paciencia, sin injuriarlos ni procurar vengaros, seréis recompensados;
>
> mas si no lo soportáis con paciencia, os será contado por medida justa impartida a vosotros.
>
> Y además, *si vuestro enemigo os hiere por segunda vez,* y no injuriáis a vuestro enemigo, mas lo soportáis pacientemente, vuestra recompensa será cien tantos más;
>
> *y además, si os hiere por tercera vez,* y lo soportáis con paciencia, vuestra recompensa os será cuadruplicada;
>
> *y estos tres testimonios acusarán a vuestro enemigo si no se arrepiente, y no serán borrados.*

---

221. D. y C. 123:4-5.

222. D. y C. 123:6.

223. De la misma fuente. Añadió: "hay mucho en lo futuro, perteneciente a los santos, que depende de estas cosas." (D. y C. 123:15.)

> Y ahora, de cierto os digo, si dicho enemigo se escapa de mi venganza, de modo que no es traído a juicio delante de mí, entonces *os aseguraréis de advertirle en mi nombre que no venga más contra vosotros, ni contra vuestra familia,* ni tampoco contra los hijos de vuestros hijos hasta la tercera y la cuarta generación.
>
> Y si entonces viene contra vosotros o vuestros hijos, o los hijos de vuestros hijos hasta la tercera o la cuarta generación, *entregaré a vuestro enemigo en vuestras manos;*
>
> y entonces si lo perdonáis, seréis recompensados por vuestra rectitud; y también vuestros hijos y los hijos de vuestros hijos, hasta la tercera y la cuarta generación.
>
> *Sin embargo, está en vuestras manos;* y si le pagáis de acuerdo con sus obras, quedáis justificados; *si ha atentado contra vuestra vida, y peligra vuestra vida a causa de él, vuestro enemigo está en vuestras manos y quedáis justificados.*[224]

La declaración de creencia relacionada a los gobiernos y leyes establece:

> *Creemos que el hombre debe recurrir a la ley civil para exigir reparación por toda injusticia y agravio,* cuando sufre atropello personal, o se difama o son violados los derechos de propiedad, donde existan leyes que le protejan de estas cosas; pero creemos que *todo hombre queda justificado si se defiende a sí mismo, a sus amigos y propiedad, y al gobierno, de los ataques y abusos ilícitos cometidos por persona alguna en tiempos de emergencia,* cuando es imposible apelar inmediatamente a la ley y obtener amparo.[225]

Dos pasajes del Libro de Mormón explican de los motivos bajo los cuales es apropiado enfrentarse en combate con los enemigos. El primero se refiere acerca de cómo los Nefitas se unieron para resistir a los Lamanitas quienes atacaron bajo el liderazgo de su inicuo capitán en jefe, Zerahemna:

> No obstante, inspiraba a los nefitas una causa mejor, pues *no estaban luchando por monarquía ni poder, sino que luchaban por sus hogares y sus libertades, sus esposas y sus hijos, y todo cuanto poseían; sí, por sus ritos de adoración y su iglesia.*

---

224. D. y C. 98:23-31.
225. D. y C. 134:11.
226. Alma 43:45-47.

> Y estaban haciendo lo que sentían que era su *deber para con su Dios;* porque el Señor les había dicho, y también a sus padres: *Si no sois culpables de la primera ofensa, ni de la segunda, no os dejaréis matar por mano de vuestros enemigos.*
>
> Y además, el Señor ha dicho: *Defenderéis a vuestras familias aun hasta la efusión de sangre.* Así que, por esta causa los nefitas luchaban contra los lamanitas, *para defenderse a sí mismos, y a sus familias, y sus tierras, su país, sus derechos y su religión.*[226]

La segunda describe los motivos de los Nefitas cuando se unieron bajo el liderazgo del general Moroni:

> *Ahora bien, se enseñaba a los nefitas a defenderse contra sus enemigos, aun hasta la efusión de sangre, si necesario fuese;* sí, y también se les enseñaba a *nunca provocar a nadie,* sí, y a *nunca levantar la espada, salvo que fuese contra un enemigo, y que fuese para defender sus vidas.*
>
> *Y ésta era su fe, que si lo hacían, Dios los prosperaría en la tierra,* o en otras palabras, si eran fieles en guardar los mandamientos de Dios, *él los prosperaría en la tierra; sí, los amonestaría a huir o a prepararse para la guerra, según el peligro en que se vieran;*
>
> y también, que *Dios les manifestaría a dónde debían ir para defenderse de sus enemigos,* y haciendo esto, el Señor los libraría; y ésta era la fe de Moroni, y su corazón se gloriaba en ello; no en la efusión de sangre, sino *en hacer bien, en preservar a su pueblo, sí, en obedecer los mandamientos de Dios, sí, y en resistir la iniquidad.*[227]

Si los enemigos atentan castigar a los Santos de la tierra de Sión,[228] el Señor ha instruido a su pueblo:

> . . . *vosotros los maldeciréis;*
>
> *y a quien maldijereis, yo maldeciré;* y vosotros me vengaréis de mis enemigos.
>
> Y mi presencia estará con vosotros cuando me venguéis de mis enemigos, hasta la tercera y la cuarta generación de los que me aborrecen.[229]

---

227. Alma 48:14-16.

228. Véase D. y C. 64:41-43; 45:66-75.

229. D. y C. 103:24-26. Véase los versículos 2-3. Este mandamiento difiere de la instrucción del Señor: "amar a tus enemigos" (véase Mateo 5:38-45), sin embargo está de acuerdo con otros pasajes de las escrituras: Alma 33:10; D. y C. 109:50-53; 133:40, 42-43. Esto confirma que el Señor ha mandado que los Santos deben dejar un testigo contra la maldad de los últimos días. (Véase pág. 303-305.)

Durante todos los futuros eventos, los Santos deberán recordad el decreto del Señor de que ellos prevalecerán contra sus enemigos en tanto guarden los mandamientos:

> He aquí, *empezarán a prevalecer en contra de mis enemigos desde esta misma hora,* porque yo lo he decretado.
> Y esforzándose por observar todas las palabras que yo, el Señor su Dios, les declare, *jamás cesarán de prevalecer,* hasta que los reinos del mundo sean sometidos debajo de mis pies, y sea dada la tierra a los santos para poseerla perpetuamente.
> *Pero si no guardan mis mandamientos ni procuran observar todas mis palabras, los reinos del mundo prevalecerán en contra de ellos.*[230]

En Conclusión

Así termina esta explicación acerca de los mensajes de Dios con relación a los eventos de los últimos días. Proviene de las escrituras. Es precisa en su interpretación. Es verdadera. Está escrita en un cumplimiento parcial de la oración inspirada de José Smith, en la cual pidió al Salvador:

> *Pon sobre tus siervos el testimonio del convenio,* para que al salir a proclamar tu palabra *sellen la ley y preparen el corazón de tus santos para todos aquellos juicios que estás a punto de mandar* en tu ira sobre los habitantes de la tierra, a causa de sus transgresiones, a fin de *que tu pueblo no desmaye en el día de la tribulación.*[231]

No ha sido un libro fácil de escribir. Ni ha sido uno de los libros más agradables, porque habla de los eventos trágicos que traerán mucho dolor y sufrimiento sobre el país y el pueblo que yo amo. Pero el Espíritu me dio repetidas instrucciones de que esto ha de venir y se me ha requerido obedecer. Si estuviera en mi poder desviar las calamidades profetizadas, lo haría, y salvaría a la nación de los juicios inminentes. Reconozco que el rescate será sólo aprobado por el pueblo del Señor quien vive en rectitud, y pido estar entre los de este pueblo. Mis sentimientos fueron muy bien expresados en la oración de dedicación ofrecida por el profeta José:

> Oh Señor, *no nos deleitamos en la destrucción de nuestros semejantes;* preciosas son sus almas ante ti;

230. D. y C. 103:6-8.
231. D. y C. 109:38.

> *pero tiene que cumplirse tu palabra.* Ayuda a tus siervos a decir, favoreciéndolos tu gracia: Sea hecha tu voluntad, oh Señor, y no la nuestra. . . .
>
> Sabemos que por boca de tus profetas tú has decretado *cosas terribles concernientes a los malvados en los últimos días, y que derramarás tus juicios sin medida;*
>
> por tanto, oh Señor, *salva a tu pueblo de las calamidades de los inicuos;* habilita a tus siervos para sellar la ley y atar el testimonio, a fin de que queden preparados para el día del fuego.[232]

Los Santos, recuerdan que "Toda victoria y toda gloria os es realizada mediante vuestra diligencia, fidelidad y oraciones de fe."[233] Ponemos toda la armadura de Dios, "para que podáis resistir el día malo,"[234] y mirar el día cuando la Iglesia aumente y "resplandezca hermosa como la luna, esclarecida como el sol e imponente como un ejército con sus pendones; y sea ataviada como una esposa".[235] "No tengaís miedo . . . de hacer lo bueno,"[236] y confía en el Señor como el que trae el establecimiento de su Sión y prepara al puro de corazón. Encuentre regocijo en la preparación de su reino de paz, y recuerde que ha instruido a los Santos:

> Consuélense, pues, vuestros corazones en lo concerniente a Sión, porque toda carne está en mis manos; *quedaos tranquilos y sabed que yo soy Dios.*[237]

Sumario

1. Este capítulo ha sido escrito para ayudar aquellos que desean adoptar un curso seguro para el futuro. Este resumen de escrituras aconseja de las apropiadas actitudes y conductas, e intenta enfatizar una ruta viable que lo conducirá a salvo por los tiempos de aflicción que han de venir.

2. Es prudente adoptar actitudes con relación a los últimos días que están basados en perspectivas eternas. Se intenta visualizar los eventos

---

232. D. y C. 109:43-46.
233. D. y C. 103:36.
234. D. y C. 27:15-18. Véase Efesios 6:10-17.
235. D. y C. 109:73-74.
236. D. y C. 6:33-34.
237. D. y C. 101:16.

venideros desde un punto de vista en el que Dios puede ayudar al hombre y orientarlo apropiadamente en su vida. Se hicieron ocho observaciones:

A. Dios dirige los asuntos del hombre.
B. Dios desea bendecir y recompensar al hombre.
C. Los juicios de los últimos días son parte de la probación mortal del hombre.
D. Dios también corrige aquellos a quienes él ama.
E. La muerte es dulce para aquellos quienes mueren en el Señor.
F. Debe haber una transición al reino de Cristo en el milenio.
G. La tierra se aproxima al fin de su existencia temporal.
H. Buscar por las bendiciones del período del milenio.

3. Los consejos de las escrituras se citaron con relación a la preparación espiritual para poder sobrevivir. Los Santos han sido instruidos a:

A. Purificarse a sí mismo de sus pecados que traerán juicios: Arrepentimiento.
B. Liberarse de los juicios a través de la obediencia: Guardar los mandamientos de Dios.
C. Ser libres de los pecados de la generación: Santificarse por uno mismo.
D. Preparación espiritual: Ser guiado por el Espíritu Santo.
E. Reconocer los eventos de los últimos días: Mirar por señales de los tiempos.
F. Enseñar doctrinas de los últimos días: Buscar conocimiento para protección.
G. Preparar a los Santos para la hora del juicio: Amonestar a su prójimo.
H. Predicar el arrepentimiento a los no miembros: Advertir de los juicios que han de venir.
I. Atar la ley y sellar el testimonio: Testificar contra la maldad.
J. Salir de Babilonia: Para ser separado de la iniquidad.
K. Buscar fortaleza divina, guía y protección: Siempre orar.
L. Prepararse para el regreso de la orden unida: Estar listo para compartir.
M. Proponerse obtener metas eternas: Perseverar hasta el fin.

4. La preparación temporal para sobrevivir también se recomendó, la cual incluyó el seguir los principios e instrucciones:

A. Anticipar necesidades físicas: Almacenamiento de alimentos, ropa y combustible.
B. Anticipar la posibilidad de una guerra nuclear: Fortalecer la defensa civil.
C. Anticipar el peligro del caos económico: Estar libre de deudas.
D. Anticipar problemas de comunicación: Establecer planes de emergencia en períodos prolongados.

5. El consejo de las escrituras para relacionarse con otros en los últimos días se presentó junto con muchas sugerencias para hacer un ciudadano efectivo. Este consejo fue resumido en las siguientes categorías:

A. Cumplir con la responsabilidad de ciudadanía: Obedecer las leyes del país.
B. Elegir buenos líderes: Sostener hombres honestos y sabios.
C. Prepararse para futuras persecuciones: Aprender cómo tratar con enemigos.

6. Mientras los eventos de los últimos días se desarrollan, los Santos deben de estar dispuestos a decir: "Sea hecha tu voluntad, oh Señor, y no la nuestra", y entonces "quedaos tranquilos y sabed" que Dios está gobernando los asuntos de los hombres (D. y C. 101:16).

Acerca del Autor

Duane S. Crowther es altamente reconocido como autor, estudioso de las escrituras, teólogo y conferencista. Graduó con altos honores de la Universidad de Brigham Young donde obtuvo su licenciatura en educación musical. Tiene también una maestría por la Universidad de Brigham Young en estudios del Antiguo y Nuevo Testamentos, y un Maestría en Administración de Empresas de la Universidad de Phoenix. Ha completado todos los cursos rumbo a su doctorado en educación musical en la Universidad de Utah.

Autor creativo y prolífico, el Señor Crowther ha escrito más de cuarenta libros y tiene más de 30 conferencias en cassettes; además ha escrito innumerables artículos en diferentes revistas y composiciones musicales. En su vida profesional ha sido instructor y director de Seminarios locales para La Iglesia de Jesucristo de los Santos de los Últimos Días. Ha enseñado clases para la Universidad de BYU, la Universidad de Utah y la Universidad de Phoenix; también ha ejercido de maestro de música en escuelas públicas.

Ha sido dueño y ha adminisrado distintas tiendas de libros y de música. Durante más de tres décadas ha sido Presidente y Editor en Jefe de la compañía Horizon Publishers & Distribors, Inc. en Bountiful, Utah.

El Hermano Crowther ha escrito y ha producido espectáculos patrióticos para las estacas de su área, y ha sido conferencista en innumerables seminarios de negocios, seminarios de escritores, y las BYU Semanas de Educacíon, conferencias de jóvenes y otras actividades de la Iglesia. Ha llevado a grupos de viajeros a Israel y países vecinos, y a Centro América.

Su vida ha sido de servicio continuo para la Iglesia. Ha prestado servicio en cinco misiones, incluyendo una misión de tiempo completo en Centro América y otra misión de tiempo completo en la Misión México, Ciudad de México Este, además de tres misiones de estaca en Virginia, Idaho y Utah. Ha sido Presidente de Distrito, Presidente de Rama, Líder del Grupo del Sumo Sacerdotes, Presidente de Misión de Estaca, Presidente del Quórum de Setenta y Presidente de Quórum de Élderes. También ha sido Superintendente y Presidente de la Mutual, Coordinador del programa de música del Barrio, director de los coros de la estaca y del barrio, instructor de clases de Doctrina del Evangelio para más de veinte años, y ha cumplido con muchos otros llamamientos como maestro e instructor de maestros. Otros llamamientos en la Iglesia incluyen obrero en el temple de Salt Lake City y guía de turistas en Temple Square (la Manzana del Templo). Es un Master M Man y "Eagle Scout," el rango más alto de la organización de Niños Exploradores.

El es casado con Jean Decker, quien también es autora y musicóloga. Son padres de ocho hijos y residen en Bountiful, Utah.

Cambie Su Trayectoria es un recurso diferente y muy importante, además de ser una lectura obligatoria para todos, particularmente a la luz de los tiempos que atravesamos y de las condiciones de nuestro mundo. Los cambios están ocurriendo a una velocidad que la mayoría de nosotros jamás imaginó, y el impacto puede ser abrumador. Sin importar quiénes somos o lo que hacemos, todos podemos hacer uso de herramientas que nos ayuden a dominar el cambio en lugar de convertirnos en sus víctimas. El libro del Dr. Dale C. Bronner no solo provee las herramientas necesarias y prácticas para esta tarea, sino que es también un mensaje de esperanza con una orientación espiritual esencial. Nos recuerda concentrarnos en Dios, el mejor recurso y el más importante, para ayudarnos a navegar nuestra trayectoria a través de los cambios y la incertidumbre que se han convertido en la nueva norma.

—*Bernice A. King*
Principal Oficial Ejecutivo
Martin Luther King Jr. Center for Nonviolent Social Change

La sabiduría del Dr. Dale Bronner une con gran precisión las mejores cualidades del liderazgo ministerial y el liderazgo empresarial. Su nuevo libro *Cambie Su Trayectoria* nos mueve de una actitud temerosa ante el cambio y la transición, hacia una perspectiva de la oportunidad que los cambios nos ofrecen para vivir mejor el resto de nuestras vidas. Es una obra visionaria, escrita con una convicción contagiosa, fácil de poner en práctica, y profunda aún en su sencillez. La vida es cambio y transformación. ¡Esta es una lectura imprescindible para todo el que está vivo!

—*Otoniel Font*
Pastor Iglesias Fuente de Agua Viva
Carolina, Puerto Rico, y Orlando, Florida
Autor de *7 días para crear el éxito empresarial*

Cambie Su Trayectoria es uno de los mejores libros que he leído. Dos cosas sucedieron mientras leía: mi intelecto se vio estimulado con el nuevo conocimiento que obtuve y mi espíritu fue inspirado por la esperanza que hay en la pluma del Obispo Bronner. Es siempre causa de gran gozo encontrar un libro que habla del siguiente gran evento antes de que este llegue. Como líder e innovador, me di cuenta que las palabras en *Cambie Su Trayectoria* son palabras de las que no muchos han hablado o escrito. Este libro hace más que simplemente ayudar a mantener el éxito; también ayuda a desarrollar un motor interno positivo y da pasos hacia el logro de sus metas y sueños. Si usted es un ministro, un líder empresarial, o incluso un líder del Congreso, este es un libro que le puede ayudar a mantener y extender sus metas y propósitos. Es un libro valioso para los líderes corporativos de América y los que trabajan en sus trincheras.

—*Richard P. Montañez*
Director de Mercadeo y Ventas de Pepsico
Inventor de Cheetos Flamin' Hot

Las transiciones jamás son fáciles. Desafortunadamente, también son inevitables. En *Cambie Su Trayectoria*, el Obispo Bronner revela los secretos para pensar, actuar y responder de manera que aun las transiciones más difíciles se conviertan en un cambio para bien.

—*Dr. Larry Osborne*
Pastor de North Coast Church
Vista, California
Autor de *Fariseos por accidente* e *Iglesia pegajosa*

Me encanta el optimismo y la esperanza que el Obispo Dale Bronner comparte con quienes enfrentamos los desafíos de un mundo y un panorama cambiantes, y de la trayectoria llamada "vida", la que cambia todo el tiempo. *Cambie Su Trayectoria* concentra la tensión crítica de saber que Dios está siempre con nosotros en medio del cambio, y de reconocer que Él nos ha dado el poder, no solo para enfrentar cada cambio, sino para aceptarlo como una oportunidad para crear un cambio que mejora nuestro ser, nuestra vida y nuestro mundo.

—Erwin Raphael McManus
Fundador de Mosaic Los Ángeles
Autor de *El alma artesana*

Las adversidades son inevitables en medio del cambio. Sin importar las circunstancias o la situación, *Cambie Su Trayectoria* de Dale C. Bronner es una guía poderosa e inspiradora para cambiar de curso y experimentar las bendiciones plenas de Dios en nuestra vida.

—Steven Furtick
Pastor principal de *Elevation Church*
Charlotte, Carolina del Norte
Autor de los éxitos de ventas del *New York Times*
Bloquea al charlatán, Cosas Mayores y *Sol, Detente*

El cambio es inevitable, pero lo que usted elija hacer en medio del cambio es su decisión. En su nuevo libro, mi amigo Dale C. Bronner nos anima a ver las oportunidades de parte de Dios en el cambio. *Cambie Su Trayectoria* provee pasos prácticos para convertirnos en mayordomos y no en víctimas del cambio.

—John Bevere
Autor y ministro
Messenger International
Palmer Lake, Colorado

Todo en la vida tiene que ver con el cambio. Cada etapa a la que entramos lo requiere, y junto con esos cambios llegan los inevitables conflictos. Pero ahí no termina todo. En su más reciente libro, *Cambie Su Trayectoria*, Dale C. Bronner muestra al lector que cuando estamos dispuestos a hacer los cambios que Dios quiere que hagamos, experimentaremos el crecimiento que Dios tiene para nosotros. Es un ciclo de éxito: cambio, conflicto, crecimiento. Este libro es una lectura obligatoria para todo aquel que esté listo para vivir ese crecimiento.

—Ed Young
Pastor de Fellowship Church
Grapevine, Texas
Autor del éxito de ventas del *New York Times,*
Sexperimento y *El líder creativo*